图书在版编目（CIP）数据

营销之书：4P基本法则让收入持续增长 /（美）约瑟夫·坎农 (Joseph P. Cannon)，（美）威廉·佩罗 (William D. Perreault Jr.)，（美）E. 杰罗姆·麦卡锡 (E. Jerome McCarthy) 著；童泽林，王赛编译 .

北京：人民邮电出版社，2025. -- ISBN 978-7-115-67044-1

Ⅰ . F713.50

中国国家版本馆 CIP 数据核字第 20255YQ358 号

◆　著　　　　［美］约瑟夫·坎农（Joseph P. Cannon）

　　　　　　　［美］威廉·佩罗（William D. Perreault Jr.）

　　　　　　　［美］E. 杰罗姆·麦卡锡（E. Jerome McCarthy）

　　编译　　　童泽林　王赛

　　责任编辑　袁璐

　　责任印制　马振武

◆　人民邮电出版社出版发行　　北京市丰台区成寿寺路 11 号

　　邮编 100164　　电子邮件 315@ptpress.com.cn

　　网址 https://www.ptpress.com.cn

　　文畅阁印刷有限公司印刷

◆　开本：720×960　1/16

　　印张：34.75　　　　　　　　2025 年 9 月第 1 版

　　字数：545 千字　　　　　　　2025 年 9 月河北第 1 次印刷

　　著作权合同登记号　图字：01-2023-1561 号

定价：148.00 元

读者服务热线：（010）81055671　印装质量热线：（010）81055316

反盗版热线：（010）81055315

品成

阅读经典　品味成长

ESSENTIALS OF
MARKETING （18e）

营销之书

4P基本法则让收入持续增长

（第18版·中国版）

[美] 约瑟夫·坎农（Joseph P. Cannon） [美] 威廉·佩罗（William D. Perreault Jr.）
[美] E.杰罗姆·麦卡锡（E.Jerome McCarthy）◎著
童泽林 王赛◎编译

产品	价格	渠道	推广
PRODUCT	PRICE	PLACE	PROMOTION

人民邮电出版社
北京

ESSENTIALS OF
MARKETING (18e)

营销之书

4P基本法则让收入持续增长

（第18版·中国版）

[美] 约瑟夫·坎农（Joseph P. Cannon）　　[美] 威廉·佩罗（William D. Perreault Jr .）
[美] E.杰罗姆·麦卡锡（E.Jerome McCarthy）◎著
童泽林　王赛◎编译

产品	价格	渠道	推广
PRODUCT	PRICE	PLACE	PROMOTION

人民邮电出版社

北京

图书在版编目（CIP）数据

营销之书 : 4P 基本法则让收入持续增长 / （美）约
瑟夫·坎农 (Joseph P. Cannon), （美）威廉·佩罗
(William D. Perreault Jr.), （美）E. 杰罗姆·麦卡
锡 (E. Jerome McCarthy) 著 ; 童泽林 , 王赛编译 .
北京 : 人民邮电出版社 , 2025. -- ISBN 978-7-115
-67044-1

Ⅰ . F713.50

中国国家版本馆 CIP 数据核字第 20255YQ358 号

Author: Joseph P. Cannon, William D. Perreault Jr., E. Jerome McCarthy
Title:Essentials of Marketing,18e
ISBN: 9781266168468
Copyright © 2025 by McGraw-Hill Education.

◆　著　　　　［美］约瑟夫·坎农（Joseph P. Cannon）
　　　　　　　［美］威廉·佩罗（William D. Perreault Jr.）
　　　　　　　［美］E. 杰罗姆·麦卡锡（E. Jerome McCarthy）
　　编译　　　童泽林　　王赛
　　责任编辑　　袁　璐
　　责任印制　　马振武

◆　人民邮电出版社出版发行　　　　北京市丰台区成寿寺路 11 号
　　邮编 100164　　电子邮件 315@ptpress.com.cn
　　网址 https://www.ptpress.com.cn
　　文畅阁印刷有限公司印刷

◆　开本：720×960　1/16
　　印张：34.75　　　　　　　　　2025 年 9 月第 1 版
　　字数：545 千字　　　　　　　 2025 年 9 月河北第 1 次印刷
　　著作权合同登记号　图字：01-2023-1561 号

定价：148.00 元
读者服务热线：（010）81055671　印装质量热线：（010）81055316
反盗版热线：（010）81055315

一切学科都是历史学，营销学也不例外。这本书是营销学史的经典之作。4P 理论是营销理论的巅峰，超越技术变革而永恒，也是检验新理论的标尺。因此，它是营销学习者不能跳过的教材。

——华杉，上海华与华营销咨询有限公司董事长

营销战略的龙头是定位，而 4P 理论则将定位落实执行。无论时代如何变化，4P 理论仍是营销战略最核心、最重要的理论，这一点从未改变。

——张云，里斯品类创新战略咨询全球 CEO、中国区主席

无论市场如何变迁，营销的本质与基础始终至关重要。从产品、价格、渠道到推广，4P 理论构成了营销战略的坚固框架，为每一个营销决策提供清晰而有力的指导。在日益多变的环境下，回归基本层面，掌握 4P 理论的精髓显得尤为重要。对于渴望在复杂市场环境中寻找规律、构建自身发展空间的读者来说，这是一本堪称宝典的书。

——陈春花，上海创智组织管理数字技术研究院院长

在瞬息万变的商业世界中，唯有深谙本质规律者方能穿越周期。本书正是这样一本直击商业本质的著作。产品、价格、渠道、推广，构成了企业营销战略的底层逻辑。时代在不断演变，但 4P 理论依然是企业构建竞争壁垒的"元工

具"。我们不仅要抓住技法层面的组合，也要在喧嚣中回归商业本质，于实践中锻造增长韧性。

——刘润，润米咨询创始人

营销比大家想象的要复杂得多，也具备宏观性和战略性。真正的营销要识别机会，要建立战略方向，要计算取胜概率，还要有大量艰苦卓绝的组织能力建设和繁杂的执行细节。麦卡锡教授最早发现关于分解营销活动的基本框架——4P，这个框架从 20 世纪 50 年代延续至今，依然是职业人士和学者们使用的经典框架。如果你真的想搞懂营销究竟是什么，一定要仔细读一读这本书。

——小马宋，小马宋营销咨询公司创始人，
畅销书《营销笔记》《卖货真相》作者

即使市场营销经过了这么多年的发展，包括数字互联网创新和各种工具方法论的进化，但是我仍然坚信 4P 理论是最经典、最稳固的营销理论，甚至在时代的演变中能不断注入新的灵魂。我个人也经常结合 4P 理论开展工作实践，不断思考当下的爆品打造、价格运营、渠道突破和品牌创新。

——杨飞，《流量池》作者，瑞幸咖啡联合创始人、首席增长官

我曾经说过，年轻人想要跨越阶层，就要学会卖东西。而卖东西的本质就是理解市场、用户和交易规则。这本书正是关于如何做好这一切的经典指南。它讲解了产品、价格、渠道、推广这四大营销支柱，结合大量商业案例，拆解了市场营销的底层逻辑。这不是一本讲流行营销概念的书，而是一套经过几十年商业实践检验的硬核方法论。很多人总是追逐新的营销概念，4C、4R、整合营销、增长黑客……但无论什么新理论，本质上都绕不开 4P。无论你是创业者、品牌负责人，还是想进阶的职场人，都能在这本书中找到让自己更有价值的营销战略。如果你不想被花里胡哨的理论影响，而是想真正掌握商业的底层逻辑，让自己在任何时代、任何行业都有破局能力，这本书值得深读。

——李尚龙，作家，硅谷投资人

营销是企业最核心的竞争力之一。然而,企业究竟该如何营销?营销史上最著名的理论莫过于麦卡锡教授的 4P 理论,而且直到现在还被世界各大企业应用。今天,我特别开心麦卡锡教授的经典之作出版了中文版,强烈推荐这本书给所有对营销感兴趣的人。

——郑毓煌,清华大学营销系首任博士项目主任,
哥伦比亚大学营销学博士,世界营销名人堂首位中国区评委

麦卡锡的 4P 理论是营销学的基础。当流量焦虑席卷中国市场,4P 理论恰似黑夜中的北斗星。本书作为营销经典之作,从理论框架、方法论拆解、案例解析三方面,解构了西方创新案例和中国增长范式,帮助你在喧嚣中洞察本质,在流量时代回归本质。本书是当代企业家、创业者、营销人、品牌人的推荐读物。

——柯洲,"笔记侠"创始人,第五代企业家组织发起人

营销战场从不缺乏新武器,但缺乏战略级的导航系统。4P 理论用六十余年验证了一个真理:脱离产品价值谈流量、忽视价格体系追爆款、迷信渠道红利轻沉淀,终将陷入增长陷阱。经典框架就是抵御短期诱惑的"定海神针"。

——王群,IBM 莲花中国区前总经理

市场营销是创造客户价值的过程,4P 理论可以让价值真正实现。麦卡锡教授是营销领域的学术领袖之一,这本书作为市场营销的经典,加上王赛博士与童教授的翻译与本土化处理,更是值得大家阅读,真正理解营销是什么。

——侯孝海,雪花啤酒集团董事会主席

现今企业在面对经营的挑战时,用户画像不再清晰。在多元动态且复杂的外在环境中,人工智能应运而生,它可以帮助我们快速描绘出用户画像。那么接下来如何制定策略并快速落实呢?这就要回到营销的本质。麦卡锡教授的经典作品的出版,真是市场营销者的佳音。

——陈朝益,英特尔中国区创始总经理

无论诞生多少营销概念，4P 理论永远是营销中最稳定的基石。与时俱进的 4P 理论能够帮你把握市场的真理。

——苗庆显，"老苗撕营销"主理人，市场营销实战专家

这本书是经典理论本土化的又一破局范本。作为中国公关领域的资深从业者，我深切感受到 4P 框架的本土化张力："产品"需融合文化符号与代际共鸣；"价格"策略需穿透下沉市场熟人信用网络，兼顾政策合规；"渠道"革新需平衡直播电商爆发力与私域信任沉淀；"推广"逻辑要联动"Z 世代"情绪共振，守住舆情管理红线。本书涉及的比亚迪技术突围、泡泡玛特符号构建等案例，让我也从公关视角看到了品牌叙事的底层逻辑——从传统单向传播到如今内容共生，从流量收割到信任资产积累。这部营销战略指南，为全球化变局中的中国企业提供了兼具理论厚度与实践锐度的营销方向。

——贾大宇，正阳公关创始人

一切学科都是历史学

一切学科都是历史学，营销学也不例外。这本书是营销学史的经典之作。4P理论是营销理论的巅峰，超越技术变革成为永恒，也是检验新理论的标尺。因此，它是营销学习者不能跳过的教材。

今天的理论是一代代学者不断耕耘、积累、迭代的结果。在学科发展的过程中，既有新的成果出现，也可能有偏见产生。尤其是人性中追新逐异的一面，常常驱使人们不断追求新的学说，甚至抛弃经典，这在各个学科领域不断发生。因此，有良知的学者会发出"为往圣继绝学"的呼吁。

4P理论就是这样一门经典绝学。在我看来，4P理论是唯一完备的营销理论。为什么这样说呢？因为4P理论涵盖了营销的一切，一切营销都离不开它。4P（Product、Place、Price、Promotion）穷尽了营销的所有工作，且高度概括，具有很强的操作性。你无法说出任何一件与营销相关的事情，它既不是产品，也不是价格，也不是渠道，也不是推广，四者之间，必居其一。当我们要解决一个营销问题时，也只有四种手段：要么调整产品，要么调整价格，要么调整渠道，要么调整推广方式。

市场营销是什么？按照美国市场营销协会1985年的定义：市场营销是个人和组织对思想、产品和服务的构思、定价、推广和分销的计划与执行过程。这个定义非常精准。营销就是我们构思一个产品，然后对它进行定价、推广和分销，这就是4P。

然而，美国市场营销协会在 2004 年和 2013 年两次修改了市场营销的定义。2004 年修改为：市场营销是一项组织功能，是一系列创造、交流和传递客户价值，并通过满足组织和其他利益相关者的利益来建立良好客户关系的过程。2013 年再次修改为：市场营销是为顾客、客户、合作伙伴和整个社会创造、传播、交付和交换有价值的产品和服务的活动、体系和过程。

修改后的定义与 1985 年的定义有什么不同呢？1985 年的定义非常清晰明确，让人清楚地知道什么是营销工作，以及需要做什么，而修改后的定义则让人有些难以捉摸。

我们再来看看更早的定义。1960 年，美国市场营销协会对市场营销下的定义是：市场营销是引导产品和服务从生产者流向消费者或用户所进行的一切经营活动。

通过分析 1960 年、1985 年、2004 年和 2013 年的定义，我们可以将市场营销过程划分为三个阶段。这三个阶段也是学科发展的基本轨迹。

第一阶段是自发性的认识和归纳。当一个新事物出现时，人们开始认识到它，这种认识起初都是自发性的。人们认识到有一项越来越普遍、越来越重要的工作，于是将其归纳为一个概念，对这个概念进行命名和定义。这就是 1960 年对市场营销的定义。

在第二阶段，认识趋于完整，形成概括性的理论。这就是 1985 年的定义。

在第三阶段，开始从研究事物本身转向研究理论。人们总觉得以前的理论不完善，不断添砖加瓦，最终走向虚无缥缈和支离破碎。这就是 2004 年和 2013 年的定义。

不只是市场营销的定义，市场营销理论的发展也同样经历了这三个阶段。

第一阶段是从 1912 年查尔斯·帕林提出商品分类体系，到 1953 年尼尔·鲍顿提出市场营销组合的 12 个要素：产品规划、定价、储运、分销渠道、品牌、包装、陈列展示、广告、推广、人员销售、服务以及实际调查分析。这是自发性的认识和归纳阶段。

第二阶段是麦卡锡将 12 个要素归纳为 4P，并写就《基础市场营销：一种管理的方法》(*Basic Marketing: A Managerial Approach*)，也就是本书的前身。这是逐步完善理论的阶段。

在第三阶段，各种新的理论层出不穷，但大多数属于支离破碎的偏见，甚至有害无益。这样的理论有数十个之多，我仅以其中影响力较大的整合营销传播4C理论为例，因为它明确批驳了4P理论。

唐·舒尔茨说："4P已成明日黄花，新的营销世界已经转向4C。"新的观念如是说："把产品先搁到一边，赶紧研究'消费者的需要与欲求'，不要再卖你所能制造的产品，而要卖某人确定想购买的产品。暂时忘掉定价长期策略，快去了解消费者要满足其需要与欲求所须付出的'成本'。忘掉通路策略，应当思考购买的'方便性'。最后，请忘掉促销。20世纪90年代使用的词汇是'沟通'。过去制造商的座右铭是'消费者请注意'，现在，它已经被'请注意消费者'所取代。"

然而，4C理论的问题很大。这是对营销进行盲人摸象的典型案例，是对企业经营缺乏全面了解，简单地站在所谓"客户立场"而发出的轻率言论。

在这4个C中，把产品表达为客户价值，把推广表达为客户沟通，我认为并没有什么大问题。"传统营销"从来没有不考虑客户价值就生产产品，也没有人做推广不和消费者沟通。

另外两个C的描述就不够全面。

先说价格。舒尔茨说："暂时忘掉定价长期策略，快去了解消费者要满足其需要与欲求所须付出的'成本'。""传统营销"从来没有不考虑消费者就定价。相反，简单地把价格理解为消费者愿意付多少钱，大大降低了价格作为营销战略重要一环的主要意义。

价格的设定不取决于消费者的承受力，毕竟不同的消费者有不同的承受力，价格政策是营销模式的选择和产品价值的体现，以及利益分配的要求。在营销活动中，不仅有消费者利益，还有企业利益、销售者利益和竞争者利益。多方利益的满足和博弈，才构成价格。

举一个简单的例子，同样是复合维生素矿物质片，安利纽崔莱、黄金搭档和施尔康等品牌的价格政策是完全不一样的。这三者分别涉及直销通路、商超通路和药店通路。

在我看来，与舒尔茨的劝告相反，你一分钟也不能忘记定价长期策略。价格政策是营销最核心的要素之一。影响价格的重要因素有很多，第一是企业想卖多少钱，第二是企业选择哪些销售者以及如何和其分配这些钱，第三是企业如何让消费者认同企业的产品值这么多钱，第四还要考虑竞争者的反应以及如何阻挡新进入者。我们经常看到同样品质的商品，不同品牌的价格差几倍。

价格不仅是消费者的购买成本，还体现品牌的价值感和营销的利益链条。迈克尔·波特称之为"行业利润池"，上游、下游、中介机构和内部员工，分配给谁，不分配给谁，每一个角色分配多少，这才是价格政策的本质。通俗地说，价格政策就是确定如何分钱。消费者只是其中的一个利益相关方，还有很多其他角色需要考虑，每一个都不能遗漏。

再说渠道。4C 理论让大家"忘掉渠道策略，应当思考购买的'方便性'"。如果通路只涉及购买的方便性，那大家都不需要学习营销。方便性只是一个销售交付的问题。

4P 理论说渠道是指在商品从生产企业流转到消费者手上的全过程中所经历的各个环节和推动力量之和。这"各个环节和推动力量"是什么？是销售者，是一群活生生的、有强烈利益诉求的人。渠道能力是企业对这些环节和力量的动员能力和控制能力。例如，娃哈哈的"联销体"是渠道组织，是人的组织。把渠道理解为购买的方便性，不仅是错误的，而且答非所问。

对比下来，4P 理论真是博大精深。产品、价格、渠道、推广，简单的四个词，就搭建起营销思考和谋划的整体框架。这四个方面相互关联，环环相扣。例如价格与渠道和利益的关联，如何针对不同的渠道开发不同的产品……这些都是营销学中值得深入探讨的内容。

再看看将促销改为客户沟通。首先，比起将 Promotion 翻译成促销，译成推广更准确。其次，推广和沟通不能简单地混为一谈。推广的效率比沟通要高，这是一个传播学问题。

年轻人要踏踏实实学习 4P 理论。新理论层出不穷，但靠谱的还是经过五十年以上实践检验的理论。不要以为时代不同了，其实世界的本质没有改变。

为什么社会不断有新理论出现呢？这不是现代社会才有的现象，千百年来一直如此。王阳明解释过这个问题，因为有"胜心"——其说本已完备，非要另立一说以胜之。

追捧新理论的人，往往追新逐异。我们经常看到有人听完课后说："这个老师似乎也没有什么新东西，都是老生常谈。"这种追新逐异有多荒唐呢？荒唐到谈论 4P 一度成了一件很羞耻的事情。现在，甚至 4C 也过时了："你还在谈 4C？我们已经在用 4R 了！"这种情况古人也总结过："上士闻道，勤而行之；中士闻道，若存若亡；下士闻道，大笑之。"

学科的发展都是从自发性认识和归纳，到概括为理论，最后沉淀为定律。4P 已经走过理论的阶段，成为定律。

上海华与华营销咨询有限公司董事长

华杉

第一章

市场营销的价值

耐克品牌案例

当早上起床的时候，你的三星（Samsung）Galaxy 手机上的 Spotify[①] 会打开你的播放列表并播放 *Waking Up Happy* 吗？你的室友会用搜诺思（Sonos）音响听泰勒·斯威夫特的歌吗？你会在早餐前穿着你的耐克（Nike）运动鞋进行短跑吗？也许今天早上不会，因为你睡懒觉了，甚至来不及穿上你的李维斯（Levi's）牛仔裤、Zara 衬衫和 CHACO 凉鞋去上课。当你饿了的时候，你会打开 GE 冰箱，选择乔巴尼菠萝口味的希腊酸奶和 Einstein's Bros 的百吉饼配 Philadelphia 牌的奶油芝士吗？或者，你可以在咖啡店吃一份鸡肉苹果香肠三明治。如果你赶时间，你的室友可以让你开着她的新款福特嘉年华 EcoBoost 混合动力车去上学，你也可以骑自己的 Big Shot Fixie 自行车或乘坐城市公交车。总而言之，选择太多了。

当你做出选择时，你不可能在一天中不接触任何营销信息，不受到任何营销系统的影响。市场营销行为影响着我们生活的方方面面，也通常在我们忽略的地方发生。

在世界的每一个地方，不同的人醒来后都会有不同的经历。经济落后地区的家庭可能对他们要吃什么食物或他们的衣服产自何处几乎没有什么选择。但在经济较发达的国家，消费者会发现商店货架上有很多选择。如果没有人购买某种特定颜色、尺寸或款式的产品，那么制造商就会停止生产此类产品。比如，在中国杭州，你可能很难找到鸡肉苹果香肠三明治，当地人更可能去排队买小笼包。

---

① Spotify 是一个正版流媒体音乐服务平台。

作为世界各地随处可见的一个品牌，耐克是如何成为全世界这么多专业运动员的选择的呢？是不是因为耐克每年花费10多亿美元请勒布朗·詹姆斯、大坂直美和克里斯蒂亚诺·罗纳尔多等运动员代言？或者是因为耐克不断寻求创新，如自带鞋带的运动鞋、轻便的Flyknit鞋和Nike+软件应用。经营耐克产品的24 000家零售商发挥了什么作用？耐克在推特（Twitter）、照片墙（Instagram）、脸书（Facebook，现更名为Meta）、TikTok和YouTube上与数千万粉丝保持联络是否建立起了忠诚的客户关系？[①] 这些营销战略决策对耐克的销售额和利润产生了哪些影响？

50多年前，菲尔·奈特和他的大学田径教练比尔·鲍尔曼创立了蓝丝带体育公司（后来更名为耐克），分销日本跑鞋。几年后，公司开始设计、生产和销售运动鞋。

在签下篮球明星迈克尔·乔丹作为其篮球鞋代言人后，耐克开始迅速发展，空中乔丹系列在市场上掀起了购买狂潮。当耐克提出"just do it！"的广告语并在世界各地的电视、杂志和广告牌上进行宣传之后，它开始领先于其他公司。同时，"just do it！"帮助耐克度过了20世纪90年代的困难。在低成本的外国制造商的帮助下，耐克的销售额不断增长，利润飙升。

不过，耐克的发展并不总是一帆风顺的。20世纪90年代末，有报道称耐克的一些供应商雇用童工，耐克因此受到舆论的谴责。起初，耐克并不对此事负责，声称无法控制其供应商的运作方式。然而公众抗议说，社会对一家成功的大公司抱有更高的期望，于是耐克开始密切关注其供应商的用工行为。耐克所背负的社会责任要求其引导供应商采取更规范的雇佣行为，最终其声誉也得到了改善。

如今，耐克更加关注自己的宗旨："耐克的存在是为了给世界上的每一位运动员带来灵感和创新。我们的目标是通过体育的力量推动世界前进，打破障碍，建立社区，为所有人改变游戏规则。如果你身体健康，你就是运动员。"对耐克来说，每个人都是运动员。耐克的宗旨来自它对人、环境和运动的重视，致力于让世界变得更美好。

耐克对消费者的承诺在其宗旨中可以明显地看到："我们的目标是通过体育的力量推动世界前进。"它长期以来致力于在其就业实践和市场营销的活动中呈现多

---

① 根据人们日常的使用习惯，后文将使用Twitter、Instagram、Facebook、TikTok、YouTube。

样性、公平性和包容性。它还有更伟大的目标，那就是为结束世界各地的种族斗争尽自己的力量。

耐克对环境的承诺也丝毫不减，发誓"为了保护地球，我们不会等待解决方案，而是创造解决方案。"它制定了一个雄心勃勃的可持续发展目标：在将其对环境的影响减半的同时，将销售额翻一番。目前耐克 3/4 的鞋类和服装已经使用一定比例的可回收材料。耐克实现了其可持续发展目标，包括在美国和加拿大使用 100% 的可再生能源，减少其纺织品供应商的淡水用量，并要求其一级鞋类制造商将 99.9% 的制造垃圾从垃圾填埋场转移出去。

"让孩子们运动起来，意味着更活泼的下一代和更强大的未来。"耐克的"Made to Play"计划旨在通过给孩子们提供场地、教练和装备，让世界各地的孩子们，无论背景、性别、能力或未来发展前景如何，都能参与运动和游戏。

耐克的宗旨以及它的营销手段为其员工、顾客和投资者提供了更多的价值。富有创造力的员工有了工作的目标，而顾客购买耐克产品的同时，则与其品牌的价值观建立了关联，同时该公司 450 多亿美元的年销售额为投资者也带来了超过 40 亿美元的净收入。但是当涉及运动服装和鞋子时，顾客有很多品牌可选。如果耐克想在包括阿迪达斯（adidas）、安德玛（Under Armour）、斯凯奇（Skechers）和李宁在内的强大竞争中保持领先，就必须坚持其宗旨，继续创新，并走在顾客的需求和愿望前列。

小牧品牌案例

"小牧是中国首个定位年轻高端的卫浴品牌，10 户年轻家庭，6 户用小牧。"2024 年九牧集团小牧卫浴营销发展大会上，董事长为九牧集团小牧卫浴（以下简称小牧）的战略规划指明方向。小牧创办于 2019 年，通过多样化的营销战略，取得了快速发展。小牧通过不懈创新乘势而上，2023 年的品牌价值较 2022 年增长近 30 亿元，以 101.16 亿元的品牌价值入围"中国 500 最具价值品牌榜"，获评"中国卫浴十强品牌""2023 年中国最具增长潜力新锐品牌 TOP100""中国高端数智花洒第一品牌"。小牧成为中国国家花样游泳队官方合作伙伴，展示出年轻卫浴高端品牌的无限魄力与魅力。

创新与风险并存，如何抉择是一个难题

面对前景广阔的年轻化消费需求，九牧集团决定在针对年轻人的高端卫浴市场布局发力。但随之而来的一个问题是，九牧品牌当前定位在中高端，因此无法满足所有消费群体的需求。尤其是对年轻人来说，九牧集团的品牌识别度还不够。因此九牧集团决定打造一个全新的年轻化品牌来满足年轻消费群体的需求，实现品牌升级的战略目标。一个新品牌的打造往往会面临较多的不确定性，如果没做好可能会对母品牌造成伤害。小牧在创立之初作为一个独立品牌运营，市场拓展速度慢等弊端逐渐显现。集团内部经过深思熟虑，从长期主义战略出发，最终决定用母品牌资产积累赋能小牧，小牧成了世界领先的针对年轻人的高端卫浴品牌。

重新定义卫浴空间，让卫生间成为自我疗愈的空间

小牧的宗旨是为年轻人创造更具个性化的卫浴场景与乐爽美净的美好生活新体验。如今，许多年轻人早已把卫浴空间当成了解压阵地，有的人喜欢沐浴时唱歌，有的人喜欢如厕时看书、看视频、玩游戏。但过去卫浴空间存在脏臭等清洁难题，让人难以停留，更谈不上放松。小牧耐心倾听年轻消费群体的心声，首创"K歌音乐花洒"，让年轻人在洗澡时能通过唱歌进行放松和通过听音乐获得心灵慰藉，推动卫浴产品实现从"功能满足"到"精神满足"的迭代升级。小牧下一步将与音乐平台合作，为用户智能推荐符合当前心情状态的歌曲，智能识别歌词情感色彩，同时利用人工智能生成并播放暖心句子，实现有温度的人机互动。

打造数智化特色，形成独特竞争优势

小牧实现了单品的数智功能，例如智能美妆卫浴柜结合了美妆课程内容，可以直接把手机画面投影到镜子上。通过不同单品之间的数据互联，实现卫浴空间的物联，打造智能空间，再通过"绿色黑灯工厂"，实现生产端的数智化。2022年，九牧集团成为华为"鸿蒙智联"合作伙伴，产品加入鸿蒙生态。小牧将"智能卫浴"作为战略方向，利用数字化手段重塑卫浴行业，提高品牌议价能力，最

终与竞品形成鸿沟式的区隔。例如，小牧的智能马桶可以精准判断使用者的性别，最终决定要不要翻盖，还可以在使用者离开马桶后自动冲水等。通过一系列数智化的人机交互，小牧让卫浴用品不再是冰冷的摆设，而是具备关怀，形成独特的竞争优势。小牧智能卫浴空间如图 1-1 所示。

图 1-1　小牧智能卫浴空间

小牧熊猫花洒，表达满满的爱心与企业责任

保护大熊猫是保护生态环境和保护生物多样性的重要一环。小牧为成都大熊猫繁育研究基地更新了淋浴系统，为大熊猫提供安全舒适的淋浴设施，展现了小牧满满的爱心与企业责任。小牧熊猫花洒发行计划如图 1-2 所示。

图 1-2　小牧熊猫花洒发行计划

小牧熊猫花洒将创新设计与实用功能结合，让大熊猫能够更好地保持清洁，而且不会让大熊猫产生排斥感。这样为大熊猫优化淋浴设施和生活环境的同时，也为游客提供了更加丰富有趣的参观体验。

小牧不仅在改造大熊猫生活环境、守护大熊猫方面积极参与，还倡导人们善待动物、守护动物家园。此前，由小牧牵头，首都爱护动物协会、新浪微公益共同参与，三方发起"守护身边的小生命"主题公益行动，呼吁社会各界关注流浪动物，并带头捐赠了一系列粮食、冻干、罐头及御寒用品，为"毛孩子"们能温暖过冬贡献力量。小牧作为一家具有社会责任感的企业，积极参与各种公益活动，以实际行动向公众展示了其对公益事业的带动作用。

小牧站在生产、研发的"高起点"，共享九牧集团全球的 16 个研发中心、行业首创 5G 灯塔工厂、零碳 5G 灯塔工厂、15 家高端数智工厂，发起成立全球数智花洒研究院，加入鸿蒙智联生态圈，汇聚全球尖端研发力量，通过持续的产品创新获得红点设计奖、iF 设计奖、德国 ICONIC AWARDS 至尊奖、沸腾质量奖等多项荣誉。未来，小牧将研发出备受年轻消费者欢迎的增压花洒、除垢花洒、美白花洒等创新产品。

1.1　市场营销到底是什么

市场营销不仅仅是销售或广告

许多人认为，市场营销意味着销售或广告。这些的确是市场营销的一部分，但市场营销不只是销售和广告。

这些自行车是如何来到这里的

为了说明市场营销中包含的其他重要内容，我们以自行车为例。我们绝大多数人并不会自己制造自行车，它们是由诸如 Trek、Specialized、Canyon 和 Rad Power Bikes 等公司制造的。

大多数自行车的功能都是让骑行者从一个地方到达另一个地方。自行车根据人们的不同需求被设计成不同的尺寸、拥有不同数量的车轮。儿童和老年人可能需要更多的车轮，以便保持平衡。有些自行车需要篮子，有的自行车增加了电瓶来帮助骑行者省力。你可以用不到 100 美元买一辆基础款的自行车，也可以花超过 5000 美元买一辆定制的自行车。

这些多样的风格和特点使自行车的生产和销售变得复杂。下面的清单显示了管理者在决定生产和销售自行车之前和之后应该做的一些事情。

1. 分析可能购买自行车的人的需求，考虑他们是否需要更多或不同的型号。

2. 确定这些人中有多少人想要购买自行车，他们居住在什么地方，以及他们什么时候想要购买。

3. 识别出同样生产自行车的竞争对手，研究其销售什么种类的自行车，价格如何。

4. 从不同客户的不同诉求中整理出最核心的诉求，根据这些诉求来设计车架和车把、变速器、车轮、刹车以及其他配置。

5. 考虑是直接向客户销售自行车还是通过零售商销售，如果是通过零售商销售，应该选择哪些零售商。

6. 思考如何向潜在客户介绍公司的自行车。

7. 评估潜在客户能够接受的价格，以及公司以这些价格销售是否能获得利润。

8. 如果客户在购买自行车后出现问题，如何提供售后服务？

上述设计商品或提供服务的活动不是生产的一部分，但它们属于一个更大的活动——市场营销，它们为生产提供所需的方向，并确保正确的商品和服务被创造出来之后以合适的方式提供给消费者。

在第二章中，你将会学到更多关于市场营销的知识。现在，你只需了解市场营销包含为消费者提供满足其需求的商品和服务，在提高消费者满意度方面发挥着重要作用。

营销对你很重要

营销对每个消费者都很重要

营销几乎影响每个人日常生活的方方面面。你选择并购买的各种商品和服务，你购物的商店，你使用的社交媒体以及在媒体中看到和听到的一切，都因为营销而存在。营销促使组织专注于满足消费者的需要，因此大多数你想要或需要的东西都能在你想要或需要的时间和地点方便地获得。

有些课程在学习的时候很有趣，一旦结束好像就与你的生活没有直接联系了。市场营销并非如此，无论你从事什么职业，都将是一个与市场营销打交道的消费者。此外，作为一个消费者，你要为营销活动的成本买单。在先进的经济体中，消费者每支付的 1 美元中，营销成本约占 50 美分。对于一些商品或服务，营销成本所占的比例会更高。作为一名理智的消费者，了解自己从所有支出中得到什么和没有得到什么是一件有意义的事情。

市场营销对你的工作很重要

学习市场营销的另一个原因是，它提供了许多令人兴奋且有价值的职业机会。在本书中，你会发现市场营销在不同领域的各种机会。

即使你想从事非市场营销领域的工作，了解市场营销知识也将有助于你更好地完成工作。本书将讨论市场营销部门与公司其他部门的协作方式，包括财务、人力资源、计算机信息系统、产品研究和开发等部门。市场营销对每个组织的成功都很重要。

除此之外，用于销售肥皂或早餐麦片的基本原则也可用于销售思想教育、医疗保健服务、可持续发展、博物馆甚至大学。无论你最终从事什么工作，都极有可能必须去了解他人的需求，也许还需要说服人们以不同的方式行事或改变人们对某事的看法。医生和护士经常需要说服病人吃药、改变他们的饮食习惯；经理人必须了解与他们一起工作的人，并说服他们改变一些行为以提高他们的工作绩效。营销方法将帮助你实现这些目标。

营销方法可以帮助你获得下一份工作

你可能很快就会找到一份工作，成为一名会计、销售人员、计算机程序员、金融分析师或者商店经理。或者你会在你目前工作的地方寻找机会更多或工资更高的职位。当你通过营销方法找到能更好地满足现有或潜在雇主的需求的途径，找到他们的兴趣和欲望时，公司就会像对待客户一样，最大限度地给予你想要的东西。你所学到的关于如何向客户推销商品和服务的大部分内容也都可以应用在就业市场上，甚至你的简历也是向雇主推销自己这一营销活动的一部分。

营销影响创新和生活水平

研究市场营销的一个原因是，市场营销在经济增长和发展中发挥着重要作用。因为市场营销鼓励研究和创新，它不断开发和传播新的想法、商品和服务。随着企业提供新的和更好的方式来满足消费者的需求，消费者也拥有更多的商品可以选择。这加大了企业对消费者的争夺，也促使价格不断下降。此外，当企业开发出真正令消费者满意的商品时，就能提供更丰富的就业机会和更高的收入。这些力量的结合意味着市场营销对消费者的生活水平有很大的影响，甚至对每个国家的未来都很重要。

应该如何定义市场营销

市场营销有微观和宏观之分

在前文列举的自行车案例中，我们可以发现自行车制造商除了制造自行车之外，还必须参与许多与客户有关的活动。保险公司或艺术博物馆也是如此。这表明营销是组织为了让客户满意所做的一系列活动。

另外，人们不可能仅靠自行车和艺术博物馆生存。发达的经济体需要成千上万的组织提供商品和服务来满足社会的众多需求。此外，一个社会需要某种营销系统来集中所有制造商、批发商和零售商的共同努力，以满足所有人的不同需求。因此，市场营销也是一个重要的社会过程。

我们可以从两个方面来看待市场营销：从微观上看，它是由组织进行的一系列活动；从宏观上看，它是一个社会过程。在日常使用中，大多数人所谈论的市场营销是从微观角度出发的观点。这就是我们在这里对市场营销的定义。然而，着眼于整个生产销售系统，更广泛的宏观观点也很重要，因此，后文将对宏观的市场营销进行单独定义和讨论。

市场营销的定义

让我们来看看市场营销的定义，它是通过预测客户或消费者的需求，引导满足需求的商品和服务从生产者流向客户或消费者，从而实现组织的目标的活动。

适用于营利和非营利组织

市场营销同时适用于营利和非营利组织。大多数商业公司的首要目标是获得利润，其他类型的组织可能会寻求获得更多的成员加入或接受一个想法。客户或消费者可能是个体、商业公司、非营利组织、政府机构，甚至是其他国家的消费群体。尽管大多数客户和消费者为他们获得的商品和服务付费，但一些客户和消费者可能通过私人或政府的支持，免费或以较低的成本获得这些商品和服务。

不仅仅是说服客户

市场营销不只是销售和广告。令人遗憾的是，一些高管仍然持有错误的观点。他们觉得营销的任务是"摆脱"公司"碰巧"生产的任何东西。事实上，营销的任务是明确客户的需求，并很好地满足这些需求，使产品几乎"自己卖出去"。无论产品是实物，还是服务，或是一个想法，都是如此。如果整个营销工作做得很好，客户不需要太多的说明就已经准备购买了。而且在购买之后，他们会感到很满意，并准备在下一次以同样的方式购买。

以客户的需求和欲望为出发点

营销应该从潜在的客户需求开始，而不是从生产过程开始。市场营销应该努力预测需求和欲望。而且，市场营销不同于生产，营销应该决定开发什么商品和服务，包括商品特征、设计和包装、价格或费用、运输和储存政策、广告和销售策略方面的决定，以及在售后、安装、客户服务、保修甚至处理和回收方面的政策。

参考一下法国的 Sodebo 公司，它是便利店销售的新鲜快餐（三明治和面食）的制造商。Sodebo 在对顾客的调研中发现，一些顾客有一个未被满足的需求：他们希望以健康的方式消除中午的饥饿感。虽然忙碌的顾客愿意购买高质量的外带沙拉，但他们发现目前的选择根本不够，也不是十分满意。于是 Sodebo 开发了新的沙拉，它们方便、美味、有营养。在进入市场的过程中，Sodebo 测试了不同的配方和包装，以找到顾客最喜欢的产品。通过从顾客的需求出发，Sodebo 的 Salade & Compagnie 系列的 10 种不同的盒装沙拉成为畅销的产品。

不要单独行动

不要单独行动并不意味着市场营销应该负责生产、会计和财务活动，相反，这意味着市场营销应通过解释客户的需求为这些活动提供方向，并尝试协调它们。

市场营销涉及交换

市场营销涉及的是满足需求的产品从生产者到消费者的流动，这一观点意味着将满足需求的产品与其他东西进行交换，例如消费者的钱。营销的重点在于促进交换。事实上，除非两方或多方愿意以某种东西交换其他东西，否则营销活动就不会发生。例如，在一个完全自给自足的经济体中，每个家庭单位可以生产它所消耗的一切物品，就没有必要交换商品或服务，也就不涉及营销。（虽然在这种情况下，每个生产者或消费者都能自给自足，但生活水平通常相对较低。）

与客户建立起联系

请记住，营销交换通常是一段持续关系的一部分，而不仅仅是一次单一的交易。事实上，其目标是持续销售以及维护与客户的关系。在未来，当客户再次产生同样的需求或者公司可以满足客户的其他需求时，销售机会就会随之而来。一个客户不会只去一次当地的加油站，而可能是每隔一两个星期就去一次，只要加油站的汽油或服务能满足他的需求，他就有可能一直去同一个加油站。这种满足需求的商品和服务与客户建立了一种持久的关系，使公司和客户都受益。

本书的重点——面向管理的微观市场营销

因为你可能正准备从事管理方面的工作，所以本书的重点将放在管理性营销上，或者说是市场营销的微观视角。我们将通过营销经理的视角来看待市场营销。

本书中讨论的营销理念适用于各种各样的情况。无论是大公司还是小公司，无论是新企业还是老字号，无论是在国内还是在国际市场，无论推销的是商品、事业还是想法或服务，无论相关的客户或顾客是个体消费者、企业还是其他类型的组织，这些营销理念都同样重要。为了方便说明，有时会用公司这个词来指代任何类型的组织，不管它是企业、组织、政府机构，还是其他类似的组织。为了证明这些观点适用于所有类型的组织，本书将在各种情况下阐释营销理念。

当今许多消费品公司面临的挑战之一是如何满足发展中国家不断增长的市场需求和欲望。例如，许多健康和美容产品的制造商已经发现了农村贫困人口的潜在市场。那么我们该如何利用有效的微观营销来吸引这个不断增长的市场呢？请阅读下面的内容。

面向发展中国家农村贫困人口的营销

近几十年来，印度经历了快速的经济增长，许多人拥有了更高的收入，享受着更高质量的生活。这有助于解释为什么联合利华的印度子公司——印度斯坦联合利华有限公司（HUL）能够通过包括肥皂、牙膏和包装食品在内的一系列产品，努力建立起40%的印度市场份额。

HUL最初把重点放在印度的城市，因为那里的顾客消费水平相对较高。传统观念认为农村居民的收入太低。而且，将产品分销到遥远的村庄，成本也很高，农村无法成为一个有吸引力的市场。然而，在印度的12亿人口中，几乎有2/3的人生活在农村地区，大约1/2的人每天的收入不到5美元。

但这种情况已经改变。HUL的营销经理认为，向印度村民销售是一个增长销售额的机会——村民可能会喜欢HUL在印度城市地区大受欢迎的肥皂、牙膏和包装食品。

HUL为这个目标市场量身定制了一套新的营销方案。许多产品被重新包装成小袋——包含一到两天用量的小袋子。HUL为小袋装产品制定了合理的价格，让村民能够负担得起，这又使得顾客有机会尝试以前无法承受的高价优质产品。

HUL制订了女企业家计划，以宣传其产品的好处，并在偏远的农村地区分销产品。该计划让农村妇女成为家庭分销商和销售代理。她们在家中储存HUL产品，并挨家挨户进行销售。她们还在当地的学校和乡村集市上组织活动，向村民宣传健康和卫生知识。

HUL "通过做正确的事来把事情做好"的理念得到了大家的拥护。HUL的区域销售团队通过更有效的计划和新的订购流程，最大限度地减少了潜在的供应链问题。HUL为其农村销售队伍提供了培训和卫生护理的工具包，并为其提供了医疗保险。

目前，超过13.6万名企业家在16.2万个村庄销售产品，他们覆盖了印度的超过400万个农村家庭。在改善农村卫生状况的同时，这些企业家也有了新的收入来源，还学习了商业知识。当然，HUL也希望获得一个新的增长来源。

通过企业家计划的营销，HUL帮助印度数百万贫困人口提高了生活水平。HUL已经将该计划应用到其他市场，包括哥伦比亚、埃塞俄比亚和埃及。联合利华的一些竞争对手也在世界各地制订了类似的计划。这些计划共同为数以亿计的人创造了一个更美好的世界。

我们如何看待本案例研究中关于营销部分的内容？企业家计划满足了哪

些顾客的需求和欲望？它是如何在 HUL 和顾客之间建立联系的？

虽然个体公司内部的营销（微观市场营销）是本书的焦点，但营销经理必须记住，自己的组织只是巨大宏观营销系统的一小部分。因此，接下来我们将简要地看一下营销的宏观观点，并在后面的章节中更全面地阐述管理学观点。

1.2　宏观市场营销

宏观层面的市场营销是社会发展的一个过程，它引导经济中的商品和服务从生产者流向消费者，有效地匹配供应和需求，以完成社会的目标。

重视整个系统

在宏观的市场营销中，我们仍然关注满足需求的商品和服务从生产者到消费者的流动。然而，宏观市场营销的重点不在于个别组织的活动，其重点是整个营销系统的运作，包括审视市场营销活动如何影响社会。

每个社会都需要一个宏观的市场营销系统来帮助匹配供应和需求。社会中不同的生产者有不同的目标、资源和技能。同样地，不是所有的消费者都有相同的需求、偏好和财富。换句话说，每个社会内部都有各自异质性（高度不同）的供应能力和异质性的商品及服务需求。宏观的市场营销系统的作用是有效地匹配这些异质性的供应和需求，同时完成社会的目标。

一个有效的宏观市场营销系统能够提供消费者想要和需要的商品和服务。它在正确的时间、正确的地点，以消费者愿意支付的价格将商品和服务送到他们手中。它使消费者在购买后保持满意，并使他们再次购买。你想想一个高度发达的经济体可以提供的各种商品和服务，以及消费者想要的多种商品和服务，市场营销绝非一项容易的工作。

生产者和消费者有不同的目标

在一个发达的经济体中，有效的市场营销是有难度的，因为生产者和消费者往往在某些方面的看法是不一致的。例如，一个生产者想大量生产其商品，但消费者每次只想买一个或几个。一个生产者通常想简化生产，生产几种同类型产品。比如说奶农想生产不同种类的牛奶，而且尽可能一次就生产出来；一个面包师专门制作不同种类的面包。但实际情况是，消费者通常希望只到一家商店就能购买牛奶、面包和其他商品。

宏观市场营销系统的目的就是要克服目标不同的难题。营销的普遍职能有助于解决这些问题。

营销的职能有助于缩小差距

营销的职能通常是购买、销售、运输、储存、标准化和分级、融资、承担风险和市场信息。所有的宏观市场营销系统都必须发挥这些职能，但是如何执行、由谁来执行，在不同的国家和经济体系中可能有所不同，但它们在任何宏观市场体系中都是必需的。

任何形式的交换都涉及购买和销售。购买职能意味着寻找和评估商品和服务。销售职能涉及推广商品，包括使用人员销售、广告、客户服务以及其他直接的和大规模的销售方法来向客户推销。这可能是市场营销最明显的职能。

运输职能是指将货物从一个地方运到另一个地方。储存职能是指在客户需要之前保存货物。标准化和分级职能涉及根据尺寸和质量对商品进行分类，这使得购买和销售更容易，因为它减少了抽样和检查的需要。融资为生产、运输、储存、推广、销售和购买商品提供必要的现金和信贷。承担风险包括面对营销过程中的各种不确定因素。市场信息职能包括收集、分析和发布所有需要计划、执行和控制营销活动的信息，无论是在公司的周边市场还是在海外市场。

生产者、消费者和市场营销专家履行职能

生产者和消费者有时需要自己履行一些营销职能。然而，当营销专家履行一些营销职能时，交换往往更容易或价格更便宜。当一些专门从事贸易而不是生产的中间商在交换过程中发挥作用时，生产者和消费者都会受益。后文将介绍由两种基本类型的中间商——零售商和批发商履行的各种营销职能。零售商通过在一个地方聚集起类似的各种商品来帮助所有消费者获得商品，例如，T-Mobile 商店在一个地方

集中销售不同品牌的手机和手机壳。虽然零售商和批发商必须对其所提供的服务收取费用，但如果没有零售商和批发商，消费者将需要花费更多的时间、精力和费用完成购买。因此，这些中间商使整个宏观市场营销体系更加高效和有效。

其他各种各样的市场营销专家也可以帮助生产者、消费者和中间商之间顺利交换。这些专家是合作者——促进或提供一个或多个购买职能以外的营销职能。这些合作者包括广告公司、营销研究公司、独立的产品测试实验室、互联网服务提供商、公共仓库、运输公司、通信公司和金融机构（包括银行）。沃尔玛（Walmart）和谷歌（Google）合作，允许消费者通过谷歌助理进行语音购物，该合作有助于双方都实现各自的营销目标。

通用的营销职能可以转移和共享

从宏观市场营销的角度来看，市场营销职能必须由某些人或组织来履行，例如生产者、消费者、中间商、营销合作者，甚至在某些情况下可能是政府。大多数职能是不能取消的。然而，并不是所有的商品和服务都需要在其生产的每个层面发挥所有的职能。

表 1-1 显示了市场营销的普遍职能在两个市场中的应用实例。其中一个例子显示 OtterBox 手机壳如何在百思购等中间商和包括运输公司、银行和线上评论员在内的合作者的帮助下到达客户手中。消费者行使购买职能，决定购买哪个手机壳。当百思购决定在其商店中存放和展示哪些手机壳时，其实也是在行使购买职能。OtterBox 公司和百思购可能会利用其网站或广告来宣传各种商品，这反映了销售职能。运输和储存涉及运输公司以及 OtterBox。标准化和分级可以在 OtterBox 的网站上或在百思购的商店里进行。店铺的商品按手机型号进行分类，便于购买和销售。线上评论员也通过描述他们对手机壳的耐用性或其他使用体验来协助消费者做出判断。融资可能来自 OtterBox、百思购或其各自的合作银行，例如，它们可以提供资金，在新手机发布之前就制造出手机壳。在新手机发布之前生产新的手机壳会有不确定性，从而需要 OtterBox 承担风险。OtterBox 及市场研究公司可以收集并向合作者和中间商传递市场信息。

航空旅行市场与手机壳市场有许多相似之处，但也有明显的区别。可以看到，普遍职能都可以由生产者、消费者、中间商或合作商来执行，区别是航空旅行不是一种实物商品，它不需要运输或储存。还可以看到航空旅行市场的政府合作者，如美国联邦航空管理局，在它的监管下，航空公司收集和传播可能被消费者使用的信息（例如准点率）。

表1-1 市场营销的普遍职能的应用实例

职能	手机壳	航空旅行
购买	智能手机用户、百思购	旅行者
销售	OtterBox、百思购	西南航空公司、Expedia 等
运输	运输公司、OtterBox	不需要运输
储存	OtterBox（仓库）、百思购（商店和仓库）	不需要储存
标准化和分级	OtterBox、百思购、线上评论员	西南航空公司、航空管理局
融资	银行	银行
承担风险	OtterBox	西南航空公司
市场信息	OtterBox、市场研究公司	市场研究公司、航空管理局

一般来说，无论由谁来履行营销职能，其都必须有效和高效地执行，否则整个宏观市场营销系统的表现将受到影响。在一个宏观市场营销系统中，可能有许多不同的方式来履行营销职能。一个社会如何组建才能更好地满足人们需求的组合？为了回答这个问题，可以看看市场营销在不同类型的经济体系中的作用。

1.3　市场营销在不同经济体系中的作用

所有社会都必须满足其成员的需求。因此，每个社会都需要某种经济体系，这种经济体系的组织方式是利用稀缺资源来制造商品和提供服务，并将其提供给社会中的各种群体来消费。

一个经济体系如何运作，取决于一个社会的目标及其政治的性质。但无论这些形式如何，所有的经济体系都必须制定一些规则，连同经济机构一起来决定由什么企业生产、什么时候生产、为谁生产、为什么生产、如何分配以及生产多少。

政府可以做出决定

在指令型经济中，政府可以决定生产什么、生产多少、如何分配、什么时候生产、给谁生产，以及为什么生产。这些决定通常是政府整体计划的一部分，所以指令型经济也被称为计划经济。政府的计划听起来不错，但在实际操作中，政府试图支配市场的做法往往不能如愿。由于政府很难预测消费者会需要什么，所以经常出现商品和服务的短缺。因此，消费者往往对这种制度不满意。随着时间的推移，大多数计划经济体制逐渐过渡到将决策权交给消费者和生产者的体制。

市场导向型经济会进行自我调整

在市场导向型经济中，众多生产者和消费者的决定为整个经济做出了宏观层面的决定。在一个纯粹的市场导向型经济中，消费者在市场上做出选择时，会间接影响社会做出生产决定。

在市场导向型经济中，消费者从一系列可能满足他们需求的商品或服务中进行挑选。他们不会被强制性购买任何商品或服务，除了那些对社会有益的商品或服务，例如国防、警察和消防保护、道路、公立学校和公共卫生等领域的服务，这些都是由社会提供，通过纳税来获得的服务。

同样，生产者可以自由地做他们想做的事，只要他们不违反法律和规则，并从消费者那里获得足够的支持。如果工作做得很好，他们就能赚取利润并继续经营下去。

在市场导向型经济中，系统由消费者和生产者的言行来管理，政府来设定边界。

消费者支付的价格决定了价值的衡量标准

市场价格是社会对特定商品和服务价值的粗略衡量。如果消费者愿意支付市场价格，那么生产者至少获得了利润。如果价格和利润很高，要么消费者会停止购买，要么竞争对手就会进入市场。同样，劳动力和材料的成本是对用于生产满足需求的商品和提供服务的资源价值的粗略衡量。一些有营利意识的企业可能会满足新的消费者需求，而不仅仅是大多数人的需求。

消费者利用"声音"在市场上获得权力

数字媒体和社交媒体的兴起给了消费者在市场上更多的权力。如果消费者觉得他们被一家企业不公正地对待了，他们不仅可以直接跟朋友和家人说，还可以与更多的人表达他们的不满。网站或社交媒体上的每个评论都可能会被成百上千的人阅读。

当音乐家戴夫·卡罗尔的吉他被美国联合航空公司（简称美联航）损坏时，行李搬运工和航空公司拒绝对他进行赔偿，卡罗尔的乐队便在 YouTube 上制作了一段视频。这段视频在网上流传开来，数百万人进行了观看，引起了巨大的舆论，美联航这才赔了卡罗尔一把新吉他。

虽然并非每个消费者都会把不好的经历拍成视频，但很多人会在社交媒体上发帖，或者点赞、转发别人的故事。消费者经常会在购买某家公司的产品前在网络上搜索信息，以了解产品情况。消费者可以很容易地在互联网上找到各种正面和负面的信息，这就间接督促公司去遵守社会公认的规则。

公共利益团体

在许多西方经济体中，公共利益团体和消费者对以市场为导向的经济进行了额外的制衡。例如，Clean Creatives 是一群从事广告、公共关系和营销工作的人组成的团体，其向本行业的企业施压，不让它们为化石燃料企业工作。Clean Creatives 指出，许多天然气和石油企业对自己为可持续发展做出的努力做了虚假或误导性的广告宣传。

政府执行"游戏规则"

美国和大多数其他西方国家的经济模式主要是市场导向型的，但在某些例外之处，社会将对经济的监督权交给了政府。例如，除了制定和执行规则，政府还控制利率和货币供应，制定影响国际竞争的进出口规则，监管广播和电视，有时还控制工资和物价，等等。政府还试图确保财产受到保护，合同得到执行，个人不受剥削，没有任何团体不公平地垄断市场，广告是真实的，制造商能够提供其所声称的商品和服务的种类和质量。

宏观市场营销系统随着时间的推移而调整

到目前为止，我们已经描述了一个以市场为导向的宏观市场营销系统是如何通过对客户和公共利益团体的响应，在政府规定的范围内调整生产，从而变得更加有效和高效（见图1-3）。当你阅读本书时，你会了解到更多关于营销如何影响社会、社会如何影响营销的内容，你还会了解到更多具体的营销活动，在对宏观市场营销系统的公平性和有效性做出总结时，也会更有把握。

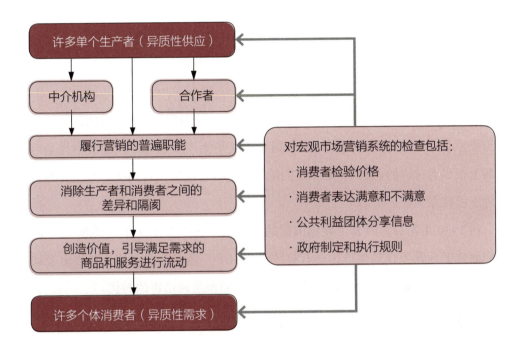

图 1-3　以市场为导向的宏观市场营销系统模型

1.4　市场营销的角色发生的变化

很明显，市场营销对一个公司的成功非常重要。但营销其实并不是如此复杂。事实上，了解营销思维是如何演变的，能使观点更加清晰，所以我们将讨论营销演变的五个阶段：（1）简单的贸易时代；（2）生产时代；（3）销售时代；（4）营销部门时代；（5）营销公司时代。我们将谈论这些时代，它们似乎普遍适用于所有公司，但请记住，有些经理人仍然没能进入最后阶段，还停留在过去陈旧的思维方式上。

从简单的贸易时代到生产时代

当社会最初步入专业化生产，摆脱以家庭为单位的自给自足的经济模式时，商人发挥了重要作用。早期的市场生产者所生产的产品通常是自己和邻居所需的。随着以物换物变得愈加困难，社会进入简单的贸易时代。这时，家庭将剩余产品进行交易或出售给当地的经销商，这些经销商将货物转卖给其他消费者或其他经销商。这就是市场营销的早期作用。在世界的许多欠发达地区，这仍然是市场营销的重要环节。事实上，即使在先进的经济体中，营销活动也一直没有什么变化。直到200多年前的工业革命带来了更大的工厂，局面才有所改变。

从生产时代到销售时代

从工业革命开始直到20世纪20年代，许多公司都处于生产时代，有些公司今天仍然如此。在生产时代，一家公司只专注于生产少数特定产品，也许是因为市场上很少有这样的产品。"如果我们能制造它，它就能销售出去"是生产时代的管理思维特点。

到1930年左右，西方工业化国家的大多数公司拥有比以往更强的生产能力。它们面临的问题不仅是生产，还有打败竞争对手、赢得客户，这促使许多公司进入销售时代。销售时代是一个公司因为竞争加剧而强调销售的时代。

从销售时代到营销部门时代

对发达国家的大多数公司来说，销售时代至少持续到1950年。那时，大多数领域的销售额都在迅速增长。公司面临的问题是要决定公司的主营业务，需要有人将研究、采购、生产、运输和销售等环节结合起来。随着这种现象越来越普遍，销售时代被营销部门时代所取代。在营销部门时代，一家公司所有的营销活动都在一个部门的控制之下，其目的是调整并优化短期的政策规划，并整合公司的活动。

从营销部门时代到营销公司时代

自1960年以来，大多数公司都或多或少地培养了一些营销经理。其中许多公司甚至已经从营销部门时代进入营销公司时代。在营销公司时代，除了短期的营销计划外，营销人员还需制订长期计划，有时是五年或更长时间的计划，整个公司的工作都以营销理念为指导。

1.5　市场营销理念的含义

市场营销理念是指一个组织为了满足其客户的需要，获得利润而遵循的行动指南。营销理念是一个简单但非常重要的想法。

市场营销理念并不是一个新的概念，它已经存在了很长时间。但有些经理人对客户的需求并不太感兴趣，这些经理人仍然以生产为导向，制造一切易于生产的产品，然后试图将其出售。他们认为客户的存在是为了购买公司的产品，而非公司的存在是为了服务客户以及满足更广泛的社会需求。

很多公司在管理时已经用营销导向取代了生产导向。营销导向意味着要努力贯彻营销理念。一个以营销为导向的公司不仅要让客户购买公司生产的产品，还要为客户提供他们需要的产品。

市场营销理念的定义需要三个基本概念（见图 1-4）：（1）客户满意度；（2）公司的整体努力；（3）利润和 / 或其他衡量长期成功的标准。

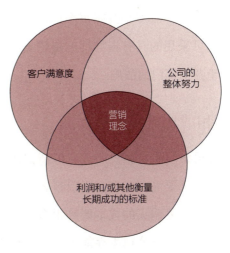

图 1-4　市场营销理念的定义涉及的三个基本概念

客户满意度引导整个系统

"为客户提供他们需要的产品。"这个道理似乎很简单，以至于你可能很难理解为什么这个理念需要特别注意。事实上，人们并不总是去做符合逻辑的事情，特别是当这意味着需要改变他们过去所做的事情时。当客户有选择的权利时，他们会选择那些更能满足他们的需求、欲望和期待的公司。他们会再次从这些公司购买产品，并向他们的朋友分享满意的购物体验。这一切都从客户满意度开始。

公司上下齐心协力，以满足客户的需求

理想情况下，所有的经理人应该作为一个团队协同工作。每个部门都可能直接或间接地影响客户满意度。但有些经理人倾向于在自己的部门周围建立"围墙"，一些会议可能试图让各部门经理一同工作，但他们在会议上只顾着维护各自部门的利益。

我们用"生产导向"这个词来指代这种狭隘的思维和商业公司中缺乏中心焦点的情况。这个问题可能出现在以销售为导向的销售代表、以广告为导向的广告公司人员、以财务为导向的财务人员、非营利组织的董事等人身上。这并不是对管理生产的人的批评，他们的思想并不一定狭隘。

在一个接受了营销理念的组织中，"围墙"会被拆除。可能仍然有一些专业化的部门会存在壁垒，但这是有意义的。整个系统的努力是以满足客户的需求和愿望为导向的，而不是按照每个部门的意志来随意行动。营销理念提供了一个所有部门都可采用的具有指导性的聚焦点，它必须是整个组织的行动指南，而不是仅适用于营销部门的法则。

生存和成功需要创造利润

公司必须满足客户所需。但请记住，满足某些需求的成本可能比客户愿意支付的价格都要高，或者，吸引新客户的成本可能比与现有客户建立牢固的关系并鼓励他们重复购买的成本要高得多。因此，利润作为一个公司的收入与成本之间的差额，是衡量公司生存能力和成功与否的底线。利润是一个平衡点，帮助公司决定将尽全力去满足哪些需求，尽管有时代价高昂。

利润、收入和成本是营销指标，它们指的是可供营销经理评估业绩的数据。从最基本的层面来说，营销经理经常使用这些指标来测算营销战略的实施情况。例如，一个学生想在校园里销售 T 恤衫来支撑其学生组织的运营，该学生可以事先预估一下利润，之后再核算利润。

营销经理密切关注利润，这也意味着他们将会监测收入和成本。虽然营销经理想知道的是公司的整体利润，但他们更可能去计算在不同的市场的单个产品的收入、成本和利润。其中，一些简单的指标可以用以下公式计算。

- 收入 ＝ 价格 × 销售量
- 利润 ＝ 收入 － 成本

非营利组织有其他衡量长期成功的标准

与公司一样，非营利组织的收入必须与支出基本持平，否则将无法生存。然而，非营利组织衡量利润的方式与公司不同，衡量长期成功的关键标准也不同。例如，大学、交响乐团和联合救济会，都要实现不同的目标，因此需要制定不同的标准。当某组织中的每个人都同意这一标准时，组织就能有效执行标准。

拓展案例

虽然需要利润来确保长期持续经营，但非营利组织往往通过影响力来衡量成功，如世界粮食计划署（World Food Programme，WFP）。WFP筹集资金，在紧急情况下提供粮食援助，并提高世界贫困地区人民的营养和复原力。WFP开发了一个智能手机应用程序，支持人们与饥饿的儿童"共享美食"。用户每点击一次金质奖章，就会捐出0.5美元，并为一名饥饿儿童提供一天的食物。该应用程序使得捐赠更加方便，每天都有很多人互相分享。WFP也因此降低了成本，捐赠了超过1000万份食物。捐赠者通过捐赠感知到希望和使命，同时也为世界变得更美好而做出贡献。

许多组织都不只是为了获利

许多营利组织衡量成功的标准也不仅仅是利润。许多组织明确考虑三重底线——经济效益、社会效益和环境成果，以其作为衡量长期成功的标准。利润是经济效益；社会效益指的是组织的商业活动给员工和所在社区的人们带来的影响；

第三条底线是要考虑环境责任，通常是满足一个至少不损害自然环境的前提。这些底线有时被称为对利润、人类和地球的衡量。

从三重底线到目标导向

注重三重底线使一些公司对其业务有了更广泛的理解。这些公司认识到其存在的理由不仅仅是赚取利润。实行目标导向的公司注重组织存在的理由，它超越了利润，为利益相关者创造价值，包括客户、员工、供应商、投资者和社区。公司项目解释了公司存在的原因，也将信仰和价值观纳入组织的核心业务。目标应该足够全面，能够引起各利益相关者的共鸣，并能激发出客户、员工和供应商的忠诚。目标在指导员工决策和行为的同时，也向其他利益相关者明确传达了公司的价值观，显示了公司更宏大的格局，并推动公司的运营。

巴塔哥尼亚（Patagonia）被称为一家目标明确的公司。这家户外服装公司声称自己的目标是"拯救地球"。这个目标为公司所有部门的员工提供了方向。在这一目标的指引下，公司开展了类似"不要买这件夹克"的广告活动，它阻止了顾客购买巴塔哥尼亚公司的产品，从而激励公司去完善产品。这也意味着巴塔哥尼亚公司公开支持那些倡导可持续发展的立法者。这种承诺是巴塔哥尼亚公司的员工所支持的，他们更加努力工作，工作效率更高，因为他们看到自己的工作不仅仅是对公司利润的贡献。员工赚取的不仅是薪水，还有一种他们正在为一些重要的事情做出贡献的使命感。许多顾客也有同样的感觉。他们知道，当他们购买

拓展案例		
造福社区的举措	**可持续发展的举措**	**促进公平的举措**
身为社区的一员，纳马斯特太阳能公司努力参与社区建设，造福社区人民。其举措包括拿出支付优先股股息后的10%的净利润，为参加志愿服务的员工支付薪酬。	纳马斯特太阳能公司齐心协力，通过节能、省水、废物利用、环保出行等举措，减少环境破坏。其承诺，到2030年将实现净零排放。	纳马斯特太阳能公司致力于建立更加公平的合作性组织，建设更加公平的社会。其会在反对压迫、追求公平的征程中高歌猛进，同大家分享成果。

（和穿着）巴塔哥尼亚服装时，他们也在帮助"拯救地球"。因此，巴塔哥尼亚品牌吸引了具有类似价值观的顾客。投资者和供应商也看到了这种价值，并争取与巴塔哥尼亚合作。

其他公司则有不同的目标。例如，特斯拉宣称的目标是"加速世界向可持续能源的过渡"，该公司专注于电动汽车、太阳能电池板和电池存储领域。个人护理品牌多芬（Dove）的承诺是"帮助所有女性挖掘她们的美丽潜能"，Dove 的广告中自然地出现了各种身材的女性。

营销理念的运用并不普遍

营销理念似乎寻常可见，但生产导向的思维方式根深蒂固。钢铁、煤炭和化学品等工业品的生产者倾向于保持生产导向，部分原因是消费者认为竞争对手之间的差异不大。在一些竞争有限的行业，包括电力公司和有线电视供应商，接受营销理念的速度也比较慢。当一个行业有了竞争，消费者有了选择，资源就会涌向那些能提高消费者满意度的公司。这就激励了更多的公司去实践营销理念。

采用目标导向是一个更大的挑战，正如我们所看到的那样，一些公司也在尝试。在本书的其余部分，我们将指出公司如何在营销或目标导向方面取得更大的成功。

生产、营销和目标导向的采用者之间的一些差异见表 1-2。

表 1-2　生产、营销和目标导向的采用者之间的一些差异

主题	生产导向	营销导向	目标导向
对待客户的态度	客户应该为公司的存在感到高兴，公司努力削减成本并带来更好的产品	客户需求决定公司计划	客户、员工和社区的需求决定公司的计划
对待员工的态度	尽量减少劳动力成本，员工是可以替换的	所有员工都应关注客户	公司的目标能吸引员工，提高他们的生产力和对客户的关注度
产品供应	公司销售自己能制造的产品	公司制造自己能销售的东西	公司遵循其目标，制造它能销售的产品
营销研究的作用	确定客户的反应	确定客户需求以及公司对客户需求的满足程度	确定客户和员工的需求，以及公司对每种需求的满足程度
对创新的兴趣	重点是技术和成本削减	重点是寻找新的机会	关注新的机会，对公司的目标产生更大的影响

主题	生产导向	营销导向	目标导向
客户服务	为减少客户投诉而需要的一项活动	在销售后让客户满意，他们就会再次购买	积极满足核心产品以外的客户的需求
广告的重点	产品特点和产品的制造方式	满足需求的商品和服务的好处	将公司的目标传达给客户和员工
与客户的关系	销售完成后，关系就结束	售前和售后的客户满意度会带来长期的关系	客户忠诚于公司，因为它的产品和它对更大目标的承诺
成本	尽可能降低成本	消除那些不能给客户带来价值的成本	消除那些不能给客户带来价值或不能实现公司目标的成本

1.6　市场营销概念和客户价值

从客户的角度出发

采用营销理念的经理人将提高客户的满意度视为获得利润的途径。为了更好地理解并满足客户的需要，从客户的角度出发是很有意义的。

客户可以从两个角度来看待一个产品。一个是该产品的潜在利润；另一个是客户为获得这些利润而必须放弃的东西。思考一下，一个刚结束考试的学生正打算从赛百味（Subway）快餐店买一个三明治。饥饿的学生可能只是想在下一次考试前吃一顿快速的午餐，在他的会员卡上再印一个章，或者只是想在与同学谈论考试时吃点方便的食物。显然，不同的需求与这些不同的目标相关。实现这些目标的成本包括三明治的价格，以及其他可能产生的非货币成本。例如，找到停车位很难，这增加了客户的便利成本。缓慢而低效的服务对客户而言可能是一种折磨。

客户价值反映收益和成本

收益和成本都可以有许多不同的形式，它们也可能因情况不同而不同。然而，重要的是客户对各种收益和成本的看法。我们要再次提醒这一重要的观点：客户对成本和收益的看法才是重要的。公司可能想在三明治门店营造一个更有趣的氛围，但是否成功取决于客户的看法。

客户从市场产品中看到的收益与获得这些收益的成本之间的差异值，即为客户价值。图 1-5 显示了各种不同类型的收益，例如，功能性的收益可以节省客户的时间或精力，情感性的收益可以提供乐趣或设计和美感，改变生活的收益可以增强动力或归属感，而改变世界的收益发生在购买行为影响社会的时候，例如购买有利于可持续发展的产品。

图 1-5 也提到了成本。有些人认为，更高的客户价值来自更低的成本，但事实可能不是这样。一个不能满足客户需求的商品或服务会带来较低的客户价值，哪怕商品价格很低。当客户获得所需的价值时，高价可能更容易被接受。例如，你本可以用更低的价格得到一杯咖啡，但星巴克（STARBUCKS）提供的不仅仅是一杯咖啡。

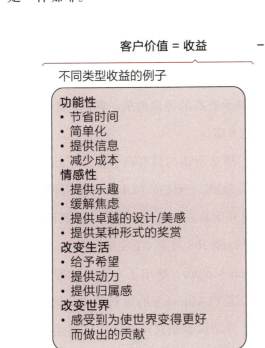

图 1-5　客户价值等于收益减去成本

我们对客户价值的定义可能有助于你思考星巴克如何提供更多的客户价值。星巴克需要从提供一杯美味的咖啡开始，但还有什么可以增加客户价值呢？尽管星巴克可以简单地通过降低价格来增加价值，但它更倾向于寻求增加收益的方法。在早晨，一些星巴克的客户开车路过售卖窗口快速点单，这种为其节省时间的做法是否能让他们体验到好处？星巴克的应用程序上可以选择预购咖啡并且免去排队，是否为客户节省了时间和精力？星巴克的奖励计划，客户可以领取免费的咖啡杯，是否能给客户带来福利？星巴克严选咖啡产地的承诺是否让客户感觉更好？这些潜在价值的提升活动都展示了星巴克对客户价值的诠释。

客户可能不会考虑太多

对一个经理人来说，评估公司是为客户提供增值活动还是降低成本是很有必要的。然而，这并不意味着客户在每次购买前都会停下来计算该产品的客户价值得分。如果他们这样做，生活中就没有太多时间做其他事情了。因此，经理人的客观分析可能无法准确反映客户的决定。然而，重要的仍然是客户的看法，即使客户自己没有意识到这一点。

增强竞争意识

公司不能无视竞争。客户通常对满足自己需求的方式有所选择。如果希望长期赢得并留住客户，公司必须提供比竞争对手更高的客户价值。客户有不同的选择，而且他们倾向于选择能提供最大价值的方案。

如果竞争者能提供更好的产品或服务，那么所谓的具有高价值的产品就会发生改变。竞争推动市场大多数的创新和持续改进。当优步（Uber）以一种更便捷的方式进入出租车市场时，许多出租车公司开始研发自己的应用程序并改进服务。在特斯拉推出其售价 5 万美元、每次充电可行驶 208 英里（1 英里约为 1.61 千米）的 Model S60 电动车后，通用汽车（General Motors）推出了 3 万美元的雪佛兰 Bolt，其续航里程为 238 英里。然后，特斯拉将 Model S 的续航能力提高到 375 英里，尽管该车售价为 8.7 万美元。当然，特斯拉希望其产品能提供其他更多价值，以证明它比雪佛兰 Bolt 更值得购买。

建立具有客户价值的关系

接受营销理念的公司会寻求与每个客户建立长期关系的方法。即使是最具创新精神的公司也会面临竞争，从竞争对手那里夺取新客户的成本通常比留住老客户的成本要高。满意的老客户会一再购买公司的产品，而不满意的客户往往会告诉别人不要购买。认同公司价值观和宗旨的客户即使在困难时期也会保持忠诚。

有了长期的关系，客户的购买行为就更容易发生，这也会增加公司的销售利润。

与客户建立长期关系需要公司的每个人在客户每次购买之前和之后共同为客户提供价值。如果客户的账单有问题，会计人员不能把它留给销售人员来解决，或者更糟糕的是，表现出"好像这是客户的问题"。这些麻烦会增加留住客户的业务成本。公司的广告可能会促使客户购买公司产品，但如果公司没有兑现广告中承诺的好处，客户很可能在下次出现需求时选择购买其他公司的产品。换句话说，只要客户价值降低，无论是因为利益减少还是因为成本增加，公司与客户之间的关系都会被削弱。

图1-6总结了这些观点。在一个采用了营销理念的公司里，每个人都专注于提高客户满意度，他们寻找方法来提供卓越的客户价值。这样有助于在第一时间吸引客户，并在他们完成购买后保持他们的满意度。因此，当客户准备重复购买时，公司就能使他们成为老客户，销售额可能会进一步增加，因为满意的客户可能还会购买公司提供的其他产品。通过这种方式，公司与客户建立了长久的盈利关系。

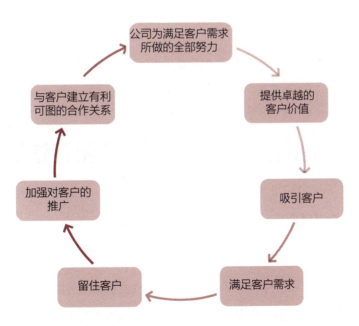

图1-6 以卓越的客户价值满足客户，建立有利可图的关系

REI 的价值在于为顾客提供满意的服务

REI 是一家专业户外和运动产品品牌，包括野营用品、体育用品、旅行装备和服装。该公司与其 140 多家网店的顾客建立了长期的关系。REI 的顾客从该公司知识渊博的店员和大量高质量户外装备的选择中看到了公司卓越的价值。该公司吸引的顾客中有一部分是从满意的顾客那里了解到该公司的，他们在自己的城市里看到 REI 商店，或者听说 REI 商店的推广活动，例如 REI 在黑色星期五（美国一年中最大的购物日之一）不营业，因为大家应该到户外去享受大自然。

顾客通常喜欢在 REI 的购物体验，在使用所购买的户外设备后，他们成为满意的回头客。这些顾客认同 REI 的宗旨："在野外、未被开发和原生态的地方，我们才能找到最好的自己，所以我们的目标是唤醒所有人对户外运动的终身热爱。"REI 的顾客还赞赏 REI 带领数百家户外公司捍卫公共土地的做法。REI 以社区的形式运作，拥有 600 万名活跃会员。一个人只要支付 20 美元就可以成为终身会员。这种社区形式也有助于 REI 留住顾客。会员可以得到特殊的会员专用优惠券，以及每年对所有已购商品的 10% 的返利。这些额外的服务提高了客户价值，使顾客不断购买。而当这些忠诚的顾客第二年购买更多的东西时，REI 的利润也随之增长。从选择商品的买家，到在销售现场提供建议的员工，每个人都认同 REI 的宗旨。这种良性循环帮助 REI 成为零售业中最受欢迎的品牌之一。

1.7 营销理念、社会责任和营销道德

必须考虑社会责任

当一个公司集中精力来满足一些消费者的要求以实现其目标时，可能会对社会产生负面影响。例如，生产者和消费者进行自由选择会引起冲突和困难。这就是所谓的微观—宏观困境。对某些公司和消费者来说的好产品可能对整个社会没有益处。

例如，纽约市的许多人购买瓶装水，因为他们喜欢这种易于携带的一次性瓶

子，非常方便。同时，该市已经为市民提供了味道好且可安全饮用的自来水，成本更低。这是关于消费者自由选择的问题吗？答案是"否"。使用石油来制造和运输数以百万计的塑料瓶是对资源的低效利用，而且这些塑料瓶最终会被填埋，从而将化学物质渗入土壤，造成环境破坏。这种关于社会整体利益的思考，解释了为什么纽约市鼓励消费者饮用免费的直饮水。你怎么看呢？子孙后代应该为今天的消费便利付出环境代价吗？

像这样的问题并不容易回答。原因是在一个市场导向的系统中，许多不同的管理者和消费者的选择可能与社会后果有关。这意味着营销经理应该承担社会责任，企业有义务增加自身对社会的积极影响并减少消极影响。当你阅读本书并了解更多市场营销的知识时，你也将了解更多市场营销中涉及的社会责任，以及为什么必须认真对待它。你还会了解到，承担社会责任有时需要进行艰难的抉择。

当一件事对社会具有多重影响时，社会责任可能难以评估。以水力压裂为例，这是一种将加压液体送入地下深处以移除石油和天然气的方法。一些人认为，水力压裂帮助美国在能源方面变得更加独立，生产的燃料更加清洁，并降低了天然气价格，从而刺激了经济。但另一些人认为水力压裂中使用的化学品和程序可能会损害环境，甚至导致地震。政府以及许多石油和天然气制造商正在努力减小负面影响，但可以想象，问题不容易被解决。

市场营销中的社会责任方面还提出了其他重要问题，这些问题都无法简单地回答。

所有的消费者需求都应该得到满足吗

有些消费者想要的产品，从长远来看可能并不安全，对他们也没有好处。一些批评者认为，企业不应该提供高跟鞋、酒精饮料等产品，因为从长远来看，它们对消费者并非有益。

当社会效益与经济效益发生冲突怎么办

有时候，承担社会责任不仅会增加公司的利润，也会增加公司的成本。尽管一些消费者会花高价购买"公平贸易"咖啡，使用再生纸制作的餐巾纸，乘坐污染较少的混合动力汽车，或购买在海外工厂以"公平工资"生产的产品，但这些产品的生产成本通常更高。同时，有一部分消费者对这些社会措施重视程度较低或根本不重视，拒绝为这些产品支付更高的价格。因此，客户以后者为主的公司并不愿意承担更多的社会责任。

当一个社会觉得社会效益很重要时，它可能会增加一些法规，为所有公司创造一个公平的竞争环境，并确保社会效益的提供。例如，有一些法律保护河流不受水污染、限制使用童工。尽管如此，政府还是很难对所有情况进行监管。那么，营销理念是否真的可取？

具有社会责任意识的营销经理正在试图回答这些问题。他们对消费者满意度的定义包括长期效果，以及即时的消费者满意度。他们试图平衡消费者、公司和社会利益之间的关系。

营销理念指导营销道德

营销经理不会在真正以客户为导向的同时不讲道德。但这无法完全避免问题和批评的出现，因为营销经理无法充分考虑到每个决定的道德影响。无论是哪种情况，当涉及营销道德时，没有任何借口可以敷衍了事。每个人都是在自己价值观的基础上制定道德标准，这就是为什么对一个观点的评判在人与人之间，在一个社会的不同群体之间，以及在一个社会与另一个社会之间有所不同。有时很难说明谁的评判是完全正确的。即便如此，某些观点可能仍然会对个人（或公司）的营销决策和行动产生实际的影响。因此，营销道德不仅是一个哲学问题，也是一个现实问题。

当一个或几个营销经理与组织中的其他人无法就营销道德达成共识时，问题就会出现。少数人甚至一个人的单独行动可能会损害公司的声誉和生存。例如大众汽车公司面临的丑闻，该公司发现有办法在排放测试中作弊。大众汽车公司无法找到一种方法来实现其柴油车的减排目标，主管人员批准开发欺骗排放测试系统的软件。多年来，大约 1100 万辆大众汽车排放的污染物数量是允许量的 40 倍之多。这种情况被发现后，大众汽车公司支付了超过 230 亿美元的罚款和修复费用。

为了使营销道德标准尽可能明确，许多公司都制定了自己的书面道德准则。这些准则通常至少在总体上说明了公司中的每个人在与客户和其他人打交道时应该遵循的道德准则。许多专业协会也有这样的准则。

市场营销有其批评者

我们必须承认，在美国和其他发达国家中存在许多对市场营销的批评者。营销活动尤其容易受到批评，因为它是公司中最容易被公众看到的部分。

下文总结了一些对市场营销的典型批评。思考一下这些批评的内容，以及你是否同意这些批评。

- 广告无处不在，而且往往令人生厌，常常误导顾客，浪费资源。
- 产品的质量很差，甚至不安全。
- 有太多不必要的产品。
- 零售商增加了太多的分销成本，只是提高价格而不提供任何回报。
- 营销为富人服务，剥削穷人。
- 营销人员虚假承诺，当消费者出现问题时却无人问津。
- 营销使人们对污染环境的产品产生兴趣。
- 消费者的私人信息被收集起来，用来向他们推销他们不需要的东西。
- 市场营销使人们过于物质化，促使他们追求实物而不是社会需求。
- 便捷的消费信贷使人们购买自己不需要和负担不起的东西。
- 公司声称自己是绿色环保的，但往往以不利于可持续发展的方式行事。

这些不满不应该被忽视。它们表明，许多人对市场营销系统的某些部分感到不满意。

正如上文提到的，有些人认为营销的主要活动是说服人们购买自己不需要也买不起的东西。我们并不否认的确有一些营销经理和公司认同这种理念。但是，我们认为绝大多数的营销经理和公司都相信，好的营销有助于建立一个更美好的世界。

我们所说的更美好的世界是什么含义？在我们对营销理念、社会责任和营销道德进行讨论之后会有结论。我们相信，一个更美好的世界是这样的：（1）买家和卖家做出更好更健康的决定，买家通过他们的消费选择体验更好的生活质量；

（2）买家和卖家做出的决定对他人的不利影响更小；（3）营销战略能够解决世界上一些最具挑战性的问题，包括饥饿、贫穷和气候变化。

虽然许多目标导向型的公司专注于整合一些"更美好的世界"的结果，但目标导向型公司真正的挑战是利用产品来创造一个更美好的世界。这类公司通常会发现，这种努力是有利可图的。我们并不是说创造更美好的世界是一项慈善事业。

表 1-3 列举了几个为创造更美好的世界而采取的营销战略，也展示了那些利用营销来创造更美好的世界的人、品牌和组织。我们想提醒并希望能激励大家为创造更美好的世界而实践营销。

表 1-3 为利用营销让世界更美好的示例。

表 1-3　利用营销让世界更美好的示例

公司	如何利用营销让世界更美好
沃达丰和 Safaricom	创建基于手机的货币平台 M-Pesa，使没有银行账户的人能够加入更大的经济体。仅肯尼亚就有超过 2500 万个用户
雀巢公司	雀巢公司认识到糖的危害，优先考虑减少其产品中的糖。它的研发部门创造了一个空心糖晶体的原型，可以将一些产品（包括巧克力）的含糖量减少 40%
诺华制药	为印度农村的穷人提供了基本药物和卫生教育
沃尔沃	沃尔沃承认汽车对环境的负面影响，宣布从 2019 年开始，每辆沃尔沃汽车将部分或完全使用电动引擎
凯麦斯	彻底改革其商业模式，帮助 50 万个拉丁美洲家庭以通常 1/3 的时间和成本建造自己的房屋，并且仍有利润

第二章

市场营销战略规划

柠檬水保险公司的营销战略

丹尼尔·施赖贝尔（Daniel Schreiber）和沙伊·维宁格（Shai Wininger）认为他们看到了颠覆保险这一传统行业的机会，毕竟这个行业从一开始就没有多大的变化。在 1666 年的伦敦大火中，超过 13000 所房屋被毁，这为保险行业的发展提供了契机。大火之后，很少有人拥有足够的资金去重建自己的房屋。人们自此发现，保险是弥补意外经济损失的有效方式。如果发生车祸、盗窃或火灾，保险公司会向投保人支付损失，而没有保险的人必须自己承担全部的损失。

柠檬水保险公司（以下简称柠檬水）从设计之初就是一家不同于传统保险公司的互联网保险公司，该公司通过打造便捷的手机应用，利用大数据、人工智能以及社会公益业务模式，提供不同于传统保险公司的服务。柠檬水营销战略中的这些元素是为了解决客户的市场需求和一些特定问题而设计的。

企业家们最先关注的是保险公司与客户之间的对抗关系。当一个保险合同持有人向保险公司索赔时，其目的可能是弥补洪水损失或替换被盗的物品，但由于保险公司有一种内在的动机，使得客户理赔变得困难。保险公司想支付更少的赔偿金额，这样才能获得更高的利润，因此，保险公司经常想拒绝赔偿，或者试图支付低于客户预期的费用。客户知道保险公司可能会压低金额，所以有时会夸大损失或做出欺诈行为。为了保护自己，大多数保险公司都要求客户提供损失证明，并对索赔事项进行核查。客户可能等待数周或数月才能获得赔款，在此期间，他们也想知道自己的索赔是否能得到批准，以及他们会收到多少赔款。

柠檬水认为这种方式太过于以生产为导向，所以做了一些与众不同的事。柠檬水从总收入中拿出 25% 作为利润，并将剩余的 75% 用来支付赔款。支付赔款后，剩余的收入都捐给投保人指定的慈善机构。"柠檬水回馈计划"每年会向营养不良的儿童捐款数百万美元，资助预防青少年自杀项目以及许多其他的公益项目。拒绝客户的索赔并不会增加柠檬水的利润，因此，公司拒绝赔偿的动机减弱了，客户夸大损失的动机也随之减弱，因为这会减少慈善机构所获得的捐赠金额。

柠檬水下一步的重点是吸引客户。经过对不同客户群体的评估，柠檬水的市场营销部经理认为可以向"千禧一代"（出生于 1978 ~ 1994 年的人）销售保险服务。这部分人中只有不到一半的人购买了除车辆保险外的其他保险产品。

柠檬水意识到"千禧一代"大多生活在城市中，其中绝大多数人都租房居住。柠檬水认为保险产品只要定价合理并传递出正确的信息，就有可能吸引"千禧一代"。"千禧一代"也是生活在数字化时代的一代人，他们可以通过手机上的应用程序（如优步、亚马逊、安吉拉银行或 Spotify），与这些公司进行互动。因此，通过手机应用程序（Application，简称 App）来提供保险服务是自然而然的趋势，并且交互也是数字化和在线上进行的。"千禧一代"喜欢并支持那些使世界变得更美好的企业行为，就像 Apple GiveBack（苹果回馈计划）项目所做的那样。

"千禧一代"对斥巨资买保险并不感兴趣，于是，柠檬水提供了极低的价格，通常一个月 5 ~ 7 美元，同时广告也在鼓励客户："在 90 秒内，您可以用一杯咖啡的费用来支付柠檬水保险。"

年轻人通常将保险视为一项非必要开支，他们宁愿把钱花在其他地方。柠檬水在很大程度上依赖于 Facebook 和谷歌等网站上的数字化广告来提高知名度，告诉客户他们为什么需要保险。当客户在网上搜索"租房保险"时，他们通常会看到柠檬水的博客文章，一篇标题为"租房保险涵盖的 9 种真实生活情况"的文章说明了保单涵盖自行车被盗、手机丢失等多种情况。

大多数保险公司依靠代理人和经纪人销售产品，而柠檬水则直接向最终客户销售，使用人工智能 AI Maya 或销售机器人来指导客户完成购买过程，AI Maya 回答客户的问题，介绍客户想要了解的信息并提供报价。AI Maya 的工作效率非常高，在对话开始后不到 90 秒就可以提供保险报价。

一旦柠檬水的保险合同持有人遭受损失，他们的理赔过程是迅速且轻松的。

他们在自己的手机上打开柠檬水 App，开始与 AI Jim 交流。AI Jim 会根据不同的损失情况，开始一系列的问答。AI Jim 会引导客户回答一系列问题，具体问题会根据他们的损失情况而有所不同。大约 1/3 的案例中，AI Jim 会立即支付赔款，一件价值 979 美元的 Canada Goose 羽绒服在 90 秒内就得到赔偿。当索赔需要更多的人工解释时，AI Jim 会将业务转交给柠檬水索赔体验团队。该团队受过专门培训，能够怀着同理心，公开透明和设身处地地为客户着想，并且迅速做出决定。即使是转交给人工团队的索赔业务，也通常能在不到一天的时间内完成理赔。这是与众不同的服务。

柠檬水的核心客户非常认可这种快捷友好的服务，并且乐于在自己的社交媒体和购物网站上将这种良好的体验分享出来。

了解到忠诚的客户更倾向于从自己喜爱的品牌方购买更多的产品后，柠檬水增加了新的保险产品，包括宠物、汽车和住房保险。柠檬水还将产品带到欧洲，拓展了新的市场，例如法国、德国和荷兰等国家。

柠檬水在保险行业中找到了一个不错的定位。"千禧一代"的客户很欣赏柠檬水的目标："期望将保险从一个令人厌恶的事物变成一个良好社会的必需品"。柠檬水蒸蒸日上，但毫无疑问其竞争对手也会从传统保险公司发展为创新保险公司，共同推动保险市场的发展。

比亚迪"一体两翼"战略

2022 年 4 月 3 日，比亚迪发布一则重磅公告：即日起，比亚迪将停止燃油车整车生产，其汽车板块将专注于纯电动（简称纯电）和插电式混合动力（简称插混）汽车生产业务。此公告一出激起千层浪，这也标志着比亚迪成为全球第一家停产燃油车的传统汽车企业。

"一体两翼"战略

自比亚迪采取"纯电＋插混"的"一体两翼"战略以来，多款车型的市场表现屡屡惊艳，销量一骑绝尘。比亚迪"一体两翼"战略布局的形成与新能源汽车行业的演变息息相关。

随着比亚迪在纯电和插混两个赛道上同步推出王朝、海洋等系列产品，其涵盖"轿车 +SUV（运动型多功能汽车）""插混＋纯电""五座＋七座"的多重新能源产品矩阵逐渐形成。在以"秦 PLUS""宋 PLUS"为代表的"爆款"车型销量不断攀升的同时，比亚迪以极具诱惑力的价格和不断提升的汽车性能展现了强大的竞争优势，在 10 万～ 20 万元价格区间的新能源汽车市场上逐渐形成碾压之势。

营销战略助力获得市场优势

2024 年 3 月，比亚迪"三箭齐发"，"秦 PLUS DM-i""宋 PLUS DM-i""唐 DM-i"三款 DM-i 车型推出"荣耀版"，凭借"超低油耗、静谧平顺、卓越动力"的卖点引发流量裂变。相较于燃油车，这三款插混车的起步价更低，喊出了"电比油低"的口号。而对消费者来说，同等价位下超低油耗的插混车比传统燃油车更具吸引力。同时，这三款车还可享受新能源专属绿色车牌、推广补贴和免征车辆购置税等多重优惠。

在技术足量、迭代迅速、定位精准的叠加效应之下，这三款车型一经发布就迎来销售火爆局面。以"秦 PLUS DM-i"领衔的比亚迪"秦"系列在 2023 年销量超过 48 万辆，堪称"燃油车终结者"。尽管市场火爆，但比亚迪仍坚持高性价比，其产品的价格普遍低于业内其他汽车的价格。

随着燃油车时代逐渐落下帷幕，新能源大势渐趋明朗，各大品牌动作频频，试图先声夺人。然而，看似一派欣欣向荣的景象之下暗流涌动，险礁丛生。巨浪席卷之中，比亚迪秉持"技术为王、创新为本"的发展理念，依靠数十年的潜心积淀，急流勇进，稳立潮头。在"纯电＋插混"的"一体两翼"战略引领下，刀片电池、DM-i 超级混动等多项技术日趋成熟，成为比亚迪一路劈波斩浪的绝佳利刃，助力其一路问鼎电动汽车龙头。

2.1 市场营销中的管理工作

从柠檬水的案例中，我们可以清楚地看出，市场营销观念对公司的成功非常重要。本节就讲讲营销管理的流程。

营销管理的流程是：（1）规划市场营销活动；（2）指导市场营销计划的执行；（3）控制市场营销计划。规划、执行和控制是所有管理人员的基本职责，但在这里，将重点强调这些职责对市场营销经理的意义。

图 2-1 列出了营销管理流程中三个步骤之间的关系。这三步都是相互关联的，体现了市场营销管理流程的持续性。规划岗位的职责是为执行岗位制定指导方针，并指明期望结果；控制岗位的职责是使用期望的结果来衡量一切事情是否在按计划进行。控制岗位与规划岗位之间的联系特别重要，其产生的反馈经常使计划发生变化或新计划产生。

图 2-1　营销管理的流程

战略管理规划涉及整个公司

指导整个公司进行战略规划的工作被称为战略管理规划，它是指开发和保持公司资源与市场机会相匹配的管理过程。这是一项属于高层管理人员的工作。它不仅包括市场营销的规划，还包括生产、财务、人力资源和其他方面的规划。

虽然营销战略不是全公司的计划，但公司的计划应该以市场为导向，而营销战略规划往往会为整个公司定下工作基调和方向。因此，本书使用战略规划和营销战略规划来指代同一件事。

2.2　什么是市场营销战略

营销战略规划意味着寻找有吸引力的机会和制定有利可图的发展策略。那什么是营销战略呢？下面来看看其含义。

营销战略包含目标市场和相关的营销组合，这是一个公司在部分市场上绘制的蓝图。这需要两个相互关联的部分。

1. 目标市场——公司希望吸引的同质（相似）的客户群体。

2. 营销组合——公司将能满足目标市场需求的可控变量组合到一起。

市场营销战略的构成如图2-2所示。其中目标市场是中心，目标市场被一些可控变量所包围，这些可控变量为市场营销组合。典型的市场营销组合包括产品、价格和推广，用来告知潜在客户有关产品的信息。市场营销组合还包括获取客户的方式。

图2-2　市场营销战略的构成

拓展案例

　　草药精华护发产品的营销战略针对的目标客户群体是十几岁到二十岁出头的年轻女性。产品包括各种洗发水、护发素和不同类型的发胶。产品名称和色彩鲜艳的包装吸引了客户的注意。例如，Hello Hydration 增添了椰子香味和额外的水分；Argan Oil 洗发水和护发素增添了植物中的天然成分来修复头发，使头发更柔顺。配套的洗发水和护发素鼓励客户一起购买。在塔吉特（Target）和沃尔玛，Herball Essences 将产品放置在大多数目标客户购买头发护理必需品的区域中高度与眼睛齐平的货架上。该品牌在平面、电视和网络广告中不断强调其天然成分。草本精华素的销售页面展示了数百个客户的评分和评价，还有品牌 Facebook、Twitter 和 Instagram 官方账号的链接。这些社交媒体网站可以让客户了解最新产品，并宣传该品牌及其与环保组织的合作关系。洗发水和护发素的零售价为每瓶 4 ~ 8 美元，偶尔还会有 1 美元的折扣券，以鼓励新客户购买。快速增长的销售额表明，这种营销组合击中了目标客户。

2.3 以市场为导向的营销

细分营销不是大众营销

营销战略锁定了一些特定的目标客户，这种方法被称为细分营销，以区别于大众营销。细分营销表示，营销组合是针对某些特定的目标客户量身定制的。相比之下，大众营销则是典型的以生产为导向，模糊地使用相同的营销组合面对每个客户。大众营销假设每个客户的需求都是一样的，认为每个人都是潜在的客户。生产导向和市场导向的经理对市场常常产生不同的看法，如图2-3所示。

以生产为导向的经理认为
每个客户的需求大体相似，
通常采用大众营销。

以市场为导向的经理认为
每个客户的需求都不一样，
通常采用细分营销。

图2-3 生产导向和市场导向的经理对市场的不同看法

大众营销商家可能会进行细分营销

大众营销（Mass Marketing）和大众营销商（Mass Marketers）这两个术语并不是一回事。正如前文提到的那样，大众营销是指试图向"所有人"推销产品，而像卡夫食品（Kraft Foods）和沃尔玛等大众营销商，虽然面向的是规模庞大的消费群体，但目标市场都是经过明确界定的。之所以二者容易混淆，是因为它们的目标市场通常庞大且分散。

细分营销意味着巨大的市场和利润

细分营销并不局限于小众市场，而是针对需求相对单一的市场。即使被称为"大众市场"的市场，需求也可能是同质的，就可能成为细分营销的目标市场。例如，婴儿的父母是一个大群体，在许多方面的需求都是同质的。仅在美国，这一群体每年在一次性尿布上的花费就超过 120 亿美元。因此，他们成为金佰利和宝洁（P&G）等公司的主要目标客户也就不足为奇。

专注于特定目标客户的基本原因是，公司可以开发一个营销组合来满足这些客户的特定需求，而不让其他公司来满足。例如，ETRADE（亿创理财）使用一个网站来吸引知识渊博的投资者，这些投资者想用一种方便、低成本的方式在线买卖股票，无须面对证券销售人员的建议（或压力）。

2.4 为市场细分开发营销组合

实际存在许多营销组合决策

满足目标客户需求的方式多种多样。一个产品可能有许多不同的特性：它可以通过线上进行销售，也可以只在实体店销售，或者两者都有；客户服务可以由真实的人或聊天机器人提供，甚至两者都提供；包装、品牌名称和保修期都可以调整；可以使用各种广告媒体（如报纸、电视、网站和社交媒体）宣传产品；公司可以在 Facebook、TikTok 或其他网站上开通品牌官方账号；公司可以使用自己的销售人员销售产品，也可以聘请其他销售专家；价格可以调整，也可以给出折扣；等等。面对这么多可调整的变量，有没有办法可以整合决策并简化营销组合？答案是"有"。

4P 构成一个营销组合

将市场营销组合中的所有变量减少为四个基本变量：产品（Product）、渠道（Place）、推广（Promotion）、价格（Price）。

把营销组合的四个基本变量合称为 4P，如图 2-4 所示。

图 2-4　营销组合的四个基本变量

客户并不是营销组合的组成部分

一些人认为客户也是营销组合的一部分，但事实并非如此。客户应该是所有市场营销活动的目标。例如，许多软饮料的客户非常关心自己摄入糖分的多少，所以零糖可乐的目标是那些喜欢可口可乐（Coca-Cola）的味道但不想摄入糖分的客户。

图 2-5 展示了由 4P 组成的一些决策变量。这些将在后面的章节中进行讨论。下面先简单地概括一下每个变量。

图 2-5　由 4P 组成的决策变量

产品：满足目标客户需求的商品或服务

产品是为目标市场开发的满足目标客户需求的商品或服务。产品可能是实物（商品），也可能是服务，或两者的混合。零糖可口可乐、牧马人吉普汽车和三星 Galaxy 手机都是实物产品，而 T-Mobile 公司的产品是它提供的通信服务——发送短信、接打电话和让客户连接到互联网。重要的是，无论是实物商品还是服务，都必须能满足一些客户的需求。

渠道：到达目标市场的方式

渠道包含让正确的产品进入目标市场的所有方式。如果一个产品无法在消费者需要的时间和地点内到达手中，那么这对消费者来说就不算好的产品。

一个产品也可以通过分销渠道到达消费者手中。分销渠道是指参与从生产者到消费者的产品流动过程的任何公司（或个人）。

有时，渠道很短，直接从生产者到达消费者。这在商业市场和服务营销中很常见。例如，T-Mobile 公司直接向消费者销售通信服务。然而，有些渠道很复杂，比如零糖可口可乐从制造商转移到批发商，再转移到零售商，如图 2-6 所示。当服务于不同的目标市场时，一家公司可能会使用多个分销渠道。例如，当消费者在麦当劳（McDonald）的自助饮料机接零糖可口可乐时，它正是通过不同的分销渠道进行供应。

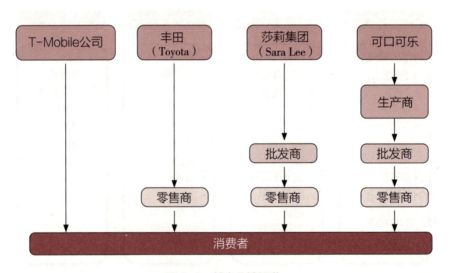

图 2-6　基本分销渠道

推广：告知并销售给客户

推广是告知目标市场或分销渠道，什么是正确的产品。有时推广活动侧重于获得新客户，有时则侧重于留住老客户。推广活动包括人员销售、大规模销售和促销活动。市场营销经理的工作就是融合这些能跟客户交流的方式。

人员销售所采取的行为包括卖家和潜在客户之间直接的口头交流。人员销售可能采取面对面、电话或者在线会议等方式来进行。有时在售后环节还需要注意提供客户服务，这是卖家和在购买过程中产生问题的买家之间的沟通，通常是产生回头客的关键。提供个性化服务是有代价的，人员销售和客户服务成本通常很高。这种推广方式往往与大规模销售和推广活动相结合。

大规模销售是指同时与大量的客户进行沟通。大规模销售的主要表现方式是广告——由明确赞助商付费进行的，针对理念、商品或服务的非人员推广活动。广告商支付给媒体（报纸、电视或网站）费用以获得投放广告的资格。公共宣传则是无偿的非个人形式的想法、商品或服务的展示，包括通过新闻报道获得曝光，以及为潜在客户创建介绍产品信息的网页，或在社交媒体（如 Facebook、Twitter）上设立一个品牌主页，这些也许会告诉客户相关资讯。

促销是指除广告、宣传和人员销售以外的那些能够激发客户或其他渠道客户的兴趣、试用或购买的活动。这可能涉及使用优惠券、展示原材料、赠品样品、促销标志、有奖竞赛、主题活动、产品目录、创意赠品和宣传单等。

当零度可口可乐更名为零糖可口可乐时，电视、印刷品、数字和社交媒体广告以及促销活动会让客户知道它最新的名字。销售人员在快餐店、食品杂货店和便利店与买家交谈，并经常在店内举办促销活动。

价格：使定价合理正确

除了开发正确的产品、采用合适的渠道和进行有效推广外，营销经理必须设定正确的价格。价格设定必须考虑目标市场的类型和整个营销组合的成本。经理还必须尽量准确预测客户对价格可能出现的反应。除此之外，他们必须了解关于加价、给予折扣和其他销售条款的通常做法。如果客户无法接受价格，那么之前所有的努力都浪费了。

零糖可口可乐的价格因销售渠道和为客户提供便利的程度而异。例如，在体育场的成本可能超过每盎司 [①]0.25 美元，在杂货店的成本可能低至每盎司 0.03 美元。

4P 理论提供客户价值

营销经理利用 4P 理论来为目标市场提供客户价值。如果产品的质量更高或包

---

① 美制液体盎司 =29.57 毫升。

含更多的功能，客户可能会感知到更多的价值；渠道决策使产品更便于客户购买；推广能有效地传达价值或使价格降得更低。公司必须了解目标市场，了解如何将 4P 中的各个要素调整至最佳，以便在传递出产品价值的同时，给公司带来利润。

4P 的每一个因素都能帮助制定整体战略

所有营销组合都需要用到 4P 理论。事实上，它们应该紧紧联系在一起，但是否有一个因素比其他三个更重要？一般来说，并不会这样，因为所有的因素都有助于制定整体战略。当开发一个营销组合时，所有的决定都应该同时做出来。这也是为什么 4P 围绕目标市场形成一个圆圈，表明它们都是同等重要的。

关于营销组合规划的总结如下：开发一种满足目标客户需求的产品，并找到对接目标客户的渠道，然后使用推广活动来告诉目标客户（以及渠道中的其他客户）为他们而设计的产品内容，在预估客户对产品的预期反应和产品的总成本后，设定一个价格。总之，一个营销组合应该为目标市场提供客户价值。

战略工作必须一起完成

需要注意的是，在制定营销战略时，选择目标市场和开发营销组合是相互关联的，而且必须根据公司的目标来制定，不能只考虑目标市场和营销组合。

伦理困境

琼斯百货公司位于美国西北部，拥有 125 家连锁店，你是它的营销经理。你的公司邀请了一位外部的开发者来编写商店的手机应用程序。开发者刚刚添加了一些基于定位的新功能。例如，顾客可以在 App 中输入他们"最喜欢的琼斯商店"的位置，当顾客在商店购物时，他们可以打开 App，找到对应的商店，该商店就可以在顾客购物时向他们提供优惠券（该 App 知道顾客的位置）。

开发者还提到了另一个功能。他告诉你，另一家大型零售商在 App 上向在商店和不在商店的客户显示不同的价格。例如，App 可能会向在商店中的顾客展示某件毛衣的价格为 79 美元（与商店中的价格标签相匹配）。但是，不在商店的顾客在 App 上看到同一件毛衣时价格会更低，比如 59 美元。因为这家零售商发现，店内顾客对价格的敏感度远低于线上购物者。因为线上购物者可以选择在其他地方购买，所以为线上购物者提供比商店里更低的价格。

你会建议在新版本的应用程序中加入以上功能吗？如果顾客发现其他顾客支付的价格更低会有什么感觉？请谈谈你的看法。

了解目标市场有助于制定更好的战略

目标市场的需求通常决定了营销组合，因此营销人员必须非常慎重地分析潜在的目标市场。本书将探讨如何抓住有吸引力的市场机会和制定适当的战略。

让我们仔细地看看 Toddler University（简称 TU）公司的战略规划过程。该公司是杰夫·西尔弗曼创立的一家销售鞋的公司。在高中和大学期间，西尔弗曼在当地的鞋店做过销售员，并在耐克工作了一年，获得了宝贵的经验。在这些工作中，他学到了很多关于客户的需求和兴趣的知识。他还意识到，有些父母在为学龄前的孩子购买鞋子时并不满意。

西尔弗曼看到有很多不同类型的家长购买婴儿鞋，他们对婴儿鞋都有不同的需求。从他的观察来看，这方面市场的服务比较欠缺。这些细心的父母想要购买能满足各种需求的鞋子——有趣、时尚和实用。他们不想要一双仅仅只是合适的鞋子，而想要无论是设计还是材料都适合婴儿玩耍，且有助于婴儿学习走路的鞋子。如果有合适的产品，他们也愿意支付溢价。西尔弗曼看到细心的父母这个目标市场，他的营销组合用他的话说就是"舒适，兼具功能、趣味和时尚"。他制订了一个详细的营销计划，吸引到了投资，公司开始迅速发展。

让我们来看看西尔弗曼与制造商合作的具体策略。制造商需要按照 TU 的品牌标准生产童鞋。这些标准独具匠心，它们针对目标市场需求改进了产品设计：与多数硬质高帮婴儿鞋不同，TU 童鞋采用更柔软的鞋体与舒适的橡胶鞋底；过缝制而非胶粘工艺来提升耐用性；加宽鞋口设计便于儿童穿脱；更配有可调节宽度的专利鞋垫。

这一产品创新同时为零售商创造了价值。传统童鞋因 11 个尺码和 5 种宽度，至少需储备 55 双，而 TU 的可调节设计大幅降低了库存压力，使产品线利润率远超竞品。产品与渠道决策的协同效应，既提供了客户价值，也构筑了 TU 的竞争优势。

在推广方面，TU 的平面广告给予儿穿着效果特写，详述产品优势，让创意包装成为卖点。比如，将运动鞋装入健身房储物柜造型的盒子，并配备投币式电动摇摇鞋展示架，既吸引儿童驻足，又能在一年内实现设备自偿。

TU 对其大部分鞋子的定价为 35 ~ 40 美元一双。这虽然是一个溢价价格，但细心的父母通愿意在孩子身上花很多钱。

在短短四年内，TU 的销售额从 10 万美元跃升至 4000 多万美元。为了保持增长，西尔弗曼扩大了分销，将产品扩展到欧洲的新市场。为了维护其与目标客户的良好关系，TU 扩大了产品线，生产大龄儿童的鞋子。然后西尔弗曼完成了他最大的一笔销售业务：他把自己的公司卖给了鞋界最大的公司之一——热斯科（Genesco）。

2.5　营销计划的制定与实施

营销计划填充营销战略

正如 TU 案例所阐述的，营销战略明确了目标市场与营销组合，它描绘了企业将在某一市场中采取的整体布局，而营销计划则更进一步。营销计划是对营销战略的书面陈述，以及实施该战略所需时间要素的具体安排，它需要详尽阐述以下内容：（1）将向哪些目标市场（即目标客户群体）提供何种营销组合产品，以及持续多长时间；（2）需要投入哪些公司资源（以成本形式体现），及其投入速率（可能按月度规划）；（3）预期达成何种成果（可能是月度或季度的销售与利润数据、客户满意度水平等）。营销计划还应包含管控程序，以便执行者能够及时察觉偏差。这可能表现为最基础的实际销售额与预期销售额对比机制——当总销售额持续低于特定阈值时触发预警信号。

将营销计划付诸实践

在制订营销计划后，营销经理便明确了具体执行路径。此时的核心任务是将既定计划转化为实际行动。战略能否取得预期成效，取决于实施过程的精准度。在此过程中，可能需要大量短期运营决策作为战略落地的支撑性措施。

管理者必须在战略规划阶段确立的指导方针框架内做出运营决策。例如在产品政策、渠道政策等战略框架下，执行层需要根据基本战略要求制定相应的运营方案。需要特别强调的是：只要这些运营决策不超出既定政策边界，就意味着企业并未改变基础战略。当控制体系显示运营决策未能达成预期效果时，管理层就需要重新评估整体战略，而非单纯加大执行力度。

通过 TU 的案例可以更清晰地辨析战略决策与运营决策的差异，如表 2-1 所示。需要注意的是，部分运营决策需要常态化执行（甚至每日处理），这类决策不应与战略规划混淆。尽管这些决策可能耗费大量的时间与精力，但它们本质上属于执行层面，并非需要优先关注。

表 2-1　TU 公司的战略决策与运营决策

营销组合	战略决策	运营决策
产品	颜色、款式和尺寸创新，以满足目标市场	根据客户的喜好，添加、更改或删除颜色、款式或尺寸
渠道	通过选定的婴儿产品零售商分销，提供产品线，并提供良好的店内销售支持和推广	增加新的零售商或减少业绩不佳的零售商
推广	宣传特殊设计的效益和价值，以及展示它如何满足客户的需求	当零售商雇用新的销售人员时，发送当前的产品线细节培训包；在需求高峰时期（例如假期前）增加当地报纸印刷广告的推广
价格	保持溢价价格，但鼓励零售商通过提供折扣促进销售	当一种新款式首次推出时，向零售商提供短期的优惠价格

分析工具提供管控功能

我们的核心在于探讨营销战略的制定，但最终营销经理还需对其开发和实施的营销计划进行管控。管控工作通过反馈信息，帮助营销经理调整营销战略来更好地满足客户需求。为实现有效管控，营销经理需要运用多种分析工具，深入洞察客户及其购买行为，包括客户如何应对企业营销组合的调整。

市场营销分析——测量、管理和分析绩效

后续的章节将详细探讨营销计划的整体控制。不过，营销经理通常更关注客户在购买过程中的特定行为，这种洞察有利于优化市场细分、定位决策或营销组合策略。前文提到"营销指标"这一概念。营销指标常常被用于营销分析，即通过衡量、管理和分析绩效，实现营销效率与效果的最大化。

随着客户越来越多地使用计算机和移动设备进行产品研究与购买，营销经理可获取的数据量呈指数级增长。这些行为数据可通过技术手段追踪、整合并用于营销分析。

若干计划共同构成完整的营销计划

大多数企业会同时实施多个营销战略及相关营销计划。以汽车制造商雪佛兰（Chevrolet）为例，该公司为旗下各车型制定了差异化的营销方案，甚至同一车型往往也存在多重计划。例如，雪佛兰拥有以 Colorado 和 Silverado 为代表的皮卡系列、以 Spark 和 Malibu 为代表的轿车系列以及以 Bolt 为代表的电动车系列。即便在同一产品线内部也存在差异：Silverado HD、LTD 和 EV 版皮卡的目标市场、定价策略及推广信息均有所不同。这些车型各自的营销计划共同构成了一个大的营销战略，如图 2-7 所示。然而，营销战略能否成功取决于规划过程中的细致程度，以及各项计划协同创造的客户与企业价值。

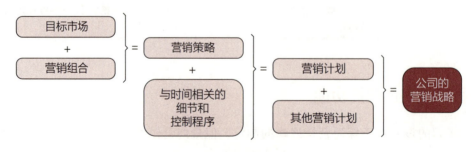

图 2-7　公司的营销战略

2.6 确认客户终身价值和客户公平性

第一章提出了一个核心观点：提高客户价值能够吸引客户，而满足这些客户的需求才能建立盈利的长期关系。让我们进一步深化这一认知，看看那些致力于与客户建立关系的营销战略和营销计划，是如何为营销人员持续创造财务价值的。

人际关系增加了客户的终身价值

忠实客户会持续购买令其满意的品牌，并往往寻求同一品牌的其他产品。许多企业已认识到这一点，开始测算客户的终身价值（Customer Lifetime Value，CLV），即单个客户在与企业建立关系的整个周期内为企业贡献的总利润。例如，22 岁的大学毕业生玛洛丽可能以 2.7 万美元购入本田（Honda）Insight Hybrid 轿车。几年后，当她需要小型 SUV 时，如果她对本田 Insight Hybrid 及其服务感到满意，可能会以 3.3 万美元购买本田 CR-V Hybrid。随着玛洛丽组建家庭，本田 Pilot SUV 的家庭版车型开始吸引她。未来几十年，她可能继续购置更多本田汽车，其间还可能添置两台本田草坪修剪机。若本田持续为该客户提供优质服务，玛洛丽一生购买本田产品的总金额可能超过 40 万美元。按平均 10% 的利润率计算，玛洛丽的客户终身价值大约为 4 万美元。

客户的终身价值改变了企业制定营销战略的思路。若玛洛丽对首次购买的本田产品不满意，可能日后不会再选购本田产品，她的客户终身价值也将大幅缩水。优质的营销战略不仅能满足客户需求，更需要让满意的客户能够持续购买。企业致力于与客户建立长期关系，例如本田就具备覆盖客户不同人生阶段的产品矩阵。

如何预估客户的终身价值

可以通过特定的营销分析来计算客户的终身价值。其实计算方法有很多种，哪种方法最有效取决于客户的购买行为、营销实践及可用数据。无论采用哪种方法，估算客户的终身价值都需三个核心营销指标：（1）平均利润率；（2）留存率；（3）获客成本。接下来就详细讲讲这些指标。

假设我们可以通过客户的消费记录，估算出每位客户在特定时间段内的平均利润率。

当然，玛洛丽可能持续购买本田产品，也可能转而购买丰田、雪佛兰或宝马（BMW）。留存率是指客户留存数量与客户总数的比值。例如，乔氏咖啡店今年有1000名客户，次年仍有600人光顾（部分客户可能去了新的咖啡馆、搬家或者不再喝咖啡），那么该咖啡店的留存率为60%。

计算客户终身价值的第三个营销指标是获客成本，即获取每位新客户所需的费用。例如，咖啡店今年投入1万美元广告费吸引新客户，成功获取80个新客户，则每个客户的获取成本为125美元。

客户资产考虑了所有当前和未来客户的终身价值

客户终身价值是对单个客户价值的估算。我们可以将这一概念延伸，综合考虑企业当前及潜在客户群体，以及与每位客户相关的收入和成本。客户资产是指在特定时期内，现有及潜在客户群体带来的预期收益流（盈利能力）。

客户资产聚焦于获取、留存和提升客户所产生的收入与成本

尽管客户资产的测算涉及复杂的数学模型，超出本书范畴，但其理念仍可为营销战略的制定提供重要参考。采用客户资产导向的方法，能够帮助营销经理制定着眼于企业长期利润的决策，而非仅关注下一季度或本年度的业绩。通过评估不同营销战略与营销计划对客户资产的影响，企业可基于长期财务考量做出决策。

客户资产导向法还揭示了三大增长路径：（1）获取新客户；（2）留住现有客户；（3）通过提升购买频次提升客户价值。这三类举措（获取、留存、增值）各自伴随相应的成本与收益。

进行此类分析的企业发现，留住现有客户的成本往往低于获取新客户的成本。这就促使企业增加客户留存投入，例如在客户服务方面投入更多资源。营销经理应评估营销组合在实现这些目标时的有效性，同时也要考虑到长期的收益与成本。通常，营销计划会包括不同的计划来实现不同的目标。例如，随着客户人数的增多，企业需同步加大客户留存的投入，因为需要服务的客户群体明显扩大。

获取、留存和增值的不同营销战略

获取新客户需要制定针对非现有客户群体的营销战略，留存和增值则是面向

現有客户实施差异化举措，旨在维持或扩大其购买规模。以 HARRY'S 为例，这家剃须用品零售商的营销战略清晰地展现了这一逻辑。

· 新客获取：HARRY'S 通过推出特惠"新手套装"吸引新客户，包含剃须刀手柄、若干刀片及小瓶剃须凝胶，以优惠的价格促成首单转化。

· 老客留存：系统自动为客户办理周期性补货通知（每数月一次），通过持续服务增强客户黏性。同时，高性价比的剃须刀具组合（刀头＋刀片）形成复购驱动力。

· 客户增值：HARRY'S 拓展产品线至香皂、沐浴露、剃须香膏等产品，并通过邮件营销引导已购买剃须刀的客户进行跨品类购买，提升单个客户的终身价值。

2.7　什么是有吸引力的机会

有效的营销战略规划需要将市场机会与公司资源（公司能做什么）及公司目标（公司想做什么）精准匹配。成功战略的起点在于富有创意的经理发现了具有吸引力的市场机会。然而，同一机会对不同公司的价值可能截然不同——对特定公司而言，真正具有吸引力的机会是那些公司能够利用自己的资源实现自己的目标的契机。

有突破性的机会是好机会

我们始终强调寻找突破性机会，即帮助创新者开发难以复制的营销战略，从而实现长期可持续的高利润。这一点至关重要，因为总会有模仿者试图瓜分创新者的利润。如果竞争对手能轻易复制你的营销组合，那你便很难持续为客户提供卓越的价值。

至少需要有竞争优势

即使无法发现突破性机会，企业仍需通过建立竞争优势来提升盈利或生存概率。竞争优势是指企业的营销组合被目标市场视为优于竞争对手的方案。这种优势可能源于生产环节的成本削减、研发创新、关键零部件采购效能提升，或者为新的分销设施提供融资等举措。同样，强大的销售团队、知名品牌的影响力或优质的经销商网络也能构成竞争优势。无论竞争优势来自何处，只有为客户创造卓越价值并提供优于竞品的服务体验，才是真正的竞争优势。

沃尔格林（Walgreen）的竞争优势是其作为美国最大连锁药房的规模优势。它在美国 50 个州经营着约 9300 家门店，几乎覆盖所有区域。对于重视便利性的客户群体而言，这种无处不在的渠道布局构成了独特的竞争优势。而如此庞大的门店网络建设成本高昂，所以竞争对手难以复制。

避免碰运气式营销

现在，你应该能理解营销经理为何需要主动寻找优质机会，但现实是并非所有人都能成功地将机会转化为有效战略。即便有些营销经理的出发点是好的，也可能会以随意的方式应对看似可行的机会，待问题显现时已为时过晚。制定成功的营销战略需要严格遵循结构化流程，这是后续章节要讨论的核心内容。

营销战略规划过程强调机遇

制定成功的营销战略无须依赖运气。通过掌握本书开发的营销战略规划体系（见图 2-8），可以系统化地完成营销战略。营销战略聚焦两大核心维度：一个是目标市场选择，即明确企业将服务的特定客户群体；另一个是营销组合开发，即

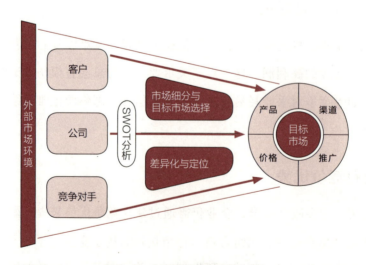

图 2-8　市场营销战略规划过程

围绕 4P 组合设计差异化方案。最终形成的营销战略方案表现为：以目标市场为核心的 4P 组合框架。需要特别说明的是，制定战略并非单纯提出某种方案，毕竟企业可能尝试的营销组合高达数百种甚至数千种。真正的挑战在于如何从海量选择中精准锁定最优战略。

从广泛机会到具体战略的逐步细化

将营销战略规划过程视为一个逐步细化的流程，具有实践指导意义。后续的章节将详细阐述该流程中各环节的战略决策要点，还将呈现多种概念框架和实操方法，助力提升战略决策质量。

该流程始于对市场的宏观审视，重点关注客户需求、公司目标与资源以及竞争对手动态。这种全景式分析有助于发现那些若过早聚焦细分领域易被忽视的独特机会。

筛选标准是战略选择的依据

一般来说，企业面临的机遇和战略往往超出其实际可执行的范围。每种机会都具备独特优势与潜在风险，外部市场环境的变化可能使某一潜在机会的吸引力发生变化。这些复杂性使得企业难以精准地锁定目标市场与营销组合。然而，通过建立一套具体的筛选标准，营销经理能够清晰界定企业的业务范围与目标市场。本书第三章将详细阐释筛选的标准，需要注意的是，特定情境下采用的筛选标准需根据企业目标与资源进行具体分析。

SWOT 分析突出优缺点

SWOT 分析是组织市场信息并制定相关筛选标准的有效工具，它通过梳理企业的优势、劣势、机会与威胁来建立评估框架。SWOT 这个名称其实就是优势（Strengths）、劣势（Weaknesses）、机会（Opportunities）威胁（Threats）这四个英文单词的首字母缩写。优势与劣势是对企业资源与能力的评估，而机会与威胁则是对客户、竞争对手及外部市场环境的分析。图 2-9 展示了星巴克简要的 SWOT 分析。

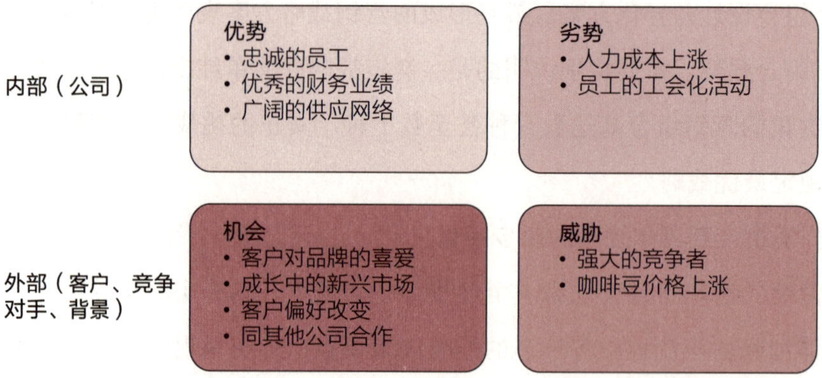

图 2-9　星巴克 SWOT 分析

通过 SWOT 分析，营销经理能够识别那些充分发挥企业优势、抓住市场机会的策略，同时规避劣势与潜在威胁。

市场细分有助于精准定位目标

在寻找机会的早期阶段，公司要关注那些需求未被充分满足的客户群体。当然，潜在客户并非完全同质化，他们的需求存在差异，且满足需求的途径也不尽相同。部分原因在于客户群体存在多种类型，特征各异。尽管差异显著，但客户中仍然存在具有相似特征的子群体，能够被同一营销组合所满足。因此，公司需要通过市场细分识别并理解这些不同的子群体。市场细分可以帮助营销经理决定服务哪些客户子群体，以及排除哪些群体。

客户想要与众不同的产品

营销组合如果总是以相同的方式满足客户的需求，则无法形成竞争优势。营销经理需要识别那些未被满足或可优于竞争对手满足的客户需求。综合分析客户、竞争对手及企业自身状况，有助于营销经理发现与竞品具有差异化的战略路径。差异化意味着营销组合在竞争中具有独特性。

通过精简实现更多

在竞争日益激烈的市场中，许多企业难以找到真正区别于竞品的营销组合。例如，消费者究竟如何区别壳牌（Shell）与埃克森（Exxon）的汽油、李维斯（Levi's）与 Lee 的牛仔裤？维萨（Visa）信用卡与万事达卡（Master Card）？美国航空、达美航空与联合航空？一部分消费者确实能感知到显著差异并拥有偏好选择，但更多人认为这些品牌的差异微乎其微，最终选择价格最低的选项。

某些聪明的品牌通过在大部分领域"少做"，在关键维度"多做"以带来惊喜。以捷蓝航空为例，当捷蓝航空 2000 年进入航空市场时，所有主流航空公司都提供免费机上餐食、头等舱/商务舱选择及多档票价。捷蓝航空却取消了所有这些服务，但它并非廉价航空——每架飞机都配备从前往后的一流真皮座椅和卫星电视，同时承诺"永不取消航班"。随着时间推移，竞争对手纷纷效仿其服务，捷蓝航空的初始差异化优势逐渐减弱，但仍有大量客户感受到它的独特价值并保持忠诚。

在加州西部，你可能随处可见 In-N-Out 汉堡店。与传统快餐店不同，它不提供儿童餐、沙拉或甜点，菜单仅有六款单品。但表面简洁之下暗藏巧思：所有食材均为当日现做（非冷冻），更设有只有内部人士才知道的"秘密菜单"，点单时说"Protein Style"（蛋白质风味）或"Animal Style"（动物蛋白风味）会获得特制酱料组合。这种差异化使其在麦当劳主导的快餐市场中脱颖而出，持续吸引忠实顾客。

有些企业通过"更多"实现差异化：试驾 740 马力的法拉利，入住奢华的文华东方酒店。但捷蓝航空、In-N-Out 汉堡店选择反其道而行之——当竞品不断叠加服务时，它们主动精简基础项，仅保留特色。这种差异化策略虽显反常，却精准抓住了特定消费群体的深层需求。

缩小到一个优越的营销组合

差异化的核心在于聚焦营销组合的某个关键要素，例如，改进产品或提升配送速度。然而，真正的差异化通常需要企业针对特定目标市场，全面优化 4P 组合的各个要素。当四大决策领域围绕统一主题展开时，目标客户更容易感知到品牌的独特价值定位。这种主题应强化品牌与竞品的核心差别，这样目标客户就会认为品牌处于一个独特的位置，以满足他们的需求。

让我们看看友谊乳业如何通过营销战略规划与差异化重振农家奶酪市场。友谊乳业（Friendship Dairies，简称 FD）是美国东北部和佛罗里达州具有区域影响力的农家奶酪品牌。当希腊酸奶风靡市场时，FD 的农家奶酪销量在五年内下降了超过一半。营销经理分析了客户需求，发现许多目标客户正在寻找"超级食物"（如坚果、浆果和蔬菜）。鉴于 FD 自 1917 年成立以来始终强调产品的健康属性，于是将品牌重新定位为"原始超级食物"，旨在让客户感知其农家奶酪与其他超级食物搭配的独特性。

FD 的营销战略是着重向目标客户展示其提供的产品与竞品的差异化价值。具体运营决策包括：在官网发布以农家奶酪为核心的超级食物搭配食谱，并提供社交媒体分享功能；开发"超级食物生成器"互动工具，帮助客户自主创建营养组合并展示健康功效；与"混合原料"品牌（如菠萝大王）开展联合促销；推出全新明亮多彩的包装以强化货架吸引力；通过优惠券激励客户将 FD 农家奶酪加入购物车。

从客户、竞争对手、企业及行业环境四个维度进行全景式扫描后，FD 的营销经理聚焦于具体战略。这一战略成效显著：客户对这款"超级食物"反响积极，数据显示，大量新客户首次购买农家奶酪，FD 官网访问量一年内激增 600%，销售额实现 9% 的增长。

2.8 追求的机会类型

许多机会在他人发现后才变得明显。因此，在营销战略规划初期，营销人员需要构建一个框架来系统思考潜在的机会类型。图 2-10 中存在四种机会类型：市场渗透、市场开发、产品开发和多元化经营。这些机会能否被抓住取决于一家公司

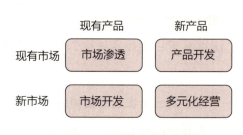

图 2-10 四种基本类型的机会

的目标市场是现有市场还是新市场，以及它销售的是现有产品还是新产品。然而，一些公司同时追求多种机会。

市场渗透

市场渗透是指通过现有产品在现有市场中提升销售额，通常采取更具侵略性的营销组合策略。企业可能试图通过强化客户关系来提高客户使用频率或复购率，

或吸引竞争对手的客户及潜在客户。

以网约车服务优步为例，其抓住了一个关键机会，促使现有客户更频繁地使用优步服务。优步推出"优步奖励计划"（Uber Rewards）：客户每次使用优步服务均可累积积分，积分可兑换现金、机场优先接单服务及免费升级服务。客户通常会为了获取积分而增加消费。

市场开发

市场开发是指通过现有产品开拓新市场来提升销售额。这可能涉及寻找产品的新型应用场景。例如，Vievu 公司为执法人员生产执法记录仪，但后来在管道工、电工及家电维修人员中找到了新市场，这些专业人士使用执法记录仪向客户展示房屋维修成果。

优步在稳固美国市场后，通过复制美国本土的应用软件及商业模式进入多个国际市场，通过标准化运营模式开发了海外市场。

产品开发

产品开发是指为现有市场提供新产品或改进型产品。通过洞察现有市场需求，企业可能发现新的客户满足方式。例如，优步在成立几年后，推出了食品订购与配送服务"优步外卖"（Uber Eats）。此举既依托其知名品牌优势，又为司机创造了新的收入来源。

多元化经营

多元化经营是指企业进入完全不同的业务领域，可能是全新的产品、市场，甚至生产营销系统的不同层级。与现有业务差异巨大的产品或客户群体可能对乐观者具有吸引力，但这些机会通常难以评估。正因如此，多元化经营往往伴随着很大的风险。

麦当劳曾在瑞士开设两家酒店。原计划通过周末家庭客群实现盈利，但实际客源主要为工作日差旅人士。这一目标群体与麦当劳以往服务的快餐客户截然不同，且高端酒店与快餐业态存在显著差异。这或许解释了为何该业务在两年后被专业酒店管理公司接管。

优步通过多元化寻求新增长点，新增牵引车租赁业务，目前为数百家货运公司提供拖车租赁服务。其底层技术"优步 App 的匹配算法"成为连接新业务与客户需求的核心纽带。

在已有市场发现具有吸引力的机会

企业通常会在已有市场中发现具有吸引力的机会。一方面，多数企业首先考虑更深入的市场渗透，它们希望在这些已具备经验和优势的领域提升利润并扩大客户资产。另一方面，许多企业发现市场开发（包括进入国际市场）能充分利用现有优势，实现盈利。

2.9　国际机会

企业营销经理很容易陷入忽视国际市场的陷阱，尤其是在国内市场繁荣的情况下。

世界越来越小

许多国家已减少贸易壁垒（如降低进口税），有效改变了国际贸易成本更高的局面，如今全球贸易得到了显著发展。此外，电子商务、运输和通信技术的进步，使得企业接触国际客户变得更便捷且成本更低。规模再小的企业，也能通过网站和电子邮件向国际客户提供大量信息以及便捷的订购方式。

发展国内外的竞争优势

如果其他国家的客户对企业的产品或潜在产品感兴趣，那么服务这些客户可能带来规模经济效益。降低成本（及价格）可使企业在国内外市场均获得竞争优势。例如，百得公司（Black & Decker）在其许多工具和电器中都使用了发动机。通过在美国以外的地区销售，该公司实现了规模化生产，每台发动机的成本因此大幅降低。

尽早打开新市场

一家在国内市场面临激烈竞争、利润率低且销售增长缓慢的企业，可能在产品需求刚刚起步的其他国家获得全新的发展机遇。营销经理或许能够转移企业已有的营销优势或其他竞争优势到新市场。以宾夕法尼亚州的设备制造商 JLG 为例，该公司主营建筑工地使用的升降设备及工具。面对激烈的竞争，JLG 的利润几乎蒸发殆尽。通过削减成本，企业勉强改善了国内的销售业绩，但真正实现业绩突破的是海外市场的打开：进入国际市场前五年的国际销售额已超过其此前的总销售额，而当其进入中国市场后，国际业务更占到总销售额的半壁江山。在欧洲，新安全法规要求高空作业人员必须使用空中平台，这为 JLG 创造了政策性优势。

国际市场使世界更美好

企业在发展中国家改善民众生活质量的同时实现盈利，这样的机会有很多。例如，法国食品公司达能（Danone）长期关注新兴市场。在巴西，达能对其畅销奶酪进行改良（减少糖分、添加维生素），以提升巴西青少年的营养水平；在孟加拉国，达能专为儿童开发了富含营养的酸奶。

挪威化肥企业雅苒（Yara）在坦桑尼亚掀起了一场"农业革命"。雅苒通过公私合作模式，成功改造了面积相当于意大利国土的坦桑尼亚农业区，使其更适宜耕作，并提高了当地小农户收入水平。雅苒不仅销售化肥，还传授改良农技。自项目启动以来，许多农民的作物产量增长 10 倍，雅苒也因此占据了坦桑尼亚 50% 的市场份额。

此类双赢（既有利于企业，又造福社会）的机会，正是营销理念"为让世界更美好而营销"的核心所在。

在变量中找到更好的变化趋势

国内市场环境中的不利趋势或其他国家的有利趋势，可能使国际市场格外具有吸引力。例如，美国人口增长放缓且收入趋于稳定，而世界其他国家和地区的人口和收入正在快速增长。许多美国企业再也无法依赖曾推动国内销售持续增长的既有市场红利。企业想要增长甚至生存，只能通过开拓更遥远的客户群体来实现。企业若想当然地认为所有最佳机会均存在于本土市场，是不合逻辑的。

评估海外市场的风险

营销经理的确应重视国际机遇，但海外市场的风险通常更高。许多企业的失败都源于对海外市场的认知不足。理解国外的法规既困难又昂贵，政治或社会动荡更使某些国家成为难以运营的市场。谨慎的规划虽然可以降低部分风险，但营销经理最终需对每个国际市场的机遇与风险进行综合评估。

第三章

洞察市场机会

亚马逊的营销战略分析

1995 年，当亚马逊（Amazon）网站首次上线时，其创始人杰夫·贝索斯（Jeff Bezos）通过改变零售购物体验发现了突破性机遇。亚马逊的战略依托于贝索斯观察到的趋势——越来越多的消费者开始在线购物。当时的法律并未要求对在线销售征税，这减少了物流费和手续费。尽管亚马逊在 1995 ~ 2003 年亏损了 30 亿美元，但早期投资者仍保持耐心，他们与贝索斯的信念一致：只要持续为客户创造价值与满意体验，客户就会回头消费、增加购买量并主动推荐给朋友。事实证明，贝索斯与投资人的预判是准确的。

亚马逊的成功绝非偶然。它深刻地理解自身的使命、优势与短板。它的服务宗旨始终聚焦于核心目标："我们致力于为客户提供最低价、最丰富的选择以及极致的便利性。"基于此，亚马逊开创了社区功能，例如，客户的评价与问答板块，帮助用户发现新品并做出更明智的决策。亚马逊为其他卖家提供了与亚马逊竞争的机会。此外，亚马逊不断拓展新品类，从最初的图书逐步延伸至电子产品、家居园艺、健康美妆、工业工具、服装鞋子，甚至云计算服务等领域。目前，亚马逊已占据美国在线销售市场约 50% 的份额。

亚马逊最核心的战略资源之一是客户数据，能够对用户的行为模式进行精准解析。当客户访问亚马逊网站时，系统会记录历史搜索记录、浏览路径、购买与弃单商品，以及是否阅读评价或进行比价。再结合人工智能系统，亚马逊为每位用户打造了独一无二的购物体验。亚马逊还通过整合个体用户行为数据与数千万其他消费者的集体行为模式，持续优化推荐算法与供应链管理。

这些洞察使亚马逊能够精准地预判客户的需求，并推送个性化的广告。例如，当西雅图某物理治疗连锁机构寻求增长时，亚马逊仅向近期购买护膝产品的西雅图客户推送广告。通过这种高度定向的个性化营销战略，亚马逊显著提升了广告转化效率。

开拓国际市场时，亚马逊优先选择英国、德国等互联网普及度高、人均收入高的市场。目前，亚马逊已覆盖 13 个国家，其中包括澳大利亚、加拿大、法国、印度与中国。然而并非所有拓展都顺利。尽管中国网民基数庞大且消费能力持续提升，但亚马逊在中国电商市场的份额仍不足 2%，主要受制于阿里巴巴（占据43% 市场份额）与京东（占据 20% 市场份额）的强势竞争。在印度，当地法规限制外资企业直接持有网上库存并开展零售业务，也给亚马逊带来显著挑战。

亚马逊不断地提升购物的便利性。高级会员在支付 139 美元的年费后，可享受指定商品两日内免费配送、精选视频内容免费观看等权益。据估算，超过 60%的美国成年用户已注册亚马逊账号。亚马逊在美国主要城市设立了 100 多个仓库，并且在持续优化物流网络：通过本地库存支持即时配送服务（部分区域实现 1 小时达，其他地区提供当日达），并计划未来利用无人机在 30 分钟内完成小件配送。当前，各国法律法规的差异仍是制约物流发展的主要因素。

为了追求最大限度的便利，亚马逊意识到实体店的必要性。他们正在测试名为"亚马逊无人便利店"的创新模式：顾客可以直接进入店铺拿上商品离开，无须扫码或排队结账。通过店内人工智能与传感器追踪商品，结合手机应用虚拟购物车，系统在顾客离店时自动完成结算。这种模式是否会重塑零售业？答案尚待揭晓。

另一项突破性产品是亚马逊智能音箱 Echo。这款 9 英寸（1 英寸约等于 2.54厘米）高的智能设备在听到顾客叫"Alexa"后，可执行播放音乐、调节灯光、查询天气、播报新闻等命令，当然也包括下单购物等操作。一位得克萨斯州的六岁女孩通过它成功下单了玩具与曲奇饼干，尽管事后家长启用了家长控制功能。

面对多元的市场竞争，亚马逊采取差异化战略：与沃尔玛在图书、玩具、影碟领域展开价格战；在流媒体市场与苹果（Apple）、迪士尼（Disney）、奈飞（Netflix）竞争；在广告业务上对标 Facebook 与谷歌。亚马逊从不畏惧进入竞争激烈的市场，反而专注于那些规模庞大且增长迅速的领域，充分发挥自己在规模效应、技术优势、运营效率与创新人才等方面的核心竞争力。在动态的市场环境中，持续预判趋势并及时调整战略，是亚马逊保持领先的关键。

携程旅行网的营销战略分析

携程旅行网（简称携程）创立于 1999 年，2003 年在美国纳斯达克成功上市，总部设在中国上海。目前，携程已在北京、广州、深圳、成都等多个中国城市设立分公司，也在多个国外城市设立分支机构。

作为全球排名前三的综合性旅行服务公司，携程为超过 3 亿注册会员提供酒店与机票预订、旅行度假、商旅管理及旅游社区等全方位旅行服务。自 2003 年上市以来，携程始终保持着高速增长的态势。2019 年，携程全年集团总交易额增长 19%，达到 8650 亿元人民币。

携程的成功并非偶然。它始终专注于其使命：为旅行者提供便利、高效和全面的旅行服务。通过持续的市场研究和消费者行为分析，携程不断地识别和把握市场机会，推出创新服务来满足消费者的多样化需求。例如，携程推出的"旅游+"模式，将传统的旅游服务与本地娱乐、餐饮等元素结合，为用户提供丰富和个性化的旅行体验。

在市场变化方面，携程展现出强大的适应能力和前瞻性。面对移动互联网的兴起，携程迅速调整战略，强化移动端服务，推出便捷的携程 App，使得用户能够随时随地接受携程的服务。此外，携程还通过大数据和人工智能技术，深化对用户行为的理解，提升个性化推荐的准确性，从而提升用户体验和满意度。

携程在战略并购方面也显示出其洞察市场机会的能力。2015 年，通过并购"去哪儿网"这样的竞争对手，携程不仅扩大了市场份额，也进一步丰富了自己的产品和服务范围。这些并购行为不仅稳固了携程在国内市场的领导地位，也为其国际化发展打下了基础。

携程也在不断地利用其在在线旅游领域积累的专业知识和数据优势，来增强其服务的个性化和便利性，以满足日益增长和多样化的消费者需求。例如，携程团队在打造线路产品时，将考虑增加自由活动时间、增加互动和社交机会；结合数字化技术，为旅行者提供方便的拍照和分享工具；持续夯实服务根基，推进服务标准化、信息透明化；同时重视服务人员生态，建立导游库项目，不断梳理、培育、盘活导游资源。这一切的努力，都是为了在激烈的市场竞争中保持领先地位，继续为消费者提供价值。

3.1　市场环境

市场营销战略规划流程要求企业筛选出最佳机会，并制定出能够发挥竞争优势、为目标客户创造卓越价值的战略。这一筛选过程需要考量市场环境的核心要素及其动态变化。

直接市场环境包括公司、企业与竞争对手三方。外部市场环境对营销战略的影响更为间接，主要涵盖四大领域：（1）经济环境；（2）技术环境；（3）法律环境；（4）文化和社会环境。

本章将详细解析三个市场环境变量：公司、竞争对手及外部市场环境。我们将探讨它们如何共同作用，可能限制了某些发展，但是又增加了其他机遇。需要特别说明的是，营销经理无法改变这些环境变量，因此将其定义为不可控因素。但企业可以通过环境分析做出更优决策，例如选择进入竞争尚未饱和的市场，或把握外部趋势以支撑长期增长。

3.2　公司目标决定公司的发展方向

使命宣言设定了方向

公司目标应该指引公司的整体发展方向与运营路径。设定真正能够统领公司当前与未来发展的目标实际上是一件很有挑战的事情。尽管应该听取营销经理的意见，但制定公司整体的目标还是要靠高层管理团队。高层管理者需要立足全局，将公司的目标与资源置于外部环境框架下进行考量，进而明确公司未来希望实现的愿景。

每家公司都需要基于自身的情况制定独特的目标，这一点至关重要，但现实中管理层经常无法清晰地阐释公司的目标。如果目标从一开始就模糊不清，那么不同的管理者可能就会有不同的甚至相互冲突的立场。

许多公司通过制定公司使命来规避这一问题，使命宣言明确了公司存在的根本目的。优秀的使命宣言应聚焦于少数关键目标，而非面面俱到。它能为管理者筛选机遇提供指引，明确哪些机会值得争取。

拓展案例

> Warby Parker 是一家主要通过线上渠道销售眼镜的零售商。它的使命宣言是："以革命性价格提供设计师眼镜，同时成为具有社会责任感的企业典范。"该公司的"买一副，送一副"计划完美履行了其社会责任承诺，每售出一副新眼镜，Warby Parker 便会向无力承担眼镜费用的人捐赠一副眼镜。截至目前，该公司已累计捐赠超过 800 万副眼镜。

拓展案例

> 职业社交平台领英（LinkedIn）的使命宣言堪称范本："联结全球的职场人士，提升工作效率与职业成就。"这一表述向员工传递了明确信号：虽然医疗保险业务能为客户创造价值，但是不在 LinkedIn 的业务范畴之内。反之，开发教授职场新人技能的短期课程，同时具备社交功能，则与公司的使命高度契合。

公司目标为营销目标指明方向

使命宣言或公司宗旨固然重要，但无法替代那些用于筛选商机的具体目标。公司目标为营销经理提供方向，既包括前期一些机会的识别，也涵盖后期营销战略规划。

特定的营销目标应置于公司整体目标的框架之下。公司需建立目标的层级结构（见图 3-1），即从公司的战略目标逐级细化至营销部门的目标。对于每项

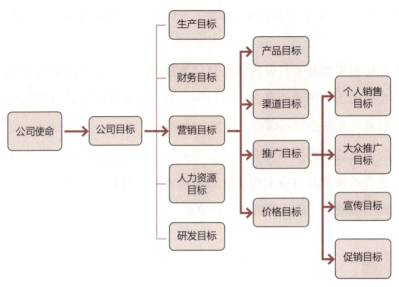

图 3-1　目标的层级结构

营销战略，公司还需为 4P 营销组合设定具体目标，甚至需要更细分的执行目标。例如在推广领域，可能需要针对人员销售、大众推广、宣传及促销分别制定目标。

　　保险公司 USAA 的案例颇具代表性。该公司的核心战略目标之一是为客户提供高水平的服务体验。由于客户服务是满意度提升的关键因素，因此配备高素质、经过系统培训的客户服务代表成为必然要求，这直接影响了人力资源部门招聘与培训的目标。同时，该需求也促使信息技术部门研发应用程序以提高客户服务代表处理客户问题的效率。USAA 开发的新软件使客户服务代表能够查看客户设备上显示的在线界面。客户服务目标要求提升首次通话解决问题的能力，从而获得更高的客户满意度。实现这些目标有助于 USAA 在竞争激烈的保险市场中提供更优质的服务，获得更高的客户满意度与客户保留率。

一种特殊的使命宣言——公司宗旨声明

　　部分公司正在用宗旨声明取代使命宣言，这种更具抱负感的组织存在宣言，不仅能激发行动，更能为客户、员工、投资者及全社会创造价值。宗旨声明相比使命宣言新增三大要素：首先，它提出富有雄心的抽象目标；其次，受益对象涵盖更广泛的利益相关群体；最后，它能激励各利益相关者采取实际行动。

微软（Microsoft）在战略转型过程中，它的使命宣言也逐步演变为更具目标导向的宗旨声明。比尔·盖茨（Bill Gates）执掌微软时期，公司的使命宣言明确而聚焦："让每张办公桌和每个家庭都拥有电脑。"随着业务扩展，推出包括 Xbox 游戏主机、Azure 云存储等在内的多元化产品与服务，微软开始致力于激发客户、员工、经销商及股东的潜能。新的使命宣言"赋能全球每个人与组织实现更大成就"为微软研发提供了战略指引，促进微软研发出适配残障人士运动能力的 Xbox 自适应控制器。

3.3 公司资源可能会限制发展机会

每家公司都有独特的资源，这些资源是它们在竞争中脱颖而出的关键。要抓住突破性机遇或建立竞争优势，核心在于充分发挥自身优势，同时避免与资源结构相似的竞争对手正面竞争。

公司需要系统评估各部门（生产、研发、营销、行政管理、财务）的表现，并审视现有产品与市场布局，从而精准识别优势与短板。人才团队的专业能力同样是重要资源。通过分析资源与经营成果的关联，管理层能够明确过往成功或失败的根本原因。接下来重点解析影响营销战略制定的三大核心资源（见图 3-2）：财务资源、生产资源和营销资源。

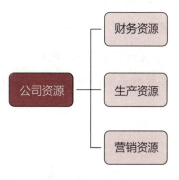

图 3-2　公司资源的类型

财务资源

部分商业机会在启动阶段就需要大量的资金投入，研发、生产、市场调研或广告投放都需要投入资金。即便是极具潜力的项目，也可能需要数年才能实现盈利，因此现金流的管理尤为关键。如果公司财务资源有限，可能不得不制定成本更低但风险更高的营销计划。财务实力不足常常成为进入有吸引力市场的障碍。

生产资源

生产资源同样影响商业机会。在许多行业中，规模经济效应显著，即公司生产特定产品的数量越大，单位成本就越低，这使得小公司在与大型竞争对手争夺业务时处于生产成本劣势。但是，新公司或小型公司有时具备灵活的优势，不会受制于过时或选址不当的大型设施。有的公司通过外包生产增强灵活性。Hanes公司过去利用自有工厂生产内衣和 T 恤，现在委托供应商来制造这些产品。当 Hanes 公司需要调整时，它可以灵活选择全球范围内最符合其技术要求的供应商来合作。

营销资源

营销资源能帮助公司把握机会。例如在产品领域，知名品牌本身就具有优势。星巴克的咖啡人尽皆知，当他们推出咖啡味冰激凌时，很多老顾客愿意尝试，因为大家已经熟悉星巴克的口味。

国际商业机器公司（International Business Machines，IBM）推出人工智能产品 Watson 时，依靠的是长期积累的客户信任。过去几十年，IBM 用技术帮公司解决问题，当其他公司需要在产品中应用人工智能时，自然优先选择 IBM。

公司即使没有现成的资源，也能开拓新市场，关键是要主动培养新能力。缺少资源并不意味着必须放弃机会，但公司需要明确：培养新的能力需要多少投入。

3.4 分析竞争对手和竞争环境

避免正面竞争

市场竞争环境决定了企业面临的竞争对手数量、类型及其可能采取的行动。营销经理通常无法控制这些因素，但可以选择避开直接竞争。在必须面对竞争的情况下，也可以制订合适的计划。

市场的种类

经济学家将市场分为四种基本类型：垄断、寡头垄断、完全竞争、垄断竞争。理解这些市场类型的差异有助于分析竞争环境。

垄断市场

垄断是说单一企业完全控制某类产品市场。这种情况在市场经济中较为少见。有必要存在的垄断企业通常面临严格的政府监管。例如，全球多地规定：水电公司的定价需经政府部门审批。垄断企业可能忽视客户需求，但客户导向可以使垄断企业抵御政府的过度监管，也能为未来竞争对手的出现做好准备。

完全竞争市场和寡头垄断市场

大多数产品市场会逐渐发展为完全竞争或寡头垄断。此时竞争对手提供相似的营销组合，客户认为产品可互相替代，这意味着企业没有实现差异化。这种情况通常会引发低价竞争，导致利润降低。寡头垄断由少数大企业主导，完全竞争则涉及大量小型企业。

避开此类竞争局面符合获取竞争优势的战略逻辑。营销经理不应该直接复制其他企业的战略，这种行为会导致直接竞争和利润下降，正确的做法是提供比竞争对手更符合目标客户需求的营销组合。

垄断竞争市场

在垄断竞争中，不同企业提供的不同的营销组合至少给一些客户带来了不同价值。每个竞争对手都试图在自己的目标市场上获得控制权，也就是垄断，但由于客户仍然认为产品可以互相替代，所以竞争持续存在。发达经济体中多数企业处于垄断竞争市场。

垄断竞争中的企业常通过调整营销组合实现差异化。例如，多数客户认为各品牌的汽油大差不差。加油站无法通过油的质量吸引客户，但可以通过提供特定咖啡、洗车折扣或延长营业时间来调整营销组合。

如果营销战略很容易被模仿，那么差异化的效果就难以持续。因此营销经理需建立可持续的竞争优势，即提供优于竞争对手且难以复制的营销组合。例如，竞争对手难以模仿苹果的操作系统或复制塔可钟（Taco Bell）的品牌影响力。但当塔可钟推出新款墨西哥卷时，其他快餐店也可能很快推出类似的产品。

分析竞争对手，寻找竞争优势

对营销经理来说，避免正面竞争的最佳方式是寻找满足客户需求的新方法或更好途径，并创造独特的价值。想要找到突破性机会或某种竞争优势，不仅需要了解企业自身和客户，还要分析竞争对手。这就是为什么营销经理会采用竞争分析——一种系统的方法，用于评估当前或潜在竞争对手的营销战略优劣势。

竞争分析的基本方法很简单：公司需要比较自身当前（或计划）目标市场和营销组合中的优劣势，以及竞争对手当前的做法或可能的应对策略。竞争分析的第一步是识别潜在竞争对手。最好从客户视角出发，范围要广。不同公司可能提供差异很大的产品来满足相同需求，但只要客户认为这些产品是替代品，这些公司就是竞争对手。

密切关注竞争对手

对营销经理来说，通常需要将竞争分析的范围缩小到与自己最接近的直接竞争对手。提供类似产品的竞争对手通常容易识别，但如果是真正新颖独特的产品概念，最接近的竞争对手可能是当前用不同产品类型满足相似需求的公司。例如，奈飞意识到，视频流媒体平台（如 HBO 和 YouTube）并非其唯一对手，因为客户也可能选择用《堡垒之夜》（Fortnite）这类在线游戏来消磨"娱乐时间"。

营销经理常通过监测市场份额来评估企业与竞争对手的发展水平。市场份额指的是某一品牌在某一产品类别总销售额中所占的比例。例如，iPhone 在美国的市场份额，就是指在特定时间段内美国卖出的 iPhone 数量占同期智能手机总销量的百分比。市场份额通常以百分比形式呈现，计算依据可以是销量，也可以是销售额。营销经理会追踪市场份额的变化，观察产品在特定市场的表现如何。市场份额监测评估行为属于行为营销分析的一部分。

积极寻找竞争对手的信息

对营销经理来说，收集当前和潜在竞争对手的信息特别重要。虽然大多数公司都会对自己的计划细节保密，但其实很多公开信息还是能找到的。获取竞争对手信息的渠道包括竞争对手的官网、行业杂志、销售代表、供应商，还有行业里的专家。在商业领域，客户可能会直接告诉你公司的竞争对手在卖什么产品。

3.5 经济环境

经济环境指的是那些影响消费者和企业支出模式的宏观经济因素。这些宏观因素对外部市场环境中的直接市场环境——也就是客户、公司和竞争对手——会产生重大影响。整体经济、特定行业或某个地区的经济起伏，都会对消费者的购买行为，以及企业的成本和财务资源产生重大影响。经济环境对直接市场环境的影响见图3-3。

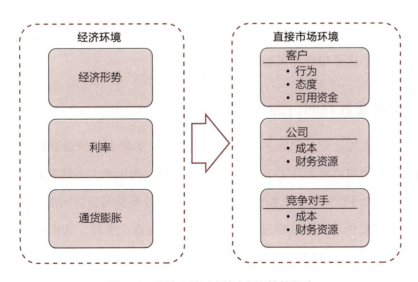

图3-3 经济环境对直接市场环境的影响

经济形势瞬息万变

经济形势的变化可能非常快，而且影响范围很广，需要企业及时调整营销战略。就算原本计划得很周全的营销方案，也可能因为某个国家或地区的经济突然衰退而失败。

在 21 世纪初的几年里，美国经济整体增长，家庭收入上涨，贷款利率低，因此房地产市场非常火爆。建材制造商、建筑商、房地产公司和按揭公司都在拼命满足需求，赚得盆满钵满。但到了 2008 年，房地产市场突然崩盘。一年前还风光无限的企业突然巨亏，许多直接破产倒闭。更糟的是，数百万人因为付不起浮动利率对应的房贷上涨部分，失去了自己的房子。这说明整体经济、某个行业或地区的经济起伏，会直接影响消费者的消费行为，同时也让企业及其竞争对手的资金状况变得异常脆弱。

利率影响高价商品的销售

经济环境的变化常常伴随着利率的变动。很多消费者无法一次性付清昂贵的商品（比如新车或房子），只能选择分期付款。这时候，利率高低就直接影响消费者需要偿还的总金额，进而影响他们的购买决定。

比如消费者想贷款 15 万美元买房子，选择 30 年期房贷，如果年利率 4%，月供大约 716 美元。但如果年利率涨到 7%，同样是 30 年期贷款，月供就变成 998 美元，每月多出近 300 美元。这就能看出，高利率可能导致消费者不买房、买小房子，或者买了房子却放弃买新家具或庭院装修。

通货膨胀改变客户的行为

通货膨胀指的是商品和服务价格上涨的速度。如果去年的通货膨胀率是 3%，就说明前一年平均价格上升了 3%。过去几十年里，美国和大多数发达国家的通货膨胀率通常都低于 5%，这种水平被视为正常，一般不会明显影响消费者的购买行为。当消费者发现通货膨胀率过高，预感物价会快速上涨时，他们的行为也会改变，通常会拿到钱就花掉，担心钱会贬值。如果物价涨幅远超收入，消费者只能被迫减少购买。

营销经理必须密切关注经济环境的变化。与文化和社会环境不同，经济状况可能会快速变化，需要公司立即调整策略。

3.6　技术环境

技术影响发展机会

技术能够帮助人们运用科学知识，将经济资源转化为实际产出。它对营销的影响主要体现在两个方面：一是为新产品创造机会，二是推动新流程（做事方式）的开发。预测技术趋势有助于企业发现潜在的机遇和威胁。

预测技术，规划未来

技术发展很少是突然冒出来的，但未来即将出现的技术如何影响商业，往往并不容易预测。例如，相机和闹钟制造商可能没料到智能手机会迅速抢占他们的市场。因此，营销经理需要密切关注可能影响行业的技术动向，并提前制订应对计划，为潜在的机遇和挑战做准备。

以自动驾驶汽车为例，未来十年内，很多人可能会乘坐无人驾驶汽车出行，汽车制造商需要提前研发搭载这项技术的新车型。未来的汽车可能重新设计内部空间，比如加入可折叠办公桌或婴儿护理台。未来的汽车保险公司需要准备降低保费——毕竟美国每年因车祸导致的急诊室就诊量高达 200 万人次，而自动驾驶汽车发生事故的概率会大幅降低。医院也要做好急诊需求减少的准备，而酒吧和餐厅可能会迎来更多顾客，毕竟人们不用担心酒后驾车。能提前预判新技术影响的营销经理，就能为未来调整和优化营销战略。

人工智能改变营销流程

许多发展迅速的新兴技术都应用了人工智能，即让机器像人类一样具备学习和决策能力的技术。人工智能通过"智能代理"实现，这是一种能够观察环境并采取行动以达成目标的设备。例如，自动驾驶汽车中的智能代理可以接管部分或全部驾驶任务。

智能代理并非新生事物。很早之前的恒温器就能通过感知房间温度来启动供暖或制冷系统，维持恒定温度。如今的恒温器更智能，还能创造更多价值。例如，Nest 恒温器能自动学习用户的作息和偏好，传感器会记录你何时入睡、起床或出门，同时记住你在这段时间内喜欢的温度。用户仅在需要时使用暖气或空调，既省钱又环保。

智能代理已在营销领域承担多项任务。例如，那些让人烦躁的电话自动应答系统（"咨询技术问题请按'1'，咨询账单问题请按'2'……"）就是智能代理的典型应用。当你访问网站并与"代理"进行文字交流时，很多时候你其实是在和一台经过训练的计算机对话，它能回答客户常问的基本问题。

机器学习教授智能代理皮肤病学

机器学习是一种计算机算法，它的特别之处在于软件应用无须人工编程就能越来越精准地预测结果。通过机器学习，程序会先进行预测，再根据预测是否正确接收反馈，然后自动更新程序。借助大量数据，机器学习能让软件快速掌握特定技能。比如，区分皮肤上的"良性斑块"（无害）和"恶性黑色素瘤"（可能致命）对患者和医生来说都很难。为此，皮肤视觉（SkinVision）公司给软件展示了数十万张良性与恶性皮肤斑块的图片。通过机器学习，训练后的软件识别癌症的准确率甚至超过大多数皮肤科医生。现在，皮肤视觉的 App 能让用户拍下皮肤问题部位的照片，并立刻获得初步诊断结果。这种技术能帮助很多人更快获得诊断、更早治疗，而且花费远低于去皮肤科就诊。

人工智能帮助解决日本老龄化面临的情感问题

日本正面临如何照顾老年人的难题，尤其是患有阿尔兹海默病的群体。日本人口老龄化的速度远超世界大多数国家。目前，日本已有1/4人口超过65岁。机器人成为可能的解决方案之一。软银（SoftBank）公司研发的机器海豹 Paro 已被证明能引发情感反应，其效果与使用活体动物（如狗）的疗法相似，且无须承担宠物主人的责任。这类技术进步有望以更低的成本提供医疗护理，并为老龄化社会创造更好的照护体验。

元宇宙是否存在

元宇宙是一种虚拟现实空间，用户可以在这里与环境和其他用户互动。在元宇宙中，每个人都有一个数字形象，作为自己在虚拟世界中的图形化代表。许多公司，尤其是游戏和社交媒体领域的企业，认为元宇宙可能是未来娱乐和教育的发展方向。还有一些人相信，它甚至可能取代现实生活中的日常活动，比如商务会议。虽然这个概念已经存在几十年，但接下来会如何发展仍难以预测。"Facebook"更名为"Meta"，就是为了表明自己要在这一技术领域成为领头羊。

随着更多人开始接触元宇宙，许多企业都想抢先布局，推出产品、投放广告或开展推广。耐克收购了一家能帮其设计并销售虚拟球鞋的公司。以生产拖拉机和割草机闻名的约翰迪尔（John Deere）则在热门游戏《我的世界》（*Minecraft*）中创建了名为"Farmcraft"的虚拟农场世界。高端品牌古驰（Gucci）则在游戏平台 Roblox 上推出了"古驰花园"（Gucci Garden）。这些品牌都不想错过趋势，正在通过元宇宙的实验摸索前进。新技术领域经常这样，第一批吃螃蟹的企业可能会失败，但也能从中吸取未来发展的宝贵经验。

技术伴随着挑战

尽管技术变革带来了许多新机遇，但它也为营销人员带来了挑战。对一些营销经理来说，新技术是可怕的，他们往往回避自己不熟悉的事物；而另一些人则容易迷恋新技术，无论是公司研发实验室的成果，还是咨询顾问推荐的社交媒体工具，都愿意将其纳入企业的营销战略中。这两种做法都是以生产为导向的思维方式。因此，以营销导向来引导整个过程变得更加重要。即使在寻找技术的最佳应用时，营销经理还是要从客户的需求出发。

3.7　法律环境

关于法律环境的讨论主要集中在美国的重要法律（其他国家通常也有类似的法律），这些法律用于规范营销行为。大多数法律的最终目的是通过促进公平竞争或禁止欺骗性营销行为来保护消费者免受不道德的营销活动的侵害。许多法律旨在具体限制营销经理在 4P 中的某个或某些方面的行为。

试图鼓励竞争

美国的经济和立法思想基于这样一种理念：企业之间的良性竞争有助于经济的发展。例如，如果只有一家公司垄断了全国的汽油销售，它可能会大幅提高价格以最大化利润，消费者除了接受高价别无选择。这时，汽油销售商之间的竞争就能够有效控制价格。

企业试图限制竞争的行为被视为违背公共利益。一个多世纪以前，美国国会通过了一系列反垄断法律，旨在防止某一家公司垄断市场。1890 年的《谢尔曼法》（Sherman Act）禁止反竞争行为，例如，禁止两家或多家公司串通定价，以及创建或试图垄断市场的行为。1914 年的《克莱顿法》（Clayton Act）则针对那些未被《谢尔曼法》涵盖的反竞争行为做了进一步规定。

保护消费者的法律

部分法律旨在保护消费者免受不道德营销行为的侵害。部分消费者保护措施已被纳入英国和美国的普通法体系中。例如，卖家必须如实回答提问、遵守合同，并在合理范围内对产品的质量负责。除此之外，人们普遍认为市场中的激烈竞争会在一定程度上保护消费者，当然前提是他们足够谨慎。

然而，在某些情况下，普通消费者可能缺乏足够的能力和信息来做出明智判断，因此需要制定相关法律。例如，法律对包装和标签、电话营销、信用实践、价格、环保声明、危险产品（如烟草和酒精）以及消费者隐私等方面进行了规范和要求。

法律限制产品安全

对于某些产品，消费者在购买前可能无法准确评估其安全性。然而，消费者仍然希望自己的汽车、儿童安全座椅、自行车、食品以及其他产品是安全的。为了保护消费者权益，美国国会于 1972 年通过了《消费者产品安全法》，并设立了美国消费品安全委员会（CPSC）。CPSC 拥有广泛的权力来制定安全标准，并且可以对未能达到这些标准的企业实施处罚。CPSC 还有权强制将不安全的产品撤出市场，或要求企业进行召回以解决问题。

起诉是严肃的

企业和管理者都需要遵守刑事法律和民事法律。违反民事法律的处罚通常被要求禁止或强制执行某些行为，同时可能附加罚款。而当涉及刑事法律时，则可能被判处监禁。例如，某营养公司的几位管理者每人被罚款 10 万美元，并被判入狱。因为该公司的广告宣称自己的苹果汁是 100% 天然果汁，事实上却是使用低成本的人工成分，以此谋取利润。

各个地方的法律各不相同

除了影响州际贸易的联邦立法，营销人员还必须了解各个地方的法律。各个城市有各自的法律规定，例如最低价格和定价规则、企业创办要求（如营业执照、考试和税费缴纳等方面），还有一些社区可能禁止某些活动，比如电话销售、周日营业或 24 小时营业等。

这些法律常常会创造出本地的机会或威胁。例如，当电动车制造商特斯拉（Tesla Motors）试图绕过汽车经销商直接向消费者销售车辆时，许多州出台了法律禁止机动车的直接销售。还有一些城市反对像 Lime 和 Bird 这样的公司将共享滑板车服务引入当地。对大型企业来说，复杂的地方性法律可能要求它们根据当地规定调整营销战略。

3.8 文化和社会环境

文化和社会环境会影响人们的生活方式和行为动机，而这些会进一步影响消费者的购买行为，最终作用于经济、政治和法律环境。许多因素构成了文化和社会环境，例如人们使用的语言、接受的教育类型、宗教信仰、饮食习惯、衣着和住房风格，以及对工作、婚姻和家庭的看法。由于文化和社会环境的影响范围广泛，大多数人并不会特意去思考它。

日益发展的社会与文化趋势源于人们对气候变化的关注不断增加。如今，越来越多的消费者在购物时会考虑"可持续性"，即在不损害后代满足自身需求能力的前提下，满足当代需求。最近的两项研究发现，大约 2/3 的消费者愿意为可持续的产品支付更高的价格。消费者关心环境问题，并期望企业采取行动；另一项全球调查显示，81% 的受访者认为"企业应该帮助改善环境"。这种态度给企业带来了更大的压力，要求它们在追求利润的同时，也要为创造一个更美好的世界做出贡献。

企业正在积极响应可持续发展号召。麦当劳宣布，它将从符合国际可持续标准的来源采购全部咖啡豆，这些标准由公平贸易组织（Fair Trade）和雨林联盟（Rainforest Alliance）认证。消费者对塑料容器的问题表现出担忧——我们丢弃了大量塑料垃圾。联合利华（Unilever）、宝洁（P&G）、雀巢（Nestlé）和百事公司（PepsiCo）开始测试其产品的可重复使用包装。百事公司将为旗下纯果乐（Tropicana）橙汁采用可充装的玻璃瓶，而宝洁将为其潘婷（Pantene）洗发水使用铝瓶，并为汰渍（Tide）洗衣液采用不锈钢容器。产品将直接配送到消费者家中，空包装则被回收、清洗并再次充装使用。

世界各地的人们

社会和文化环境的变化与人口密切相关。我们研究了全球及美国范围内与人口、年龄、收入、识字率和技术采用相关的演变趋势。这些类型的人口统计数据对营销战略规划也非常重要。

虽然市场规模很重要，但人口趋势同样值得关注。全球人口正在迅速增长，但各国之间的人口增长率差异显著。例如，预计在 2020～2040 年，尼日利亚的人口将增长 60%，埃塞俄比亚增长 53%，肯尼亚增长 48%，这些非洲国家的人口增长较快。一般来说，经济更发达的国家人口增长更慢。在同一时期，美国和加拿大的人口预计分别增长 10% 和 14%。而包括俄罗斯、日本、意大利和德国在内の部分国家，在这 20 年间人口将呈下降趋势。

从农村地区向城市地区的转移

在 60 年前，全球约 2/3 的人口还居住在农村地区。如今，随着更多人为了更好的就业机会迁往城市，农村人口比例已降至不到 45%。各国的城市化程度差异显著。例如，美国约 83% 的居民生活在城市地区，而日本、新加坡、以色列和阿根廷的城市人口比例更是超过 90%。相比之下，埃塞俄比亚和肯尼亚的城市人口比例不足 30%。大城市中人口的高度集中可以简化营销组合中"渠道"和"推广"战略的制定。

没有收入就没有市场

有利可图的市场不仅需要人口，还需要收入支持。人们的可支配收入直接影响他们可能购买的产品类型。在考虑国际市场时，收入通常是最重要的人口统计维度之一。衡量国民收入有多种方式，其中常用的一种是计算国内生产总值（GDP），即一个国家经济中居民和非居民一年内提供的所有商品和服务的总市场价值。而国民总收入（GNI）与 GDP 类似，但不包括该国资源被外国人拥有时所产生的外国收入。

当你比较具有不同国际投资模式的国家时，所使用的收入指标可能会产生差异。例如，福特公司在泰国有一家工厂。泰国的 GDP 会将这家工厂的利润计算在内，因为这些利润是在泰国赚取的。然而，福特并非泰国公司，其大部分利润最终会流向国外。因此，泰国的 GNI 不会包含这些利润。由此可以看出，使用 GDP 作为收入指标可能会让人误以为拥有更高的收入。此外，在人口众多的国家，整个国家的收入需要分摊到更多人身上。因此，人均国民总收入是一个有用的指标，因为它能反映一个国家的人均收入水平。

许多营销经理认为，在人均国民总收入较低的地区存在巨大潜力和较少竞争。例如，可口可乐在非洲加大投入，希望与当地消费者建立联系，并在未来随着消费者收入增长，将这种品牌忠诚度转化为盈利增长。

阅读、写作和营销问题

一个国家的国民是否进行读书和写作，对其经济发展以及营销战略规划也有直接影响。识字率的高低会影响信息传递的方式，而在营销中这意味着推广方式的选择。世界银行估计，全球约有 13% 的成年人（15 岁及以上）不具备读写能力，其中大约 2/3 是女性。但这一情况正在改变：在 15 ~ 24 岁的青年群体中，只有 8% 的人无法读写。文盲问题会给产品标签、使用说明以及印刷广告带来挑战。

科技在各大洲竞相发展

在全球范围内，手机和互联网的使用量正在迅速增长，这些技术在发展中国家的影响可能更为显著。例如，在这些国家，人们直接跳过固定电话阶段，转而依赖移动电话。

这些技术的普及程度在全球范围内有所不同。以手机为例，在许多国家，人们为工作和个人使用分别配备不同的手机，因此手机数量常常超过人口总数。即使在一些贫穷的国家，每 100 人也有超过 50 部手机。而且，其中许多已经是智能手机，这为使用者提供了互联网接入的机会。即便是一些手机普及率较低的国家，如孟加拉国、巴基斯坦、海地和印度，互联网渗透率也在快速增长。

营销经理需要了解目标市场如何利用这些技术，从而确定其在营销战略中的作用。

技术和营销提高了印度的生活水平

印度是移动电话迅速普及的国家之一，在这个国家，手机的普及为许多贫穷的印度公民带来了更好的生活质量。例如，在印度的渔民开始使用手机之后，他们可以打电话到岸上询问哪个港口对他们的渔获物需求最大。这有助于匹配供应和需求，同时减少浪费和稳定价格。

印度希望降低母亲和幼儿的死亡率，因为印度每天约有 150 名母亲死于妊娠并发症，3500 名五岁以下的儿童死于各种疾病。在印度，即使是低收入的家庭也有一台可以共享的移动设备。强生公司利用移动电话在印度各地宣传产前和儿童早期护理。通过与全球孕产妇健康移动联盟（MAMA）合作，强生公司推出了一个免费项目，每周为孕妇和新手妈妈留言两次。自项目推出以来，超过 70 万名妇女了解了更多关于如何做出健康选择的知识，帮助她们的孩子健康地生活。

"X 世代"

"X 世代"是指 1965 ～ 1977 年"婴儿潮"后紧接着出生的一代。这个群体的人数比它所跟随的"婴儿潮"要少得多。值得注意的是，2005 ～ 2015 年，40 ～ 49 岁的人在减少；2015 ～ 2025 年，50 ～ 59 岁的人在减少。这个群体倾向于养家糊口，经常把钱花在孩子身上，同时他们也喜欢修缮自己的房子。

"Y 世代"

"Y 世代"，有时也被称为"千禧一代"，指的是 1978 ～ 1994 年出生的人群。"Y 世代"对许多类型的产品来说是一个特别重要的消费群体。他们相对熟悉技术，喜欢便捷的事物，并被认为推动了冷冻食品的复兴。他们注重健康，这对健身俱乐部来说是个好消息。此外，他们更愿意为体验而非实物商品花钱，这对高价汽车不利，但对旅游有利。他们也不排斥"共享"概念，这对像优步和爱彼迎（Airbnb）这样的企业来说是利好消息。另外，"Y 世代"中的大多数人不太喜欢早餐麦片、香皂或口香糖。

"Z 世代"

"Z 世代"指的是 1995 ～ 2010 年出生的人群。这一群体呈现出"居家化"特征，这种趋势已经持续了超过 50 年；1960 年，不到 30% 的 18 ～ 29 岁年轻人与父母同住，而到 2020 年，这一比例已超过一半。"Z 世代"将是最多样化的一代，相较于其父母一代，他们对不同文化、种族和宗教更为包容。作为"数字原住民"，他们出生在一个已经使用短信、手机和互联网的世界中，因此对技术非常适应。他们是社交媒体的早期使用者，被 TikTok 进行有针对性的营销。

与其他世代相比，"Z 世代"期望企业能够带来积极影响。他们会更忠于那些与其价值观一致、具有明确使命感的品牌，同时更可能抵制那些不符合其价值观的品牌。"Z世代"往往对企业与营销持怀疑态度，并希望企业能够真诚地践行他们的理念。这种推动力远超以往任何世代。

"Alpha世代"

"Alpha世代"指的是2010年后出生的人群。虽然其中一些人还刚刚学会走路，但随着年龄增长，他们势必会形成自己的影响力。"Alpha世代"的生活完全沉浸在科技中，他们从小就在使用智能手机和平板电脑，与语音助手聊天。"Alpha世代"已经表现出对环境的关注——美泰公司（Mattel）推出无玻璃纸包装的UNO纸牌游戏，正是为了吸引这一群体。他们早已习惯在线购物，相比之前的世代，"Alpha世代"对父母的购买决策有更大的影响。毫无疑问，营销经理将会密切关注"Alpha世代"的成长，因为他们将逐渐成为更具影响力的消费力量。

不要对几代人进行过多概括

营销经理在运用这些关于代际的概括性描述时需要谨慎，不能完全将其作为制定战略的主要依据，而只能当作基础。例如，虽然大约一半的"Y世代"对技术较为熟悉，但还有一半的人却并非如此。如果大多数营销经理都遵循所谓的"普遍认知"，那么就会有一些特定的群体被忽视，他们的需求也无法得到很好的满足。

大多数社会和文化的变化是缓慢发生的

文化价值观和社会态度的变化通常是一个缓慢的过程。同时，这些数据反映的是大规模的消费者群体，而不一定就是某家公司具体的目标市场。如果营销经理能够密切关注并提前预测这些变化，就能更早地识别出其中的机遇与威胁。

突发事件会带来快速变化

虽然社会和文化趋势通常可以预见，但有时由于"黑天鹅事件"（发生概率极低、不同寻常，一旦发生后果严重的事情），这些趋势可能会迅速改变。这类事件难以预测，并会对企业和社会产生深远影响。

3.9 建立筛选标准，有的放矢

波士顿矩阵确定值得投资的机会

当企业面临众多潜在战略需要评估时，战略对比工具可以识别更优的选择。最早的工具之一是波士顿咨询集团（BCG）提出的"市场增长率 – 相对市场份额矩阵"。这一工具曾广泛用于帮助企业高层管理团队决定在哪些领域进行投资。管理者会分析企业的战略业务单位，即独立运营的大型分公司，并评估其市场增长率和相对市场份额。一些营销经理甚至将该矩阵应用于更小的单元，如产品或品牌。通过高 / 低分类，每个战略业务单位会被归入四个象限之一，见图 3-4。每个象限对应不同的策略建议。

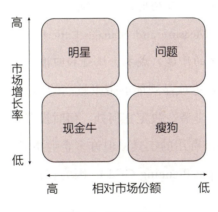

图 3-4　波士顿矩阵

·明星（Stars）：高相对市场份额且市场增长迅速的业务，对企业未来的增长至关重要，值得持续投资。

·现金牛（Cash Cows）：高相对市场份额但增长缓慢的业务，通常被视为"奶牛"，产生的现金流被用于其他领域，其利润可能被重新投入"明星"或"问题"业务中。

·问题（Question Marks）：低相对市场份额但市场增长迅速的业务，具有发展潜力，需要探索并选择合适的对象进行培育，有可能转变为"明星"业务。

·瘦狗（Dogs）：低相对市场份额且增长缓慢的业务，未来潜力有限，通常是被考虑出售或退出的对象。如果能成功出售，所得资金可以用于其他领域。

波士顿矩阵在20世纪70年代和80年代非常流行，当时市场普遍认为相对市场份额是所有行业中企业盈利能力的关键因素。然而，随着时间推移，在许多行业中，相对市场份额对盈利能力的影响逐渐减弱，适应变化和技术创新成为更重要的驱动因素。因此，波士顿咨询集团更新了如何使用其矩阵来分析战略业务单位或产品/品牌的建议。

·加速（Accelerate）：更频繁地使用矩阵对战略业务单位（或产品/品牌）进行分类和评估，因为各单元在矩阵中的位置可能会快速变化。

·平衡（Balance）：企业需要在利用现有资源（如"现金牛"和"瘦狗"业务）与探索新机会（如"明星"和"问题"业务）之间取得平衡，尤其是要寻找更多"问题"业务。

·严格筛选（Select Rigorously）：仔细分析并快速决策，明确在哪里投资（"明星"和"问题"业务）以及何时退出（"瘦狗"业务）。

·衡量和管理实验（Measure and Manage Experimentation）：综合考虑所有战略业务单位或产品/品牌的增速、成本、风险和回报。

企业总是会有一些业务或品牌能够带来较高的利润，而另一些则需要培育和投资，以期成为"明星"业务，决定在何处、何时投资或退出是企业成功的关键。虽然更新版的矩阵是一个有用的工具，但许多企业更倾向于使用通用电气（GE）的战略规划网格（Strategic Planning Grid），因为它在评估备选方案时考虑了更多因素。

制定和应用筛选标准

在对企业资源（优势与劣势）、所面临的环境趋势以及高层管理目标进行分析后，营销经理可以将这些信息整合为一套"产品—市场筛选标准"。这些标准应包括定量和定性两个方面的内容。定量部分总结企业的目标，例如销售额、利润及投资回报率（ROI）的目标。定性部分则概括企业希望进入的业务领域、希望排除的业务类型、需要规避的弱点，以及应该利用的资源（优势）和趋势。

制定筛选标准虽然困难，但非常值得投入精力。这些标准能够集中体现企业希望达成的目标。当管理者能够解释与选择（或排除）与某个机会相关的具体标准时，其他人就能理解其决策逻辑。因此，营销决策不再仅仅基于直觉或主观感受。标准应具有现实可行性，也就是说，它们应该是可实现的。通过筛选的机会应该是企业凭借现有资源能够实施的可行战略。

评估整个计划

在预测某项营销战略可能产生的结果时，营销经理可能会重点关注筛选标准的定量部分，因为只有真正实施的计划才会产生销售额、利润和投资回报。在初步筛选时，可以估算在合理规划周期内实施每个机会可能带来的结果。例如，如果某产品的生命周期预计为三年，一个良好的规划可能需要 6 ~ 12 个月才能产生盈利效果。但如果从预计的三年生命周期整体来看，该产品可能会表现优异。因此，在评估营销战略的潜力时，重要的是应用一致的标准，也就是说，应该对整个计划在更长的时间范围内进行评估，而不仅仅是评估短期表现。

通用电气战略规划网格确定有吸引力的机会

通用电气的战略规划网格（见图 3-5）可以帮助企业评估其整体的战略计划或业务组合。这个工具要求企业管理者对每个已有的或拟议中的产品—市场计划做出三层判断（高、中、低），评估商业优势和行业吸引力。从图 3-5 可以看出，这种方法能够帮助管理者整理关于公司营销环境的信息，并结合战略信息将其转化为相关的筛选标准。

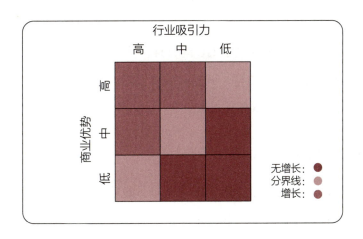

图 3-5　通用电气战略规划网格

从行业吸引力维度来帮助管理者回答以下问题：这个产品—市场计划是否看起来是个好主意？它能否实现企业的目标？为了回答这些问题，管理者需要评估一些因素（筛选标准），例如市场规模及其增长率、竞争性质、可能带来的环境或社会影响，以及法律法规带来的影响。需要注意的是，某些机会可能对某些公司具有吸引力，但并不一定适合特定企业。这就是为什么战略规划网格还考虑了商业优势维度。

商业优势维度关注的是企业是否有能力有效执行某个产品—市场计划。在这一维度上，管理者需要评估企业是否拥有具备合适技能和才能的人才来实施计划，计划是否与企业的形象和利润目标一致，以及企业是否能够在技术能力、成本和规模的基础上获得有盈利的市场份额。这些因素再次表明，筛选标准需要根据具体的企业和市场情况量身定制。

在战略规划网格中，位于左上角框内的机会被认为是有利于增长的。这些机会在行业吸引力和商业优势两个方面都获得了高分——市场条件有利，且企业具备相关优势。相反，右下角框内的机会则建议采取"无增长"政策。现有的业务可能仍能产生收益，但不再值得大量投资。中间框内的业务则可能向两个方向发展。企业可能会继续支持现有的中间框内的业务，但通常会拒绝新的会被划分进中间框内的业务，因为它们在相关筛选标准上表现不够出色。

战略规划网格评估方法是一种主观的多因素分析法。它避免了过度依赖单一数字标准（如 ROI 或市场份额）可能带来的陷阱和错误。相反，高层管理者会审查许多不同的筛选标准，以帮助他们做出综合判断。这种方法能让所有人明白为什么企业支持某些新机会而放弃其他机会。

图 3-6 这里列出的因素反映了 GE 的目标。另一家企业可能会根据自身目标及所考虑的产品—市场计划类型，调整评估方法以强调其他筛选标准。此外，筛选标准可能有不同的权重或重要性层级。

筛选出在国际市场上的独特风险

我们目前讨论的方法不仅适用于国内市场，也适用于国际市场。然而，在国际市场上，往往难以全面理解市场环境中的各种变量。这可能会使识别特定机会所涉及的风险变得更加困难。

为了降低遗漏某些关键变量的风险（这些变量可能有助于筛选高风险的机会），营销经理有时需要对考虑进入的市场环境进行详细分析。这种分析可以揭示出远在国外的管理者可能忽略的不熟悉市场的事实。此外，了解当地市场环境的本地人可能指出即使仔细分析也可能忽视的明显问题。因此，让当地人参与分析（例如合作的分销商）是非常有帮助的。

第四章

市场细分与定位战略

乐高品牌分析

20 世纪 30 年代初期，在丹麦比隆（Billund），木匠奥勒·柯克·克里斯蒂安森（Ole Kirk Christiansen）创立了一家制作木制玩具的公司。他将公司命名为"LEGO（乐高）"，这个名字来源于丹麦语短语"leg godt"中两个单词中的前两个字母，意为"玩得好"。

在 20 世纪 50 年代，乐高提出了以塑料积木为基础的"游戏系统"，锻炼想象力、创造力和解决问题的能力。得益于"婴儿潮"末期的人口增长，乐高在 20 世纪 60 年代和 70 年代迅速发展。然而，进入 80 年代后，随着电子玩具和电脑软件的兴起，建筑类玩具逐渐失宠，乐高的增长开始放缓。

为了应对这一变化，乐高扩大了市场范围。在 20 世纪 90 年代，乐高开设了三座乐高主题公园，开发了电子游戏和玩具，制作了图书和电视节目，并授权生产手表和服装。尽管这些新产品线提升了销售额，但成本上升得更快。到 2004 年，乐高亏损约 3 亿美元。乐高亟须一个策略来扭转局面。

为解决短期的财务问题，乐高出售了乐高主题公园，外包了部分生产，并精简了产品线。在评估自身优势时，乐高认识到：（1）品牌广受信任；（2）基于积木的"游戏系统"具有持久性，可以成为创新的平台。基于此，乐高重新定义了自己的市场，围绕经典的积木，提出通过创意性和趣味性的学习来帮助儿童为未来做好准备。乐高认为，它可以在"主动游戏市场"中实现盈利增长。

为了寻找新的机会，乐高努力更深入地了解客户。乐高的研究人员与家庭一起生活，研究德国和美国 7～9 岁男孩的生活和玩耍方式。研究发现，乐高从电子游戏的增长中获得了错误的经验。原本以为孩子们追求即时满足，就简化了许多玩具。但新的研究表明，孩子们实际上更希望在游戏中展示自己能力，这在许多电脑游戏中通过评分、排名和分享得以体现。此外，乐高还发现，尽管孩子们的生活被安排得很满，但他们仍然珍惜独处的时间。

基于这些洞察，乐高推出了新的套装。例如，针对 7～9 岁男孩推出了新的消防站和警察局套装，以及《星球大战》主题套装。对于希望连接物理和数字世界的青少年及其家长，乐高推出了 Boost 系列。Boost 套装包含简单的电机和传感器，通过智能手机或平板电脑应用程序向孩子们介绍基础计算机编程知识。使用 Boost，孩子们可以制作戴领结的机器人 Vernie、猫咪 Frankie 以及其他模型。虽然 Boost 售价 160 美元并不便宜，但乐高知道，这款产品能够提供许多家长希望孩子的玩具所具备的价值。

虽然这些产品主要针对男孩（也有针对女孩的产品），但是乐高重新评估了其市场细分的决策。一些消费者认为乐高的细分和定位强化了性别刻板印象。为了更好地理解性别态度，乐高的营销经理调查了来自世界各地近 7000 名 6～14 岁的父母和孩子。研究显示，父母认为科学家和工程师是男性的可能性是女性的 6～8 倍。而孩子们的态度则更为开放，82% 的女孩和 71% 的男孩认为"女孩踢足球和男孩跳芭蕾是可以接受的"。为了避免助长性别偏见，乐高承诺将产品定位于男孩和女孩共同使用，不再按性别进行细分。如今，乐高的细分主要基于年龄和地理位置。

研究还发现了之前隐藏的一个市场：《星球大战》系列套装吸引了成年玩家。通过互联网，全球分散的"成人乐高迷"（他们自称 AFOLs，即 Adult Fans of LEGO）发现自己并不孤单。起初，乐高并未专门为 AFOLs 设计产品，但当了解到许多 AFOLs 每年花费数千美元购买乐高时，它开始推出更多针对 AFOLs 的套装。很快，乐高推出了 Fender Stratocaster 吉他和放大器、《宋飞正传》套装、泰坦尼克号复制品，以及售价 900 美元的《星球大战》帝国全地形侦察运输车。乐高还在主页上添加了"欢迎成年人"的链接。估计来看，这些针对 AFOLs 的高价套装销售额可能占乐高销售额的 20%。

国际市场的扩展对乐高来说是一个巨大的机遇，它需要理解不同国家之间的相似性和差异性。中国是乐高增长最快的市场之一，因此乐高对中国市场进行了研究，探索其与核心市场德国和美国的异同。研究发现，在这三个国家中，父母都特别关注结合游戏和学习的玩具。另外，乐高发现大多数美国和欧洲父母小时候玩过乐高，而中国父母没有这样的经历。因此，在中国，乐高开设了自己的专卖店，让每位顾客都能体验产品。在中国，来自家长的认可尤为重要，因此乐高在微信上分享了一位父亲如何用乐高积木教孩子数学的文章。乐高还与中国互联网巨头腾讯合作，为中国的儿童提供在线视频和游戏。

专注于特定客户群体的营销战略帮助乐高成长为全球最大的玩具制造商，销售额超过 70 亿美元，利润超过 20 亿美元。通过与世界各地不同客户群体"玩得愉快"，乐高成功打造了玩具行业中最有价值的公司。

泡泡玛特品牌分析

泡泡玛特（POP MART）成立于 2010 年，是集潮流商品零售、艺术家经纪、新媒体娱乐化平台和大型展会举办于一体的 IP（知识产权）综合运营服务集团，售卖自主开发的商品与国内外知名潮流品牌的商品，包括盲盒、二次元周边、BJD 娃娃、IP 衍生品等多个品类。发展十余年来，泡泡玛特围绕全球艺术家挖掘、IP 孵化运营、消费者触达、潮玩文化推广、创新业务孵化与投资五个领域，构建了覆盖潮流玩具全产业链的综合运营平台。

泡泡玛特以创造潮流、传递美好作为品牌理念和品牌定位，展示出泡泡玛特年轻化的品牌调性，以及新颖、潮流的姿态。泡泡玛特做了精准的市场细分，精准把握住了细分用户的心理，基于产品属性、受众情况界定了自身的品牌定位。在市场定位方面，泡泡玛特以 15 ~ 30 岁都市女性作为主要消费群体。发达城市的年轻消费者的月收入、受教育程度较高，更容易接受新鲜事物和多元文化，也更加关注消费的精神体验，追求不同风格潮流下的个性表达。

泡泡玛特以 IP 为核心，打造"爆款"——签约运营知名潮流艺术 IP，结合年轻人的喜好进行 IP 孵化，通过"隐藏款"的方式吸引盲盒爱好者，引导消费的同时，也能提升自身的品牌认知度和产品销量，打造具有社交属性的产品。作为引领潮流文化的经纪运营公司，泡泡玛特旗下拥有 MOLLY、THE MONSTERS、SKULLPANDA、DIMOO、PUCKY、小甜豆、BUNNY、CRYBABY、PINOJELLY 等众多备受欢迎的知名 IP。自 2018 年起，泡泡玛特积极拓展授权业务，已经与馥蕾诗（Fresh)、哈根达斯（Häagen-Dazs）、科颜氏（Kiehl's）、乐事（Lay's）、Moncler、欧莱雅（L'OREAL）、上下（SHANG XIA）、13DE MARZO 等跨行业知名品牌建立了紧密的合作关系。泡泡玛特通过精心打造和运营 IP，成功地将艺术和商业相结合，实现了 IP 价值的最大化。

2023 年 9 月 26 日，泡泡玛特位于北京市朝阳公园的泡泡玛特城市乐园正式营业，开园当日吸引大量游客，成了泡泡玛特爱好者的打卡胜地。配合 IP 是泡泡玛特城市乐园最大的特点，泡泡玛特在园内讲述各类沉浸式的小故事，在设计上增加很多小巧思，以刺激游客的消费欲望，前来游玩的游客也几乎人手一大包衍生品，IP 消费力明显。限定款以及周边衍生品，也成为乐园当中刺激消费的重要组成部分。

洞察不同圈层人群的特性，熟悉圈层后才能击中消费者痛点，泡泡玛特将目光聚焦"Z 世代"就是最好的案例。

4.1　寻找机会从了解市场开始

营销战略规划是一个缩小范围的过程

本章将探讨以市场细分和市场定位为重点的营销战略。首先，我们将展示市场如何为营销经理提供机会；其次，介绍一些营销经理用于市场细分和瞄准目标客户的实用方法；再次，深入讲解市场细分的最佳实践方法；最后，进一步探讨差异化和定位的概念。

什么是市场

确定企业的市场是一个重要但又复杂的问题。一般来说，市场是由一群具有相似需求、愿意与提供各类商品或服务的卖家进行价值交换的潜在客户组成的。

然而，在一个广义的市场中，以营销为导向的营销经理会为特定的目标市场开发相应的营销组合。让企业专注于具体的目标市场至关重要。

不要只关注产品

一些以生产为导向的营销经理并不理解这种缩小受众范围的过程。他们之所以遇到麻烦，是因为忽略了定义市场中最具挑战性的部分。为了简化这一过程，他们往往只根据所销售的产品来描述自己的市场。例如，贺卡的制造商和零售商可能会将自己的市场定义为"贺卡市场"。然而，这种以生产为导向的方法忽视了客户，而正是客户构成了市场，这会导致错失商机。

贺曼（Hallmark）并没有错过这些机会。相反，贺曼将目标锁定在"个人表达"市场上。无论是贺曼网站、其 2000 家 Gold Crown 专卖店，还是其他经销商，Hallmark 提供各种产品，帮助人们通过记录和保存回忆来表达情感。随着与这些需求相关的机会发生变化，Hallmark 也随之调整策略。例如，在 Hallmark 实体店，你可以找到贺卡和相框；而在 Hallmark 网站上，订阅者可以获得关于在毕业卡或生日卡上写祝福语的建议、撰写出生公告的礼仪指南，以及一篇关于如何用"夏日趣味清单"消除无聊的博客文章。用户还可以创建带有《大青蛙布偶秀》（*The Muppet Show*）、《花生漫画》（*PEANUTS*）或《星球大战》（*Star Wars*）中角色视频问候语的个性化电子贺卡，并通过电子邮件发送或在 Facebook 上发布。

从通用市场到产品市场

为了更好地理解聚焦目标市场的过程，我们可以从两个基本的市场类型来思考。一种是通用市场，它指的是那些需求大致相似的消费者群体，以及提供多种不同方式来满足这些需求的卖家。另一种是产品市场，它的特点是消费者的需求非常相似，而卖家提供的产品则是彼此接近的替代品。

举个简单的例子就能更容易理解两者的区别。比如，爱好娱乐的人有很多不同的选择：他们可以买一台电视、订阅流媒体服务（如 Hulu），也可以预订邮轮旅行或者购买交响乐季票。这些完全不同的产品都能满足他们的娱乐需求。在这样一个通用的"娱乐市场"中，卖家的重点应该放在消费者的核心需求上，而不是纠结于自己的产品（比如电视或邮轮旅行）比其他产品更好。有时候，理解广义市场会比较困难，因为看起来完全不相关的商品（比如电视和邮轮旅行）其实可能在争夺消费者的同一笔预算。

再看另一个例子，"深夜零食爱好者"这个通用市场中，人们可能会选择吃饼干、冰激凌或者外卖披萨。虽然这些产品的形式完全不同，但它们都满足了同一个需求——深夜想吃点东西。表4-1列出了三个不同的通用市场，以及每个通用市场下可能细分出的三个产品市场。

表4-1　通用市场、产品市场和产品类型举例

通用市场	产品市场	产品类型举例
音乐爱好者市场	出席现场音乐活动	俱乐部、音乐会、音乐节
	听录音带	流媒体服务、CD
	学乐器	吉他、钢琴、长笛
金融安全寻求者市场	退休投资	美国个人退休账户、股票指数基金、债券基金
	工作	就业市场、人际关系
	房地产投资人	房地产投资信托、租赁房产
结识新朋友市场	网站和 App	Hinge, Tinder, Coffee Meets Bagel, eHarmony
	教堂	教堂活动
	俱乐部	读书俱乐部、体育俱乐部

拓宽市场，寻找机会

更广泛的市场定义，包括通用市场和产品市场的定义，可以帮助企业发现更多机会。然而，确定市场的范围并不容易。定义得太窄会限制企业的机会，而定义得太宽又会让企业的努力和资源显得微不足道。

以可口可乐为例，如果它仅仅将自己定位在"软饮料消费者市场"，那么它的产品线可能只会包含碳酸饮料。但实际上，可口可乐审视了更广泛的"饮品消费者市场"，因此其产品线扩展到了果汁、乳制品、矿泉水、咖啡、茶，甚至酒精饮料。

在这里，我们的目标是将市场机会与企业的资源和目标相匹配。因此，寻找机会时所考虑的市场范围应比企业当前的产品市场更大，但又不能大到企业无法成为重要的竞争者。例如，一家位于墨西哥的小型螺丝刀制造商，不应该将自己的市场定义得过于宽泛，如"全球工具使用者市场"，也不应该过于狭窄，如"现

有的螺丝刀客户市场"，但它可以考虑"北美地区的维修人员手持工具市场"。仔细定义产品市场，有助于企业更清晰地看到潜在的机会。

产品市场应该定义什么是机会。在评估机会时，与产品相关的术语本身并不能充分描述市场。完整的产品市场定义包括四部分描述。

1. 什么（What）：产品类型（商品或服务）。

2. 为了实现什么（To meet what）：客户需求。

3. 为了谁（For whom）：客户类型。

4. 在哪里（Where）：地理区域。

我们将这四个要素的描述定义为产品市场的"名称"，因为大多数营销经理在思考、描述或讨论市场时，都会给它们贴上标签。然而，这样的四要素定义有时显得不够简洁，因此我们常使用一个"简称"。这个简称应指代人而非产品，因为我们一直强调，是人构成了市场。例如，乐高将其广义市场简称为"主动游戏市场"，指向的是那些喜欢能够促进创意和趣味学习玩具的儿童群体。

产品市场的定义

产品类型指的是客户想要购买的商品或服务类型。有时产品类型可能是纯粹的实体商品或纯粹的服务，但营销经理如果忽视两者结合的重要性，可能就会错失机会。

客户需求是指产品类型能满足的客户的需求。从基础层面看，产品通常提供功能性利益，例如提供营养、保护、保暖、降温、运输、清洁、储存或节省时间。我们需要先识别这些"基础需求"，但在发达经济中，我们通常会更关注情感需求，如娱乐、刺激、美观或社会地位。正确定义与市场相关的客户需求至关重要，这需要对客户有深刻的理解。

客户类型指的是产品的最终消费者或使用者。这里需要选择一个能涵盖所有现有（或潜在）客户类型的名称。定义客户类型时，营销人员应先识别产品类型的最终消费者或使用者，而非购买者（如果二者不同）。例如，制造商应避免将中间商视为客户类型，除非中间商自己实际使用该产品。

地理区域是企业竞争或计划竞争的客户所在地区。界定地理区域看似简单，但理解市场地理边界可能带来新机会。例如，仅瞄准国内市场的公司可能想拓展到其他国家。

聚焦产品市场的边界

市场边界决策的理念不仅适用于服务的地理区域，也适用于客户需求、产品类型和客户群体的决策。市场的命名并非简单的标签分类，而是为企业竞争范围划定明确界限。例如，佳能（Canon）聚焦广泛的摄影需求，将目标市场定为"数码摄影爱好者市场"，产品类型为数码相机，满足"易用且能拍摄高质量照片"的需求，目标客户是发达国家的业余摄影爱好者。

GoPro 则聚焦更具体的客户需求，将市场定义为"极限运动视频市场"。产品类型为坚固防水的运动相机，满足"无须手动操作、适应极限环境"的需求，目标客户是全球范围内的极限运动爱好者。这些产品市场的界定帮助企业在营销战略中明确方向。

通用市场的定义不包括产品类型

通用市场的定义不包含任何具体的产品类型，它仅包含产品市场定义中的三个部分。这强调了通用市场中，任何能满足客户需求的产品类型都可能成为竞争对手。图 4-1 展示了通用市场与产品市场定义之间的关系。

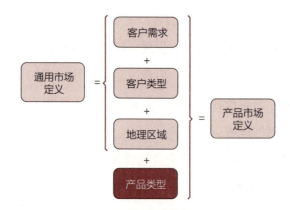

图 4-1　通用市场和产品市场定义之间的关系

表 4-2 中显示了通用市场定义的三个要素，并添加了第四个要素以显示产品市场与通用市场的差异。

表 4-2　通用市场定义和产品市场定义示例

名称	客户需求	客户类型	地理区域	产品类型
现场音乐爱好者	听音乐	年轻人	科罗拉多州丹佛市	现场音乐场地
退休储户	退休后的财务保障	中年职工	美国	美国个人退休账户
遇见未来伴侣	遇见长期伴侣	20～30岁的年轻单身人士	密苏里州圣路易斯市	婚恋App
	----------------- 通用市场的定义 -----------------			
	----------------- 产品市场的定义 -----------------			

通用市场的定义暗含了新机会

营销经理在定义产品市场时其实已隐含了某种特定的产品类型，而通用市场的优势在于能揭示新的机会。例如，耐克最初将自身定位在"全球运动鞋市场"（产品市场）。后来，它退后一步，将通用市场定义为"运动爱好者市场"（耐克认为每个人都是运动员），于是运动鞋服、运动器材等产品都成为潜在机会，随后耐克逐步拓展了这些领域。如果过于狭隘地聚焦，企业可能会错过机会。耐克通过更广泛的市场定义，发现了新的增长空间。

仅通过现有产品来定义市场，并非发现新机会的最佳方式。结合客户需求、客户类型和地理区域，能看见潜在的机会，最有效的方法是通过市场细分来挖掘这些机会。

哈苏（Hasselblad）是传统的销售价格昂贵、可更换镜头的专业相机公司。当它将通用市场定义为"图像捕捉市场"后，它发现了便携相机市场的潜力。基于对品质的坚持，哈苏与一加（OnePlus）合作，推出了一款高质量手持相机。

露露乐蒙（Lululemon）原本专注于"运动服饰"产品市场，通过将通用市场定义为"健身市场"，公司发现了新机会：推出名为"Mirror"的智能家庭健身房，让消费者在家即可跟随全球顶尖教练锻炼。

4.2 市场细分定义可能的目标市场

市场细分是一个两步走的过程

市场细分是一个两步走的过程：（1）确定广义的产品市场；（2）对广义的产品市场进行细分，从而选择目标市场并制定适配的营销组合。接下来，我们将深入探讨实现市场细分的具体方法。

分解广义的产品市场

有效市场细分的第一步是确定企业感兴趣的广义的产品市场。营销经理必须将所有可能的需求分解为通用市场或产品市场，从而明确企业可能实现盈利的领域。市场细分的过程如图 4-2 所示。

没有企业能满足所有人的需求。因此，分解这一步骤需要围绕各类通用市场需求提出截然不同的解决方案，并选择企业具备资源与经验的若干广泛领域，即广义的产品市场。

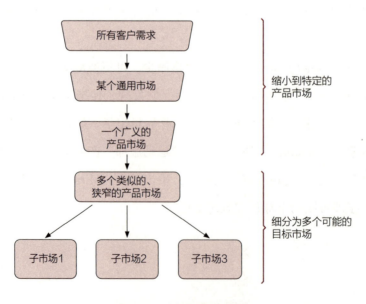

图 4-2　市场细分的过程

让我们以自行车制造商为例，按照图 4-2 的流程说明市场细分的步骤。

1. 所有客户需求：将人从 A 点运输到 B 点的需求。

2. 某个通用市场：人员运输市场。

3. 一个广义的产品市场——自行车骑行者市场。

4. 多个类似的、狭窄的产品市场。

- 子市场 1：健身爱好者。

- 子市场 2：越野冒险者。

- 子市场 3：通勤者。

- 子市场 4：社交者。

- 子市场 5：环保主义者。

市场网格是市场细分的视觉辅助工具

假设任何广义的产品市场（或通用市场）都由子市场组成，那么我们可以将市场想象成一个长方形，方框代表更小、更同质的产品市场。

例如，图 4-3 代表了自行车骑行者的广义产品市场。方框显示了不同的子市场。一个子市场可能专注于那些想上下班或上下学的人，另一个则专注于想锻炼的人，等等。

图 4-3　自行车骑行者的广义产品市场

市场细分是一个聚合过程

以营销为导向的营销经理认为，市场细分实际是"合并同类项"，即把需求相似的人群归为一个细分市场。所谓市场细分，就是一群需求相近的顾客，他们会对同一套营销组合产生类似的反应。这一步骤和前面"拆分需求"的思路相反：现在要找共同点而非差异点。虽然每个人都是独特的，但可以按某些共性合并成一个产品市场。

比如，假设顾客的需求差异主要体现在两个维度——追求社会地位和追求可靠性。图 4-4（a）中每个点代表一个人的位置，虽然每个人的位置独一无二，但许多人对地位和可靠性的需求强度相似。于是可将人群合并为三个需求相近的子

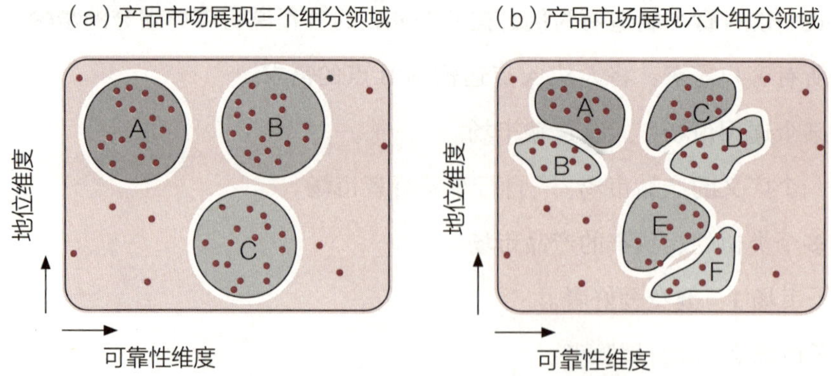

（a）产品市场展现三个细分领域　　（b）产品市场展现六个细分领域

图 4-4　每个人在一个市场中都有独特的地位

市场。

A 组：重视地位的"面子型用户"。

C 组：重视可靠性的"实用型用户"。

B 组：既重视地位又重视可靠性的"高要求用户"。

聚合应该达到什么程度

细分者的目标是将个体消费者归类到数量合理、需求相对同质的目标市场中，再针对每个目标市场采取差异化战略。再看图 4-4，此前划分了三个细分市场，但这只是人为设定的数量，实际可能包含六个细分市场，如图 4-4（b）所示。

细分市场的另一个难点在于，部分潜在客户无法被归入任何细分群体。例如，图 4-4（b）中有些人未被归入任何组别。如果强行将他们归入某一组，会导致该组需求差异增大、满意度降低。这类人群数量太少，且在两个需求维度上缺乏共性，为他们单独开辟细分市场可能并不划算，所以企业通常只能选择忽略，除非他们愿意为定制化服务支付高价。

细分市场的数量更多依赖经验判断，而非科学公式，但以下原则可作为参考。

划分广义产品市场的标准

理想的细分市场需满足以下标准。

（1）内部同质：同一细分市场的顾客，对营销战略的反应和细分维度（如需求特征）应尽可能相似。

（2）外部异质：不同细分市场的顾客，对营销战略的反应和细分维度应尽可能存在显著差异。

（3）可实现盈利：细分市场的规模需足够大，能够为企业带来利润。

（4）可操作性：细分维度需能实际用于识别目标顾客，并指导营销战略的制定。

其中，可操作性尤为重要。因此，营销人员常选用年龄、性别、收入、地理位置、家庭规模等人口统计维度。实际上，缺少这些信息，企业很难制定有效的渠道和推广战略。例如，杂志、网站和电视节目通常掌握读者、访客或观众的人口特征数据，这使营销经理能更轻松地将目标市场与媒体受众匹配。

要避免使用缺乏实际操作价值的细分维度。例如，即使发现某产品重度购买者普遍具有"情绪化"性格特征，这一信息也难以被利用，销售人员不可能对每位顾客进行性格测试，广告投放也无法有效应用这一特征。因此，尽管"情绪化"可能与历史购买行为相关，但它并非有效的市场细分维度。

这些细分市场是好的吗

现在将这四个标准应用于图 4-4 中"自行车骑行者的广义产品市场"的五个子市场（健身爱好者、越野冒险者、通勤者、社交者、环保主义者）。

- 是否内部同质：这一细分方案可评为"良好但非完美"。例如，"健身爱好者"可能包含在室内骑行的人和户外骑行的人，两类人需要完全不同的自行车。类似地，"越野冒险者"中可能包含山地骑行者、长途越野露营者和碎石路骑行者，每类人的冒险类型及自行车需求存在差异。其他三个子市场也可能存在类似情况。

- 是否外部异质：评价同样是"良好但非完美"。尽管各群体存在差异，但可能存在重叠。例如，部分"越野冒险者"可能同时以越野骑行作为健身方式（与"健身爱好者"重叠）；部分通勤者可能因环保理念选择骑行（与"环保主义者"重叠）。

- 是否可实现盈利：当前骑行市场增长迅速，表明每个子市场的规模足够大，足以实现自行车制造商的盈利目标。因此，这一细分方案在"可实现盈利"标准上表现良好。

• 是否可操作：这一细分方案在可操作性上表现优异。不同子市场可通过差异化的营销战略满足其需求。例如，"越野冒险者"需要配备减震器和宽胎的自行车，而"社交者"更倾向于舒适直立的车型。产品、广告及推广战略均可针对各子市场定制，广告画面可直接呈现目标群体的典型活动场景。

综合评估，"自行车骑行者的广义产品市场"的细分方案整体表现良好，但也需要权衡利弊。例如，将山地骑行者、长途越野露营者和碎石路骑行者归为"越野冒险者"会降低群体内部同质性，但能扩大市场规模以满足盈利需求。这一分析揭示了市场细分中"聚合"与"精准"之间的取舍。

4.3 细分营销人员聚焦特定目标

一旦接受"广义的产品市场可能包含多个子市场"这一概念，就能理解采用目标营销战略的企业通常需要在众多潜在目标市场中做出选择。营销经理可以选择聚焦一个或多个目标市场。接下来，我们将具体分析目标市场的选择路径，以及营销经理如何制定市场导向。

在广义的产品市场中，制定市场导向策略有三种基本方法，如图4-5所示。

1. 单一目标市场策略：将市场细分后，选择其中一个同质化细分群体作为企业的目标市场。

2. 多重目标市场策略：将市场细分后，选择两个或更多细分群体，分别视为独立的目标市场，并为每个市场制定不同的营销组合。

3. 组合目标市场策略：将两个或多个子市场合并为一个更大的目标市场，并以此为基础制定统一策略。

需要注意的是，三种策略均属于目标营销范畴，聚焦于明确界定的目标市场。为方便区分，我们将采用前两种策略的人称为"分割者"，而采用第三种策略的人称为"合并者"。

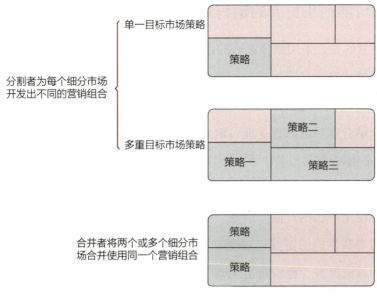

单一目标市场策略

策略

分割者为每个细分市场
开发出不同的营销组合

多重目标市场策略

策略二

策略一　　　策略三

合并者将两个或多个细分市
场合并使用同一个营销组合

策略

策略

图 4-5　三种目标市场策略

合并者试图做得非常好

合并者通过整合两个或更多子市场来扩大目标市场。他们关注不同子市场的共性而非差异，并尝试调整基础产品，以覆盖这些合并后的消费者群体。

以自行车骑行者市场为例，合并者可能试图设计一种营销战略，同时吸引"健身爱好者"和"越野冒险者"。合并后的市场规模将大于单个子市场。尽管两个群体都可能偏好宽胎和多挡变速，但越野冒险者需要更宽泛的变速范围、性能更优的减震系统和更耐用的车架，而健身爱好者更注重直立坐姿的舒适性。如果只设计一款自行车来满足两者的需求，可能无法完全契合任一群体的偏好。因此，合并者在制定营销战略时需做出妥协，他们不会为每个子市场精细调整营销组合，而是选择一种能基本适配所有群体的方案。

这种组合策略的优势在于，通过规模经济降低成本，同时减少为不同子市场制定多套策略的资源投入，这对资源有限的企业尤其有吸引力。此外，它还能吸引跨子市场的消费者。例如，一个既是越野冒险者又是健身爱好者的人，可能更愿意购买一辆能兼顾两种需求的自行车，而非分别购买专业车型。

细分市场可能产生更大的销售额

需要注意的是，采用细分策略的企业并非被动接受较小的市场或较低的利润。相反，其通过精准满足目标客户的需求，争取在特定市场中占据更大份额。当企业真正满足目标客户时，往往能与客户建立深度信任，甚至消除竞争。例如，如果产品完全贴合客户需求，企业可制定更高的价格，从而提升利润，毕竟消费者愿意为更好的体验支付溢价。

以惠普（HP）的转型为例。过去惠普试图用多款电脑覆盖各类用户，希望不同群体都能使用自己的产品。后来，惠普选择专注两类人群：追求轻薄设计的普通用户和需要高性能的游戏"发烧友"。例如，其推出的 OMEN 系列游戏本配备顶级显卡和超清屏幕，售价高达 3000 美元。这种聚焦策略帮助惠普的全球 PC 市场份额从 18% 增长到 21%。

资源决定是单个目标市场还是多个目标市场

大型企业通常拥有丰富的资源，足以开发不同的营销方案以覆盖多个目标市场。以宝洁公司旗下的 Dawn 洗碗液为例，该品牌针对不同需求推出了多种版本的产品，例如强力去油污型、环保浓缩型等，这正是典型的多重目标市场策略。

相反，小型企业在面对大公司的竞争时，往往只能选择单一目标市场策略，集中资源攻克细分领域。例如，运动鞋品牌 Kaepa 曾因耐克和锐步的多重目标市场策略（分别针对跑步、健身、综合训练等需求推出专业鞋款）而销量暴跌。为扭转局面，Kaepa 选择聚焦啦啦队群体：提供可定制团队标志和配色的运动鞋；在鞋底设计手指凹槽，方便队员搭建人形金字塔；每年夏天举办啦啦队训练营，吸引了 4 万名爱好者；赞助啦啦队在零售店进行表演，吸引消费者关注。这种精准策略使 Kaepa 在细分市场站稳脚跟，零售商也因此更重视其产品线。

哪种方法最有效

企业选择哪种策略取决于自身资源和竞争环境，以及客户需求的相似性。通常来说，成为"分割者"是更稳妥的选择，即集中资源精准满足少数群体的核心需求，而非试图粗放地覆盖更多人群。

成本和收益决定细分市场的规模

如果企业希望采用多重目标市场策略，必须考虑为不同群体提供差异化营销组合的成本问题。不同营销组合的调整可能会显著提高成本，且成本增幅在各环节中差异明显，某些调整（如微调包装颜色）成本较低，而另一些（如开发全新产品线）则代价高昂。

此外，营销经理需要评估：为某个细分市场新增营销组合的成本，是否能带来足够的价值回报。例如，为通勤者设计带货架的自行车（产品调整）可能成本可控，但为环保主义者单独开发碳中和生产线（涉及供应链改造）则可能成本激增。

利润是平衡点

在实际操作中，成本考量往往促使企业更倾向于合并子市场，毕竟规模经济能有效降低成本。但是部分客户更希望需求被精准地满足，这类群体对分割者提供的高度适配的营销组合满意度更高。当产品更贴合需求时，客户往往愿意支付更高的价格，而利润是这一权衡的关键：它决定了企业能对市场进行多大程度的细分，以及能为每个子市场提供多独特的营销组合。

4.4 用于市场细分的维度

细分维度指导营销组合规划

市场细分迫使营销经理必须分析哪些产品市场维度对制定营销战略具有实用价值，这些维度应该能有效指导营销组合的规划。理想情况下，我们需要从三个客户相关维度及产品类型描述入手，全面界定潜在产品市场，这些多维度分析有助于设计出更精准的营销组合策略。潜在目标市场维度与营销战略决策领域的关系如表 4-3 所示。

表 4-3　潜在目标市场维度与营销战略决策的关系

潜在目标市场维度	对营销战略决策的影响
行为需求、态度，以及当前和潜在的商品和服务如何适应客户的消费模式	影响产品（功能、包装、产品线分类、品牌）和推广（潜在客户需要和想了解公司的产品）
满足需要的紧迫感、欲望，以及寻求信息、比较和购买的意愿	影响渠道（产品从制造商到客户的直接分销方式，产品的供应范围，以及所需的服务水平）和价格（潜在客户愿意支付多少费用）
潜在客户的地理位置和其他人口特征	影响目标市场的规模（经济潜力）、地点（应该在哪里提供产品）和推广（在哪里以及谁做广告、宣传和销售）

市场细分依据

当营销经理将范围缩小到特定的细分维度时，一些基本因素便具有指导作用。首先，营销经理应该理解客户为什么（Why）要做出购买决定，这可能会考虑客户的需求、偏好和决策过程。其次，营销经理需要知道客户在决策前做了什么（What）。例如，客户是初次购买还是回头客？他们多久购买一次？最后，客户是谁（Who），他们在哪里购物（Where），他们多大年龄或性别是什么，等等。思考明白以上问题，营销经理就能够更好地确定客户的相似和不同之处。

可以考虑许多细分维度

可以通过多种具体维度描述客户。表 4-4 列出了一些用于细分消费者市场的实用维度，其中部分属于行为维度（如购买频率、品牌忠诚度），其他则涉及地理和人口统计特征（如地区、年龄）。表 4-5 则补充了针对企业、政府机构或其他组织类客户的细分维度（如采购方式、客户类型）。无论目标客户是普通消费者还是组织机构，对广义的产品市场进行有效细分通常需要同时结合多种不同维度。

表 4-4　消费者市场可能的细分维度

行为	需求、寻求的利益、想法（态度）、购买频率、购买关系、品牌忠诚度、购物类型、解决问题的类型、所需信息、购买情境、心理或生活方式
地理	国家、地区、城市、农村
人口统计	收入、性别、年龄、婚姻状况、家庭规模、家庭生命周期、职业、受教育程度、社会阶层

表 4-5　组织市场可能的细分维度

关系类型	对供应商忠诚度弱 / 强、单一来源 / 多个供应商、"保持距离" / 密切合作关系
客户类型	制造商、服务制造商、政府机构、非营利组织、批发商、零售商
地理	世界地区、国家、国内地区、城市 / 农村
人口统计	规模（员工人数或销售量）、主要业务或行业、设施数量
产品用途	装置、配件、原材料、零部件、消耗品、专业服务
购买情境类型	去中心化 / 集中化、单一采购者 / 多重采购影响者、直接重购 / 修改重购 / 新购任务
采购方式	供应商分析、采购规范、互联网投标、协议合同

不同的子市场需要不同的维度

在同一广义的产品市场中，不同子市场的驱动因素可能截然不同。以零食市场为例，健康食品爱好者关注营养成分，节食者在意热量，而需要喂养多个孩子的经济型消费者则更看重"能填饱肚子"的实惠产品。

有时，营销经理还需明确企业是否要服务那些并非目标客户的群体。例如，银行可能设计吸引高净值客户的营销战略，但这类策略往往会无意间排斥低收入人群。

了解客户故事可以帮助细分市场

在完成市场细分后，部分企业会创建"买家角色"，即虚构的客户形象，代表各目标细分市场的典型用户画像。这些形象通常包含详尽的背景故事，描述目标用户的年龄、收入等人口统计特征，以及与购买相关的行为习惯、动机和目标（甚至包括无关消费的生活细节）。买家角色的构建源于真实的客户调研，通常通过与目标群体成员的深度访谈完成。

以自行车制造商为例，如果企业计划瞄准通勤人群，可能会设计如下买家角色。

萨姆（Sam），29 岁独居男性，居住在华盛顿州西雅图市。作为年薪 8.5 万美元的程序员，他每天骑行 10 英里上下班。周末喜欢与女友约会，并参加山地自行车竞速赛。萨姆对通勤自行车的价格较为敏感（但愿为山地车支付高价），要求车辆安全可靠，配备挡泥板和链条保护罩以应对西雅图的频繁降雨。

对萨姆的描述还可进一步扩展，包括他常浏览的网站、社交媒体行为、阅读偏好、人生目标（如三年内晋升技术主管）及骑行历史等细节。买家角色通常会配以照片，并尽可能生动具体。由于人们更容易对具体人物产生共鸣（而非抽象的细分市场），所以这种角色化描述能帮助企业研发、客服、广告、网站设计等部门直观理解目标客户，从而形成以客户需求为核心的营销思维。

国际市场的细分需要更多维度

国际市场营销的成功需要更深入的市场细分。全球有 190 多个国家，各自拥有独特的语言、习俗、信仰、宗教、种族和收入分配模式，这些差异使市场细分更加复杂。更棘手的是，企业进入国际市场时，关键数据往往更难获取且可靠性较低。正因如此，一些企业坚持由本地团队负责当地运营和决策，至少其对本土市场有直观的感知。

国际市场的细分可能需要更多维度，只需在之前的步骤中增加一步：营销人员按国家或地区进行细分，分析人口、文化、经济发展阶段等特征，从而找到具有相似性的区域或国家子市场。然后根据企业目标是消费者市场还是组织市场，沿用前文所述的基本方法。

以服务水平较低的地区为目标，创造更美好的世界

很长一段时间以来，发展中国家的市场很少受到大企业的关注。如今，越来越多的企业发现，以服务水平较低的人群为目标，提供满足他们独特需求的商品和服务，可以产生利润，创造价值，并创造一个更美好的世界。

例如，来自发展中国家的工人可能在工资更高的发达国家工作，这些工人经常把他们赚的一部分钱汇回他们在国内的家庭，这推动了汇款业务。传统的汇款转账既不方便又昂贵，而且需要几天的时间才能到账。PayPal 公司的 Xoom 应用程序的目标客户是需要方便、快速（几分钟内）和低成本汇款的客户。Xoom 为 PayPal 公司带来了利润，并为贫困的外出务工人员节省了一大笔费用。

4.5 细分产品市场的实践方法

大多数营销经理认同通过市场细分从广泛的机会中锁定特定目标市场及营销战略。尽管关于市场细分的方法和工具的书和文章很多，但许多营销经理仍未能有效实施营销战略，部分原因在于他们不清楚如何入手或整合相关概念。

图 4-6 展示了一个逻辑清晰的六步法市场细分框架，将前文讨论的核心观点都联系了起来。为便于理解，下面通过一个案例逐步解析每一步骤，以"都市汽车旅馆住客"这一广义产品市场为例。

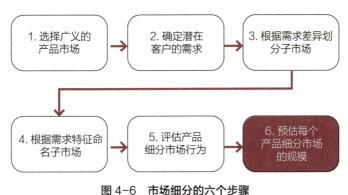

图 4-6　市场细分的六个步骤

第一步：选择广义的产品市场

这一决策可能直接来自企业目标。如果企业已经在某产品市场取得成功，现有业务就可以作为起点，需要立足自身优势，规避短板及竞争对手的强势领域。企业的人力、财力等资源可能会限制选择的范围，尤其是对初创企业而言。

例如，某企业在一座大城市的边缘地带开发小型汽车旅馆，向旅客出租房间。如果仅从企业现有产品和市场出发，可能只会考虑继续扩建更多小型汽车旅馆。如果视野更开阔，可以将这类汽车旅馆视为当地"夜间住宿需求"市场的组成部分。进一步扩展思路，企业还可以考虑进军其他地理区域，或涉足其他产品类型（如公寓楼、养老中心，甚至为房车旅行者提供露营地）。

需在"定义过窄"（固守现有产品与市场）与"定义过宽"（覆盖全球所有住宿需求）之间取得平衡。在这个案例中，企业选择聚焦于某一城市的汽车旅馆市场，因为该城市游客数量持续增长，而且企业具备本地运营经验。

第二步：确定潜在客户的需求

这一步需要通过"头脑风暴"罗列所有可能的需求，清单无须是完整的，但需要有充足的信息能为后续的步骤提供思路。需要思考客户购买现有产品的原因，并聚焦于基本需求，同时初步构想企业如何满足这些需求。

例如，在汽车旅馆住客市场中，可列举的需求包括：隐私（独立房间与设施）、安全（安保人员、带监控的明亮停车场）、舒适（优质床品与家具）、活动空间（健身区、工作桌、社交区域）、娱乐（电视、游戏、高尔夫、泳池）、便利（快速入住退房、预订服务、邻近高速公路）、经济性（价格合理）、通信（电话、Wi-Fi）等。

第三步：根据需求差异划分子市场

如果部分人群的需求与其他群体存在显著差异，就需要围绕特定需求创建不同的子市场。首先，以某一典型客户类型为核心构建初始子市场，随后将需求相似且能被同一营销组合满足的客户归入该群体。需要记录每个子市场的重要需求维度及客户特征（如人口属性），以判断新客户是否应被纳入该子市场，同时为后续子市场命名提供依据。

例如，如果某群体是寻找度假住宿的年轻家庭，明确其需求（如家庭友好设施、安全性）后，可将该子市场命名为"家庭度假客人"。

对于无法融入首个子市场的客户（需求不一致或特征差异大），则需要创建新的子市场并单独列出其需求维度。重复这一分类过程，直到形成三个或更多子市场。

例如，以家庭度假客人为例，他们希望汽车旅馆能够有足够容纳成人与儿童的整洁房间、便利的停车设施、邻近旅游景点的位置、带泳池的休闲区、房间配备娱乐设备、便捷的自助早餐，以及存放零食的冰箱或自动售货机。

而商务客人的需求则截然不同：他们需要带办公桌的房间、提供正餐的餐厅、快速往返机场的交通服务、更多附加服务（客房送餐、干洗、快速入住），同时希望避免儿童噪声干扰。

表 4-6 展示了不同子市场的需求差异。

表4-6　汽车旅馆客户的广义产品市场

子市场	需求维度	具体阐述
家庭度假客人	家庭娱乐（游泳池）、儿童保育和小吃	夫妻或有孩子的单亲父母想要有趣的家庭体验。他们年轻、活跃、精力充沛
高端商务客人	独特的家具、周到的员工、尊贵的地位、豪华的大堂、方便的接送机、优质的餐饮、商务服务（会议室、打印机、Wi-Fi）	拥有巨额开支账户的企业高管，他们希望享受高端的服务和住宿。他们很可能成为回头客
预算型客人	经济（没有增加成本的额外费用）、便利（方便去低成本餐馆、高速公路）、免费停车	年轻人、退休人员和销售人员，他们想在搬家前住一晚
长期住宿客人	家庭式设施（小厨房、独立客厅）、洗衣和健身器材、舒适的场地、娱乐设施	商人、外地游客和其他在同一家汽车旅馆住一周或更长时间的人，他们渴望家庭的舒适感
活动导向型客人	会议设施（包括集体用餐）、社交、小组会议区、交通服务（班车）	在汽车旅馆参加活动（商务会议、聚会、婚礼等）的个人，活动可能会持续几天

第四步：根据需求特征命名子市场

回顾各子市场的需求维度，用能反映其特征和需求的名称进行命名（例如表4-6中第一列的子市场名称）。通过市场网格可以直观呈现命名过程：将整个广义产品市场绘制成一个矩形，内部用多个方框代表更细分的同质化市场。无须用统一维度命名所有子市场，只需为每个方框标注对应的子市场名称。

例如，图4-7将汽车旅馆客群划分为五个子市场：（1）家庭度假客人；（2）高端商务客人；（3）预算型客人；（4）长期住宿客人；（5）活动导向型客人。

图4-7　汽车旅馆市场的市场网格

第五步：评估产品细分市场行为

在完成第四步的子市场命名后，我们需要进一步思考每个群体的深层特征，理解其行为逻辑，此时可能发现某些子市场需要合并或拆分。例如，如果注意到"活动导向型客人"的需求主要由企业或组织（而非个人）决策，那么这一信息可完善该子市场的定义。

例如，在早期分析中，富裕的无孩度假客人可能被归入"家庭度假客人"群体。但深入分析发现，这类"度假寻求者"虽然与家庭度假客人同样追求娱乐，但更注重成人专属体验（如避开儿童喧闹的环境）。此外，尽管他们与高端商务客人收入水平相近，需求却截然不同（如更看重休闲设施而非商务服务），因此应单独划分为新的子市场。

这一过程凸显了第五步行为分析的价值：通过拆分原"家庭度假客人"群体，新增"度假寻求者"子市场，并在市场网格（见图4-8）中单独标注。这种动态调整使企业能更精准地把握需求差异，避免因笼统归类而错失机会。

| 家庭度假客人 | 高端商务客人 | 预算型客人 |
| 度假寻求者 | 长期住宿客人 | 活动导向型客人 |

图4-8　调整后的汽车旅馆市场的市场网格

第六步：预估每个产品细分市场的规模

我们必须尝试将产品市场与人口统计数据或其他与客户相关的特征联系起来，以便更容易预估这些市场的规模。市场的相对规模可能会因考虑的地理区域大小而异。市场规模可能因城市而异，也可能因国家而异。

例如，将家庭度假客人与人口统计数据联系起来，他们中的大多数人年龄在21～45岁。美国人口调查局公布了按年龄、家庭规模和其他相关信息划分的详细数据。此外，国家旅游局或城市商会可能能够提供关于一年中有多少家庭在特定城市度假以及其停留时长的信息。根据这些信息，很容易预估出某个城市家庭度假客人需要汽车旅馆房间的总夜晚数。

市场维度指导了营销组合

完成全部六步分析后，企业可以为每个细分市场设计独特的营销组合。例如，针对"高端商务客人"群体的需求，汽车旅馆可以围绕他们的核心诉求（高效办公、舒适体验）提供一系列服务：客房配备办公桌椅和豪华床品（如高支棉床单和羽绒枕），24 小时客房送餐服务，商务中心提供电脑租赁、彩色打印、高速 Wi-Fi（部分服务需额外付费），机场豪华轿车接送、行程规划协助、快速入住退房通道，以及安静的酒吧、健身房、加厚浴巾和行李员服务。此外，还可能设置夜间阅读的商务图书角，并每日免费提供报纸期刊。这类客户通常愿意为专属服务支付更高价格，但需要避免嘈杂的环境（例如与带孩子的家庭共享设施）。

其他细分市场同样可以通过精准预估实现盈利。例如，速 8 酒店瞄准预算型客人，提供基础住宿、免费早餐，实行宠物友好政策；Extended Stay America 为长期住宿客人设计了配备厨房、自助洗衣房和免费 Wi-Fi 的房间，价格合理且允许携带宠物；Courtyard by Marriott 则针对活动导向型客人，工作日承接商务会议，周末则转向家庭聚会（如婚礼或聚会的餐饮接待）。

改善现有的营销组合

通过汽车旅馆的例子可以看出，企业需要不断寻找新的目标市场和营销战略。但更重要的是，同样的方法也能帮助企业找到服务现有客户的新方式，从而加强与他们的关系。

许多企业的营销战略一成不变。例如，一家汽车旅馆最初可能通过提供高端商务人士需要的服务（比如免费高速 Wi-Fi）来吸引客户，可是一旦竞争对手也开始提供同样的服务，优势就会消失。为了留住现有客户或吸引新客户，汽车旅馆需要不断寻找更新、更好的方式来满足客户需求。

重新分析客户的需求和特征，可能会发现新的机会。继续以汽车旅馆为例，或许可以推出更个性化的服务，比如根据客户偏好提前准备办公用品或定制早餐，让客户感受到独特关怀，从而在竞争中保持优势。

瞄准一个细分市场

许多高端酒店会通过定制化服务来满足"一对一的个性化需求"。以文华东方酒店为例，当新客人第一次预订房间时，酒店会询问他们的个人偏好（比如喜欢的房间温度、枕头类型等），并将这些信息保存在数据库中。当客人第二次入住时，会发现房间温度已经调到他们喜欢的设定，电视屏幕上显示着家乡的天气，床上也提前放好了他们喜欢的三只鹅绒枕头。

虽然这类客人的基本需求和其他高端商务客人类似，但这种量身定制的贴心服务能带来独特的体验。从操作层面看，这种个性化细分依然遵循了六步法的框架，只是在更广泛的细分市场内，进一步针对具体客户的需求进行微调。

通用市场和产品市场

细分产品市场的流程是在确定产品市场后开始的。比如，"需要住宿的旅行者"属于更广泛的通用市场（尚未具体到酒店类型）。这种泛化的市场定义能帮助企业发现更多机会，比如像爱彼迎这样的在线平台，正是通过连接需要住宿的旅行者与愿意短期出租房源的房东，找到了全新的商业模式。

重要的是，不能跳过这六步流程中的任何环节。从确定产品市场开始，逐步分析需求、划分子市场、命名子市场、评估产品细分市场行为，最后预估产品细分市场规模，每一步都像拼图一样不可或缺。即使像爱彼迎这样颠覆传统行业的公司，其成功也离不开对通用市场中细分需求的深度挖掘。比如年轻人想找性价比高的住宿，房东想利用闲置空间赚钱，这些需求最终被整合成一个平台。所以，无论企业大小，这六步都是系统化找到目标客户的可靠路径。

4.6 科技助力市场细分和定位

营销经理和市场研究人员常常借助电脑工具来辅助市场细分工作。虽然详细讨论这些技术超出了本书范围，但简单举几个例子能让你了解电脑应用如何辅助市场细分。比如数据分析软件能快速处理大量客户信息，找出隐藏的群体特征；人工智能算法能根据消费行为自动分类人群；可视化工具能直观展示不同细分市场的分布和需求差异。这些技术让原本复杂的细分过程更高效精准，但核心逻辑还是离不开之前提到的六步法框架。

聚类分析通常需要使用电脑

聚类分析是一种常用的方法，它通过分析数据中的相似模式来将客户进行分组。简单来说，就是把需求、特征或行为相似的客户归为同一群体。以前这一步主要靠经验和判断，现在可以用电脑来处理。

比如，电脑会收集各种数据，包括客户的年龄、收入、对产品的需求偏好、购买历史等，然后自动找出哪些人更相似，把他们分到一组。分好组后，营销人员再研究这些群体的共同特点，弄清楚为什么电脑会把这些人归为一类。有时候，这些分析结果能帮企业找到新的营销战略，或者优化现有的方法。比如，通过分析节日购物者的消费习惯，可能发现某些人更喜欢提前囤货，另一些人则喜欢最后一刻才买，这样企业就能针对不同群体设计不同的促销活动。

关注客户数据库

客户关系管理是一种通过分析客户数据来优化营销战略的方法。企业会建立详细的客户数据库，记录客户的消费习惯、偏好等信息，再通过数据分析软件找出不同客户群体的特点，从而为每个群体定制不同的营销方案。

比如奈飞的数据库会记录每位用户具体看过哪些影视剧，这些行为数据（比如用户爱看悬疑片还是喜剧）比年龄、性别等基本信息更能预测用户可能喜欢的内容。因此奈飞用数据分析和人工智能技术，根据用户的观看记录在首页推荐用户可能喜欢的内容。

有些企业甚至尝试"一对一细分"，根据每位客户的独特需求提供专属服务。比如客户关系管理系统会记住客户的偏好，如记住客户喜欢的房间温度、枕头类型等细节。但这也可能引发问题，比如美国零售巨头塔吉特曾通过分析顾客购物记录和人口信息，预测孕妇的需求（比如根据购买维生素和洗护用品推测客户怀孕），然后向她们推送婴儿用品广告，结果在女儿还未告知父亲怀孕时，就通过邮寄目录"剧透"，引发隐私争议。

简单来说，客户关系管理系统能根据客户过去的行为预测未来需求，但如何在个性化服务和隐私保护间找到平衡，仍是挑战。

动态行为细分的依据是客户的行为

许多企业会使用"动态行为细分"方法，即通过实时数据不断更新客户在细分市场中的分类。电商平台常采用这种方式，每次用户访问网站时，系统都会记录并更新他们的行为数据。网站能追踪用户的一举一动，比如他们如何找到这个页面（通过哪些搜索词或广告跳转过来）、所在地理位置、是否是回头客，以及浏览了哪些内容。

举个例子，一家卖吸尘器的网站，不同用户的浏览行为可能截然不同。用户 A 可能是通过搜索"低价吸尘器"找到网站的，进入后直接点击"直立式吸尘器"，按价格排序，并只关注最便宜的型号。系统会判断这是"价格敏感型用户"，于是推送首次购买折扣等专属优惠。

用户 B 则花大量时间阅读产品评测和网站上的文章《如何选择适合你的吸尘器》，表现出"研究型用户"的特征。网站会弹出消息："这是用户评分最高的型号"，引导他们做出决策。

每个用户看到的信息会根据他们的浏览行为实时调整，越贴合用户需求的推荐，越可能促成购买。这种动态调整让营销更精准，也提升了转化率。

4.7　产品差异化和定位

设计营销组合，更好地为客户服务

正如我们反复强调的，通过市场细分方法（如聚类分析或客户关系管理系统）聚焦特定目标市场，其核心目的是通过优化整个营销组合，为某一群体的潜在客户提供更高价值。通过差异化的营销组合更好地满足客户需求，企业就能建立竞争优势。当这种情况发生时，目标客户会认为该企业的营销组合能完美地契合他们的偏好和需求。

尽管营销经理希望客户认为本企业的产品独一无二，但这种情况并不总能实现。跟风模仿者很快就会效仿企业的策略。此外，即使企业的营销组合确实有差异，客户可能也并不知晓，而且简单来说，该企业的产品可能在客户的生活中并不那么重要。这时，另一个重要概念"市场定位"就派上用场了。

市场定位基于客户观点

市场定位指的是客户如何看待市场上现有或潜在的品牌。如果无法客观了解客户对品牌的看法，营销经理就很难实现差异化。同时，经理希望目标客户如何认知本企业，就要制定合适的营销组合。当市场竞争者的产品看起来高度相似时，定位尤为重要。例如，许多人认为不同保险公司的房屋保险没有太大区别，但州立农场保险公司（State Farm Insurance）通过广告强调其服务价值和代理人提供的"邻里式关怀"（因为代理人就住在客户附近），这是一些低价线上保险公司（仅通过网站或电话销售）无法复制的差异化点。

要准确把握客户对竞品的看法并非易事，但有一些方法可以辅助分析，多数需要通过正式的市场调研。调研结果通常用图表展示，直观呈现出客户对不同产品的认知。通常，产品的定位会围绕目标客户最关注的两到三个核心功能展开。

营销经理会通过让客户对不同品牌（包括他们理想中的品牌）进行评价，再借助电脑程序汇总评分并生成图表，从而生成定位决策。例如，图 4-9 用坐标展示了不同品牌肥皂的市场定位：横轴是"除臭能力"，纵轴是"保湿效果"。消费者认为多芬的保湿效果很好但除臭能力一般，而多芬和汤美（Tone）在消费者认知中较为接近（说明它们在这些维度上被视作相似品牌），而 Dial 则与两者差异明显，被放置在图表的另一端。需要注意的是，图 4-9 反映的是消费者的主观感知，而非产品的实际成分（如实验室检测结果）的客观差异。

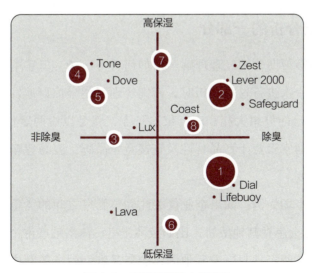

图 4-9　不同品牌的市场定位

每个细分市场可能有自己的偏好

图 4-9 中的圆圈展示了不同消费者群体（子市场）围绕各自理想的肥皂偏好聚集分布的情况。具有相似理想产品需求的受访者被圈在一起，以显示客户集中区域。在图 4-9 中，圆圈的大小代表不同品牌对应的细分市场规模。

理想集群 1 和 2 规模最大，靠近 Dial 和 Lever 2000 这两个畅销品牌。但集群 2 的消费者似乎认为 Dial 的保湿效果不够好，不过这个品牌该如何应对并不明确。或许 Dial 可以保持产品不变，但在宣传中更强调除臭功能，以吸引注重除臭的消费者。营销经理可能会将这种策略简单称为"将品牌定位为优秀的除臭产品"。当然，这种努力是否成功取决于整个营销组合是否能兑现定位承诺。

需要注意的是，理想集群 7 远离现有所有品牌，这可能暗示推出新产品的机会，例如一款兼具强效保湿和除臭功能的产品。选择这种策略的企业实际上就是在进行市场细分。

定位分析可能引导企业选择整合而非细分。例如，营销经理认为可以通过不同的宣传方式，用同一产品吸引整合市场中的多个细分群体。例如，Coast 品牌可能通过调整宣传内容，用一款产品同时吸引理想集群 1、理想集群 2、理想集群 8。这些群体对理想品牌的需求非常相似（在图 4-9 中位置接近）。另外，如果市场中已存在明确的细分群体，且某些部分被特定产品或品牌占据，企业可将自身产品转移到整体市场区域中竞争较弱的其他细分领域，以开拓新机会。

定位作为广泛分析的一部分

定位分析能够帮助营销经理理解客户如何看待市场，但它本质上是产品导向的视觉工具。第一次进行这类分析时，营销经理可能会惊讶地发现，客户对市场的认知与他们自己的设想大相径庭。仅这一点，就足以说明定位分析的重要性。然而，这种分析通常聚焦于产品特性及直接竞争品牌，容易忽略客户真正的需求和态度等关键维度。

还是以肥皂市场为例：如果企业仅关注固体肥皂之间的竞争（如不同品牌的固体肥皂），可能会忽视其他威胁，比如液体肥皂、沐浴油或淋浴清洁剂等新兴产品的崛起。如果营销经理只盯着其他固体肥皂品牌，就会像管中窥豹，看不清整个市场格局的变化。

更重要的是，客户对产品的看法并非偶然。仍以肥皂市场为例，虽然很多人关注保湿和除臭功能，但其他需求同样重要。比如，部分消费者特别在意杀菌效果，滴露（Dial）的营销团队就抓住了这点，通过广告将产品定位为"杀菌能手"，成功吸引了一波新客户，甚至抢走了力士（LUX）的市场份额（两者原本功能相似）。

而力士的遭遇则是一个警示：它曾推出市场上首款杀菌肥皂，一直稳居龙头地位。但随着竞争对手（如 Dial）推出更清晰的差异化策略、更精准的定位和更高的客户价值，力士逐渐失去优势，销量下滑。这说明，如果企业固守旧策略，不随客户需求和竞争环境变化而调整，终将被淘汰。

有时需要重新定位

有时候市场调研会揭示，目标客户对品牌的认知与企业期望的不符，这时就需要重新定位。但改变客户对品牌的认知并不容易，需要调整整个营销组合。21世纪初，韩国现代汽车就遇到了这个问题：其发现品牌形象未能有效促进销量增长。通过一项调研，当向潜在客户展示现代途胜的图片但隐藏品牌名称时，71%的受访者表示愿意购买；而当展示带品牌名称的图片时，兴趣度骤降至52%。这表明尽管数据证明现代汽车是全球质量领先的车型之一，但消费者仍将其视为"廉价低质"的代名词。为扭转这一印象，现代汽车推出每辆车 10 年或 10 万公里的超长保修政策，并通过广告强调其安全性和质量评级。这一战略使其摆脱了廉价的标签，转而被客户视为"高性价比"的选择。重新定位后，现代汽车的市场占有率在三年内飙升 70%。

定位声明为营销战略提供方向

营销经理有时会使用定位声明来为营销组合提供方向。这类声明明确了企业的目标市场、产品类型、核心优势或差异化卖点，以及消费者信服该品牌主张的关键理由。声明中强调的一两个核心优势，必须是目标市场最看重且品牌独有的。重要的是，所有参与制定营销战略的人都要认同这份声明，因为它能缩小选择范围，指导营销组合的设计。

一些企业会用模板来辅助撰写定位声明：

"对（目标市场）而言，（我们的品牌）在所有（产品类型）中提供（核心优势／差异化卖点），因为（我们的品牌）具备（信服理由）。"

这个模板基于狭义的产品市场，明确目标市场和产品类型，再突出该品牌在目标市场中最具分量的优势。最后，用证据或理由让目标客户相信这一主张。

几年前，激浪（Mountain Dew）的营销团队就用这个模板撰写了以下定位声明：

"对追求刺激、冒险和乐趣的 16 ～ 24 岁男性而言，激浪在所有碳酸饮料中提供了无与伦比的畅爽体验，因为这款饮料能提神、解渴，并拥有独特的柑橘风味。"

这一声明为广告团队指明了方向，促进了电视和平面广告的推出，强化了品牌定位。它还指导了包装设计、终端促销、品牌合作、官网风格以及新口味开发等决策。基于此定位的营销战略帮助激浪在目标市场中提升了份额。

正如我们反复强调的，制定营销战略时必须深入理解潜在需求和消费者态度。如果消费者将不同产品视为替代品，企业就必须针对这些竞品重新定位自身。消费者可能不会注意到营销组合中每个细节的差异，但精准的定位能突出一个统一主题或核心优势，与目标市场的关键需求紧密关联。因此，定位应被视为整体战略规划的一部分，其核心目的是确保整个营销组合能形成竞争优势。

第五章

消费者及其购买行为

苹果品牌分析

20 世纪 70 年代末，当索尼（SONY）推出随身听（Walkman）时，它迅速成为音乐爱好者随时随地播放最爱歌曲磁带的流行方式。虽然竞品很快出现，但索尼通过改进随身听保持领先优势，并在 CD 介质上市后推出 CD 播放机型。

20 世纪 90 年代末，新出现的 MP3 格式可通过电脑或便携播放器呈现数字文件的优质音乐。帝盟多媒体（Diamond Multimedia）的 Rio 是首款 MP3 播放器。Rio 虽然具有创新性，但用户必须从病毒肆虐的网站下载音乐，或使用特殊软件将 CD "翻录"为 MP3 格式。许多音乐爱好者倾向于音质更高的歌曲，但获取数字文件的过程过于复杂。此外，音乐公司起诉非法下载 MP3 音乐文件的行为，这些都延缓了 MP3 播放器的初期普及。

当苹果推出解决这些客户需求的创新营销组合时，市场态度迅速转变。苹果 iTunes 以合理价格提供合法歌曲下载，规避病毒风险，并简化电脑音乐管理与向 iPod 传输的流程。iPod 造型时尚、操作简便，苹果广告以 "将一千首歌装进口袋" 的承诺激发了客户对新概念的认知与兴趣。

苹果以引领趋势著称。当重新定义手机时，它没有通过营销调研探寻消费者需求，而是认为消费者无法想象如此颠覆性的新产品。iPhone 不仅仅是能播放音乐的手机，其彩色触控屏、网页浏览与音乐播放功能都令消费者惊叹。如今，iPhone 满足从娱乐（玩《超级马里奥跑酷》《8 球台球》或刷 TikTok 短视频）、社交（玩《你说我猜》游戏或用 Ins 联系好友）到健康管理（使用 Apple Health）的多样化需求。

iPhone 的成功为其他苹果产品带来关注与机遇。iPhone 用户会自然增加对苹果的关注，驻足门店展示区、观看苹果广告或询问朋友的 AirPods Pro。良好的 iPhone 体验提升客户对全线产品的期待与信任；许多 iPhone 用户继而购买 MacBook、iPad 或 Apple Watch，甚至订阅 Apple TV。当用户加入苹果生态后，升级产品时很少考虑其他品牌，他们相信苹果产品的高品质与体验保障。

尽管 iPod 与 iTunes 具有创新性，但消费者对音乐购买与收听方式的观念已然发生改变。苹果原以为用户希望"拥有"音乐，并会持续为下载付费，然而 Spotify 等流媒体服务改变了消费者态度，苹果发现用户更乐于"租用"音乐而非拥有数字文件。苹果随即推出 Apple Music 作为回应。

当 Apple Music 流媒体服务推出时，消费者在流媒体服务中已拥有众多选择。注重经济性的客户常选择 Spotify 的免费广告版，但 Apple Music 迅速成为全球第二大流媒体平台。

苹果内部曾有将 iMessage 移植安卓手机的提议，但营销经理坚持反对。他们深谙群体压力效应：iPhone 用户间的短信显示为蓝色气泡，其他系统则为绿色。虽然功能相同，但群聊中所有人都能看到非苹果用户的存在。尽管部分青少年享受"局外人"的身份，但更多人很快为融入群体而购买 iPhone。

当发现消费者隐私态度变化后，苹果迅速行动。与多数网站类似，iPhone 应用常追踪用户行为，包括浏览内容、使用应用等。部分应用甚至收集通讯录姓名，通过转售用户数据实现盈利。得知此情况的消费者对这种隐私侵犯深感不满。

苹果积极应对并致力成为消费者隐私保护领导者。iPhone 应用开始请求追踪许可，后续更推出 App 隐私报告功能，让用户清楚掌握信息使用情况。这些改变令 Facebook 不满，因其应用需要依赖大量用户数据实现广告精准投放。

随着美国市场增长放缓，苹果更加关注国际市场。拥有不断壮大的中产阶级与全球最大市场的中国成为关键战场。苹果初入中国时，iPhone 迅速成为身份的象征。苹果通过让意见领袖与名人使用 iPhone 强化身份认知，在价格过高时推出平价机型扩大受众，助力 iPhone 在中国市场提高份额。

面对三星、Spotify 等强劲对手的竞争，苹果持续成功取决于其全球范围内理解消费者行为、预测消费者需求和超越消费者期望的能力。

小米品牌分析

当小米开发产品时,数十万消费者热情地出谋划策;当小米新品上线时,几分钟内,数百万名消费者涌入网站参与购买,数亿销售额瞬间完成;当小米要推广产品时,上千万名消费者兴奋地奔走相告;当小米产品售出后,几千万名消费者又积极地参与产品的口碑传播和每周更新完善……这是中国商业史上前所未有的奇观。消费者和品牌从未如此相互贴近,互动从未如此广泛深入。通过互联网,消费者宣传着小米的产品。

小米手机的品质宣言是"为发烧而生",通俗来讲就是希望经过不断研发升级,寻求以尽可能低的成本达到高端的品质,也就是高性价比。小米手机刚开始定位在中低端手机市场,并打出追求极致性价比的口号。采用低价高配的销售方式,在"山寨机"横行以及高价低配的智能手机市场中夺得了一席之地。在同等级产品中,小米手机的价格要比其他品牌手机低很多,这种低价高配的宣传方式本身就是一种很好的营销模式。

同时,这也恰巧迎合了消费者希望手机价格低廉但是配置较高的消费需求。这种价格策略帮助小米手机吸引了很多潜在消费者。但在近几年,小米手机一直在布局从低端形象转到高端,而扭转形象的最佳方式就是在某一方面做到领先水平。小米的切入点是高频使用的手机相机,小米联合"摄影鼻祖"徕卡相机公司,将经典的徕卡影调植入手机中,小米 MIX Fold 3 的成像效果非常不错,许多用户都非常惊讶,"手机也能拍出油画效果"。

小米今日的成功离不开其创始人雷军,雷军也在小米的成功之路上打造了独属于他的个人 IP。回顾雷军的创业历程,他是从普通人一步一步做起来的。草根出身的他取得巨大成功,对很多人都起到了正面激励的作用,他的经历也引起了很多普通人的共鸣。作为当之无愧的普通人奋斗"天花板",雷军以自己为纽带,通过一场场精彩的演讲将品牌与用户连接起来。许多人正是被他这种奋斗精神打动,成为小米手机的忠实粉丝,并称小米手机是"雷军周边"。作为一家少见的拥有粉丝文化的高科技公司,小米打造了独家的"米粉文化",并持续壮大客群,建立了小米社区。"无米粉,不小米"就是小米一直以来的口号和信仰。

小米社区作为"米粉"大本营,为"米粉"提供官方资讯、产品圈子、内测反馈、福利兑换、"米粉"互动等多个功能。通过社区运营，小米举办多场线上线下用户交流活动，邀请"米粉"深度参与和体验产品开发、功能迭代，真正做到让产品满足用户的需求，用户与品牌共创产品。"米粉"故事以纪录片的形式记录"米粉"的真实故事，传递小米的品牌精神；ShotByMi 则是由全球小米社区主办的全球摄影比赛，"米粉"可以通过上传与比赛主题相匹配的由小米手机拍摄的照片参与活动；小米开发者大会自 2017 年起每年举办一次，同步线上直播，展示小米的最新产品及自研技术。同时，小米借助这些活动增强用户黏性，建立与用户共同成长的关系，在强大的客群基础与粉丝文化的凝聚力下，实现营销转化是必然结果。

小米通过社群营销、多元化活动和小米家宴，塑造小米文化，最大限度提升粉丝品牌荣誉感和归属感，不断将小米情结植入人心，最终实现用户与品牌的情感联结。

5.1 消费者行为：他们为什么做出购买行为

苹果的案例表明，有效的营销战略规划需要深入地理解消费者。如果没有这种理解，就很难瞄准正确的目标市场，或者开发出一种对消费者最有价值的营销组合。

理解消费者的行为对营销人员来说是一个挑战。对于不同的人、不同的产品和不同的购买情况，具体的行为会有很大的不同。在今天的全球市场中，变化很多，这使得对所有的可能性进行分类变得不切实际。但是有一些通用的行为原则，营销经理可以应用这些原则更好地了解特定的目标市场。本章将融合经济学、心理学、社会学等多学科视角，通过探讨消费者及其购买行为，提高运用这些框架分析市场的能力。

图 5-1 概括了本章讨论的核心内容。本章将从以下五个影响消费者决策过程的维度展开深入分析：（1）经济需求；（2）心理变量；（3）社会因素；（4）文化与种族；（5）购买情境。

市场营销的混合因素会影响消费者的决策过程

消费者决策过程中还存在其他影响因素，这些将在本书后续章节深入探讨。图 5-1 明确指出，预期的营销战略（目标市场和营销组合）会影响消费者行为。例如，广告和促销活动可以强调决策过程中的某些要素，例如突出产品的低价优势，这可能会促使消费者更加关注经济需求。消费者的决策过程会因购买的产品类型而有所不同。例如，消费者对"体验"（如假期或体育赛事门票）的评估方式与对"商品"（如钻石项链或文件柜）的评估方式存在差异。这些影响因素（及其他相关内容）将在后文对 4P 理论展开详细分析时进一步讨论。图 5-1 中的"其他刺激"类别涵盖诸多可能影响消费者行为但未在本书明确阐述的因素，例如竞争对手的反应或政府行为等。

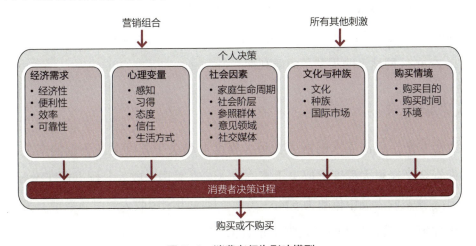

图 5-1　消费者行为影响模型

经济型买家追求时间和金钱的最佳利用

一些经济学家认为，消费者主要是经济型买家，即那些掌握所有信息并有逻辑地比较选择，以最大化时间与金钱投入的满意度的人。经济型买家认为，消费者的购买决策基于经济需求，而经济需求关注的是消费者自身判断下对时间与金钱的最优利用。例如，一些消费者追求最低价格，另一些则愿意为便利支付额外费用，还有一些会权衡价格与质量，以获得最佳价值。经济需求包括以下方面。

1. 购买或使用的经济（如选择价格更低的超市品牌冷冻比萨）。

2. 操作或使用的效率（如戴森吸尘器的动力可加快清洁速度）。

3. 使用可靠性（如丰田汽车的维修成本长期更低）。

4. 收益提升（如 Ally 银行提供更高的利率）。

5. 便利性（如在线下单并到超市自提可节省时间）。

显然，营销经理需关注如何通过创新方式满足消费者的经济需求。大多数消费者都喜欢那些为他们所花的钱提供更高经济价值的产品的公司，但更高价值并非仅指不断降低价格。例如，产品可以设计得更耐用、需要更少维修或使用寿命更长；促销活动可以通过衡量成本、保修期限或节省时间等可量化因素，向消费者传达产品优势；经过精心规划的渠道决策也能让时间紧张的消费者更轻松、更快捷地完成购买。

许多企业会根据目标市场对便利性的重视程度调整营销组合。全食超市（Whole Foods Market）的外卖食品销量甚至超过许多餐厅。Tide to Go 是一款便携式即时去污剂，可轻松放入手提包或公文包，无须用水即可使用。许多消费者喜欢在 Zappos 网站上购买鞋子的便利性。

收入影响需求

消费者满足经济需求的能力在很大程度上取决于其可支配资金的多少，而可支配资金又在很大程度上取决于家庭收入。在美国，收入分配差距十分显著。2021 年，家庭收入的中位数为 67463 美元（即一半家庭收入超过该数值，另一半低于该数值）。美国 1/4 的家庭收入超过 122500 美元，另有 1/4 的家庭收入低于 33003 美元。考虑通货膨胀因素后，过去二十年间美国的中位收入基本持平。同一时期，美国中等收入消费者因生活必需品成本上涨受到严重冲击。

大多数家庭的收入不足以购买所有想要的商品。对许多产品而言，即使有购买意愿，收入不足的家庭也无法成为消费者。例如，大多数家庭需要将收入的很大一部分用于食品、房租或房贷、家居用品、交通和保险等必需消费。家庭购买"奢侈品"的资金来源于可支配收入，即在支付税款和满足基本需求后剩余的收入。

可支配收入是一个难以界定的概念，因为不同家庭及不同时期对"必需品"的定义存在差异。它取决于家庭对维持自身生活方式所需支出的判断。例如，低收入家庭用可支配收入购买的高速互联网服务，可能被高收入家庭视为必需品。

消费者信心会影响经济支出

经济状况会影响消费者信心和消费支出。在经济强劲时期，消费者对就业前景感到自信和稳定，因此更可能购买更大的住房、新车或前往异国度假。另外，当消费者担心就业前景或退休储蓄减少时，他们的消费会更加谨慎。

经济价值和收入是许多购买决策中的重要因素。但大多数营销经理认为，消费者的购买行为并不像经济型买家所描述的那样简单。经济因素与心理因素密切相关，因此我们需要更深入地探讨影响购买行为的心理变量。

5.2 消费者心理影响购买决策

需求激励消费者

我们每个人都是需求与欲望的集合体。表 5-1 列举了一些可能驱动人们采取行动的重要需求。当然，这份清单并不全面，但思考这些需求有助于我们理解消费者可能从营销组合中寻求哪些利益。

表 5-1　激励个人采取行动的重要需求

需求类型	具体实例			
生理需求	食物	休息	活动	睡眠
	性爱	水分	自我保护	温暖 / 凉爽
心理需求	养育	好奇心	独立性	爱
	玩耍 / 放松	秩序	个人成就	竞争
	自我认同	权力	自豪	自我表达
渴望……	更美好的世界	重视	美	陪伴
	接纳	地位	幸福	独特
	联结	成就	自我满足	认可
	尊重	欣赏	变化	社交
	知识	同情	情感	快乐
免受……	恐惧	抑郁	损失	焦虑
	痛苦	压力	悲伤	疾病

当营销经理定义某一产品市场时，需求可能非常具体。例如，对食物的需求可能具体到"希望热腾腾且可即食的达美乐（Domino's）厚底意大利辣香肠比萨送至家门口"。

营销经理会迎合客户的需求

消费者心理学家通常认为，一个人购买商品可能有多种原因，有时甚至同时存在多种动机。马斯洛（Maslow）以其需求层次理论而闻名。我们将讨论一个类似的五层次需求模型，该模型更易于应用于消费者行为分析。图 5-2 展示了这五个层次，并通过一个例子说明了公司如何针对每种需求吸引消费者。一般来说，较低层次的需求必须得到满足后，消费者才会追求更高层次的需求。图 5-2 中，需求由低到高依次是生理需求、安全需求、社交需求、自我实现需求和超越需求。

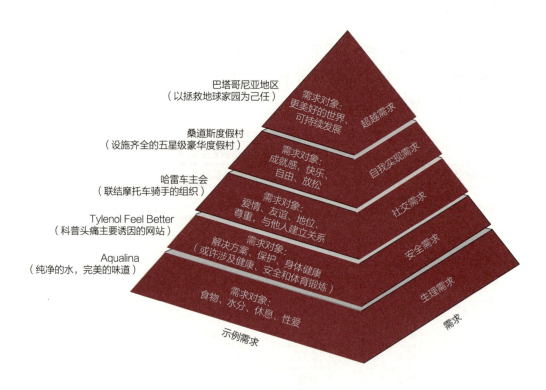

图 5-2　需求层次

营销经理会迎合客户的需求，创造一个更美好的世界

许多营销经理正通过多种方式满足消费者各层次的需求，同时为消费者和社会创造价值。生理需求即关注生物性需求（如食物、饮水、休息和性）。为消费者解决问题的品牌能够建立品牌忠诚度。例如，Charmin 针对纽约市假日购物者的这一需求推出了"城市假日礼物"活动，在时代广场设置了豪华公共卫生间。由于公共卫生间难寻，且咖啡店不愿让非消费者使用设施，Charmin 的举措让世界变得更美好，而使用者下次购买卫生纸时将铭记这一善意。

安全需求涉及保护和身体健康（可能包括身体健康、财务保障、医药和运动）。安德玛的健身产品系列倡导健康与运动；西北互助人寿（Northwestern Mutual Life）保险公司为寻求财务保障的人群提供人寿保险和财务规划服务。

社交需求关注的是爱、友谊、地位和尊重——这些都涉及个人与他人的互动。帮助人们建立联系的营销组合能够激发消费者对其品牌的积极情感。可口可乐通过一系列围绕"传递快乐"主题的病毒视频满足了这一需求。其中一个视频展示了一辆鲜艳的红色可口可乐卡车停在巴西街头，卡车背面的牌子告诉消费者按下按钮。当他们按下按钮时，卡车会分发可乐以及有趣的物品，如 T 恤、足球和冲浪板。这辆卡车在街头创造了社交连接，而这段有趣的视频通过观众将链接转发给朋友和家人，进一步将可乐与快乐和社交联系起来。可口可乐不仅建立了品牌，还为世界带来了更好的改变。

自我实现需求则关注个体对个人满足感的需求，与他人想法或行为无关。例如，成就感、快乐、自由和放松等都属于自我实现需求。许多人希望做出健康的食物选择，以实现生活中的更好平衡。康尼格拉食品公司（Conagra Foods）为此开发了一个在线工具。用户可以在"开始做出选择"页面完成一份调查，然后根据计算出的"平衡生活指数"，获得关于营养、活动和健康的反馈和建议。公司与客户之间的每周互动保持了关系的活力。康尼格拉通过让客户的生活更健康来建立客户关系。

超越需求关注的是个人希望看到他人需求或自然世界需求得到满足的愿望。这些需求是许多以目标为导向的公司所具备的，可能包括通过减少贫困或改善空气和水质等方式，使世界变得更美好。TCM 银行与亚马逊观察

组织（Amazon Watch）合作推出了一款信用卡，持卡人每次消费都能帮助保护亚马孙雨林并支持亚马孙河流域人民的权利。高露洁 - 棕榄（Colgate-Palmolive）正在增加其包装的可回收性，目标是在 2025 年实现 100% 可回收。

通常，营销经理会尝试满足多种需求。以加州牛奶加工委员会（California Milk Processor Board，即著名的"Got Milk？"广告活动的发起者）及其在线游戏 Get the Glass 为例，这款游戏吸引了最需要牛奶的孩子们。除了有趣（满足自我实现需求），它还教育玩家为什么牛奶很重要（满足安全需求）。这个游戏可以与家人一起玩，或者分享给朋友（满足社交需求）。当然，喝牛奶可以解决口渴问题（满足生理需求），并促进骨骼强壮（满足安全需求）。在该游戏上线的前两个月，超过 600 万人访问了网站，其中 65 万人成功到达"Fort Fridge"的玻璃杯关卡。这款游戏被认为帮助牛奶销量比去年同期增长超过 1000 万加仑（1 加仑 ≈3.79 升）。

感知决定消费者的所见所闻

感知就是我们如何收集并解读周围世界的信息。我们被广告、产品、标识、商店等营销刺激包围，却只会注意到其中一小部分。这是因为我们运用了以下选择过程。

1. 选择性暴露：我们的感官和心智只关注自己感兴趣的信息，这通常与当前需求相关。例如，饥饿时会注意到餐馆的招牌。研究表明，当消费者本身有购买意愿时，广告的效果会显著提升。

2. 选择性知觉：我们过滤或修改与原有态度和信念相冲突的观点、信息。例如，如果我们认为苹果的产品很酷，就会忽略三星广告中"苹果不酷"的宣传。

3. 选择性保留：我们只记住想记住的内容。即使注意到市场中的刺激信息，如果我们不相信其价值或认为无用，也可能不会存入记忆。例如，如果我们读到《潘娜瑞面包去除食品中人工添加剂》的文章，但从未光顾该店，便不会记住这一信息。

营销经理意识到消费者会运用这些选择性过程，因此会尽力在消费者更愿意接受信息的时机与其互动。例如，马自达（Mazda）会在汽车购买研究网站等平台投放跑车广告。

习得决定可能的反应

习得是个人思维过程因先前经验而产生的变化。习得往往基于直接经验。例如，一个小女孩第一次品尝本杰瑞樱桃格拉纳冰激凌（Ben & Jerry's Cherry Garcia），习得就发生了。习得也可能基于间接经验或关联。例如，如果你观看了广告中他人享受本杰瑞巧克力布朗尼低脂冷冻酸奶（Ben & Jerry's Chocolate Fudge Brownie Low-Fat Frozen Yogurt）的画面，可能会认为自己也喜欢。

消费者的习得可能源于营销人员的行动，也可能源于与营销无关的刺激。无论如何，几乎所有消费行为都是习得的。

专家描述了习得过程的几个步骤。"动力"（Drive）是激发行动的强烈刺激。根据环境中的线索（如产品、标识、广告等），个体产生特定反应。反应是满足动力的努力，具体选择取决于线索和个体的过往经验。

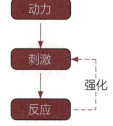

当反应带来满足感时，习得就会得到强化。也就是说，强化会加强信号与反应之间的关联，并可能促使下次动力出现时产生类似反应。反复强化会形成习惯，使个体的决策过程变得常规化。图 5-3 展示了习得过程中关键变量之间的关系。

图 5-3　习得过程

Febreze 在吸取教训后，销售额开始飙升

宝洁旗下 Febreze（一款空气清新剂）的营销人员利用消费者的习得过程开发出畅销产品。首先必须精准把握动力、信号、反应和强化四个环节。Febreze 含有高效除臭化学成分，喷洒在衣物、家具或地毯上，异味会消失。其营销人员认为，多数消费者渴望家中无异味（动力），因此初期电视广告会聚焦家庭异味场景。例如，一则广告中，一只狗躺在沙发上，主人说："索菲永远会有小狗的味道，但沙发不必如此。（信号）"随后，她喷洒了 Febreze（反应），狗味慢慢消失（强化）。

尽管广告攻势猛烈，Febreze 上市初期仍销量惨淡。为了找到原因，研究人员深入消费者家中调研，发现两大问题：一是异味最重的家庭往往未意识到家中有味，他们对宠物气味、烟味等已经麻木，因此"信号"对他们并不存在；二是 Febreze 的"无味"效果无法给消费者带来积极反馈。

于是，Febreze 团队重新制定策略。其进一步访谈消费者并观察家庭清洁视频，

发现另一需求：渴望拥有干净家居（动力）。看到凌乱的家（信号），人们会打扫（反应），并以放松或愉悦的方式自我奖励，比如微笑（强化）。团队意识到，如果 Febreze 添加香味，就可以作为清洁完成的信号，提供正向强化。

新策略下，Febreze 推出香氛版本，并调整广告：在清洁后喷洒 Febreze（强化）。然后，销量随之飙升。如今 Febreze 年销售额超 10 亿美元，团队也从中汲取了重要教训：消费者行为是习得的，需精准匹配其心理机制。

伦理问题：消费者是否从市场中习得需求

一些批评者认为，营销活动会鼓励人们为与基本需求无关的习得欲望花费金钱。消费者的需求是内在的，广告可以让他们意识到这些需求，并提出满足需求的方式。例如，消费者可能有口渴这一基本需求，广告帮助他意识到 Simply Lemonade（一种柠檬水品牌）是满足需求的美味选择。下次口渴时，他可能就会想要"Simply Lemonade"。因此，广告并不创造需求，但它可以帮助消费者更清楚地意识到现有需求，并激发对特定产品的欲望。

态度影响购买决策

态度是个人对某事物的观点。这里的"某事物"可以是产品、广告、销售人员、企业，也可以是某种观点。态度是一个重要议题，因为它会影响选择过程、习得以及购买决策。

由于态度通常被视为包含喜欢或不喜欢的情感，因此具有一定的行为导向。而信念则较少涉及行动导向，信念可能会影响消费者的态度，但未必包含喜好或厌恶。例如，消费者可能认为"李施德林（Listerine）漱口水有药味"（这是一个信念），但并不在意其味道。关于产品的信念可能对消费者的态度产生正向或负向影响。例如，零热量甜味剂 Splenda 的促销信息称其"由糖制成，因此口感像糖"。一位节食者如果相信 Splenda 因由糖制成而口感更佳，可能会选择尝试它，而非像以往那样继续购买其他品牌。糖尿病患者可能认为自己应避免食用 Splenda，就像避免其他含糖产品一样，尽管实际上 Splenda 对糖尿病患者是安全的。

为了加大态度与购买行为的关联程度，一些营销人员将"态度"概念扩展为包含消费者的"偏好"或"购买意向"。需要预测消费者购买品牌数量的营销人员尤其关注"购买意向"。如果态度能准确预测购买意向，那么预测就会更简单。遗憾的是，通常并没有这么简单。例如，某人可能对温泉浴缸持积极态度，但并无购买意向。

"绿色"态度改变消费者行为——5R 原则

许多消费者对可持续发展表现出越来越积极的态度，这些态度也正在改变一些人的行为。有些人选择他们认为更有利于可持续发展的品牌，而另一些人则采取更根本的行为改变。一些可持续发展倡导者鼓励人们实践可持续发展的 5R 原则。

1. 拒绝（Refuse）——停止购买不必要的产品。
2. 减少（Reduce）——降低整体消费。
3. 重复使用（Reuse）——选择可重复利用的产品而非一次性产品。
4. 改造利用（Repurpose）——将产品包装用于其他用途。
5. 回收（Recycle）——对物品进行科学处理及分类，以达到循环利用。

虽然大多数人对最后一个"R"（回收）较为熟悉，但前四个"R"正从边缘行为逐渐成为更普遍的选择。这可能对营销人员产生影响：若 5R 原则被更广泛实践，消费者可能会减少购买量，并在消费时更加精挑细选。

另一种减少消费的方式是"共享而非拥有"。出于环保考虑，汽车共享（Car Sharing）正逐渐普及。

"绿色"信念改变营销组合

消费者越来越相信自己的消费选择可以保护或伤害地球。随着越来越多消费者在购买决策中考虑可持续性因素，营销人员正通过调整营销组合来回应这些生态需求。例如，赛百味连锁餐厅增设回收箱；几乎所有主流汽车制造商都开始销售混合动力或纯电动汽车；低价麦片品牌 Malt-O-Meal（其产品一直采用袋装包装）如今开始宣传袋装包装的环保优势。Malt-O-Meal 的"弃盒用袋"（Bag the Box）活动以低成本获得了大量媒体报道。许多消费者对在这一领域努力创造积极影响的品牌持有正面态度。

共享会代替拥有吗？

在美国和欧洲的许多地区，消费者长期以来将汽车视为一种必需品。随着需求、态度和生活方式的演变，这一观念开始发生变化。无论是出于追求简朴生活、拯救地球的愿望，还是纯粹的经济因素，许多消费者正逐渐接受汽车共享模式。

经济因素是放弃买车的重要理由。新车车主每年需承担月供（如贷款购买）、保险、停车费、汽油、折旧和维护等费用，平均高达 1 万美元，而共享汽车的成本远低于此。

环保因素也同样重要，减少汽车生产及行驶里程均有助于环境保护。让我们看看消费者如何在不拥有汽车的情况下出行。

汽车共享服务，如 Zipcar 发展迅速。加入 Zipcar 非常简单：用户在线填写申请，一次性支付 25 美元手续费，通过审核的申请人将在数日后收到一张 Zipcard。租车流程更便捷，会员（称为"Zipster"）登录 Zipcar 官网，在地图上搜索附近车辆并预订。车辆通常停放在停车场或路边。预订时间到达后，会员用手机（需安装 Zipcar App）轻触车门解锁，使用后将车停回原区域即可。

个人车主共享是另一种模式，通过点对点网络让车主分享车辆并赚取收益。车主可在 Turo. 网站发布车辆信息，上传照片并设定每日或每周租金。经过审核的租客搜索车辆、确认可用性后预订，Turo 收取佣金并提供保险。该公司年促成交易量达数十万笔，车主年均收入为 4000 美元以上。

拼车服务虽然不是新兴概念，但通过互联网连接同路线乘客与车主的"拼车共享"（Ridesharing）模式正在革新。BlaBlaCar 创始人弗雷德里克·马择拉（Frédéric Mazzella）在一次假期返乡途中萌生这一想法：他注意到公路上的很多车辆都只有司机一人乘坐，于是想到如何利用空置座位。

BlaBlaCar 会员需创建简要个人资料，上传照片并标注性格：单个"Bla"代表沉默寡言，"BlaBla"表示健谈，"BlaBlaBla"则形容话很多。车主发布行程信息及乘客需分摊的费用（通常仅为对应火车或巴士票价的零头），乘客搜索匹配行程后选择乘车。行程结束后，双方互评以帮助未来用户做出更优选择。

消费者对"拥有"与"共享"的态度正在转变。音乐消费已从购买实体唱片、磁带和 CD，转向通过 Spotify、Apple Music 等流媒体音乐服务平台订阅。部分人也通过爱彼迎或 VRBO 共享卧室或整套房屋。

要改变消极的态度并非易事

提供新服务的企业（如汽车共享公司）迅速发现，改变消费者态度并非易事，尤其是负面的态度。几十年前，冷冻食品在美国家庭中很常见，但后来许多消费者对冷冻食品（相比新鲜食品）形成了负面看法，认为新鲜食品味道更好。尽管消费者重视便利性，冷冻食品的销量却在多年间持续下滑。

近年来，多家冷冻食品公司通过新的营销组合和促销活动，尝试扭转这些负面态度。高端品牌如 Evol 和 Lyfe Kitchen 向消费者证明冷冻食品也可以美味。雀巢（Nestlé）推出了 Wildscape 系列，主打优质食材，例如蜂蜜波本牛肉、韩式辣椒酱花椰菜等，产品采用半透明塑料罐包装，形似冰激凌容器。为回应消费者对塑料容器用微波炉加热的担忧，康尼格拉（Conagra）的 Healthy Choice Power Bowls 系列推出了可堆肥的植物基包装。在销量连续十余年下滑后，消费者态度的转变正逐步改变这一趋势。

伦理问题可能会出现

营销人员的部分职责是向消费者传达并说服其接受企业的商品或服务。然而，如果消费者存在不准确的认知，有时就会引发伦理问题。例如，某款"儿童感冒药配方"的推广利用了家长对成人药物"药效过强"的担忧——尽管儿童配方与成人药物的基本成分相同，但剂量不同。

营销人员还需谨慎，避免通过宣传引发虚假认知，即使广告内容并未明确误导。例如，Ultra SlimFast 低脂饮料的广告并未声称"所有购买者都能像广告中的苗条模特儿一样减肥成功"，但部分批评者认为广告传递了这种暗示。

符合预期是很重要的

态度和信念有时会结合形成一种预期，即个人预期或期待的某种结果或事件。

消费者的预期通常聚焦于他们对某企业营销组合所能带来的利益或价值的期待。这对营销人员至关重要，因为如果消费者的预期未得到满足，就可能产生不满。过度承诺的促销活动可能会发生此类问题。然而，找到平衡点往往困难重重。

几年前，范海辛（Van Heusen）推出了一种新型免烫衬衫（Wrinkle-Free），其洗完后比以往的衬衫洗完后看起来更平整。公司宣传该衬衫"免烫"，尽管产品确实有所改进，但如果消费者期待其洗完后能像熨烫过般平整，就会感到失望。

营销人员需意识到，消费者的预期始终在变化，且通常呈上升趋势。当消费者看到某家商店接受无小票退货后，会期待其他商家效仿；当看到某些品牌更注重可持续发展时，也会期待其他品牌跟进。

建立信任促进销售

信任是个人对他人、品牌或公司的承诺或行为的信心。信任驱动预期，因为当人们信任某一方时，就会期待对方信守承诺或表现出色。

消费者可能通过与公司或个人的互动逐渐建立信任。例如，如果你的狗总是狼吞虎咽地吃普瑞纳（Purina）狗粮，并且一直保持健康活力，你可能会更信任该品牌。一位消费者可能信任某位曾为家人策划过愉快假期的导游。信任也可能源于推荐者，例如，许多消费者信任《消费者报告》（*Consumer Reports*）杂志，并高度重视相关产品的评测和评分。

高度受信任的个人、品牌和企业在市场上具有显著优势。消费者更倾向于购买并更忠诚于自己信任的品牌。受信任的品牌对价格竞争的抵御能力更强。例如，很少有人会仅仅为了节省几美元而更换长期信赖的发型师。

信任的建立需要时间，但崩塌可能就在瞬间。三星几年前因 Galaxy Note 7 智能手机发生电池起火事件便是典型案例。尽管三星迅速召回问题手机，但仍有许多消费者失去了对这一品牌的信任。重建信任需要很长时间，所以企业必须持续维护已建立的信任，毕竟有时这种信任是历经数十年积累的。

生活方式分析聚焦于活动、兴趣和观点

生活方式分析是对一个人日常生活的模式进行分析，这些模式通过活动（Activities）、兴趣（Interests）和观点（Opinions）（简称 AIO）来体现。表 5-2

展示了 AIO 维度中的多个变量，以及用于完善目标市场生活方式画像的人口统计特征。

表 5-2　生活方式维度、人口统计特征及实例

项目	实例		
活动	工作	假期	上网
	兴趣	娱乐	购物
	社交活动	俱乐部会员资格	运动锻炼
兴趣	家庭	社区	美食
	居家	休闲	媒体
	工作	时尚	成就
观点	自己	业务	产品
	社会问题	经济	未来
	政治	教育	文化
人口统计特征	收入	地理区域	职业
	年龄	种族	家庭规模
	家庭生活周期	住所	受教育程度

　　理解目标客户的生活方式对广告主题的创意设计尤为关键。让我们看看它如何补充典型的人口统计描述。例如，仅知道道奇（Dodge）Durango SUV 的目标市场成员平均年龄为 34.8 岁、已婚、居住在三居室住宅、平均育有 2.3 个孩子，对道奇的营销人员帮助有限，而生活方式分析能帮助营销人员更生动地描绘出目标市场的形象。例如，分析可能显示这位 34.8 岁的消费者同时具备社区导向的价值观，尤其热衷于观赏体育赛事，并积极参与家庭活动。因此，广告可以展示 Durango SUV 载着一个幸福的家庭抵达垒球赛场的场景，让目标受众产生共鸣。这类广告可投放于体育节目时段，其观众群体与目标受众高度匹配。

5.3　社会因素影响消费者决策

　　前文讨论了经济需求、心理变量如何影响消费者决策过程，下面我们来探讨社会因素如何影响消费者决策过程。

家庭生命周期影响需求

家庭成员间的关系会影响消费者行为的诸多方面。家庭成员可能共享许多态度和价值观，重视彼此的意见，并分配不同的购物任务。婚姻状况、年龄以及子女的年龄等因素对家庭收入的分配方式有着非常大的影响。综合这些维度，我们可以确定一个家庭所处的生命周期阶段。图5-4总结了家庭生命周期的各个阶段。

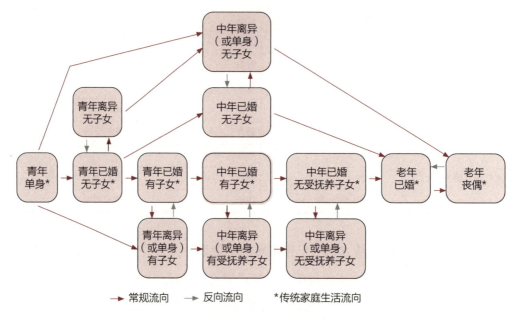

图 5-4　现代家庭生命周期阶段

年轻人和年轻家庭更容易接受新理念

单身人士和年轻夫妇似乎更愿意尝试新的产品和品牌，在购物时也会关注价格，更加谨慎。尽管许多年轻人选择晚婚，但大多数人最终还是会步入婚姻。这些年轻家庭（尤其是无子女阶段）仍在购买耐用品，如汽车和家具。只有当孩子出生并成长后，家庭支出才会转向软性商品和服务，例如教育、医疗和个人护理。为了应对开支，这一阶段的家庭常常更多依赖信贷消费，储蓄比例较低。

离婚会打破传统家庭生命周期模式。母亲通常会获得子女的监护权，而父亲可能需要支付子女抚养费。母亲和孩子组成的家庭收入通常远低于双亲家庭。这类家庭将收入的更大比例用于住房、育儿和其他必需支出，可自由支配的消费空间有限。如果单亲家长再婚，家庭生命周期可能会重新开始。

青少年对家庭支出再分配

当孩子进入青少年阶段后，家庭消费模式会进一步发生变化。青少年食量增加，希望拥有昂贵的服装，喜欢音乐，并逐渐产生娱乐和教育需求，这些都会给家庭预算造成压力。目前，美国青少年每年消费超过 2000 亿美元。他们在服装、鞋类、食品和饮料的家庭消费决策中具有较大影响力，更倾向于用自己的钱购买玩具、游戏、图书和音乐等产品。

空巢老人的购买决策

空巢老人是另一个重要的消费群体。他们的子女都已成家立业，此时可以将资金用于其他消费领域。这一阶段通常是高收入时期，尤其是对白领工作者而言。空巢老人成为许多商品和服务的潜在目标市场：他们通常会把更多的钱花在旅行和其他早年无法负担的事情上。当然，具体消费水平仍取决于他们的收入水平。

谁是家庭购物的真正决策者

过去，美国大多数营销人员将家庭中的女性视为主要购买决策者。如今，随着性别角色刻板印象的转变、夜间和周末购物的流行，男性和子女在购物和决策中也承担了更多责任。家庭角色因文化差异和家庭类型而不同。

购买责任和影响力因产品和家庭而有所差异。虽然通常只有一名家庭成员负责具体采购，但其他成员也可能影响决策或实际购买内容。大部分家庭成员可能更关注产品使用情况。

社会阶层影响态度、价值观和购买行为

到目前为止，我们主要关注了个人及其家庭关系。接下来，我们将探讨社会如何通过社会阶层（Social Class）来评判个人或家庭。社会阶层指在社会中被他人视为具有相近社会地位的一群人。

几乎每个社会都存在某种社会阶层结构。在大多数国家，社会阶层与个人职业密切相关，但也可能受教育水平、社区参与度、居住地点、收入、财产、社交能力及其他因素（包括出生家庭）影响。

在美国等大多数国家，收入水平与社会阶层之间存在某种普遍关联，但即使收入水平相当的人也可能属于不同的社会阶层。因此，仅凭收入无法准确衡量社会阶层。不同社会阶层的人在消费、储蓄和借贷方式上可能存在显著差异。

营销人员需要了解不同社会阶层的消费者特征。在美国，衡量社会阶层的简易方法通常基于个人职业、教育水平以及住房类型和地理位置。通过市场调研或人口普查数据，营销人员可以大致判断目标市场的社会阶层构成。

尽管许多人认为美国是中产阶级国家，但研究表明，在许多营销情境下，存在显著差异的社会阶层群体也确实存在。不同阶层的消费者行为呈现以下特点。

- 购物场所不同：不同阶层的人会选择不同的商店。
- 服务期待不同：他们对销售人员的对待方式有不同偏好。
- 品牌选择不同：即使价格相近，他们也会选择不同品牌的产品。
- 消费态度不同：即使收入水平相同，他们在消费与储蓄的态度上也存在显著差异。

这些差异表明，社会阶层对消费者的购买决策和行为模式具有深远影响。

参照群体影响人们的态度

参照群体指个体在形成对某一主题的态度时所参考的人群。这些人可能会影响购买决策，而每个人通常针对不同主题拥有多个参照群体。参照群体对购买决策的影响可分为以下三种类型。

向往型参照群体（Aspirational Reference Group）：个体渴望效仿的人群，例如演员或运动员。许多品牌会邀请名人代言产品，例如佳得乐（Gatorade）曾鼓励消费者"Be Like Mike"（向篮球明星迈克尔·乔丹学习）。

关联型参照群体（Associative Reference Group）：更贴近个体现实的人群，如朋友、家人或同事。例如，青少年购买服装时会参考朋友的选择。

疏离型参照群体（Dissociative Reference Group）：个体不愿与之相似的人群。例如，福特（Ford）S-Max车型的广告语"Don't be the minivan guy（不要成为厢式车司机）"利用了这一心理。

参照群体对购买决策的影响通常体现在他人可见的消费选择上，例如汽车、服装或住房等。

意见领袖会影响买家

意见领袖是能够影响他人的人。意见领袖不一定更富有或受过更高教育，而且某一领域的意见领袖未必在其他领域也具备权威。例如，你可能有一位朋友对电子游戏了如指掌，但你可能并不认同他对服装风格或化妆品的见解。意见领袖既能影响消费者考虑哪些产品类别，也能左右他们最终选择的具体品牌。

社交媒体增强社会影响力

社交媒体（如 Facebook、Twitter、Ins 和 TikTok）使消费者更容易相互影响。在社交媒体上，用户可以轻松关注来自不同参照群体的人，既可以看到艺人的 Twitter 动态，也可以看到老同学的 Facebook 帖子。这些内容为消费者提供了接触不同参照群体的机会，从而对其购买决策过程产生影响。

社交媒体还能放大意见领袖的声音。例如，一位旅行者可以在猫途鹰（Tripadvisor）上发布一篇详细的游记，推荐泰国一个不可错过的景点，从而产生广泛的影响；朋友对新上映的电影的推荐或负面评价，也可能影响自己是去观影还是在家。

5.4 文化、种族和消费者行为

不同种族群体或国家间的文化差异可能导致消费者在购买决策上存在差异。正如我们在前文讨论的，这些差异为聪明的企业创造了机会。本节我们将探讨文化、种族如何影响消费者行为。

文化围绕着其他的影响因素

文化是一个国家或民族群体所持有的信仰、态度及行为方式的总和。例如，我们可以讨论美国文化、法国文化或中国文化。这些文化群体内部成员在观念和行为上往往具有较高的相似性。然而，更细致地分析时，还需考虑文化群体内部的亚文化，例如美国文化中包含宗教、种族和地区等不同亚文化群体。

不同国际市场的客户行为不同

国际市场营销可能面临文化差异带来的挑战，营销人员需要理解这些差异。每个海外市场可能需要被视为独立的目标市场，并细分出不同的子市场。忽视文化差异或认为其不重要，几乎注定会在国际市场失败。

以 Swiffer（清洁工具品牌）在意大利的推广为例：调研显示，意大利女性清洁地板的频率是美国女性的 4 倍。按理说，这应预示 Swiffer 在意大利大获成功，但许多清洁产品在此类市场遇冷。幸运的是，研究揭示了原因：许多意大利人对广告中"让清洁更轻松"的宣传持怀疑态度。虽然这种卖点在美国广受欢迎，但意大利女性认为"省力＝清洁得不彻底"。因此，Swiffer 在意大利市场调整了产品，添加蜂蜡以提高拖地后的地板光泽度，最终其产品成为当地畅销品。

理解当地文化还能帮助营销人员创新性地整合 4P 战略。例如，雀巢在巴西推广新调味料时，决定通过免费样品启动市场。但战略需因地制宜：美国常通过零售店分发样品，但在巴西，这种做法显得突兀。巴西当地团队提出更符合他们文化习惯的方式，通过燃气配送员分发样品。巴西家庭普遍使用燃气灶，燃气工人需要定期上门送罐装燃气。雀巢付费让这些工人在送货时，向客户展示调味料样品并讲解用法。当消费者在燃气灶旁与信任的人交谈时，对样品的兴趣显著增加，因为调味料正好是在这个场景中使用。

5.5 个人受到购买情境的影响

购买情境涉及购买目的、购买时间和环境。消费者的需求、利益、态度、动机，甚至选择特定产品的方式，都会根据购买情境的不同而变化。因此，即使针对同一目标市场，不同购买情境也可能需要采用不同的营销组合。

消费者会考虑购买目的

消费者即使购买同类型的产品，购买目的也可能完全不同，这会影响其购买行为。例如，购买一束鲜花的方式取决于赠送对象：是送给远在他乡的母亲、晚宴的主人，还是产生争执的女朋友。购买目的会影响消费者如何评估选项，最终影响购买决策。

购买时间会影响购买行为

消费者何时购买以及可用于购物的时间，会直接影响消费行为。例如，在星巴克与朋友社交时的消费行为，与上班路上在便利店快速买杯咖啡的行为截然不同。需求的紧迫性是另一个与时间相关的关键因素。当轮胎突然爆裂时，购买新轮胎的紧急程度远高于胎纹刚开始磨损时。需求越紧急，消费者越倾向于减少多个选项的比较，更注重速度和便利性。

一些零售店发现，消费者购物速度越慢，消费金额越高。美妆品牌悦木之源（Origins）发现，坐在店内休息的顾客比快速浏览的顾客多消费 40%。为此，品牌重新设计了门店布局，通过延长购物时间、丰富购物体验来提升销售额：增设专门用于自拍的灯光墙、配备大型洗手池方便试用香皂，以及提供更多座椅。

环境影响购买行为

购买地点及其周边环境也会影响消费行为。现场拍卖会的兴奋氛围可能会刺激冲动消费，而在线浏览拍卖则可能引发不同的反应。例如，餐厅可能营造热闹欢快的氛围，也可能是安静浪漫的环境，每种环境都会影响顾客的行为方式。以山姆会员店（Sam's Club）的仓储式环境为例，这种设计传递了低成本运营和价格优惠的信号。

环境助推消费者的购买行为

行为经济学领域的助推理论认为，正向激励和间接暗示都可以影响人的行为和决策。该理论指出，选择的呈现方式会左右人们的决策，包括购买决策。例如，部分学校食堂通过助推理论引导学生选择更健康的餐品。虽然不健康的选项依然存在，但研究表明，只需将水果切块使其便于食用，并为果蔬菜品起更吸引人的名称，就能使其比不健康的选项更受欢迎。这些理念如今已成为"智能食堂运动"的一部分。

5.6　消费者决策过程

前文整理了影响消费者行为的众多因素，解释了消费者为何做出特定决策。接下来，我们将通过深入分析消费者决策过程的步骤，聚焦于消费者如何做决策，提出消费者行为的扩展模型，如图 5-5 所示。

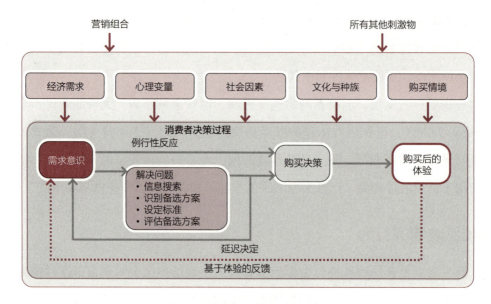

图 5-5　消费者行为的扩展模型

识别需求会给消费者带来问题

消费者决策过程始于消费者意识到未满足的需求。此时，消费者解决问题的过程会聚焦于如何最好地满足这一需求。识别需求往往迅速发生，例如，一名在去上课路上的学生可能突然感到口渴，想要喝点东西。有时，识别需求也可能随着时间推移逐渐完成，比如，毕业后刚搬进新公寓的年轻人渴望在晚上看电视时拥有一个舒适的坐处。在这些情境中产生了可以通过购买来满足的需求，但具体要购买什么呢？

解决消费者问题的步骤

消费者决策过程的解决方式取决于具体情境。图 5-6 概括了消费者为满足需求可能经历的四个基本问题的解决步骤。但消费者并非总按固定流程推进，有时会推迟决策或之后重新开始流程。

1. 信息搜索：在此阶段，消费者会寻找解决问题或特定品牌的相关信息。信息来源可能包括其他消费者、专家或企业的推广（如广告、销售人员或官网）。

2. 识别备选方案：在此阶段，消费者会意识到满足需求的可行选项。

3. 设定标准：在此阶段，消费者明确评估标准及其优先级，为最终决策做准备。

4. 评估备选方案：在此阶段，消费者权衡不同选项的成本与收益。

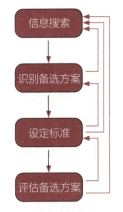

图 5-6　消费者解决问题的步骤

解决问题的三个层次都是有用的

消费者在购买决策过程中所投入的时间和精力可能差别很大，可能需要大量时间和精力，也可能只需短暂考虑，甚至跳过某些步骤。决策投入的力度取决于前文提到的多种因素：经济需求、心理变量、社会因素和购买情境。此外，还与消费者对"选错产品可能带来的风险"的感知程度密切相关。例如，当消费者的购买参与度低或支出金额小时（如购买低价产品），即使选错，也不会造成显著的财务或社交损失，就会在决策时投入较少精力。反之，如果购买涉及高价格或消费者对选择极为重视（如选购高价产品或满足重要需求），选错的风险更高，消费者就会投入更多精力。根据决策中投入的精力，问题解决层次可以分为三个：广泛问题解决、有限问题解决和固定反应行为，如图 5-7 所示。

图 5-7　解决问题的三个层次

消费者在需要投入大量精力满足需求时，会采用广泛问题解决策略。例如首次购买全新产品或满足重要需求时，消费者会进行更全面的信息搜索、识别更多备选方案、设定更多评估标准，并花费更多时间权衡选项。以资深游戏玩家购买新游戏电脑为例：他们可能会先向朋友咨询不同型号的显卡性能和运行能力，再上网比价、阅读技术评测，接着查看社交媒体和游戏官网以确定哪些配置能提供最佳体验，最后评估售后服务和保修政策。这种决策绝非冲动购买，而是消费者付出大量努力后才做出的最终选择。

消费者在需要部分精力满足需求时会采用有限问题解决策略。这种情况常见于消费者对产品有一定经验但尚未确定具体选择时。例如，资深游戏玩家知道自己喜欢 EA Sports（知名游戏品牌）的《麦登橄榄球》（*Madden NFL*），因此在购买同公司的游戏 *FIFA* 的新版本前可能仅花少量时间确认新功能，而非全面调研。这种决策是有意识的，但投入精力较少。

当消费者对需求有足够经验或信任特定品牌时，会采用固定反应行为。例如，玩家可能一上市就自动购买新版本《艾尔登法环》（*Elden Ring*），或因信任某品牌而直接选择惯用产品。这种行为基于过往经验或推荐，选错风险较低，因此不需要投入额外的决策精力。

固定反应行为也常见于低参与度购买，即对消费者而言无足轻重的决策。例如，购买食盐这类日常用品时，大多数人不会投入过多思考，毕竟这不是生活中的重要议题。

消费不总是理性的

消费者需要经历决策过程并不意味着购买决策总是基于理性分析。事实上，消费者并不总是追求准确信息或选择最具性价比的选项。例如，大多数运动型多功能汽车（SUV）从未离开过平坦公路，但买家喜欢 SUV 带来的形象感，以及"随时可以越野"的心理满足。当消费者花 1000 欧元购买一个罗意威（Loewe）的包时，可能仅仅因为她钟爱其设计、经济能力允许，而且非常想拥有它。需求在这些购买中确实存在，但属于高层次需求（如提高身份地位或满足情感需求），而非某种功能性"必需"。

买还是不买

准备购买的消费者可能需要决定购买哪个品牌以及在哪里购买，也就是选择哪家商店或方式。此外，还可能涉及颜色、功能或其他选项的决策。购买过程可能因选项过多而变得复杂，有时这种复杂性会导致消费者推迟购买。

当消费者决定推迟购买时，通常意味着销售机会的丧失，他们可能再也不会购买了。因此，部分商家会提供便利，让顾客日后能轻松返回购买。例如，沃尔玛推出了分期购货计划。通过分期购货，顾客可以分阶段支付货款，直到全额付款后才可取货。同样，线上零售商通常让顾客将商品添加到"购物车"或"收藏夹"，以便他们下次返回网站时能快速找到这些商品。

当消费者接近最终购买决策时，营销经理会努力促使其做出决定。此时，提供分期付款方式或免费送货服务可能有助于解决延迟购买的问题。

消费者在购买后可能会重新考虑

消费者在购买后可能会反悔并质疑自己的选择是否正确。由此产生的紧张感被称为认知失调，即对是否做出正确决策的不确定感（通俗而言即"买家懊悔"）。这可能导致消费者寻求更多信息以确认购买的正确性。

购买后后悔是一个很大的问题

消费者对购买的不满有时并非源于不确定，而是对购买结果的明确失望。当购买后的实际体验未达预期时，消费者就会感到不满。例如，花费高价享用晚餐却遭遇服务不周、菜品冰凉，这可能导致对选择的极大不满与后悔，该消费者未来再次光顾这家店的可能性大幅降低。消费者可能因当初未预料到的各种原因而后悔购买，无论原因如何，这种后悔情绪通常不会促使他们在未来做出相同选择。

部分消费者在买完东西后主动宣传

许多消费者会谈论自己的购买经历，并分享自己的体验。朋友的推荐可能对我们的选择产生重大影响，比如尝试新餐厅、购买混合动力汽车或选择宠物医院。消费者更倾向于分享对产品或服务不满的经历，而非满意的体验，营销人员可能需要通过危机公关来应对负面宣传，从而维护产品形象。

预测分析和消费者决策过程

许多企业已经开始在消费者决策过程的不同阶段运用营销分析和智能代理，通过收集并分析数据来预测未知的未来事件。对营销经理而言，这些未知的未来事件可能包括消费者的潜在需求、解决问题所需的信息，以及消费者是否考虑转向竞争对手。以下是一些预测性分析应用于消费者决策的示例。

1. 需求认知：运动用品店可通过顾客的健身应用数据（如跑步里程）预测其何时需要更换跑鞋。安德玛和耐克已投资开发健身追踪应用。

2. 信息搜索：汽车制造商的网站可以根据顾客过往的购车行为，优先展示其最关注的功能。例如，如果顾客过去关注燃油经济性和后排腿部空间，那么，这些信息将被优先呈现。

3. 备选方案识别：奈飞的主页会根据用户过往的观看记录推荐内容。

4. 购后行为：营销经理常试图预测客户是否会停止使用产品。例如，银行如果发现客户信用卡使用习惯发生变化（可能表明其已更换新卡），可能会通过提供额外积分或临时低利率来挽留客户。

这些方法帮助企业更精准地介入消费者决策流程，通过优化营销战略来降低客户流失风险。

新概念遵循采用过程

当消费者面对一个全新的概念时，他们过去的经验可能不再适用。这类情境涉及采用过程，即个体在接受或拒绝一个新想法的过程中所经历的步骤。虽然采用过程类似于决策过程，但习得的作用更清晰，推广对营销组合的贡献也更明显。在采用过程中，一个人要经历一些相当明确的步骤，具体如下。

1. 意识：潜在消费者开始了解产品，但缺乏对产品细节的了解。消费者甚至可能不知道产品是如何使用的，或者它能用于做什么。

2. 兴趣：如果消费者感兴趣，他们就会收集关于产品的一般信息和相关事实。

3. 评估：消费者开始在心理上试用该产品，设想其如何满足自身需求。

4. 试用：消费者可以购买产品进行试用。

5. 决策：消费者决定采用或拒绝该产品。一个令人满意的评估和试用结果可能促使消费者采用产品和定期使用。

6. 确认：消费者继续思考购买决策，并为这个决策寻求支持。

第六章

企业和组织客户及其购买行为

Bühler 品牌分析

M.Dias Branco（简称 Branco）是巴西最大的食品制造商之一，主要生产面粉、意大利面、饼干、人造黄油等。其最大的供应商之一是瑞士跨国公司 Bühler Holding（简称 Bühler）。Bühler 长期为 Branco 的工厂提供设备，双方是战略合作伙伴。遇到问题时，Branco 的采购经理可能先联系 Bühler 的销售团队。如果问题涉及生产线，Branco 的生产经理会直接联系 Bühler 的工程师。此外，Branco 还会利用 Bühler 在环保和减少浪费方面的技术。两家公司都重视可持续发展，Branco 官网明确表示："可持续发展是我们的核心业务。"

Bühler 和 Branco 在多个业务层面紧密合作。他们共享战略规划和新产品开发的信息，并共同解决难题，双方信任度高，合作灵活，无须依赖详细的合同。Branco 一直选择 Bühler 的设备和服务，因为这样能降低成本。

不过，现实中并不是所有客户和供应商都能有如此紧密的关系。有些客户会自己组织团队提出采购需求，不寻求供应商的建议。他们可能通过网络搜索其他公司的解决方案，或参加行业展会实地考察产品。之后邀请多家供应商竞标，提交方案。采购经理会综合考虑价格、质量和服务能力，最终确定供应商。

对于常规采购，Bühler 的分销商体系反应迅速。例如，美国俄亥俄州的一家饲料厂如果需要维修 Bühler 设备的零件，可以直接联系当地分销商 TAM Systems（简称 TAM）。TAM 备有库存并当日发货，同时自动向 Bühler 补货。这种流程十分高效，而且人力需求少。

虽然企业对企业电子商务（B2B）的交易规模远超企业对消费者电子商务（B2C），但许多 B2B 的企业，如 Bühler 并不为公众熟知。Bühler 为全球食品加工、汽车制造等行业提供设备。在食品领域，全球 2/3 的谷物、2/5 的面食和 1/3 的早餐麦片都是由 Bühler 设备处理的，如 Barilla 和 Lindt 也依赖 Bühler 设备生产产品。每天，大约有 20 亿人食用 Bühler 设备加工的食品，还有约 10 亿人乘坐搭载 Bühler 设备生产零部件的车辆。

Bühler 自 1860 年成立以来一直非常重视社会责任。1875 年，它就为员工提供医疗保险；2010 年公司成立 150 周年时，提出"创新让世界更美好"的愿景，将环保目标纳入战略。Bühler 发现食品生产消耗了全球 1/3 的能源，产生了 1/4 的碳排放，且 1/3 的食物因生产效率低被浪费。因此，公司计划到 2025 年将能耗、用水和废弃物减少 50%。

Bühler 的技术专长受到客户青睐。十年前，公司开始研究用昆虫作为可持续蛋白质来源。实验显示，昆虫饲料可大幅降低肉类生产的碳排放，还能利用废弃物作为饲料。法国公司 Agronutris 建设昆虫蛋白工厂时，Bühler 提供了价值数千万美元的解决方案，包括设备和技术支持。该工厂生产的昆虫蛋白将用于动物饲料，形成环保的供应链。

Bühler 研究将黄粉虫（一种昆虫）作为人类食品。这种虫子富含营养，据说搭配咸饼干味道不错。推广这类新型食品可能需要创新营销，Bühler 会与客户合作推动。随着这些项目推进，Bühler 的销售额预计将突破 30 亿美元，并计划将 1.2 万名员工的团队规模进一步扩大。

圣农集团品牌分析

圣农集团创办于 1983 年，总部位于福建省南平市光泽县，是中国最大的肉鸡养殖一体化公司之一。公司已形成集饲料加工、种源培育、祖代与父母代种鸡养殖、种蛋孵化、肉鸡饲养、肉鸡屠宰加工、熟食加工等环节于一体的肉鸡产业链布局，形成了白羽肉鸡行业完整的产业集群。

圣农集团的董事长傅光明，曾经是一名军人，后来成了养鸡场的企业家。年轻时，他偶然阅读到一篇报道，该报道介绍了美国一项先进的养鸡技术。他意识到如果能够引进这项技术，就有望在养殖业中获得更高的利润。于是，他毅然辞去了原来的工作，并与几位合作伙伴共同投资，购买了 300 枚鸡蛋，开始了自己的创业之路。傅光明是如何从一只小鸡开始，逐步走向成功的呢？

拓展企业客户市场：策略规划

傅光明凭借着日复一日的不懈努力，逐步扩张了他的养鸡事业，从最初几百只鸡的小规模养殖，逐步扩大到几千、几万只鸡的规模，最终形成了一个庞大的养殖基地。将这些鸡卖给谁是一个重要的问题。在中国改革开放的时代东风下，傅光明敏锐地关注到了餐饮品牌这类企业客户。当时，众多国际知名餐饮品牌，如肯德基、麦当劳、德克士、汉堡王等纷纷进入中国市场，它们迫切需要大量优质的鸡肉原料，然而当时中国市场尚未有供应商能够满足其需求。

傅光明抓住了这个商机，他将自家的鸡肉产品送到了这些知名品牌的面前。他展示了自己的养殖基地和屠宰场，表示能够确保鸡肉的新鲜和安全。他积极主动地联系了这些品牌的负责人，向他们展示了自家产品的品质和实力。在肯德基的精心考察和双方的深入沟通后，傅光明最终赢得了肯德基的认可。圣农集团成了肯德基在中国的首选鸡肉供应商，这个里程碑式的成就不仅是圣农集团的巨大突破，也是一个具有历史意义的时刻。从此，圣农集团踏上了迅猛发展之路，逐步发展成为国内乃至亚洲最大的白羽肉鸡养殖企业之一。

品牌推广与产品升级：打造行业知名度

在 2003 年，傅光明迈出了重要的产品升级的步伐。他意识到生鸡肉有很多不确定性和风险。比如，生鸡肉容易变质、受污染、受疫情影响等。此外，生鸡肉的价格波动较大，受市场供求关系影响较大。单靠生鸡肉销售可能会导致圣农集团面临市场竞争上的瓶颈。因此，他成立了自己的熟食工厂，开始生产各类熟食半成品和成品。比如，腌制过的鸡块、鸡柳、鸡排等，这些产品可以省去餐饮品牌加工的时间和成本。同时，这些产品也提高了圣农集团的溢价能力和利润率。

这次产品升级取得了极大成功，不仅巩固了原有的客户关系，还吸引了新的合作伙伴。知名品牌如棒约翰、豪客来、宜家等均成为圣农集团的熟食客户。这一举措使圣农集团获得了更高的市场份额和品牌声誉。

质量保障与客户服务：确保长期合作关系

在发展过程中，圣农集团始终以种源优势、成本领先、强食品规模服务能力，致力于实现客户的价值创造，继续巩固和发展全产业链生态，同时基于种源优势和精细化管理，全年肉鸡养殖成绩不断提升，部分养殖指标取得历史性突破。除此之外，公司在销售上坚持以客户需求为导向，充分发挥其在品质、研发、规模化供应等方面的优势，挖掘各渠道客户潜在需求，为客户提供肉类产品一揽子服务方案。

发展企业大客户是圣农集团的传统优势领域，经过数十年的长期积累，圣农集团与多家国内外知名客户建立了长期的战略合作关系，为公司的稳步发展与转型升级奠定了基础。

6.1　企业和组织客户是巨大的机会

大多数人听到"客户"这个词时，首先想到的是最终的个体消费者，但许多营销经理的目标客户并非个体消费者。事实上，美国企业及机构的采购额超过个体消费者采购额的两倍。

组织客户是指买东西用来转卖或者用来制造其他产品（或服务）的买家。这类客户类型多样，包括但不限于以下方面。

● 商品和服务生产者：制造商、农民、房地产开发商、酒店、银行、医生和律师等。

● 中间商：批发商和零售商。

● 非营利组织：红十字会、博物馆等组织。

虽然并非所有的组织客户都是企业，但有时会被统称为"企业买家""中间买家""行业买家"。营销经理常将组织客户统称为"企业对企业市场"（B2B 市场）。我们也会用"采购经理""组织采购方""采购方"来指代组织内负责采购的人员。

本章将聚焦组织客户的采购行为。第五章讨论了消费者的购买行为，因此本章首先介绍组织客户与消费者的显著差异，随后分析企业的采购模型，最后探讨不同组织客户的具体差异。

需要注意的是，对许多企业而言，营销战略的核心是满足组织客户的需求，而非消费者。企业可能同时面向两者，但需采用不同的营销组合。理解组织客户的采购行为时，企业需思考如何调整营销战略以满足其独特需求。

6.2　组织客户与消费者的不同之处

组织采购行为在某些方面与第五章介绍的消费者行为相似。组织客户的采购行为旨在解决问题，会主动收集信息，且决策流程因采购性质不同而有所差异。然而，组织客户及其采购行为与最终消费者存在显著差异，如图 6-1 所示。这些差异对营销战略的制定具有重要影响。

图 6-1　组织客户和消费者之间的差异

客户数量少但消费金额高

与消费者市场相比，组织市场的客户数量较少，但每个客户的平均花费却大得多。例如，宝洁在沃尔玛的销售额超过 110 亿美元。虽然这属于极端案例，但大多数 B2B 市场都有大量客户，每个客户每年能带来数千甚至数万美元的收入。这种高价值交易意味着企业营销人员需要投入更多资源来满足每位客户的需求。

经济需求占据首要地位

组织在采购决策中非常重视经济因素。采购方不仅关注产品的初始价格，还会核算选择供应商及其营销组合的总成本。例如，医院采购新型数字 X 光设备时，会综合评估设备的初始成本、后续维护费用、对医生工作效率的影响以及成像质量。此外，医院还会考虑供应商的可靠性，以及其能否提供快速维修和保养服务。

供应商的可靠性至关重要。企业依赖稳定可靠的供应商按时交付高质量产品。如果采购的物品延迟到货，可能导致组织的运营中断。例如，如果 Nexteer Automotive（耐世特汽车公司）延迟几天交付自适应转向系统，通用汽车的别克（Buick）生产线就可能被迫停工。这不仅会波及其他供应商（增加其成本），经销商也可能因销量下滑而不满。

产品质量不佳的代价可能十分巨大。以高田气囊事件为例，美国市场已有超过 3000 万辆汽车安装了有缺陷的气囊。更换所有问题气囊的直接成本超过 5 亿美元，还不包括车企声誉受损的代价及更严重的生命损失。

行为需求很重要

虽然经济需求通常是首要考虑因素，但 B2B 市场的销售方深知，具体的采购企业和个人买家也会受到非经济因素影响，例如，安全感、成就感等心理因素。参与采购决策的采购经理也是普通人，他们担忧工作表现、渴望同行认可，并倾向于与供应商建立友好的关系。

例如，部分采购人员希望在内外部被视作具有前瞻性。这类买家常效仿进步型竞争对手，甚至率先尝试新产品。供应商在推出新品时，这类创新者值得重点关注。企业采购人员希望做好本职工作，优质供应商会协助他们达成目标。人员调查显示，采购人员更愿意接收能提供新颖见解和创意的营销邮件。

采购方很清楚选择质量不稳定或不可靠的供应商可能代价高昂，甚至自身也可能被追责。因此，采购方力求规避风险。如果营销人员能通过策略降低采购方的风险，就会占据更有利的地位。

社会需求很重要

部分企业在采购决策中会考虑社会需求。例如，新比利时酿酒公司（New Belgium Brewing Company）将可持续发展理念写入企业使命，其采购更节能但价格更高的酿酒设备、使用风电供电，并配备了符合最新环保理念但成本更高的厂房设施。

其他企业还发现了环保措施既能省钱又能保护环境。例如，Falconbridge Limited 铝冶炼厂改用更高效（但初期成本更高）的照明灯后，每年节省近 10 万美元电费。

采购方关注的不仅是环境，还包括供应商、员工及所在社区的生活质量。将这些社会责任纳入采购决策的企业，正在为创造更美好的世界贡献力量。

采购企业在做出采购决策时，通常会考虑三个层面的需求：企业需求、个人需求以及社会需求。图 6-2 对此概念进行了总结，其中"社会需求"的虚线框表明，并非所有采购企业或采购场景都需要考虑社会需求。

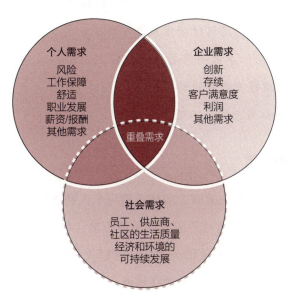

图 6-2　三个层面的需求

为更美好的世界采购

许多企业在采购决策中不仅关注企业利益，更希望为社会创造价值。创新的采购方正探索双赢的方式，既服务企业，又改善世界。

南非连锁超市伍尔沃斯（Woolworths）通过"全球商业之旅"战略，在撒哈拉以南的非洲（其运营区域）推动三大关键领域：可持续农业、道德采购和水资源管理。伍尔沃斯与本地农户合作，其中许多是资金有限的小企业。面对南非的干旱问题，伍尔沃斯推出"未来农业计划"，教授农户水资源和肥料管理技术。参与农户用水量减少16%，农药使用量减半。此外，"供应商与企业发展计划"为很多企业提供了低息贷款，帮助其提升竞争力。这些举措不仅稳定了供应链，还提升了产品品质，同时为南非社会带来积极影响。

牛仔裤巨头李维斯利用自身影响力推动了供应链改善，其供应商多位于发展中国家，雇用了大量年轻女性。为提升全球数十万服装工人的生活质量，李维斯推出"改善员工福祉"十周培训课程，涵盖健康、卫生、沟通和批判性思维等内容。起初工厂经理有所顾虑，后来发现参与培训的员工更快乐、健康、高效且忠诚度更高。

部分大型铝材采购方推动了采矿行业转型。雀巢要求奈斯派索（Nespresso）咖啡胶囊所用铝材必须来源可持续；德国车企奥迪为供应商引入可持续性评分体系；苹果力求打造更环保的iPhone。这些要求促使力拓（Rio Tinto）和铝业巨头阿利坎特（Alcoa）改进了开采方式。如今，这些公司可以向消费者宣称其产品更环保。

可能会出现伦理问题

企业采购方在做出采购决策时，需注意避免个人利益与企业利益之间的冲突。要平衡二者并不容易，因为道德界限有时模糊不清。因此，部分企业制定了严格的伦理规范，营销人员需格外谨慎。例如，营销人员向潜在客户赠送笔以促销，但如果对方公司禁止员工接受供应商的任何赠品，这种行为就可能引发问题。

尽管大多数企业采购行为都符合伦理，但仍有备受关注的违规案例。例如，医药公司Omnicare（主要向养老院等机构供药）被指控向养老院客户及制药供应商（包括强生）索取并接受回扣。公司涉嫌向养老院推销未经批准用于阿尔茨海默病和焦虑症治疗的抗精神病药物，并刻意淡化药物可能导致糖尿病和体重增加的风险。此案可能导致公司面临超过20亿美元的罚款，以及声誉严重受损。

营销人员必须严肃对待利益冲突问题。在说服不同决策者的过程中，如果营销行为被质疑有"个人利益凌驾于企业利益"之嫌，整个营销努力都将受到负面影响。营销经理在追求销售目标时，必须以伦理选择为前提，避免越界。

采购经理是专家

许多企业依靠专业的采购专员来确保采购流程合理。这些专员在不同企业可能有不同的称呼，比如采购主管、供应链经理、采购代理或采购专员，但本质上都是企业采购领域的专家。在大型企业中，他们通常按产品领域分工，是该领域的行家。

过去有人认为采购就是坐在办公室处理订单的文员，但这种观念早已过时。如今，大多数企业要求采购部门不仅要降低成本，还要助力创造竞争优势。在此背景下，采购专员的话语权显著提升，具备商业管理能力的毕业生在采购领域具备很好的职业前景。

销售代表通常需要先接触采购经理，然后才能联系到企业的其他员工。采购经理的地位很重要，对试图绕过他们的销售代表态度冷淡。他们不希望被强行推销，而是希望销售团队提供准确的信息，帮助他们解决问题，最后做出明智的采购决策。他们重视新产品服务资讯，还有价格波动、供应短缺等市场动态的提示。有时，销售代表只需定期发送邮件更新信息，就能保持与采购经理的良好沟通。敏锐的采购经理能判断销售代表是否真正以客户利益为重。尽管采购经理通常负责协调供应商关系，但其他人员也在采购决策中发挥着重要作用。

受多方影响

许多企业在采购决策中涉及多方参与者，甚至包括高层管理人员。以下是可能影响采购决策的角色。

1. 用户：实际使用采购的产品或服务的人。

2. 影响者：例如研发人员，他们协助制定技术规范或提供评估备选方案的信息。

3. 采购专员：负责与供应商对接并协商采购条款的采购人员。

4. 守门人：控制企业内部信息流通的人员，包括采购助理、接待员、秘书、研究人员、会计等，他们决定哪些信息需要传递给决策者。

5.决策者：拥有最终选择或批准供应商权力的人员，通常是采购经理，但重大采购决策可能需要高层批准。

下面这个例子说明了不同的购买角色对公务机租赁工作的影响。某公司计划租赁新公务机，因为旧合同即将到期，新机型可以提升燃油效率和可靠性。

● 用户：中高层管理者会提出对新机型功能的需求，同时作为影响者提供意见。

● 影响者：首席飞行员和机务工程师凭借专业知识提供关键参考，首席飞行员还可能作为守门人，决定分享哪些信息或技术细节。

● 采购专员：选定供应商后，负责具体谈判（如交货时间、付款方式、售后服务等）。

● 守门人：采购经理助理通过在线调研筛选信息，生成报告提交给决策层。

● 决策者：重大采购决策（如数百万美元的公务机）需经董事会最终批准。

采购中心指参与或影响采购的所有人员。不同决策涉及的成员可能不同，销售人员需逐一分析案例，甚至需要与采购中心的所有成员沟通，针对不同的角色强调不同的重点。这不仅增加了推广难度，还延长了销售周期。简单的订单可能耗时数天至数月，而重大采购决策（如新建厂房、购买大型设备或信息系统）可能需一年以上。

购买程序标准化

企业采购部门通常会制定规范流程来管理采购行为。例如，如果与某办公用品供应商签订合同，企业所有的采购可能都需要通过特定的网站来完成。如果员工需要采购物品，也需要提交采购申请单。对于大额采购，采购部门可能就需要联系多家供应商进行比价。

对于业务遍布多地的大型企业，采购工作通常由总部来统一管理。集中采购时，销售代表可能不用出差，就能通过总部与全国甚至多国的分支机构达成合作。沃尔玛许多门店的采购决策都由总部统一处理。

6.3　企业采购模型

企业的采购行为通常遵循图 6-3 所示的三步流程。针对不同的采购性质，各步骤的具体执行方式可能有所差异，且第三步并非总包含在流程中。本节后续部分将深入分析这三个步骤。

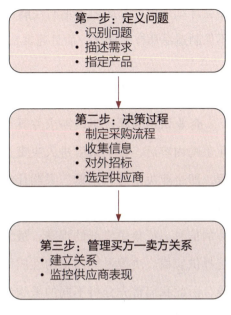

第一步：定义问题
- 识别问题
- 描述需求
- 指定产品

第二步：决策过程
- 制定采购流程
- 收集信息
- 对外招标
- 选定供应商

第三步：管理买方—卖方关系
- 建立关系
- 监控供应商表现

图 6-3　企业采购模型

第一步：定义问题

企业采购是为了满足企业的需求。总的来说，大多数企业的采购行为都基于同一核心原因：通过采购产品和服务，满足其向市场供应产品和服务时产生的需求。简而言之，企业采购的根本目的是满足客户的需求。制造商采购是为了通过制造和销售产品或服务来获利；批发商或零售商采购是为了将产品转售给客户以实现盈利；政府采购则是为了履行对公民的社会责任。

无论是企业还是公共机构，采购行为最终都服务于客户的实际需求，并通过满足这些需求实现商业目标或社会目标。

1. 从识别问题到描述问题

在采购的最初阶段，问题可能尚未被清晰界定。例如，制造商可能在寻求提升生产速度的方法；牙医可能在思考如何优化对客户的收费方式；服装零售商可能在寻找能吸引目标客户的春季新款；学校可能希望为更多的学生提供电脑资源。

这些初步认知会促使企业进一步细化问题的具体需求。最终，问题需被明确为具体需求：哪种产品或服务能解决客户的痛点？销售公司常在这个阶段介入。部分供应商甚至主动帮助客户发现问题。例如，医疗机构管理软件销售商可能会向牙医发送邮件来宣传，展示其他牙科诊所在使用该软件后获得的好处。

2. 指定产品

在某些情况下，企业会通过确定详细的采购需求来正式界定问题。此时，采购方会根据采购规范进行采购。当质量高度标准化（例如制造品）时，采购规范可能仅需标明品牌名称或部件编号。然而，对于更复杂的采购需求，采购规范通常会详细列出产品必须满足的性能标准。服务类的采购规范尤其详细，因为服务不像制造品那样标准化，而且通常在购买后才实际执行。

第二步：决策过程

企业识别问题、明确需求并具体化采购内容后，接下来就进入决策过程，即企业决定是否采购、采购什么以及评估供应商。采购方会收集供应商的信息、征集供应商的提案，最终选择供应商。决策过程因采购性质而异，因此我们首先分析不同的采购流程，见图 6-4。

特点	采购流程类型		
	全新采购	调整重购	直接重购
所需时间	多	中	少
多重影响	多	一些	少
供应商评估	多	一些	无
所需信息	多	一些	少

图 6-4　不同的流程类型

三种有用的采购流程

采购流程可分为三种类型：全新采购、调整重购和直接重购。全新采购通常发生在企业面临全新需求并需要大量信息时，这类采购可能是企业首次购买该类型产品。直接重购属于常规重复采购，企业可能已经多次购买，通常也不会寻找新信息或新供应商。企业很多小额或重复性采购属于此类，占用采购人员的时间较少。调整重购则介于两者之间，企业会对采购情况做部分调整，复杂程度低于全新采购，可能是之前的采购决策或采购标准发生了部分变化。

通过实际案例就能对这三种流程进行更好的理解。例如，某软件公司首次采购数据分析系统，需要认真评估供应商并制定新方案，属于全新采购；啤酒经销商定期批量采购啤酒瓶属于直接重购，无须重新谈判；电池制造商因环保法规更新调整了电池材料的采购标准，需要重新评估供应商资质，属于调整重购。表6-1 通过软件、啤酒、电池的案例，进一步说明不同采购情境对应的采购流程类型。

表 6-1 具有不同采购流程的不同产品示例

采购流程类型	产品		
	办公自动化软件	啤酒	电池
全新采购	一间牙医诊所从未使用过办公自动化软件	一间杂货铺第一次出售啤酒	一家汽车制造商正在设计开发第一款电动汽车，为新车型寻求功率更大的电池
调整重购	一间牙医诊所在现使用的软件中新增服务	一间杂货铺引进新品牌啤酒	一家汽车制造商正在为自己生产的电动汽车寻找更强劲的电池
直接重购	一间牙医诊所为使用多年的软件购买续期服务	一间杂货铺再次订购之前采购过的品牌啤酒，包装规格照旧	一家汽车制造商每周订购相同的电池，用于制造某款车型

直接重购通常使用电子商务计算机系统

电子商务计算机系统能够自动处理大部分直接重购业务。采购方会编程设定决策规则，并告诉计算机如何采购，同时将采购的详细信息留给计算机来处理。例如，当机床制造商收到需要某些材料或零件的订单时，计算机系统会自动从合适的供应商处采购，设定交货日期，并安排生产。

如果情况有变，采购方也会修改系统的采购说明。在没有变动的情况下，随着需求的发展，计算机系统会继续定期重购，并向常规的供应商发送电子采购订单。

全新采购需要更多的信息

在全新采购的情境下，虽然采购方希望掌握尽可能全面的信息，但新需求的出现会促使其优先寻找关键资料。通常，全新采购是从企业意识到需求并开始研究解决方案开始的。即使存在各种信息来源（见图 6-5），采购方也会优先选择其

	营销资源	非营销资源
个人资源	• 销售人员 • 供应商公司的其他人员 • 贸易展览会	• 采购中心成员 • 外部商业伙伴 • 顾问与外部专家
非个人资源	• 在线活动与虚拟贸易展览会 • 销售资料 • 电子邮件和时事通信 • 网页内容，包括博客、视频、案例研究和白皮书 • 社交媒体（某家公司的LinkedIn页面）	• 在线搜索 • 评级服务 • 行业协会 • 新闻出版 • 产品目录 • 在线交流 • 在线评论网站 • 社交媒体（LinkedIn上的评论）

图 6-5 主要信息来源

信任的信息来源。为了建立信任关系，营销人员必须确保自己的信息对采购方来说是可靠和有用的。

采购方收集信息的深度取决于采购的重要性及对最佳选择的不确定性。小额采购的信息收集不应花费过高的成本，而重大采购则需要采购方像侦探一样细致调查。

全新采购为新供应商提供了进入市场的良机。当采购方主动搜寻信息时，供应商的推广更容易被关注到。广告、行业展会、邮件及销售代表都可能吸引采购方的注意，但内容翔实的官方网站往往是最初建立信任的关键渠道。

年轻人收集信息的方式不同

"千禧一代"的价值观及其在消费行为中的影响在前文已经讨论过。如今，"千禧一代"在企业的采购决策中扮演着越来越重要的角色，并带来了新的思维方式和采购方式。他们更倾向于在线研究供应商，也更习惯通过社交媒体获取信息，尤其是视频内容。营销经理如果能调整策略，适应"千禧一代"的采购习惯，就有机会获得长期的竞争优势。

搜索引擎是收集信息的第一步

大多数采购经理在寻找新供应商、优化采购方案或获取决策信息时，首先会通过互联网搜索。他们可能使用专业搜索引擎，比如筛选符合特定技术参数的钢材并比价，或使用通用的搜索引擎，搜索现成产品，避免高价定制。例如，沙特阿拉伯的一家企业通过搜索找到了芝加哥郊区的小公司 Allstates Rubber & Tool Corp（简称 Allstates），向其采购了价值 1000 美元的橡胶衬套。如果没有发现它的官网，企业可能就得高价定制产品，而 Allstates 也将错失新客户。

营销经理深知，拥有易被搜索到的网站至关重要。因此，供应商常通过付费广告（如关键词搜索时的赞助链接）提升曝光度，或优化网站内容，获得更高的搜索排名。

采购方想要实用的网站

实用的内容不仅能提升网站在搜索结果中的排名，还能有效吸引采购方深入探索供应商的网站。供应商不用急于推销，而是通过内容引导采购方了解自身需求，并客观呈现自身产品的优缺点。很多采购方尤其喜欢阅读针对性强的白皮书。白皮书可能会推广供应商的方案，但如果内容中立客观，就能帮助企业树立在特定领域的"思想领袖"形象。采购方也倾向于阅读案例研究，了解其他企业解决类似需求的方法。此外，视频内容和博客也能增强网站的实用性。

买家在网上分享经验

采购方会很重视那些有类似需求的买家的推荐。有时他们会通过 LinkedIn 向同行咨询建议，或者加入行业的在线社区。例如，在 Spiceworks 社区，信息技术专业人士可以提出、解答技术问题，研究最佳实践，并了解他人对其考虑的产品或服务的看法。采购方信任这类信息来源，其他行业也推出了类似的在线社区。随着采购方越发依赖社交网络，营销人员的推广信息对采购方的影响可能逐渐减弱。

B2B 的在线评论增长

过去，企业采购方对在公共平台分享经验这件事较为谨慎。但现在，部分企业开始收集供应商的产品评价、用户反馈和使用经验，以求做出更优决策。例如，Capterra 平台收录了超过百万条软件产品的用户评价，涵盖招聘管理、建筑管理等众多类别；而 VendOp 则是一个在线工具，采购方可以通过它搜索供应商，阅读评价，并查看供应商在速度、价格和质量等方面的评分。

征求供应商的建议

当企业采购方在 B2B 市场筛选潜在供应商时，通常会联系多家供应商索要提案和报价。供应商可能会直接发送产品手册或目录，也可能安排销售人员进行电话沟通。对于复杂的采购需求，供应商还需要提供正式的提案展示，并提交详细的方案说明。

采购方要求竞标来筛选产品

企业采购方有时会要求供应商提交竞标方案，即供应商根据采购方发布的采购规范，提出具体的销售条款和报价。如果不同供应商在质量、可靠性及交货时间方面均符合要求，采购方通常会选择报价最低者。但富有创意的营销人员会仔细分析采购方的规范和实际需求，通过调整营销组合的其他元素（如服务或技术支持）来获得竞争优势。

有时，采购方不会主动寻找具体的供应商，而是公开发布采购需求，邀请符合条件的供应商投标。部分企业会建立采购平台，方便供应商与有采购需求的企业（或其部门）对接。采购平台使供应商能快速地了解采购方的具体需求，从而增加供应商的数量，降低采购价格或获得其他更好的交易条件。例如，加州交通运输局（California Department of Transportation）在规划 40 亿美元的新建项目时，专门搭建了采购平台，让潜在供应商清楚了解每个项目的投标要求。

评估和选择供应商

采购决策涉及众多复杂因素。一个供应商或产品可能在某方面表现不错，在其他方面并不突出。为应对这种情况，许多企业采用供应商评估的方式，就是对供应商在质量、成本、交货等多个维度进行评分。其目的不仅在于从供应商处获得某个特定零部件或服务的低价，更在于降低整体的采购成本。评估可能显示，最佳供应商是能帮助采购方减少库存积压、改造设备或降低次品成本的企业。

购买程序可能有所不同

从之前的讨论可以看出，采购方在与不同的供应商合作时会采用不同的模式。一种是完全竞价模式：企业可能要求所有的供应商竞价，以保证始终得到最低报价。另一种是独家合作模式：如果企业已经与某供应商建立了良好的关系，企业可能直接从该供应商处采购，降低沟通成本。实际操作中，企业通常会根据具体情况选择介于两者之间的模式。

第三步：管理买方—卖方关系

选择供应商后，买卖双方需确定合作模式并管理关系。许多企业的采购是持续性的（如定期补货），但也存在一次性交易（如更换零件）。买卖双方需共同探索最合适的合作方式。

密切的关系可以解决部分问题

密切的买卖关系能带来显著收益，且这种模式正变得越来越普遍。许多企业开始减少合作供应商数量，转而期望留下来的供应商能够提供更好的服务。最佳的合作关系应是真正的伙伴关系，相互信任又能长期合作。

联信公司（AlliedSignal，简称联信）与贝茨实验室（Betz Laboratories，简称贝茨）的合作案例展现了良好关系的益处。贝茨最初只是联信众多化学品的供应商之一，负责提供防止工厂管道堵塞和设备锈蚀的化学品。但贝茨并未止步于销售通用产品，而是派遣专家团队与联信工程师共同调研各工厂，解决水资源浪费的问题。仅一年的时间，团队就找到了价值 250 万美元的成本节约方案。例如，通过在冷却塔加装阀门实现循环用水，每天节省 300 加仑水，一年节省的资金超

10 万美元，同时还能减少对环境的影响。这类创新使联信整体水处理的化学品用量减少，但贝茨的销售额却翻倍，因为它已经成为联信的独家供应商。

买卖双方的关系涉及很多人

艾利逊与贝茨的合作表明，买卖关系的成功往往需要多方参与，而不仅仅是采购人员与销售人员的对接。为了制定有效的解决方案，需要让最了解问题的人员直接参与，这可能包括买方和卖方的财务、生产、信息技术等多个部门的人员。

买卖双方的关系也可能没有意义

虽然紧密合作能带来好处，但并非总是最佳选择。对采购方而言，长期合作可能降低灵活性。当市场竞争压低价格并推动创新时，供应商竞相争取订单可能更有利于客户。对于那些不重要或不频繁的采购，投入精力建立合作关系可能得不偿失。毕竟，紧密合作关系的建立和维护需要大量时间和精力。

供应商也未必希望与所有客户都发展为紧密合作关系。有些客户的订单量太小，或需要提供过多的特殊服务，导致合作难以实现盈利。如果客户本身不愿建立关系，强行推进成本就会更高。因此，买卖双方应在收益大于成本时选择建立紧密合作关系。

买卖双方的关系涉及很多层面

买卖双方的关系并非简单的"非此即彼"。许多企业在某些方面保持紧密合作，而在其他方面则保持距离。因此，通过五个关键维度来分析大多数买卖双方的关系是有帮助的：合作程度（如双方共同解决问题的意愿）、信息共享（如交换市场趋势信息或技术数据）、运营联动（如生产计划或库存管理的协同）、法律约束（如合同条款或长期协议）以及定制化调整（如为特定需求设计产品或服务）。采购人员与销售人员通常需要协调这些关系的各个方面。不过，从图 6-6 可以看出，紧密合作关系往往需要双方企业的多个部门人员直接沟通来共同推动合作深入，例如技术人员、生产人员或财务人员。

买卖双方合作应将问题视为共同责任

在合作中，买卖双方共同实现彼此的目标和各自的利益，双方应该将出现的问题视为共同责任。例如，美国国家半导体公司（National Semiconductor，NS）与其硅晶圆供应商 Siltec 找到了合作降低成本的创新方式：过去 NS 会丢弃 Siltec 用于运输晶圆的昂贵塑料盒，现在双方合作回收这些盒子。这一举措不仅环保，

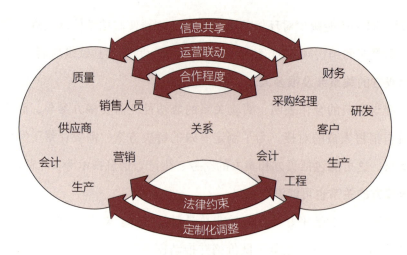

图 6-6　买卖双方关系的关键维度

每年还能节省超过 30 万美元成本。Siltec 将大部分节省的成本以更低价格的形式让利给客户 NS，同时自身也降低了运营成本。

信息共享既有用，又有风险

在买卖双方的关系中，信息共享往往涉及开放透明的沟通，例如交换专有成本数据、需求预测或共同研发新产品。信息可以通过人员之间的交流或互联网连接的信息系统来传递，后者是 B2B 的关键组成部分。互联网传播的优势就在于信息更新快速、节省时间，客户不用等待回复就可以直接在线查看产品信息或生产进度。

信息共享有助于优化决策和规划，但企业仍需谨慎避免敏感信息被滥用。例如，通用汽车的某供应商曾与车企共享其计划中的技术细节，但后来发现通用汽车的采购主管将该技术蓝图展示给供应商的竞争对手，这种信任的破坏涉及伦理问题且需严肃对待。此外，供应商可能因为顾虑负面影响而隐瞒不利信息。例如，宝马的德国供应商 Edscha 因突发破产，导致宝马车型 Z4 的天窗供应中断，所以宝马被迫紧急支持 Edscha 以维持生产进度。如果买卖双方的关系更透明，或能提前发现问题，就可以制定预案。

信息共享也涉及跨部门协作

维持密切的合作关系需要买卖双方跨部门协作。例如，销售人员可能需要与采购方的财务人员沟通租赁或付款计划，或者与研发及工程团队沟通特殊订单的需求。有效的跨组织沟通是深化合作关系的关键。

运营联动共享功能

运营联动是指买卖双方运营流程的直接衔接，通常涉及持续协调。这种合作尤其在一方无法独立完成某项职能时至关重要。企业常常通过运营联动降低总库存成本，维持库存水平，确保生产顺畅。例如，供应商需具备准时交付的能力，在客户需要时精准送达货物，避免库存积压。然而，过度依赖单一供应商的运营联动可能带来风险，如果供应链中断，库存不足的企业可能被迫停产数周。

合同规定义务

大部分简单的交易可能只涉及交付和付款，但复杂的关系就需要通过具备法律效力的合同来明确。合同可能是短期的，也可能是长期的。例如，客户要求供应商未来三年每年降低6%的价格并大幅减少缺陷，作为交换，客户承诺增加订单数量并协助提升供应商效率。如果需求或规格随着时间变化，双方可以采用协商式合约采购，允许灵活调整采购条款，同时约定基础价格和项目框架。

许多管理者认为，即使合同详尽，也需要定期认真评估，应对市场变化对双方的潜在冲击。例如，哈雷戴维森（Harley-Davidson）与供应商建立紧密合作关系时，摒弃了冗长的详细合同，转而以简短的原则声明来指导合作，强调信任与协作。

定制化调整

定制化调整指企业为满足合作伙伴的独特需求而进行的定制化改变。例如，工业供应商可能为某个客户设计专用产品，这需要对研发或生产技术改造进行投资。在通用汽车选择LG化学作为电动汽车的电池供应商后，后期更换供应商的成本就变得极高。因此，企业通常仅在别无选择（如市场仅存少数供应商）或投资收益明确时，才会进行此类高绑定性投资。

买卖双方的关系中的定制化调整通常发生在采购方选择外包时，即与外部企业签订合同生产产品或提供服务，而非内部生产。许多企业通过外包来降低成本，因此外包业务常由劳动力成本较低的供应商承接。

尽管营销经理可能希望建立合作型伙伴关系，但面对强势客户，这种理想可能难以实现。强势客户常常通过谈判来压低供应商的价格。例如，惠普为实现最低价格，利用其庞大的采购量要求零部件的供应商及代工厂降低生产成本，从而在保持高利润率的同时提供低价电脑。

采购方分散风险

即使营销战略优秀，而且与客户建立了紧密的合作关系，采购方也可能不会将所有业务都交给一家供应商。为防范罢工、火灾或供应商工厂停产等意外风险，采购方通常会选择多家供应商合作。例如，全球最大的硬盘制造商西部数据（Western Digital）在泰国设有主要生产基地。2011年，泰国洪灾导致其工厂停工，全球硬盘供应骤减，直接影响了电脑的生产与市场供应。

即便采购方不依赖单一的供应商，但出色的营销战略仍可能为供应商赢得更高的市场份额。从采购方的角度来看，给特定供应商的订单份额从20%涨到40%，似乎并不是什么大事，但对一个销售额翻倍的供应商来说，这意味着100%的增长。

采购方监控供应商的表现

采购方会持续监控供应商的表现。那些未能达标的供应商可能会被剔除，这对双方都有好处：表现优异的供应商能够获得更多订单，而愿意听取反馈的供应商则能改进服务，提升合作关系的价值。优秀的采购方会主动定期向供应商提供反馈，聪明的供应商也会积极回应。例如，本田（Honda）每月向供应商提供包含五个维度的评分卡：质量、交货准时性、交付数量、历史表现及特殊事件处理。这种方式有效促进了双方的持续交流，共同优化供应商的表现。

不同客户的购买变化

前文讨论了不同类型的组织客户的通用关系和采购模式。深入了解具体客户类型（如制造商、服务型企业、零售商、批发商和政府市场）的规模、数量、地理位置及采购流程，能帮助营销经理更精准地进行市场细分、确定目标客户和制定有效的营销战略。

6.4　制造商是重要客户

大客户并不多

制造商的数量远少于最终消费者的数量，这是全球普遍现象。以美国为例，全国约有25万家工厂，其中大多数规模很小，员工超过500人的企业不足2%，而近 3/4 的企业员工少于 20 人。规模较小的制造商的采购流程比大企业更随意。

客户按照地理区域聚集

工业客户的集中不仅体现在企业规模上，还体现在地理分布和行业聚集。在一个国家内部，制造业工厂常常集中在特定区域。例如，美国的工厂多位于纽约、宾夕法尼亚、俄亥俄、伊利诺伊、得克萨斯和加利福尼亚等大城市群。行业集中也同样明显，如德国的钢铁业主要集中在鲁尔工业区，而美国的汽车制造业则集中在密歇根、印第安纳和俄亥俄州。

在国际层面，工业客户集中在经济发展较先进的国家。但实际上美国是例外，美国正在从工业经济转向服务和信息经济，其工业市场规模正在萎缩。诚然，制造业的就业人数一直在减少，但美国的制造业产出仍然保持着较高水平。

按照业务数据对行业进行分类

工业客户需要采购的产品取决于其所在的行业。因此，某一产品的主要客户通常集中在相似的行业中。这一事实能够帮助营销经理进行市场细分。例如，服装制造商是拉链的主要客户，营销经理需将营销战略聚焦于具有与现有客户相似特征的潜在客户。

美国政府通过北美行业分类系统（NAICS）代码收集并发布企业数据，将从事相似行业的企业进行分组。每个 NAICS 代码会按地理区域细分，列出企业数量、销售额和员工数量等数据。其他国家也收集类似数据，并尝试与国际版 NAICS 系统对接，但许多国家的企业客户数据仍存在不完整或不准确的问题。

让我们更详细地看看 NAICS 代码是如何运作的，如图 6-7 所示。NAICS 代码从宽泛的行业类别开始分类，例如建筑业（23）、制造业（31）、零售业（44）等。在两位数的行业分类下，可获取更详细的三位数行业数据（即两位数行业的子行业）。例如，在制造业（31）下，包含食品制造商（311）、皮革制造商（316）等子行业，以及服装制造商（315）。每个三位数行业组别可以进一步细分为四位数、五位数和六位数行业。例如，在服装制造商（315）下，四位数行业包括针织厂（3151）、裁剪服装厂（3152）以及服装配件厂（3159）。代码位数越多，分类越细。然而，在某些地理区域，并非所有行业的数据都能达到如此详细程度（例

图 6-7　NAICS 代码

如四位数行业的细分）。当某一区域仅有一两家工厂时，政府不会提供更详细的数据。

许多企业会先获取现有客户的 NAICS 代码，再通过 NAICS 代码列表寻找具有相同产品或服务需求的相似企业。其他企业则会通过分析哪些 NAICS 行业类别在增加或减少来发现新机会。

6.5　服务提供者：规模小、分布广

美国的服务业规模庞大且增长迅速，其他国家的服务业规模也在扩张。为这些服务型企业提供所需产品既存在许多机遇，但也面临挑战。

美国现在拥有近 600 万家服务型企业，是制造业企业数量的 17 倍以上。其中不乏跨国巨头，例如美国电话电报公司（AT&T）、希尔顿酒店、大都会人寿保险、普华永道、富国银行和埃森哲等。这些大型企业的采购部门与制造业巨头的运作模式相似。虽然服务型企业总数庞大，但大多数仍是小型企业，如落基山家庭牙科诊所、北岸家政服务和电脑医生等，它们的分布也比制造业分散。

制造业企业倾向于在交通便利、原材料充足且大规模生产成本较低的地区，而服务型企业则需要更贴近客户。例如，制造业工厂可能集中于物流交通枢纽或资源产地，但服务型业务（如牙科诊所或家政服务）更倾向于分布在客户所在的区域。

采购流程可能不太正式

小型服务公司的采购通常由负责人或行政助理负责，例如医生、律师、保险公司老板、酒店经理或办公室经理。对习惯与大型企业采购专员打交道的供应商来说，适应这一市场可能存在一些困难。人员销售仍是重要的推广方式，但吸引这些客户往往需要更多的广告投入。此外，小型服务公司可能比大型企业需要更多的帮助和支持。

小型服务公司喜欢线上采购

许多小型服务公司无法获得销售人员的专门关注，因此常常依赖电子商务系统来完成采购。尽管单笔订单的金额不大，但这些小客户加起来也构成了重要的目标市场。越来越多的供应商开始通过专门设计网站来满足这类客户的需求。一个设计良好的网站对双方来说都是高效且实用的，客户可以在线获取信息、下单，或者在需要时通过电话、邮件联系销售人员或客服人员获得个性化服务。

零售商和批发商为其客户购买

大多数零售商和批发商将自己视为目标客户的采购代理人，其深谙客户所需，也不会被无法满足需求的制造商销售人员说服。

"千禧一代"更愿意购买可持续发展的产品

沃尔玛深知消费者对可持续发展产品的青睐，而且意识到自己的目标市场包括环保意识更强的"千禧一代"。为此，沃尔玛进一步强化了长期可持续发展目标，并要求供应商也配合。凭借庞大的采购量，沃尔玛在供应链中拥有巨大的话语权。当它要求供应商改变产品配方时，供应商通常会配合。例如，沃尔玛宣布不再采购含有三氯生和福尔马林等潜在有害化学物质的产品，所以许多供应商调整原材料。这一举措延续了沃尔玛此前的一项行动：通过与供应商合作，成功将82%的废弃物从填埋场转移。这些行动不仅帮助沃尔玛在目标市场中扩大了业务，也为创造可持续发展的未来做出了贡献。

采购委员会是非个人的

零售商店的货架空间非常有限，采购经理不可能接受所有供应商推销的产品。以大型连锁超市西夫韦（Safeway）为例，其采购部门每周会收到 150 ～ 250 种新产品的提案。如果全部接受，一年内将新增超过 1 万种商品，显然，零售商必须采取措施应对这种过载情况。大多数零售商会对产品进行严格评估，供应商需要证明新产品的价值，新产品才能获得广泛销售的机会。

是否新增或淘汰产品、是否调整采购政策等决策通常由采购委员会负责。尽管销售人员仍会向采购经理推销，但最终决策权并不在采购经理的个人手中。采购经理会将新产品的提案整理成书面报告，提交采购委员会评估。供应商可能无法直接向采购委员会展示产品，这种冷静理性的流程削弱了人员销售技巧对结果的影响，更倾向于能提供有力数据的产品。

以 PenAgain（一种造型独特的笔）的创业者为例，如果他们想在沃尔玛获得货架空间，仅靠独特的产品是不够的。向沃尔玛提案时，他们必须提供硬性数据，证明该产品已经在其他零售店取得成功，并具备满足沃尔玛庞大需求的供货能力。沃尔玛通常会先在少数门店试点销售新产品，销量达标后再全面铺货。

采购方密切关注库存系统

大型企业普遍采用先进的库存补货系统。收银台的扫描仪实时记录着商品的销售情况，库存补货系统则根据这些数据自动更新库存记录。即使是小型零售商和批发商，也普遍使用自动化控制系统，每日生成各商品的销售数据报告。采购方通过这些数据能详细分析商品的盈利能力。如果某商品滞销，零售商要求增加该商品的店内展示机会或货架空间的请求可能会被拒绝。

补货订单属于直接重购

零售商和批发商通常会销售大量商品。例如，药品批发商可能经营多达 12.5 万种药品。由于商品种类繁多，大多数中间商一旦决定采购特定商品后，会通过直接重购的常规自动补货模式完成后续采购。这种自动化订单系统是电子化收银体系发展的必然产物。向这类市场销售的供应商需要掌握采购方的工作量，并在业务接洽时提供切实可行的建议或服务。

零售商把自己视为目标客户的采购代理，但同时也需要确定哪些商品能够实现盈利。其倾向于选择多芬等知名品牌，因为消费者更可能购买熟悉的品牌。奇基塔（Chiquita）公司则提醒便利店，销售香蕉也能创造利润。

6.6 政府市场

规模和多样性

许多营销人员忽视了政府市场，认为其程序过于烦琐，得不偿失。但他们可能不了解政府市场的真实规模，在美国等许多国家，政府是最大的采购客户群体，约占美国国内生产总值的 30%。政府机构的采购几乎涵盖所有品类的商品，不仅运营着学校、警局、军队，还经营着超市、公共事业、实验室、医院甚至酒类商店。这些巨额开支不容忽视，对积极进取的营销经理而言是巨大的机会。

圣何塞市在建造坎宁安湖地区滑板公园时，与多家供应商进行了合作。该项目的合作供应商如下。

1. 加州滑板公园位于加利福尼亚州阿普兰，使用了 800 立方码（1 立方码约为 0.76 立方米）的特殊喷射混凝土混合物，用于建造公园的碗池、半管滑道和墙壁。

2. 罗伯特·A. 博思曼公司（Robert A·Bothman）位于加利福尼亚州圣何塞市，设计建造了种植园，栽种有野花、原生草和棕榈树，为公园增添了色彩和树荫。

3. 玛斯柯照明公司（Musco Lighting）位于爱荷华州奥斯卡卢萨，安装了 50 英尺（1 英尺约为 0.3 米）高的电线杆，每根电线杆上配有三个 1500 瓦的照明装置，为公园提供了充足的照明。

竞争性招标

美国政府采购通常以公众利益为重，审慎使用资金，因此采购流程通常受到严格的社会监督。为了避免偏袒，多数政府采购通过招标进行，按规范选择最低报价。这说明了技术规范制定的重要性，如果规范描述得不够精确完整，供应商可能提交符合文字要求但实际不满足需求的投标。因此，撰写规范必须精准详尽。

批准的供应商名单

不过，对于频繁采购或已有行业标准的商品（如办公用品），政府会简化采购流程，按照预先批准的价格直接下单。供应商需先被列入批准的供应商名单，并同意在特定时期内（如一年）保持固定价格。

了解政府的需求

在美国，大约 9 万个地方政府单位（包括学区、城市、县和州）以及联邦机构需要进行采购。有些企业直接向政府机构销售；另一些则与主要承包商合作，这些承包商会将产品转售给政府。这两种方式都为许多企业提供了良好的机会。中小型企业发现，向主要承包商销售比赢得大型政府机构的合同更容易。潜在供应商应专注于其想服务的政府单位或主要承包商，了解这些单位的招标方法。同时，他们应关注政府发布需求的网站。目标营销在这里可以发挥重要作用，确保营销组合与不同的招标程序相匹配。

为促进采购业务的市场竞争，政府部门会向企业提供大量招标信息，包括纸质文件和线上资源。美国每个联邦政府机构都有一个专门负责小型企业业务的独立部门，并与主要承包商直接联系，各州和地方政府也提供指导。

应对海外政府采购

海外政府为很多企业提供了良好的机会。但企业应意识到，向海外政府机构投标可能存在很大的挑战，需要谨慎对待。在许多情况下，企业必须获得本国政府的许可才能向海外政府销售。此外，如果存在本土供应商，大多数政府会倾向于选择他们。更重要的是，多数政府采购会同存在"隐性国民待遇"，即只要存在合格的本国供应商，外国供应商就很难中标。即便没有明文规定，公众舆论也会让外国供应商获得合同。

第七章

产品策划

安德玛的产品策划

凯文·普兰克在马里兰大学读书时，主修商科，同时也是一名橄榄球运动员。当时，他发现了一个商机：他和队友们在训练和比赛中穿的棉质 T 恤很快就会被汗水浸湿，变得又重又不舒服。于是，普兰克开始寻找一种性能更好的替代品。他注意到了自行车手和徒步旅行者穿着的一些新型功能性面料服装。

在纽约市的服装区，普兰克找到了一种聚酯和莱卡混纺的面料，这种面料不会吸收水分，也不会让人感到闷热。他制作了几件原型紧身压缩衬衫，并让一些球员朋友试穿。这些球员对这种衬衫赞不绝口。它们不仅舒适贴身，还能快速排汗，让球员在比赛中保持干爽和轻便。当朋友们纷纷想要更多衬衫时，普兰克意识到自己可能抓住了一个巨大的机会。然而，当时他既没有足够的资金做大规模的广告宣传，也无法与零售商建立联系来开拓市场。于是，他决定从自己最熟悉的领域入手——大学橄榄球队。

普兰克回到纽约，订购了 500 件衬衫。这是安德玛品牌的第一批产品，也标志着后来被称为 HeatGear 系列高温天气产品线的诞生。随后，他跑遍了美国东南部的多所大学，向教练、球员和装备管理人员销售他的独特衬衫。起初，许多人并不买账，尤其是这些衬衫的价格是普通 T 恤的 3 到 5 倍。然而，球员们只需在训练时试穿一次，就能感受到它的优势。口碑迅速传播，产品很快得到了认可。

随着安德玛的成功，耐克和阿迪达斯等大品牌也开始进入功能性服装市场。

后来，像科尔士百货旗下的 Tek Gear 这样的经销商品牌也推出了更低价格的产品，吸引了一些对品牌不太敏感的消费者。为了应对竞争，安德玛将重点放在创意推广上，以增强消费者对其品牌的忠诚度。例如，安德玛推出了一系列由知名职业运动员代言的广告。

安德玛的成功促使其产品线不断丰富，新增了鞋类、裤装、背包和配件，并进军包括棒球、足球和排球在内的新运动领域。它甚至直接挑战耐克的强项之一——篮球鞋市场。安德玛与篮球巨星斯蒂芬·库里签订代言协议，在库里后来获得"最有价值球员"并带领球队夺得总冠军后，这一举动无疑是一次巨大的成功。

安德玛还加大了对女性市场产品的投入。公司聘请了一位新的产品经理，将营销团队从 1 人扩充到 10 人，并组建了一支 20 人的设计团队。这些员工专注于女性服装、配件和鞋类的设计。新产品不仅时尚前卫，还专门根据女性体型进行了优化。为了吸引更倾向于在健身房锻炼或练习瑜伽的女性消费者，安德玛推出"什么是美丽"的广告活动，以"无论发生什么，每天都要流汗"的标语来鼓励女性。广告的主角是美国芭蕾舞剧院的米斯蒂·克普兰德和奥运滑雪冠军林赛·沃恩等知名女性。安德玛在女性运动员市场的份额迅速提高，很快占到公司总销售额的 30%。

然而，随着安德玛许多核心产品的市场逐渐成熟，公司面临着众多强劲的竞争对手。过去几年，安德玛销售增长放缓，利润率下降。为了刺激增长，安德玛开始投资快速增长的新产品。例如，它收购了像 MapMyFitness 这样的 App，来支持客户完成健身目标。安德玛希望通过将这些技术整合到其核心产品中，进入"可穿戴技术"市场，为客户提供更多价值。

例如，安德玛推出的 Flow Velociti Wind 男女跑鞋既轻便又透气，还能连接到安德玛的 MapMyRun App。MapMyRun 可以追踪跑步者的步频、距离、配速、步幅、步数，并通过人工智能驱动的"教练"提供指导。这种数据吸引了许多专业跑步爱好者。安德玛的研发团队利用这些数据来指导下一代产品的设计。安德玛相信，这样的服务不仅能增加产品的附加价值，还能帮助品牌在竞争中脱颖而出。

安德玛与演员、职业摔跤运动员道恩·强森合作，推出了 Project Rock 系列，这些全新的服装和鞋类产品专为健身房锻炼者设计。正如道恩·强森所说："这一新系列是为房间里最努力的人打造的。"

安德玛还看到了高尔夫市场的潜力。为此，公司推出了一条全新的斯蒂芬·库里高尔夫服装系列。

安德玛也在积极寻找机会来展现其宗旨，即"通过热情、设计和对创新的不懈追求，让所有运动员变得更强"。安德玛承诺支持青少年运动员，增加他们的参与机会，整合教练和社区利益相关者等支持系统，并持续创新，提升运动员的表现。

尽管安德玛的增长暂时停滞，但其品牌依然强大，近期估值超过 30 亿美元。这一品牌价值源于其 UA 商标，安德玛对此进行了强有力的保护。尽管耐克、阿迪达斯以及其他品牌仍在对安德玛的价格和利润率施加压力，但凯文·普兰克乐于迎接各大品牌的挑战。

HelloTalk 的产品策划

HelloTalk 是全球最大的跨语言社交平台之一。很少人知道这家全球化的、覆盖 188 个国家和地区、有 4700 万注册用户、在日韩等亚太地区非常受欢迎的跨语言练习平台的总部在深圳，创始人是中国人魏立华。魏立华本人就是一位顶尖的多语言学习者，也是一个跨多元文化的复合型创业家。他精通汉语、英语、韩语、日语，生于海南，在中国香港长大，在美国留学，在韩国工作，又回到中国创业，所以他特别理解通过语言来打开一个新世界的大门的重要性。

创建 HelloTalk 的初衷就是让每个人都能掌握至少 3 门外语。起初，HelloTalk 的定位是语言练习平台，主打与真外国人无门槛交朋友、练外语。在语言学习的过程中，最关键的就是找到一个靠谱的、价值观契合的"语伴"，社交是练习语言的最好的工具。

HelloTalk 通过互联网和算法进行语言学习者的匹配，比如德国人和中国人结伴，相互学习对方的母语。这种差异化的定位与社区氛围得到了用户的认可，其 4700 万用户都是自然增长的，其中 2023 年新增用户中的 96% 源于自然增长。在没有付费拓新又极少融资的情况下，HelloTalk 成为一个互联网增长奇迹。

在营收规模扩大的同时，HelloTalk 的用户规模扩大得也十分迅猛，用户的质量也非常高。HelloTalk 的用户人均每天在线时长可达 24.7 分钟，同时 Monthly ARPPU（每月每付费用户平均收益）可达 24 美元，Paid Subscribers / MAUs（付费用户比例）也高达 7.1%。

与语言学习平台"多邻国"相比，HelloTalk 拥有极具差异化的产品入口：与真外国人免费交朋友、练外语。从语言学习赛道来看，多邻国是人机语言学习软件，而 HelloTalk 则是真人社交语言练习平台。每一个外语学习者都可以在 HelloTalk 创造的真实场景中练习语言。

HelloTalk 正在发展成为全球最大的跨语言社交平台之一。学习语言的最终目的是让人们真正能够"学以致用"，HelloTalk 正在成为全球跨语言社交"朋友圈"，其产品也在不断强化这一点：通过加强各种社交功能，引导用户在真实有用的社交场景中真正地应用一门语言。目前 HelloTalk 平台一年被用于 35 亿次各类社交活动。

HelloTalk 围绕特定的语言使用场景和主题建立大量专业生产内容，引导用户在具体的实用场景中潜移默化地学会用语言，如求职、求学等，进一步提升用户的需求刚性、黏性。HelloTalk 未来会以人为核心，围绕"跨文化社交"，引导用户自发产生优质的内容，打造基于兴趣社交的生态体验网络，吸引更多的人，创造更多的可能性。HelloTalk 最终会建立以人为核心的复合型社交网络，跨语言练习与跨文化社交为 HelloTalk 带来了巨大的增长空间。从跨语言练习赛道看，全球有 18 亿潜在用户，而从跨文化社交赛道看，全球有超过 30 亿的潜在用户。

HelloTalk 的未来非常有前景，其正在成长为全球最大的跨文化兴趣社交平台之一。如果说 Facebook 是熟人母语社交平台的代表，那么 HelloTalk 就是对标 Facebook 的跨文化兴趣社交平台，增长空间进一步扩大。HelloTalk 与 Facebook 像事物的两方面，互补又融合。

HelloTalk 自成立以来，96% 的注册用户为自然增长的。仅靠口碑传播，在几乎未融资且无推广投入的情况下，就实现了年复合增长率 41%，正向盈利的高速增长。这在社交赛道中是不多见的。

产品领域涉及许多战略决策

安德玛的案例凸显了一些重要主题和战略决策领域。在产品领域有许多战略决策需要关注，而这正是本章的重点。

我们首先会从顾客的角度来看待产品，这有助于聚焦顾客对产品的整体体验，无论这种产品是实体商品、服务，还是两者的结合。接着，我们将探讨技术如何被整合到许多产品中。然后，我们深入研究产品战略中最重要的领域之一：品牌，其中包括许多不同的决策内容。随后，我们会分析包装的作用。最后，我们将讨论产品类别，并展示产品（Product）战略决策如何与渠道（Place）、推广（Promotion）和定价（Price）等其他领域的决策相互关联。

7.1 什么是产品

顾客购买满意度

当 Jif 出售它的花生酱时，它仅仅是在销售烤花生、糖、盐和油吗？当牙买加航空（Air Jamaica）出售一张飞往加勒比地区的机票时，它仅仅是在销售飞机的磨损和飞行员的劳动吗？这些问题的答案是"否"。事实上，这些公司真正销售的是顾客所期望的满足感、使用价值或利益。

顾客关心的是，Jif 花生酱味道很棒，能轻松涂抹在面包上制作速食三明治，还能为他们的饮食提供蛋白质来源。如果他们担心花生酱中脂肪或糖分过多，还可以选择 Jif 减脂版或 Simply Jif 系列。当然，销售花生酱的零售商也很满意，因为 Jif 通过广告向顾客传递了品牌信息，并用明亮、吸引眼球的包装设计帮助产品脱颖而出。

同样地，牙买加航空的顾客希望获得安全、舒适且准时的飞行体验，同时他们还希望享受便捷的在线预订、低廉的价格、顺畅的机场值机流程，以及行李完好无损且准时到达的服务。换句话说，当顾客在整个购买和使用过程中获得的体验能够满足甚至超越他们的预期时，产品才会获得最高水平的满意度。

产品指的是企业提供的、能够满足顾客需求的"供应物"。许多产品经理过于专注于产品的技术细节，但大多数顾客评价产品时，关注的是它所带来的整体满意度。这种满意度可能需要一个完整的产品组合来实现，包括具有适当功能的实体商品、清晰易懂的使用说明、方便的包装设计、值得信赖的保修服务、卓越的售后服务，甚至是一个过去曾让顾客满意的品牌名称。

产品质量与顾客需求

产品质量也应该取决于顾客对产品的看法。从营销的角度来看，质量是指产品满足客户需求或要求的能力。这一定义聚焦于客户以及客户认为产品如何满足某种需求。例如，"最佳"流媒体视频服务未必是节目数量最多的，而是包含观众想看的节目。同理，校园休闲穿着的最佳服装可能是牛仔裤，而非用更高档面料制成的西装裤。

在不同类型的牛仔裤中，面料最耐用的可能被视为同类产品中质量等级最高或相对质量最优。营销经理在比较产品时，常关注相对质量。然而，如果目标市场不需要这些功能，这些功能就无法让产品成为高质量产品。

不过目前，重要的是认识到质量和满意度取决于产品整体。如果因包装不佳，薯片在货架上变得不脆，消费者就会不满。衬衫上的纽扣脱落会让消费者失望，哪怕洗衣店把领子熨得很平整。

质量向美好的世界发展

消费者的需求和要求变化时，他们对"质量"的定义也会改变。比如，过去很长一段时间，抗生素被广泛用于养殖供人类食用的牲畜和家禽，因为这样能降低养殖成本。但如今，越来越多消费者担心抗生素滥用会导致"超级细菌"出现。他们更想要"不含抗生素"的食品。一些快餐公司也调整了产品标准，例如麦当劳减少了牛肉中的抗生素含量，必胜客也对其鸡肉产品做了类似调整。

随着环保意识提升，很多产品开始重新定义"质量"，加入更多可持续材料。这对目标客户是"千禧一代"的品牌尤为重要，因为这群人更看重环保。例如，宜家强调可持续发展，所以产品中使用的木材要么是可回收的，要么是经 FSC（森林管理委员会）认证的。Allbirds 公司则开发了一种更环保的泡沫材料，用在拖鞋里。其他拖鞋品牌通常使用石油制造的泡沫，但 Allbirds 的"SweetFoam"的材料是用甘蔗制成的。为了推动环保，Allbirds 甚至允许其他公司（包括竞争对手）使用这种材料。

保修单以书面的形式对质量做出承诺

保修单是卖家对产品的承诺。营销经理需要决定是否提供特定的保修服务，如果有，还要明确保修涵盖哪些内容，以及如何向目标客户传达这些信息。有些公司会用长期保修来证明自己产品质量过量。例如，Yardbird 公司生产并销售高质量的户外家具，他们承诺在购买后的三年内可以对任何有缺陷的产品免费更换，而 Sunbrella 面料和铝制框架的保修期更长。

产品组合、产品线和具体产品

一个具体产品是产品线中的某个特定产品。产品线由一组密切相关的产品组成，通常通过品牌、服务等级、价格或其他特征进行区分。例如，同一品牌不同尺寸和香味的肥皂都是独立的具体产品。中间商通常将每个独立产品视为一个库存单位（SKU），并为其分配唯一的编号。

产品组合是指一家公司销售的所有产品线及具体产品的总和。公司通常将同一产品线中的产品视为相关，因为它们可能是通过类似的方式生产或运作、面向相同的目标客户、通过相同的渠道销售，或定价相近。例如，萨拉·李集团（Sara Lee）的产品组合包括饮料、午餐肉、甜点、杀虫剂、个人护理用品、空气清新剂和鞋类护理产品等多条产品线。而卡骆驰（Crocs）专注于生产鞋子，玛格罗兰（Maclaren）则专注婴儿推车。可口可乐的例子（见图 7-1）能更直观地说明这三个概念：产品线包括汽水、果汁等，每种口味或包装的可乐都是具体产品，而整个公司销售的全部饮料和相关产品则构成产品组合。

产品线需要战略决策

营销经理需要在产品线方面做出多项决策。其中一个战略决策是产品线的长度，即一条产品线中包含的具体产品的数量。有时延长产品线能带来新的机会。企业可以通过增加更多颜色、口味、款式或尺寸的产品来吸引更广泛的客户群体。例如，塔可钟推出早餐餐点，成功吸引了新的客户群体；近年来，可口可乐也新增了香草味可口可乐、芒果气泡水和零糖可口可乐，以满足更多消费者的需求。

图 7-1　产品组合、产品线和具体产品的例子

　　此外，每个单品的目标市场可能需要不同的策略。例如，高乐氏（Clorox）销售香氛漂白剂和常规漂白剂时，会采取不同的策略。营销经理可能需要同时规划多个策略，才能为整个产品线或公司的营销方案制订有效的计划。

流行趋势：产品线缩减

　　几十年来，面向消费者的公司一直认为消费者需要更多选择，因此不断在产品线中增加具体产品的数量。例如，乐事薯片从最初的 4 种口味扩展到 60 种，坎贝尔汤从 100 种类型增至 400 种。如今，企业发现简化和缩短产品线反而能为客户提供更好的服务，库存更少的产品也更容易管理。麦当劳发现，将全天供应早餐改为仅限早晨供应后，服务速度提升，全天订单准确性也更高。看到这些优点，大多数公司都会更谨慎地管理产品线。

7.2　实物与服务的区别

实物和服务都是产品

　　一个产品可以是看得见摸得着的实物商品，也可以是无形的服务，即通过行为、表演或努力所提供的内容。有些产品则是两者的结合，既有实物又有服务，如图 7-2 所示。例如，像钢管这类纯实物商品完全属于商品类别；而像微信广播这样的产品则完全以服务为主。现实中很多产品都是两者的混合：当你外出就餐时，你购买的是食物（实物商品）以及餐厅员工的烹饪和服务（服务）。

实物商品和服务的组合

图 7-2　产品中实物商品和服务可能性组合的示例

　　无论产品是实物、服务还是两者的结合，营销经理在规划产品和营销组合时都需要考虑相同的因素。因此，我们通常不会刻意区分实物和服务，而是将这些统称为产品。不过，了解实物和服务的关键区别，有助于更精准地制定营销战略。表 7-1 总结了实物和服务的主要差异及其对营销战略规划的影响，接下来将进一步详细说明这些区别。

表 7-1　实物和服务之间的主要区别及对营销战略规划的影响

实物的特点	服务的特点	对营销战略规划的影响
可触摸	不可触摸	服务是触摸不到的，因此，从可信赖的资源或者有形特性的服务提供中寻求建议
在远离消费者的工厂中生产	在消费者面前产生	服务提供商应该接受过良好的培训，在更加复杂的服务系统中，应服务到位以促进协调。将服务贴近消费者的需求
易储存	不易储存	服务商运用价格来调控供需关系，还会减少顾客等待时的不满情绪

产品的有形程度

实物是看得见摸得着的商品。你可以试穿范斯（Vans）的鞋子，闻星巴克咖啡豆烘焙的香气，翻看最新一期《人物》杂志。有实体存在，你在购买前就能清楚知道会得到什么，购买后也归你所有。

而服务则完全不同。服务没有实体，你无法触摸或保存。当你购买服务时，得到的是体验或消耗的过程。比如看完漫威电影后，你只能留下记忆；购买滑雪场门票后，你只能享受滑雪乐趣，但并不会拥有滑雪场地本身。有时顾客在购买前很难直观地感受到服务的质量。例如，有人找会计师咨询，但事先无法确定对方的建议是否靠谱。

为了减少这种不确定性，购买服务前，消费者常常向朋友寻求推荐或参考在线评价。他们可能会寻找一些线索来帮助自己在购买前评估服务质量。因此，有些服务提供商特别注重展示高质量的实物证据。例如，律师可能会在墙上挂满学位证书，书架摆满图书，家具陈设也透露出成功。

产品的生产地

实物通常是在远离顾客的工厂大规模生产的。而服务则不同，它通常是在顾客决定购买后，在顾客所在地现场提供。因此，个人服务很难实现规模化经济，原因之一就是服务供应商需要在服务提供地配备设备和人员。例如，嘉信理财（Charles Schwab）在全球销售投资咨询服务和金融产品，理论上可以在纽约总部的一栋大楼集中生产这些服务并通过网站提供，但该公司仍选择在全球各地设立办公室，因为许多客户希望与股票经纪人有面对面的交流。

生产地对产品质量的影响

工厂里生产惠而浦（Whirlpool）家电的工人即使心情不好，顾客也不会察觉。即使生产中出现问题，质检通常也能在产品出厂前发现缺陷。但服务质量往往不够稳定，因为服务体验与提供服务的人紧密相关。比如，银行柜员态度恶劣可能导致顾客流失。服务提供者的能力参差不齐，服务中的问题通常会直接暴露在顾客面前。此外，当需要多人协作时（如医院），保持一致的服务质量更具挑战性。

在这种复杂的服务场景中，企业需要建立协调机制。

服务无法储存

服务具有易逝性，无法提前生产并储存以备后用，这让供需平衡变得困难，尤其是需求波动较大的时候。感恩节期间，美国西南航空（Southwest Airlines）因航班满员不得不拒绝部分乘客，他们就可能选择其他交通方式或取消行程。虽然公司可以购买更多飞机、雇用更多飞行员，但大部分时间可能会因座位空置而成本大增。为此，西南航空通过财务分析，权衡高峰期失去客户的成本与非高峰时段空座的成本，以优化资源配置。

为应对这类问题，航空公司、医院、酒店等服务业也通常对未按约定出现的客户收取费用。同时，企业会采用多种方式引导顾客需求向非繁忙时段转移。例如，下午场的电影票更便宜，餐厅推出"早鸟优惠"，商务型酒店则推广周末度假套餐。此外，企业还会努力减少顾客等待时的不满情绪。高尔夫球场提供练习果岭，一些诊所则提供舒适的候诊环境和杂志。

为实物商品增加差异化服务

当竞争对手仅关注实物商品时，企业可以通过添加目标消费者重视的服务实现差异化。虽然许多公司生产高质量的电视，但松下（Panasonic）发现部分消费者担心回家后无法顺利安装，因此推出"等离子礼宾服务"，提供专业顾问和优先上门安装服务。同样，宜家虽然以家具（实物商品）闻名，但许多顾客不喜欢自己组装，因此宜家也提供付费组装服务。

B2B 公司增加服务并提供更好的解决方案

许多 B2B 公司正在传统产品的基础上增加服务项目。卡特彼勒（Caterpillar）公司生产大型建筑工程设备，其部分巨型卡车的售价超过百万美元。如今，卡特彼勒还提供数字服务，将客户设备连接到云端（通过互联网），从而能够监测零部件损耗情况并预测设备维护需求。客户希望通过这些服务让机器更高效、更安全地运行，认为这些额外成本是值得的。

7.3 技术和智能代理可为产品增值

许多公司试图为自己的核心产品增添客户价值。如今，很多公司发现技术（通常是网站或 App）能提供额外价值，提升客户体验和满意度。技术的加入还能帮助产品在竞争激烈的市场中形成差异化，尤其是当同类产品的差异不明显时。因此，许多公司将技术与核心产品的整合视为重要的产品决策方向。

集成到产品的技术

许多过去不被视为"科技产品"的商品现在也融入了科技元素。例如，汽车被称为"车轮上的电脑"，车用电脑现在能监控维护需求并提供娱乐功能，部分车型甚至能自动完成平行泊车。再举一个例子。过去拍出好照片需要了解光圈、快门速度和感光度等专业知识，但如今这些专业知识都内置在相机软件中：软件会分析场景并自动选择最佳拍摄参数。就连家用电器也在智能化，例如 LG 推出一款带 29 英寸触控屏的冰箱，可存储食谱并通过短信提醒用户补充食材。

应用程序为核心产品添加服务

为产品核心功能提供增值服务的 App 也可以为产品增值。例如，赛百味的App 能帮助顾客查找附近的餐厅、下单和支付。当 GoPro 用户反馈他们虽然喜欢相机，但"厌倦后期剪辑视频"时，GoPro 收购了 Splice 软件公司，简化了视频剪辑流程。这些服务为赛百味和 GoPro 的核心产品增添了额外价值，提升了用户体验。

增强现实强化使用体验

增强现实（Augmented Reality，AR）将计算机生成的图像、声音、文字或视频叠加到用户对现实世界的视角上。AR 因游戏《宝可梦》（*Pokemon*）而广为人知，当用户通过智能手机查看"真实世界"时，AR 的程序会在此画面的基础上叠加实用信息。例如，使用 Night Sky App 时，用户将智能手机对准夜空，该应用会提供互动指南，识别行星、恒星、星座等天体信息。

人工智能预测客户需求

人工智能、智能代理和数据分析三项新兴技术正在改变营销的许多方面。人工智能指机器模拟人类的学习和决策能力；智能代理是能够观察环境并采取行动达成目标的设备；数据分析则帮助人工智能和智能代理预测客户需求。如今，许多产品试图提前预测客户的下一步需求，甚至比客户自己更先意识到需求。

以智能手机上的智能代理 Google Now 为例。这款数字助手会整合用户的在线搜索记录、地理位置、邮件和日历信息，预测用户接下来需要什么。例如，当系统发现商务旅客今日要乘机返程，并正驾驶汽车前往机场时，它会提前推荐机场附近的加油站。这种预测客户需求的能力为产品增添了"智慧"。

谷歌在利用人工智能简化生活方面处于领先地位。例如，人工智能可帮助谷歌邮箱用户节省时间。打开邮件后，"智能回复"功能会根据内容自动生成可能的回复选项，用户只需进行确认。随着时间推移，"智能回复"会学习用户的习惯和偏好，后续的建议会更加个性化，并逐渐贴近用户的沟通风格。

人工智能通常需要整合来自不同渠道的客户数据。互联网为数据整合提供了途径，并可能通过物联网进一步连接产品，创造更多提升客户价值的技术方案。

人工智能帮助残障人士

人工智能服务能为残障人士创造更便利的世界。例如，中国零售巨头阿里巴巴为视障用户开发了一款智能手机的智能交互膜。这款透明硅胶膜内置三个快捷按钮，帮助用户轻松操作应用程序。智能屏幕还能"朗读"页面内容，用户随后可通过点击按钮回应。更妙的是，制作一个按钮的成本不到 5 美分。

卖家也能得到数据

不但客户能够从产品与技术的整合中获得价值，对企业而言，收集和分析这些数据同样具有价值。通过应用程序追踪客户的日常行为，企业可以发现潜在的客户需求和开发新功能的思路，也能帮助谷歌等公司提供更精准的推广服务。比如，谷歌通过新兴技术，能够知晓客户搭乘的航空公司、购票偏好（价格敏感或时间敏感）、租车选择，甚至驾驶习惯。当然，这些信息能帮助人工智能提供更好的服务，但是企业必须妥善收集和存储这些数据。

虚拟产品正在创造价值

消费者对购买虚拟产品表现出日益浓厚的兴趣。例如，耐克、阿迪达斯和安德玛三大运动品牌已开始销售无实体形态的虚拟运动鞋。虚拟运动鞋最初是为了配合应用程序展示开发的，以提升线上购鞋时的尺码匹配度，从而减少退货率。如今，许多消费者购买虚拟鞋是为了在电子游戏和照片中使用。

另一类虚拟产品属于非同质化通证（Non-Fungible Tokens，NFT）范畴，主要涉及"数字媒体所有权记录"。NFT因其数量有限而获得收藏者认可，从而提升价值。传统网站上的数字内容（如YouTube视频、谷歌图片或网站内容）容易被复制，导致难以证明"原件"归属。稀缺性创造了价值。推出NFT的品牌包括必胜客（Pizza Hut）和维亚康姆哥伦比亚广播公司（ViacomCBS），维亚康姆哥伦比亚广播公司为电视节目《蒙面歌手》发行了NFT。与其他收藏品类似，这类NFT的目标客户包括品牌粉丝，以及期待其价值随时间上涨的投资者。

物联网连接着产品

让我们想象一下日常使用的物品：汽车轮胎、T恤、停车标志、恒温器、咖啡机、智能手机、车库门、交通灯或庭院洒水系统。这些物品内部都能嵌入传感器、执行器或数据通信技术，以便与互联网或其他数据网络连接。一旦联网，这些物品就能被追踪、协调和控制，从而提供更便利服务。许多人认为，物联网（Internet of Things，IoT）是未来提升客户价值的重要方向，它的潜力正在逐步显现。

例如，当智能闹钟响起时，它会同时启动咖啡机，确保你洗漱完毕后咖啡已经煮好。通过人工智能了解你洗漱所需的时间（比如20分钟），闹钟会自动调整咖啡机的启动时间，确保咖啡新鲜且恰到好处。庭院洒水系统则根据近期降雨量和天气预报，决定何时开启以及运行时长。离家购物时，门自动上锁、车库门关闭、灯光熄灭，一切无须手动操作。回家后，所有设备又会自动恢复打开。

进入超市停车场时，摄像头识别车牌，手机随即推送基于你过往购物记录的优惠券。进入超市后，智能手机会根据冰箱和食品柜传感器生成的清单，显示你需要购买的商品。到收银台时，购物车里的商品可以自动结算并扣款，只需要打包就能离开。傍晚当你走进常去的酒吧时，手机突然提醒前任正在店内。

企业与政府已开始利用物联网实现可持续发展和提高效率。公司通过摄像头监测到员工下班后，自动关闭灯光并调节温控系统以节能。货车的行驶路线会根据实时交通状况动态优化，减少延误。火车上的视觉传感器实时扫描轨道，标记需要维修的路段。道路上的传感器则根据车流调整交通灯的时序，提高交通效率。

随着传感器成本下降，全球已有超过 500 亿个物联网设备。通过技术为产品增添服务，有望为个人、企业和政府带来更便捷和高效的体验。但对营销经理而言，挑战在于如何识别真实的客户需求，并找到物联网满足这些需求的方式。

7.4　品牌化是一种战略决策

品牌无处不在，我们早已司空见惯，以至于觉得它们理所当然。但品牌管理是一个重要的决策领域，因此我们将详细探讨这一主题。

什么是品牌化

品牌化意味着通过名称、术语、符号、设计或这些元素的组合来识别产品。其涵盖品牌名称、商标以及其他几乎所有的产品识别方式。

品牌名称的含义更为具体，指的是可用语言称呼的识别部分。例如，Verizon Wireless（威瑞森无线）、WD-40、3M Post-it note（3M 便利贴）和 GoPro Hero。

商标是一个法律术语，指那些被单一公司合法注册的文字、符号或标识。例如，PowerPoint、Bubble Wrap 和 Q-Tips 均为各自公司的注册商标。服务标志与商标定义相似，但特指服务类产品的标识。

以"联邦快递（FedEx）"为例可进一步说明这些概念的区别：联邦快递（FedEx）的次日达服务以品牌名称"FedEx"进行品牌化（无论是口头还是书面表达方式）。当"FedEx"以特定字体呈现时，它便成为商标。商标无须附着于产品本身，甚至不必是文字，可以只是一个符号。图 7-3 展示了常见的商标。

图 7-3　商标示例

商标只包括那些合法注册仅供单个公司使用的文字、符号或标记。商标一旦被创造出来并得到广泛的认可，很长时间几乎都不会有改变。2014 年，百事公司的商标进行了更新，使其看起来更现代化，尽管它与以前的标志相差不大。红牛商标与最初作为一种帮助泰国工人延长工作时间的饮料的商标相比几乎没有什么变化。奥迪商标的四环代表了四家不同的汽车制造商，这四家制造商合并后只有奥迪幸存下来，但它保留了历史标志。

品牌满足需求

知名品牌能显著简化消费决策流程。想象一下，如果你每次去超市买日用品，都需要仔细研究货架上 25000 种商品的差异，那得多费劲啊！很多消费者愿意尝试新产品，但一旦试错过几次，下次就会更倾向于选择自己熟悉的品牌。品牌名称就像一个承诺，代表着消费者能从产品中获得稳定的好体验。这种信任可能来自过去的使用感受，或是被品牌宣传打动，又或是朋友推荐。

比如，如果消费者吃过安格斯（Angus）牛肉，觉得"肉质鲜嫩、品质上乘"，或者在捷菲润滑油（Jiffy Lube）消费过，觉得"快速方便"，他们就会愿意为这个品牌支付更高的价格。因为品牌能让他们心里踏实，知道每次购买都能得到稳定的好体验。

品牌推广对商家和消费者都有好处。好的品牌能帮商家省去很多推销的麻烦，还能提升公司整体形象。比如，当李施德林（Listerine）推出便携式漱口水清新剂时，消费者因为信任李施德林的漱口水，很快就接受了这个新产品。品牌就像一张通行证，让新产品更容易被市场接受。

目标驱动的品牌宗旨

有时品牌会背离其最初的承诺。1959 年，美泰（Mattel）推出芭比娃娃时，其品牌宗旨是"激发每个女孩的无限潜能"。然而，品牌后来忽略了这一承诺中的"每个"这一核心，许多女孩觉得芭比娃娃的瘦削、白皙、金发形象无法代表自己。经过批评后，芭比品牌回归初心，推出市场上最具多样化和包容性的玩偶。美泰通过产品线的扩展，让芭比玩偶真正能够"激发每个女孩的无限潜能"。

品牌化的有利条件

品牌化虽能帮助消费者做购买决策，但并非易事。打造受人尊重的品牌需要付出高昂的成本，未必总能成为营销战略的合理选择。某些行业中，知名品牌的普及度较低。例如，你是否能立刻说出文件夹、床架、延长线或钉子的知名品牌？符合以下条件，品牌化成功的概率就会提升。

1. 产品易于通过品牌名称或商标进行识别。

2. 产品质量易于保持，且性价比最优。

3. 产品能够可靠且广泛地供应。消费者一旦开始使用某品牌，便希望持续使用它。

4. 市场需求足够强劲，市场价格能维持品牌化投入的营利性。

5. 存在规模经济效应。如果品牌化成功，成本可以下降，利润随之增加。

6. 商店内有利的货架位置或展示空间有助于品牌推广，这是零售商在推出自有品牌时可以掌控的因素。

品牌在不同国家有不同的价值

总体而言，以上条件在发展中国家较少见，这或许解释了为何新兴市场中的品牌建设常以失败告终。例如，一项研究发现，发展中国家的消费者仅愿为其日常购买的品牌商品支付 2% 的溢价，而发达国家的消费者则可能愿意支付 20% 或更高的溢价。

7.5　提高品牌熟悉度

如今，从蜡笔到房地产服务，大多数产品类别都有广为人知的品牌。然而，品牌的接受度需要通过优质产品和持续推广来赢得。品牌熟悉度指的是顾客对品牌识别和接受的程度。品牌熟悉度的高低会影响其他营销战略的制定，尤其是产品的销售方式和推广手段的选择。

品牌熟悉度的六个层次

理解品牌熟悉度的六个层次，对战略规划的制定很有帮助。

1. 排斥：顾客完全不接受品牌。

2. 无认知：顾客从未听说过品牌。

3. 识别：顾客知道品牌存在，但未必购买。

4. 偏好：顾客主动选择该品牌而非竞品。

5. 坚持：顾客非该品牌不买，甚至会主动寻找购买渠道。

6. 宣传：顾客主动向他人推荐品牌。

品牌排斥：当顾客对品牌说"不"

品牌排斥意味着潜在顾客不会购买该品牌的产品或服务，除非品牌改变形象或顾客别无选择。品牌排斥表明品牌需要改进产品，或调整目标顾客群体，定位对品牌有更强认知的顾客。扭转负面形象非常困难，且耗资巨大。有时顾客别无选择，只能购买。例如，许多音乐和体育爱好者可能希望抵制票务公司 Ticketmaster，但在想观看心仪乐队的表演或球队的比赛时，有时别无选择。这类问题促使 Ticketmaster 的竞争对手迅速崛起，尽管该公司正努力扭转顾客的负面态度。

对以服务为导向的企业而言，品牌排斥尤为棘手，因为服务质量难以完全控制。例如，一位商务旅客如果在一家希尔顿酒店遇到房间脏乱差的情况，可能再也不会选择任何希尔顿酒店。然而，希尔顿酒店很难确保每位客房清洁人员每次都出色地完成工作。

品牌是否能被消费者识别

很多相似的产品被消费者认为大差不差。品牌无认知意味着终端消费者完全不认识某个品牌，即使中间商可能用品牌名称进行管理和库存追踪。常见的品牌无认知的商品类别包括学校用品、廉价餐具、五金店商品，以及成千上万的小型线上商品。

品牌识别则指消费者能记住该品牌。这看似很简单，但市场上存在大量无特色品牌，品牌识别成为显著优势。即使消费者无法凭记忆想起品牌名称，当在商店看到该品牌与其他不熟悉的品牌并列时，仍可能被唤起记忆。

品牌商寻求品牌偏好、品牌坚持，最终实现品牌宣传

大多数品牌商希望赢得品牌偏好，即目标消费者通常会选择该品牌而非竞品，可能是出于习惯或过往的良好体验。品牌坚持则指消费者坚持选择某品牌，并主动寻找购买渠道。忠诚度是强大的优势，正如第二章讨论的客户生命周期价值所示，长期忠诚的客户能为企业创造更高的价值。

营销人员的终极目标是品牌宣传，即消费者对品牌很热衷，主动积极传播它的正面评价。品牌宣传往往源于消费者与品牌之间的情感或价值观联结。品牌宗旨的一个好处在于，它能够激励消费者达到最高层次的品牌熟悉度。例如汤姆（TOMS）、巴塔哥尼亚（Patagonia）、柠檬水（Lemonade）和捷步达康（Zappos）等以品牌宗旨为导向的企业，其品牌宣传者的比例较高。

品牌商很可能在品牌熟悉度的每个层级上都有不同的目标客户。理想情况下，客户会随着时间推移逐步提升至更高的品牌熟悉度层级。营销战略的制定就是为了推动这一进程。以连锁咖啡烘焙店 Panera Bread（简称 Panera）为例。部分目标客户可能因为之前的糟糕体验而排斥该品牌。然而，如果 Panera 能始终如一地提供优质服务，并尽力避免服务失误，那么排斥该品牌的人应极少。目标市场中的其他客户可能尚未识别该品牌，需要定向推广。如果推广成功，这些客户将可

能提升至品牌识别层级。更高层级的品牌熟悉度通常需要客户亲身体验，可能需要优惠券或推广活动来鼓励客户到店体验。如果 Panera 能以合理的价格提供优质美味的食物和良好的服务，就会有更多客户形成品牌偏好。完全满意的客户可能进一步发展为品牌坚持，主动选择 Panera 而非其他竞品。当然，Panera 的终极目标是让客户热情向亲友推荐 Panera。

营销经理衡量品牌知名度

虽然营销经理希望所有的目标客户都坚持选择自己的品牌，但他们知道这一过程始于品牌识别。为了评估这一点，企业通常会采用品牌知名度的衡量标准。

营销分析实战：品牌知名度

田纳西州连锁墨西哥餐厅 Rio Centro 的营销经理希望测量该品牌在田纳西州三个城市（孟菲斯、纳什维尔、诺克斯维尔）的餐厅品牌知名度。他们通过电话调查进行评估，结果如表 7-2 所示。为了聚焦目标受众（即过去一年曾光顾墨西哥餐厅的消费者），调查排除了对问题"过去一年您是否在墨西哥餐厅用餐过？"回答"否"的受访者。回答"是"的受访者随后被问及以下两个问题。

1. "请列出您所在城市想到的所有墨西哥餐厅名称？"（回答提到"Rio Centro"的受访者比例即为表 7-2 中的"未经提示的品牌知名度"数值。）

2. 若受访者在问题 1 中未提及"Rio Centro"，则继续提问："您是否听说过 Rio Centro 墨西哥餐厅？"（"经提示的品牌知名度"列的数值为回答"是"的受访者比例以及在问题 1 中已主动提及 Rio Centro 的受访者比例总和。）

表 7-2　Rio Centro 品牌知名度调查结果

城市	未经提示的品牌知名度	经提示的品牌知名度
诺克斯维尔市	64%	81%
纳什维尔市	18%	41%
孟菲斯市	31%	42%

优秀的品牌名称大有裨益

一个优秀的品牌名称有助于提升品牌知名度，也能传递公司或产品的重要信息。卡夫食品曾使用"A.1. 牛排酱"（Steak Sauce）这一名称长达 50 余年。随着牛排逐渐不再流行，卡夫食品去掉了名称中的"Steak"，以扩大产品吸引力。对一个拥有 50 年历史的经典品牌来说，更名绝非易事。

品牌命名既是一门艺术，也是一门科学。以下是优秀品牌名称的一些特征：简短且简单；体现产品优势；拼写和读法简单；可适应包装 / 标签需求；易于识别和记忆；无负面联想；发音简单；符合时代特征（不过时）；发音唯一，无歧义；可适应任何广告媒介；在所有语言中均可正确发音（针对国际市场）；合法可使用（未被其他公司使用）。

在国际市场中运营的企业在选择品牌名称时面临着特殊的挑战。一个在一种语言中具有积极含义的名字，在另一种语言中可能毫无意义，甚至可能产生意想不到的负面含义。英国食品公司 Sharwood 曾投入数百万美元推出一款名为 Bundh 的咖喱酱，但遗憾的是，其目标市场之一的旁遮普语使用者认为该词与旁遮普语中的"臀部"一词发音相似。宜家使用瑞典和挪威语词汇作为品牌名称，赋予品牌独特个性。然而，当宜家在泰国开设门店时，发现名为 Redalen 的床和名为 Jättebra 的植物盆栽，在泰语中听起来与性相关的俚语十分接近。

一个令人尊敬的名字是品牌资产

由于建立品牌知名度的成本高昂，部分企业更倾向于直接收购成熟品牌而非自行创建。品牌对当前所有者或潜在买家的价值通常被称为品牌资产，即品牌在市场上的整体强势程度带来的价值。例如，如果大量的满意客户坚持选择该品牌且零售商积极备货，品牌资产就更高。消费者更可能购买并愿意支付更高的价格，这几乎能确保持续实现盈利。

最有价值的品牌通常是广为人知的，例如苹果、谷歌、麦当劳、可口可乐和迪士尼等。尽管咨询公司进行品牌估值的方法不同，但普遍认为品牌价值至关重要。一项品牌研究对全球前五大品牌的估值如下：亚马逊（6840 亿美元）、苹果（6120 亿美元）、谷歌（4580 亿美元）、微软（4100 亿美元）以及腾讯（2410 亿美元）。

品牌名称和商标受法律保护

由于品牌蕴含了巨大的商业价值，企业必须保护品牌名称和商标。幸运的是，美国的《普通法》（*Common Law*）和《成文法》（*Civil Law*）为商标和品牌名称所有者的权利提供了保障。1946 年颁布的《兰哈姆法案》（*Lanham Act*）明确规定了可受保护的标识类型（包括品牌名称）以及具体的保护方法。

品牌需要谨慎保护

虽然法律对品牌提供了保护，但品牌所有者仍然需要谨慎监控品牌权益。例如，如果品牌名称或商标被普遍用作某一产品类别的通用名称，它们可能沦为公共财产。这种情况曾发生在原本是品牌的名称上，如阿司匹林（Aspirin）、麦片（Shredded Wheat）和煤油（Kerosene）。

汉堡连锁品牌 In-N-Out 的菜单设计及其餐厅使用的颜色组合属于商标保护范围。在 In-N-Out 在犹他州开设分店时，当地一家名为 Chadder's 的餐厅也采用了其相同的菜单和配色方案。如果 In-N-Out 对此放任不管，这些特征日后可能被认定为公共财产。于是 In-N-Out 提起诉讼，法官判决 Chadder's 败诉，该餐厅很快就倒闭了。

7.6　品牌决策

营销经理在品牌决策上有不同的选择，主要涉及两个问题（见图 7-4）：选择哪种品牌类型，以及由谁来负责品牌。接下来我们将探讨这两个问题。

采用家族品牌策略

对于拥有多个产品的品牌方，需决定是否使用家族品牌，即为多个产品使用同一品牌名称；或者为每个产品单独使用独立品牌。例如，Keebler 零食产品和惠而浦家电均采用家族品牌策略。

当多个产品在类型和质量上相似时，使用同一品牌名称具有合理性，主要优

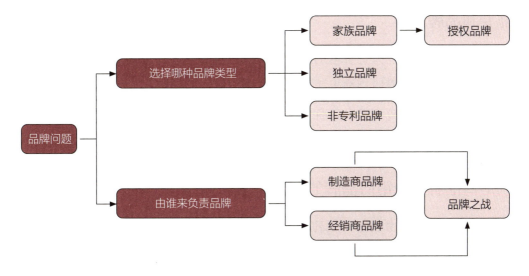

图 7-4 不同类型的品牌问题

势在于，某一或某几款产品积累的品牌好感度可能惠及其他产品，用于推广品牌名称的投入能够惠及多款产品，从而降低每款产品的推广成本。

一种特殊类型的家族品牌是授权品牌，即销售方付费使用知名品牌。例如，著名的新奇士（Sunkist）品牌名称被授权给多家公司，用于全球 30 个国家的 400多种产品。贝蒂妙厨（Betty Crocker）推出了新奇士柠檬饼干烘焙粉，吉力贝利（Jelly Belly）生产了新奇士果冻糖，而胡椒博士则推出了新奇士橘子汽水。新奇士通过授权获得额外收入，而合作方则能立即获得品牌知名度。不过，新奇士需要谨慎选择合作伙伴，确保其产品质量，避免损害自己精心打造的品牌形象。

独立品牌的内外竞争

当产品需要独立身份时，企业会采用独立品牌，即为每款产品使用不同的品牌名称。例如，汰渍（Tide，洗衣液）和帮宝适（Pampers，婴儿尿布）虽然同属于宝洁旗下，但因产品类型差异显著，选择使用独立品牌以避免混淆。部分企业也会为相似产品使用独立品牌，以便更灵活和精准地进行市场细分和定位。例如，通用磨坊（General Mills）推出有机麦片时，使用卡斯卡迪亚农场（Cascadia Farm）这一子品牌，而非在包装上使用其极其辨识度的"Big G"标志。

非专利品牌

某些被消费者视为有价值的产品可能难以进行品牌化或品牌化的成本高昂。部分制造商和中间商通过推出非专利品牌来应对这一问题——这些品牌的产品仅标注其内容物及制造商或中间商名称，除此之外没有任何品牌标识。非专利品牌通常只有简单的包装并且低价出售，在欠发达国家非常普遍。

制造商品牌和经销商品牌的比较

制造商品牌是由制造商创建的品牌。这些品牌有时被称为全国品牌，因为它们的推广范围覆盖全国或大区域。不过，如今许多制造商品牌已实现全球分销。此类品牌包括纳贝斯克（Nabisco）、高露洁（Colgate）、西北互助人寿（Northwestern Mutual Life）、万豪（Marriott）、万事达（Master Card）和麦当劳。

经销商品牌（也称私有品牌或自有品牌）是由中间商创建的品牌。例如，西夫韦的经销商品牌包括 Primo Taglio 和 Priority Pet，塔吉特的 Up & Up，以及沃尔玛的 Sam's Choice 和 Equate。

谁赢得了品牌之战

制造商品牌与经销商品牌常在同一零售店销售。制造商品牌与经销商品牌的较量，本质上是在争夺消费者的青睐与市场的主导权。过去，制造商品牌比经销商品牌更受欢迎，在某些品类（如软饮料）中，这一趋势仍然存在。但在牛奶和奶酪等品类中，经销商品牌已成为强劲的竞争者。在美国，目前超市的采购中近30%属于经销商品牌，欧洲国家比例更高，而亚洲和南美国家比例较低。过去30年，经销商品牌逐渐占据优势。在经济不景气时，更多消费者开始尝试经销商品牌，且许多人对其质量和多样性感到满意。

某些品类中，制造商品牌表现更佳。例如，在美国，经销商品牌护发产品的销售额在护发产品销售额中的占比不足2%。护发品牌通常更具创新性且广告投入较大，导致消费者对产品差异感知更强且忠诚度更高。在发达国家，经销商品牌牛奶的销量占牛奶总销量的约40%。牛奶的购买者购买频率高，且认为各品牌差异不大。

经销商积极发展自有品牌

经销商开发自有品牌有着充足的动力，因为销售自有品牌通常能获得更丰厚的利润。强大的自有品牌还能在与制造商品牌的谈判中为中间商提供议价优势。

在超市行业中，经销商正投入更多的精力开发自有品牌的新产品。克罗格（Kroger）和西夫韦聘请了曾在知名制造商品牌工作的营销经理。近年来，近 1/3 的新产品属于自有品牌，而几年前这一比例还不足 10%。

从传统角度来说，经销商品牌是制造商品牌的仿制版，通常质量较低且价格更低。如今，部分经销商品牌已经开始销售高端产品。例如，克罗格的 Private Selection 冷冻比萨系列的定价与制造商品牌 DiGiorno 的定价不相上下。克罗格还自主开展市场调研，调整了其宠物食品品牌 Pet Pride 的包装设计。克罗格发现，狗主人更喜欢展示狗与主人玩耍的包装，而猫主人则更喜欢看到快乐猫咪的图案。新的包装设计体现了这些特点。

在经销商品牌与制造商品牌的竞争中，经销商具备一定优势。随着大型零售连锁店数量的增加，经销商能够以更低的成本建立可靠的供应链。此外，经销商还能为自有品牌提供特别的货架位置和销售支持。制造商品牌通常需要通过大量广告和更高的质量来培养消费者的品牌偏好或忠诚度，这导致成本和售价更高，平均比经销商品牌约高 30%。尽管如此，制造商品牌也不会消失。经销商清楚，许多消费者依然青睐激浪、高露洁、汰渍和家乐氏（Cheerios）等品牌。

7.7 包装的三个核心功能

产品的包装具有保护、推广和增值的功能。包装对销售方和消费者都至关重要（见表 7-3）。它能够让产品更便于使用或储存，能够防止产品变质或损坏。优质的包装能使产品更易识别并促进品牌推广。

表 7-3　包装的好处

好处	具体说明	示例
保护产品	便于运输和储存	用纸板和盒子保护 Roku 流媒体播放器
	防篡改	泰诺的安全密封设计防止篡改包装内的产品
	防盗窃	吉列剃须刀片上的纸板吊牌太大，难以藏在手里
	防变质	卡夫食品的奶酪丝采用可重复密封的拉链包装，以保持新鲜
推广产品	将产品与推广关联	Energizer 电池包装上的兔子提醒消费者其"持久电力"特性
	在购买点或使用场景的品牌曝光	可口可乐的标志在饮料货架上购物或冰箱开门时形成品牌曝光
	展示产品信息	Nabisco 的营养标签帮助消费者决定购买哪种饼干；Athleta 的公平贸易认证体现社会责任感
产品增值	保护环境	星巴克开发了可堆肥的咖啡杯，并取消了冷饮杯的吸管
	使用方便	Better Oats 燕麦片包装内置量杯，这样消费者就不需要再买量杯
	附加功能	Cool Whip 塑料容器可用作储物盒；Froot Loops 在危地马拉的麦片盒子背面附有色盲测试

包装可以降低分销成本

对制造商和批发商而言，保护性包装至关重要，因为运输途中损坏的商品有时需由其自行承担损失。零售商同样需要保护性包装，要尽力避免破损、变质或盗窃，降低仓储成本，同时节省空间和减小重量，便于运输、处理和陈列，且更环保。

绿色包装为买家和卖家都创造了价值

美国人均产生的垃圾量居全球首位，其中大部分为包装废弃物。这些垃圾填满了垃圾填埋场，散落在街道并污染了环境。塑料曾被视为理想包装材料，清洁、轻便且耐用，但其无处不在且无法降解的特性成为一大问题。甚至包装上的彩色图案也存在隐患，印刷用墨常含毒素，后期可能渗入土壤和水源。企业应尽力满足消费者需求，但过往的逻辑在包装设计上显得目光短浅：企业和消费者长期认为个人的努力不足以解决环境问题。如今，这种态度正在转变。

越来越多消费者倾向于选择更环保的方式。企业也在调整包装策略以减小对环境的影响。例如，添柏岚（Timberland）的鞋盒采用 100% 回收材料、大豆油墨和水基胶水；全食超市的沙拉容器由甘蔗渣制成，约 90 天即可安全降解为堆肥。企业应积极宣传此类举措，吸引理念一致的消费者，同时传递"微小改变可带来显著改善"的理念。

法律能减少混乱

《联邦公平包装和标签法》（*Federal Fair Packaging and Labeling Act*）要求消费品必须以清晰易懂的标签向消费者提供更多的信息。该法案还呼吁行业减少混乱的包装规格，并提升标签实用性。此后，更多规范出台，其中最具影响力的是 1990 年颁布的《营养标签和教育法案》（*Nutrition Labeling and Education Act*），要求食品制造商使用统一格式的标签，让消费者能比较不同产品的营养价值。后续出台的规范还进一步要求明确标注食品脂肪含量及可能引发过敏的成分。

法院通常反对误导性标签。例如，美国最高法院裁定，可口可乐因一款含量不足 1% 的石榴汁产品标注了"石榴 - 蓝莓"果汁，被 POM Wonderful 公司起诉。

道德决策仍然存在

尽管多项法律对包装有明确的要求，但是营销经理仍然需要在许多领域做出道德决策。例如，某些企业因设计包装掩盖产品缩水（分量变小价格却不变）而受到批评；部分经销商为自有品牌设计的包装与制造商品牌高度相似，易引发混淆。这些行为是不道德的，还是仅试图提升营销组合的有效性，不同的人可能给出不同的答案。许多批评者认为，标签信息常常不完整或具有误导性。例如，食品标注"有机"或"低脂"究竟意味着什么？应在包装上标注多少潜在的负面信息？哈根达斯是否应贴上"本产品可能导致动脉阻塞"的标签？这些听起来似乎有些极端，但哪些信息是合适的？

某些产品需要大量包装，这可能不利于环保。例如，HelloFresh 和 Blue Apron 等生鲜配送服务需使用坚固的纸箱、隔热层和干冰来包装食材，一顿晚餐产生的包装垃圾量惊人。尽管许多消费者青睐产品和包装带来的便利，但营销经理是否因提供不同的选择而显得不道德？部分批评者认为是，另一些消费者则赞扬其尊重消费者的偏好。

7.8 产品类别助力营销战略规划

营销经理通常试图以独特的方式将营销战略进行结合，以求企业的产品具有差异化，并创造卓越的客户价值。然而，并非所有产品都需要在规划战略时被视为完全独特，某些产品类别可通过相似的营销组合获益。因此，接下来我们将介绍这些产品类别，并说明它们为何是开发新的营销组合或评估现有组合的有效起点。

产品分类从顾客类型开始

所有产品均可根据产品的使用者类型分为两大类：消费品和工业品。消费品是面向最终消费者的产品；工业品则是用于生产其他产品的产品。同一产品可能同时属于两类，例如，布什精选（Bush's Best）食品系列的许多产品同时作为消费品和工业品销售。消费者可以在当地杂货店购买罐装的布什烘豆（Bush's Baked Beans）作为晚餐配菜；餐厅会从批发商处购买多罐罐装的布什烘豆，将其作为套餐配菜出售。布什兄弟公司（Bush Brothers & Company）针对不同的目标市场采用了不同的营销组合。

每个产品大类下包含更细分的产品类别。消费品类别的划分基于消费者购买产品的不同方式；工业品的分类则基于购买者如何评估产品及其用途。

消费品分类

消费品划分为四个类别：便利品、选购品、特殊品和非渴求品。不同的类别基于消费者对产品不同的思考和购买方式。表7-4总结了这些产品类别与营销组合的关系。

表 7-4 消费品类别、消费者行为和营销组合的注意事项

消费品类别		消费者行为	营销组合的注意事项
便利品	日用品	习惯性购买决策；投入低；购买频率高；参与度低	通过广泛、低成本的分销实现最大的曝光；生产者大规模销售；通常价格较低；品牌建设很重要
	冲动购买品	无计划购买且购买迅速	在分销店大规模、大范围展示
	应急品	在需求迫切和时间紧急的时候购买	在可能的需求点分散分布；价格敏感性低
选购品	同质选购品	消费者认为替代品之间的差异很小；寻求以最低的价格购买	需要充分的曝光便于比价；价格敏感度高
	异质选购品	消费者在做出消费决策时可能需要帮助（销售人员、网站等）	需要在同类产品附近进行分销、推广（包括人员销售），以突出产品优势；价格敏感度低
特殊品		愿意花费精力去获得特定产品，即使并非必要品；强烈的偏好使其成为重要的购买行为；互联网成为重要的信息来源	价格敏感度可能较低；有限的分销是可以接受的，但应参照便利品策略触达未确立偏好的消费者
非渴求品	新非渴求品	对产品的需求感不强烈；尚未体会到好处	需在相关渠道铺货；需要吸引注意力的推广
	基本非渴求品	知道产品但不感兴趣；对产品的态度甚至可能是负面的	需要非常积极地推广，通常是人员销售

轻松快速地购买便利品

便利品是消费者需要但不愿花费大量时间或精力购买的产品。这类产品购买频率高、服务或销售需求低、价格低廉，甚至可能因习惯而购买。便利品可分为日用品、冲动购买品和应急品三类。

日用品是消费者经常、有规律且无须过多思考购买的产品，例如早餐麦片、罐装汤及其他几乎每个家庭每天都使用的大部分包装食品。

冲动购买品是因即时需求而快速购买且之前未计划购买的产品。真正的冲动购买品是消费者未计划购买、看到后决定购买、可能多次以相同方式购买且立即需要的产品。此类产品如果没有被消费者在合适的时机看到，那么销售机会就可能流失。

应急品是在需求紧急时立即购买的产品。例如发生交通事故、突发雷雨或临时聚会时，消费者顾不上比较价格，救护车服务、雨衣或冰块的售价不会成为购买障碍。

比较选购品

选购品是消费者认为值得花费时间和精力比较竞品后再购买的产品。选购品可以根据消费者比较的维度分为两类：同质选购品或异质选购品。

同质选购品是消费者视为基本相同且追求最低价格的产品。如果目标市场认为"所有汽油无差异"，则消费者会寻找并购买价格最低的汽油。如果目标市场可能认为"所有 32 英寸超高清电视机功能一致"，就会通过互联网寻找最低价的电视机。成本领先的制造商可能强调产品"与高价竞品质量相当"。Vizio 正是通过这一策略在电视机市场取得显著成功。

异质选购品是消费者视为存在差异、需要检查质量与适用性的产品，例如家具、服装、水疗中心会员等。此时，消费者会向专业销售人员或可靠网站寻求信息。例如，如果消费者认为"32 英寸超高清电视机存在差异"，就会到本地商店查看不同型号、与销售员交流，并查阅《消费者报告》或线上平台的用户评价。

对异质选购品而言，品牌可能不那么重要。消费者越仔细地比较价格和质量，对品牌名称或标签的依赖就越小。一些零售商会在店内陈列竞品品牌，以免消费者前往其他店铺进行比较。

特殊品没有替代品

特殊品是消费者真正渴求并愿意付出额外努力去寻找的产品。购买特殊品并不意味着需要比较，因为买家希望获得该特定产品，并愿意主动寻找。特殊品的本质在于消费者愿意主动搜索，而非搜索的范围或程度。

任何消费者坚持指名购买的品牌产品都属于特殊品。营销经理都希望消费者将自己的产品视为特殊品，并反复主动要求购买。但是建立这种关系并不容易，需要产品每次都能满足消费者需求。这比试图挽回不满的消费者或吸引完全不关注该产品的潜在消费者更容易且成本更低。

非渴求品需要推广

非渴求品是潜在消费者尚未想要或不了解其存在，因此不会主动寻找的产品。实际上，即使看到这类产品，消费者可能也不会购买，除非其能展示自身价值。

非渴求品分为两类：新非渴求品和基本非渴求品。新非渴求品是提供全新概念且潜在消费者尚不了解的产品。信息推广可以说服消费者接受产品，从而改变其非渴求属性。例如，达能（Danone）的酸奶和利通（Litton）的微波炉如今已广受欢迎，但一开始均属于新非渴求品。

基本非渴求品是如墓碑、人寿保险或养老院等产品。这类产品可能长期属于非渴求品，但并非永远不被购买。潜在消费者可能有需求，但缺乏主动满足需求的动机。对于此类产品，人员销售至关重要。

许多非营利组织试图推广非渴求品。例如，美国红十字会定期举办献血活动，告知潜在献血者献血的意义。

同一产品可以被视作不同类别

同一产品可能同时被不同目标市场视为不同的产品类别。例如，某产品在美国、加拿大等发达国家被视为日用品，但在其他国家可能被归类为异质选购品，因为价格占消费者预算的比例较高，且选择范围差异显著。类似地，某些消费者可能将萨尔萨辣酱（Salsa）视为日用品，而另一些消费者则将其视为特殊品。

7.9 工业品

工业品类别与消费品类别不同，它们涉及企业采购的原因和方式。因此，了解工业品的具体类别有助于做出战略规划。不过，首先需要指出工业品市场与消费品市场在几个关键方面的差异。

工业品的需求源于消费品的需求

工业品市场与消费品市场的核心差异源于衍生需求，对工业品的需求源于最终消费品的需求。例如，汽车制造商购买了约 1/5 的钢铁产品，如果汽车需求下降，钢铁采购量也会随之减少。即使某钢铁供应商的营销组合最优，也不得不能面临销量下滑。

价格上涨可能不会减少需求

工业品的需求通常在行业层面缺乏弹性，因为企业必须购买生产所需的材料。例如，即使基础硅材料的价格翻倍，英特尔仍需采购来制造计算机芯片，涨价后的采购量可能与之前相差无几。然而，聪明的企业会尽量以最优惠的方式采购。因此，对单个供应商而言，如果竞品提供更低的价格，那么自己企业的采购量可能会出现较大变化。

工业品如何分类

工业品类别基于买家对产品的认知及产品用途。工业品类别包括：装置、配件、原材料、零部件、消耗品和专业服务。表7-5将这些产品类别与营销组合规划关联。

表7-5　工业品类别、采购行为和营销组合规划

工业品类别	采购行为	营销组合的注意事项
装置	多部门决策且多为新购需求；购买不频繁、决策周期长以及需求波动大	需制造商提供专业销售服务；可能需要配套租赁和专业支持服务
配件	通常由采购及操作人员决策；决策周期较短；互联网采购渠道普及	需要由经验丰富、受过技术培训的人员对接；需要相当广泛的分销网络；价格竞争通常很激烈，但质量很重要
原材料	可能需要签订长期合同以确保供应；在线拍卖	分级标准很重要；由于季节性生产或产品易腐，运输和储存至关重要；市场竞争激烈
零部件	多部门决策；招标竞价	产品质量和交付可靠性通常极其重要；标准化程度较低的项目需要谈判型销售；不同的市场可能需要不同的策略
消耗品	通常直接重购（重要的运营物资会受到更严肃的对待，可能涉及多部门决策）	通常需要广泛分销或快速响应（维修项目）；与专业的中介机构合作至关重要
专业服务	客户可以将外包服务与内部人员可以提供的服务进行比较；需求高度定制化	量身定制的服务；人员销售非常重要；刚性需求往往支持高价格

装置

装置（如建筑、土地使用权及大型设备）属于重要的资产项目。特别定制的装备（如办公楼和定制机器）通常需要在每次销售时进行专业谈判，这类谈判可能涉及高层管理者，耗时数月甚至数年。装置业务具有显著的周期性特征：在经济增长期，企业可能购买装备以扩大产能；但经济低迷时，采购就会骤降。

供应商有时会免费提供安装等配套服务。例如，向牙医出售（或租赁）设备的公司通常会负责安装并协助客户学习操作。

配件

配件是生命周期短的资产项目，如生产或办公活动中使用的工具和设备，包括佳能（Canon）小型复印机、洛克威尔（Rockwell）便携式钻机、Steelcase 的文件柜。配件比装备更标准化，且通常有广泛的客户需求。由于配件价格低且寿命较短，采购决策可能由运营人员或采购代理而非高层管理者做出。与装置类似，部分客户可能选择租赁来降低成本。

原材料

原材料是未经加工的资产项目，如原木、铁矿石和小麦等，它们在生产流程中经过少量处理后进入下一阶段。与装置和配件不同，原材料是实体产品的组成部分。

原材料分为两类：农产品和天然产品。农产品由农民种植或者养殖，例如橙子、甘蔗和牛。天然产品是自然界存在的物质，例如木材、铁矿石、石油和煤炭。

需要分级是原材料与其他工业品的重要区别之一。自然界产出原材料的品质不一，需要通过分拣和分级来满足不同的市场需求。

大多数买家需要特定等级且能充足供应的原材料来满足具体用途。例如新鲜蔬菜供绿巨人（Green Giant）生产线使用，或原木供惠好（Weyerhaeuser）纸浆厂加工。为确保稳定的供应量，原材料买家通常会和供应商签订长期合同。

零部件

零部件是经过加工的资产项目，最终成为产品的一部分。零部件是已完成（或接近完成）的部件，可直接组装到最终的产品中。例如，电脑中包含的英特尔微处理器，以及汽车中使用的安全气囊。

零部件的质量至关重要，因为它们会成为最终产品的一部分。部分零部件是定制生产的。在这种情况下，买方与卖方可能需要通力合作才能确定正确的规格，买方也需要与可靠的供应商建立紧密合作关系。由于零部件用于组装成品，往往会形成替代件市场。例如，汽车轮胎最初属于原始设备制造商市场的零部件，但在售后市场则成为消费品。

消耗品

消耗品是不构成最终产品的资产项目。消耗品可细分为三类：维护消耗品、维修消耗品和运营消耗品，统称为 MRO 消耗品（Maintenance, Repair and Operating Supplies）。

维护消耗品和小型运营消耗品类似于便利品，只有被需要时才会买，且采购方不会花费太多时间。对于此类琐碎的采购，品牌很重要，产品种类的丰富性和供应商的可靠性也很重要。

重要运营消耗品（如煤炭和燃料油）则需要特别处理。这类大宗商品通常有多个供应源，且可以通过互联网上的全球交易所大量采购商品。

专业服务

专业服务是支持企业运营的专门化服务，通常属于付费项目。例如，管理咨询服务可以帮助公司提升效率；信息技术服务可以维护企业的网络和网站；广告代理商可以协助企业推广产品，等等。

营销经理会比较从企业外部购买专业服务（外包）与由公司内部人员完成的成本。此前由员工完成的工作，如今常常转向独立服务商采购。显然，在复杂的经济环境中，专业服务人员的数量正在增加。

第八章

产品管理和新产品开发

iRobot 的产品研发

iRobot 的创始人最初并不知道自己的公司会成为家用机器人领域的全球领导者。尽管如此，从一开始，iRobot 也没有打算模仿其他公司的产品。相反，其希望创造全新的产品概念，从而改变社会。这就是 iRobot 如今的发展方向——开发能为客户生活带来更多便利的产品。让我们更深入地了解 iRobot 是如何走到今天的。

iRobot 早期的一个项目是为孩之宝（Hasbro）开发机器人玩具。在此期间，公司深刻认识到成本控制的重要性。在两年多的时间里，iRobot 向孩之宝提出的大多数玩具创意都被拒绝。因为这些创意虽然新颖，但成本过高。这些经验促使 iRobot 专注于开发一款低成本的家用机器人吸尘器，后来被命名为 Roomba。

Roomba 的新产品开发团队深知从消费者视角出发的重要性。早期的原型机由 iRobot 员工的配偶、朋友和邻居带回家测试。开发者通过这些人的反馈获得宝贵建议，并迅速意识到并非所有人都具备技术背景。当设计工程师讨论如何"培训"用户使用 Roomba 时，团队意识到了这种思路本末倒置。与其培训用户，不如让 Roomba 的软件在用户按下启动按钮后自行完成任务。因此，Roomba 的操作极其简单，大多数用户甚至无须阅读长达数页的说明书。

最初的设想是让 Roomba 仅配备清扫刷，但消费者反馈称 Roomba 还需要具备吸尘功能。尽管在项目后期加入这一功能增加了额外成本，但 iRobot 凭借在与孩之宝合作中积累的成本控制经验，已经做好了准备。从开发初期，团队就严格控制每一笔开支，最终才能够负担起吸尘功能的添加，以满足消费者对价值的需求。

在 iRobot 推出 Roomba 之前，吸尘器市场已经日趋成熟，但缺乏突破性产品创意。而 iRobot 凭借 Roomba 成功开辟了机器人吸尘器市场。这款产品外形精巧，直径 15 英寸，高度不足 4 英寸。而且使用方式极为简单：只需要把它放置在地板上，按下按钮启动，Roomba 就会在房间内自主移动完成清洁任务。它还能钻入沙发底部，避开家具，并在任务完成后自动返回充电座。

营销经理希望将 Roomba 推向给一个庞大的目标市场——那些讨厌打扫卫生的人，但他们担心产品的吸引力可能仅限于热衷科技的小众极客群体。为缓解消费者对技术复杂性的顾虑，初期宣传将 Roomba 描述为"智能吸尘器"。最初几年，产品包装上甚至没有出现"机器人"的字眼（除 iRobot 公司名称外）。

在上市初期，iRobot 与专业零售商开展合作，例如 Sharper Image 和博克斯通（Brookstone）。这些零售商愿意在店内播放 Roomba 的介绍视频，并培训销售人员进行产品演示和讲解。这种额外的推广至关重要，因为最初消费者并不知晓该品牌，也不会主动寻找该产品。然而，iRobot 迅速为 Roomba 赢得了媒体关注，从《今日秀》（Today Show）的露面、YouTube 视频，到杂志、报纸及 CNET 网站的专业评测，这些媒体曝光与传统广告共同增加了销量，并迅速将 Roomba 打造为知名品牌。随后，iRobot 将销售渠道扩展至 Bed Bath & Beyond、塔吉特和亚马逊。

通过严格控制成本，iRobot 将 Roomba 的初始售价定为 200 美元。尽管部分消费者能够接受更高的价格，但这一低价策略在短期内有效遏制了潜在竞争对手的进入。然而，市场很快开始增长，其他竞争品牌如伊莱克斯（Electrolux）、P3、Neato、Eufy、戴森（Dyson）和鲨客（Shark）也推出了吸尘器机器人。尽管竞争迫使 iRobot 对部分型号给予价格折扣，但其专利技术及不断推出的具备新功能的机型（如 Roomba 980）仍然保持领先优势。目前，Roomba 仍占据吸尘器机器人市场份额的 75% 左右。

如今的 Roomba 更加智能化，而且还在持续增加功能。联网版的 Roomba 980 配备了智能手机应用，可以进行远程控制，只需要打开 App，按下"清洁"按钮，Roomba 就会立即开始工作。更便捷的是，只需要对 Google Home 或亚马逊 Echo

说出"打扫客厅",就能启动清洁功能。而 iRobot Genius 系统通过了解用户的生活习惯还能进一步简化操作。例如,可设置"离家时清洁",那 Roomba 仅在用户离家时启动。如果检测到用户养狗,系统会询问"换毛季到了,是否需要提高清洁频率"。这类持续改进和新增功能让 Roomba 保持差异化竞争优势,Roomba 这一产品线实现了更高的利润率和投资回报率。

Roomba 并非 iRobot 的唯一产品线。公司的 Braava 机器人专为清洁硬质地板设计,包括实木地板、乙烯基地砖和瓷砖。虽然吸尘器机器人是已经成熟且持续增长的产品,但 Braava 仍处于其产品生命周期的早期阶段。

iRobot 并非所有的新产品都成功,也有机器人产品未能达到销售目标,包括 Looj(清理排水沟的碎屑)、Mirra(清洁泳池)和 Terra(修剪草坪)。

iRobot 的使命是推动发明、发现与技术探索,因此该公司通过支持 STEM(Science,Technology,Education and Math)教育来激发儿童对机器人技术的兴趣。例如,iRobot Create 2 可编程机器人为教育工作者和学生提供可编程的原型机器人。

iRobot 的销售额仍在持续增长,其富有创意的产品开发和营销战略使销售额达到 15 亿美元。为保持增长态势,iRobot 将持续推出新产品以满足客户未来的需求。

小米公司的产品研发

现在的智能手机市场竞争越发激烈,小米公司(简称小米)也一直在寻找一个业务领域的突破点。近几年,我国智能家居行业正处于发展期,有很大的市场空白,于是,雷军决定扩展小米的业务范围,踏足智能家居领域。

保持科技敏感,走在时代前沿

2016 年 3 月,AlphaGo 在围棋上第一次取得了和人类对弈的重大胜利,这一令人振奋的消息也搅动着小米办公室里极客们的心。当时科技界已经达成共识:语音对话的模式更符合人类自然交互的方式,智能语音将成为互联网新的操作系统。2016 年的国庆假期之后，雷军召开了一次高管会，他对技术团队说："发布智能音箱刻不容缓"。这就是后来在市场上出现的"小爱同学"。2017 年 7 月 26 日，小米正式发布小米 AI 音箱，售价 299 元，该智能音箱成为小米历史上供不应求时间最长的产品，进入当年国内智能音箱市场的前三名。雷军和高管团队清晰地看到在这场人工智能的大浪潮到来之际，小米屹立于浪潮之巅的必要性。在小米的战略版图上，人工智能将平行于手机，逐渐上升为公司的两大战略之一。

携手传统制造，完善智能家居产业链

2014 年 12 月，小米斥资 12.66 亿元入股美的，双方达成战略合作。小米电视的发布，让雷军意识到智能家居将成为小米发展的下一个风口。小米的营销和资本运营优势，以及小米的品牌效应和一大批忠实粉丝成为美的的宝贵资源，而美的作为传统制造商所拥有的生产管理经验和供应链物流资源也将为小米补上短板。

小米投资入股美的，双方产品实现互相兼容，智能家居产业链进一步完善，小米生态链建设将补上极其重要的一环。

构建生态链，完善智能家居品类

在生态链部门成立之初，小米的生态链产品就秉持极致设计的理念——做生活的艺术品。在这样的氛围下，团队的每一个成员都充分发挥自己的优势，去寻找市场上有潜力的企业。经过多年的发展，小米的生态链已经孵化出大量企业和智能家居产品，推出了一款又一款"爆品"，完成了小米的点状布局。小米生态链企业的"竹林效应"不断显现。小米认为，独角兽企业就像是一棵孤立的竹子，如果没有生长在竹林里，就没有强大而发达的根系，就不能进行新陈代谢，虽然成长较快，但生命周期较短。而现在，生态链企业逐渐形成一个生态系统，它们的根系交织在一起，一边不断向外延伸，一边为竹子的快速成长提供充足的养分。

小米采取内外兼修的战略，对内不断强化自身优势，保持科技敏感，紧抓用户对亲民价格与高性价比的需求；对外多领域联合，构建生态链，拓宽销售渠道，弥补自身短板，从而形成了完整的智能家居闭环，推动智能家居产品从高端化走向大众化，企业的业绩也蒸蒸日上。

创新和市场变化带来机遇

成功的新产品对新兴和成熟企业的盈利增长至关重要。就像 iRobot 的案例所示，iRobot 开创了一个快速增长的新产品市场，计算机控制的清洁工具正在以新的方式满足客户需求。实际上，老产品不断被新产品取代，这是一场持续不断的"生死战"。在 佳洁士（Crest）美白牙贴出现之前，获得更白的牙齿的唯一途径是在牙医诊所接受昂贵的治疗。而乐事（Lay's）的波浪薯片是否会改变人们的零食的消费习惯也犹未可知，辅舒良鼻喷雾（Flonase Sensimist）是否会改变人们处理过敏的方式，也依然有待观察。当这些新产品推出，它们至少引起了很多消费者的兴趣。

市场的变化有时会为少数群体开发者创造新的机遇，因为他们具有不同的视角。像奈飞、Hulu、HBO Max、Disney+ 和 Apple 空中 TV 这样的流媒体视频服务与传统的网络电视和有线电视服务的竞争，催生了海量的内容需求。

创新是解决全球挑战所需的关键因素

想一想地球面临的一些重大挑战，像气候变化和饥饿这样的问题需要创新的解决方案。今天，许多企业正在推出一些新产品，用来帮助应对这些挑战。例如，最近的发展已将太阳能成本降低了 60% 以上，同时电池技术的进步则允许将白天产生的电存储起来，以便晚上使用。其他创新也有助于应对气候变化和饥饿。虽然对肉类的需求不断增长，但更多的肉类也意味着更多的温室气体。植物基"肉类"（例如 Beyond Burger 和 Impossible Burger）的创新为喜爱肉类的人提供了环保的替代品。虽然在完全解决这些重大挑战之前还有很长的路要走，但追求创新的企业和新产品为创造一个更美好的世界带来了希望。

管理产品和开发新产品

这些创新案例表明：产品特性、消费者行为和竞争格局都处于持续演变之中。这些变化为营销经理创造了机会，同时也带来了挑战。管理现有产品和开发新产品的能力对每个企业的成功非常重要。

本章将探讨如何成功开发新产品，以及营销经理需要了解和掌握哪些内容来管理其现有产品。本章将解释新产品创新所经历的增长与衰退周期，以及营销战略在产品周期中如何调整。理解产品周期的各个阶段，就可以理解企业为何需要一个高效的新产品开发流程，以及为何产品成熟过程中的管理挑战会不断变化。

8.1 产品的生命周期

革命性产品能够创造全新的产品市场，但竞争对手一直在开发和模仿新的想法和产品，这使得现有产品比以往更快过时。产品如同消费者一样，也会经历生命周期。

生命周期的四个阶段

产品的生命周期描述了一个新的产品创意从诞生到终结所经历的各个阶段。它被划分为四个主要阶段：（1）市场导入期；（2）市场成长期；（3）市场成熟期；（4）销售衰退期。产品生命周期关注的是市场上新产品类别，而非单一品牌的演变过程。

在产品生命周期的各个阶段，企业的营销组合通常需要相应调整。客户态度和需求随着阶段变化而变化，主要原因包括：产品可能在不同阶段需要面向完全不同的目标市场，市场竞争性质逐渐转向完全竞争或寡头垄断。

此外，行业内所有竞争对手的总销售额在四个阶段中呈现出不同趋势。从市场导入期的极低水平，到市场成熟期的峰值，再到销售衰退期的下降，利润状况也会随之变化。销售额和利润的变化如图8-1所示，需注意销售额与利润并非同步变动的。行业利润可能在行业销售额仍在增长时就开始下滑。

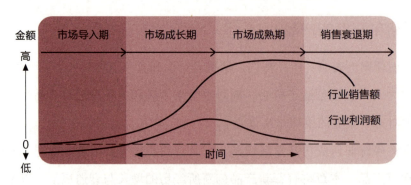

图8-1　销售额和利润的变化

市场导入期：对未来的投资

在市场导入期，新的产品创意首次进入市场时销售额较低，因为消费者尚未意识到该产品的存在。即使产品具备显著优势，消费者也可能完全不了解它，此时就需要通过宣传性推广向潜在客户说明新产品的优势和用途。

尽管企业推广了新产品，但消费者需要一定的时间才能意识到产品的可用性。大多数公司在市场导入期会经历亏损，因为这个阶段需要在产品开发、渠道建设和宣传推广上投入大量资金。当然，这些投入是为未来利润所做的投资。

自动驾驶汽车、家庭太阳能和虚拟现实等新兴行业处于市场导入期，销售额较低，行业利润尚未转正。我们也无法准确判断什么时候行业从这个阶段过渡到下一个阶段。例如，电动汽车行业处于市场导入期还是市场成长期？目前，我们将其归入后者。

市场成长期：利润变动

在市场成长期，行业销售额快速增长，但行业利润先升后降。创新者随着越来越多消费者购买产品而获得丰厚的利润。这时，竞争对手就会发现机会并进入市场。例如，东非啤酒公司（East African Breweries）在尼日利亚推出无酒精麦芽饮料引发轰动，可口可乐就在八个月后推出自有品牌的麦芽饮品。

一些公司通过复制成功的产品或改进产品来增强竞争力，另一些公司则试图优化产品以更好地吸引特定目标市场。新产品的涌入使产品的种类激增。因此，市场成长期通常呈现垄断竞争特征，需求曲线向下倾斜。

市场成长期是行业整体利润最高的时期，也是公司销售额和利润快速增长的阶段。然而，随着竞争的加剧和消费者价格敏感度的提高，行业利润在该阶段末期开始下滑。

市场成熟期：销售额趋于平稳，利润下降

当行业销售额趋于平稳且竞争加剧时，市场就进入成熟期。除了寡头垄断市场，大量竞争对手涌入并开启利润争夺战。行业利润在整个成熟期持续下降，一方面因为推广成本攀升，另一方面因为部分竞争对手通过降价来争夺市场份额。

效率低下的企业因为无法承受压力而退出市场，价格呈现长期下降趋势。

在市场成熟期，新企业仍可能进入市场，进一步加剧了竞争。需要注意的是，这些后来进入者跳过了生命周期的早期阶段，包括利润丰厚的市场成长期。其必须从既有企业手中争夺饱和市场的份额，这一过程既困难又成本高昂。市场营销者有大量利益需要维护，因此会全力捍卫自己的市场份额。对当前供应商感到满意的消费者通常不会更换品牌，因此后来进入者面临着严峻挑战。

在市场成熟期，说服性推广的重要性进一步提升。产品间的差异可能微乎其微。大多数竞争对手已经找到有效的推广策略，或者直接模仿领先者。当潜在消费者眼中的各类产品趋同时，价格就成为关键因素。

销售衰退期：更迭的时期

在销售衰退期，新产品取代旧产品。销售衰退期的产品价格竞争可能加剧，但拥有强势品牌的公司可能直到最后仍能实现盈利，因为其产品已经实现差异化。

当新产品进入市场导入期时，旧产品可通过吸引忠实的客户或对新事物接受较慢的群体，维持部分销量。这些保守型买家可能在后期完成转换，一定程度上缓和了销售衰退的趋势。

产品的生命周期与单个产品无关

产品生命周期描述的是在特定产品市场中，该产品的行业销售额和利润变化。而单个产品的具体销售额和利润未必遵循产品生命周期这一通用模式，甚至可能与行业趋势相反。

企业可以在产品生命周期的任何阶段推出或淘汰特定产品。例如，苹果在Spotify 推出多年后才推出 Apple Music，但凭借其品牌影响力和智能手机、电脑构建的生态系统，成功获得市场份额。社交网站 Google+ 在 Facebook 之后推出，因未能提供有竞争力的营销组合而最终被淘汰。

每一个市场都应该被认真定义

同一个产品创意在不同的市场可能处于不同的生命周期阶段。例如，在美国，牛奶处于市场成熟期，销量是亚洲销量的 18 倍，而牛奶在亚洲市场仍处于导入期。部分乳制品企业正试图拓展亚洲市场，例如推出添加蜂蜜等符合当地口味的牛奶。

营销战略规划者如果简单假设单个产品一定会遵循典型的产品生命周期模式，可能会感到落差。事实上，以产品的行业生命周期概念而非产品本身的生命周期来思考可能更合理。但我们通常使用产品生命周期这一术语，因为它已经被广泛接受和使用。

8.2　产品的生命周期长度不同

产品生命周期的总时长以及各阶段的持续时间因产品而异。例如，便携式摄像机被智能手机替代，生命周期可能仅维持了数年；而燃油汽车的生命周期已超过 100 年。

产品生命周期无法精确地说某个周期会持续多久，但营销经理通常可以通过相似产品的生命周期进行合理推测。有时市场调研也能提供有效信息。

产品的生命周期越来越短

尽管不同产品的生命周期差异显著，但总体而言，产品的生命周期正在缩短。这在一定程度上归因于技术的快速变革。一项新技术可能催生大量新产品，从而快速取代旧产品。例如，微小的电子芯片从早期的计算器发展到如今的微型芯片控制心脏瓣膜，衍生出数千种新产品。

想想世界重大创新被 25% 的美国人接受所需的时间：电力用了 46 年，电话用了 35 年，电脑用了 16 年，互联网仅用了 7 年。

为什么有的产品增长迅速

新产品在产品生命周期早期阶段的推广速度取决于它是否具备某些特征。例如，新产品相较于现有产品的比较优势越显著，销量增长就越快。如果产品易于使用而且优势易于传达，销量增长就更快。如果产品能够有限度地试用（且对消费者来说风险较低），通常也能更快地推向市场。如果产品与目标消费者的价值观和体验相契合，他们更可能迅速购买。

智能手机的快速普及是一个典型例子。智能手机推出时，与已经使用移动电话和电脑的消费者高度重合。早期的智能手机操作简便，消费者对移动设备的熟悉使产品优势易于传达。此外，有朋友使用智能手机也让消费者能进行低风险尝试。最终，智能手机与目标消费者的价值观和体验契合，得到了快速普及。

新产品常常意味着新的产品市场和新的产品生命周期，同时也会结束另一产品的生命周期。随着时间的推移，移动电话的几代演变发展成今天的智能手机，功能整合了 20 世纪 90 年代多种不同产品：手电筒、闹钟、电视、计算器、录音机、摄像机、记事本、音乐播放器、相机和电话。智能手机改变了这些产品的生命周期。虽然整合后的设备成本可能相近，但大多数消费者更青睐将所有功能集于一身的便捷性——只需随身携带一部设备。

做先行者还是跟随者

产品生命周期意味着企业必须持续开发新产品，还需要努力运用营销组合，最大化利用利润最高的市场成长期。问题在于，是成为首个推出新产品的先行者更好，还是跟随者更好？

从长期来看，先行者往往实现盈利较少，部分原因是许多先行者未能存活。尽管如此，先行者中仍有不少成功案例。例如，联邦快递首创次日达快递服务，并始终保持市场领导地位。不过，更多情况下，成为跟随者更具优势。那些以客户为中心且能迅速以更优的营销组合响应的跟随者能够在市场成长期抢占市场份额。

跟随者的成功案例比比皆是。尽管许多人视苹果为先行者，但 iPod、iPhone和 iPad 并非其所在品类的首个产品。然而，苹果在这些产品类别中迅速以更优的营销组合做出响应。同样，亚马逊并非首家在线书店。RC 可乐（RC Cola）率先推出无糖可乐，但可口可乐和百事可乐迅速效仿并抢占市场。灵活的跟随者能够从先行者的失误中吸取教训，并快速推出提供更优价值的营销组合。

时尚和潮流的生命短暂而绚烂

某些产品的销售受到时尚的影响。与时尚相关的产品往往具有较短的产品生命周期。目前流行的款式或元素可能很快就过时了。例如，某种服装的颜色或款式（如紧身牛仔裤、超短裙、飞行员墨镜或四英寸宽的领带）可能在一个季度内流行，在下一个季度就过时了。从事时尚类产品的营销经理通常需要快速调整营销组合。

潮流是一种仅受特定群体热衷的流行概念。但这些群体的喜好善变，导致潮流的生命周期比普通时尚更短暂。许多玩具都属于潮流产品，例如电子宠物（Tamagotchi）、造型橡皮筋（Silly Bandz）和指尖陀螺（Fidget Spinners）。尽管这些产品在短暂的流行周期内表现良好，但热潮消退得也很快。

8.3　规划产品生命周期的不同阶段

产品在其生命周期所处的阶段以及向下一阶段过渡的速度影响着营销战略规划的调整。营销经理必须为后续阶段制订切实可行的计划。

引进新产品

营销经理需要制定大量战略规划来推广真正创新的产品。企业也需要投入资金来开发新产品。即使产品具有独特性，也不代表着消费者会立即蜂拥购买。企业必须建立分销渠道，可能需要提供特殊激励以争取合作伙伴的支持。推广需要培养消费者对整个产品的需求，而不仅仅是推广某个特定品牌。由于这些投入成本高昂，营销经理可能会尝试采用市场撇脂策略，以相对较高的定价来覆盖初期的开发成本。

然而，策略正确与否取决于新产品被消费者接受的速度，以及竞争对手推出同类产品的时间。如果产品生命周期早期阶段（导入期）发展迅速，采用较低的初始价格可能更合理。这有助于在早期培养忠实消费者，并阻挡竞争对手进入市场。

爱彼迎是一个社区市场平台，用户能够在全球 25000 多个城市发现、发布和预订独特的住宿空间。爱彼迎的房东会展示他们的闲置空间，无论是私人岛屿、树屋、城堡，还是豪华篷车，而游客则通过爱彼迎网站和 App，搜索并预订这些房源，用于短期或长期居住。

由于这一理念对许多目标客户来说较为新颖，爱彼迎在市场导入期需重点培养客户的原始需求。为此，它通过推广活动向目标市场解释服务模式。通过电子邮件营销、Craigslist 平台房源展示、媒体报道和积极的口碑传播，爱彼迎迅速提升了预订订单的数量。

此外，爱彼迎通过展示房源照片和真实用户评价，增强了与用户的信任。这一策略帮助其在竞争激烈的共享住宿市场中确立了独特定位。

准备好调整营销组合以适应变化

预测客户对全新产品的真实反应并非易事。因此，营销经理必须密切关注初期客户的反馈，并准备好调整营销组合或转向新的营销组合。新产品在规划时耗费了大量精力，部分营销经理可能难以接受这种调整，但聪明的调整是对客户需求的积极响应。2010 年，一款名为 Burbn 的 App 面市，用户可以签到、与朋友分享计划和照片。开发者发现应用中最吸引人的功能是照片分享，于是调整战略，将产品重新定位并更名为 Instagram（照片墙），成为我们熟知的社交应用。

市场增长阶段中的策略变化

在市场成长期，新客户通常已了解产品，且许多人开始主动寻找产品。此时，营销经理的目标是提升品牌熟悉度，推广策略需要从"告知客户产品存在"转向"说服客户选择本品牌"。随着新竞争者涌入市场，品牌必须通过定价策略保持竞争力。

管理成熟的产品

当产品进入市场成熟期时，企业就需要具备一定的竞争优势。即使微小的优势，也能产生显著差异。部分企业通过精细管理成熟产品，实现了良好的业绩。其可能凭借略胜一筹的产品质量、更低的生产或营销成本，或更成功的推广活动，在同质化产品竞争中脱颖而出。例如，全麦饼干（Graham Crackers）在成熟市场中销售停滞，纳贝斯克使用相同原料推出便携式 Teddy Grahams（小熊饼干），并大力推广，从而获得了新的销量和利润。

产品生命周期持续演变，但这并不意味着企业只能坐视销量下滑。企业可以选择改进现有产品、开发同一市场的创新产品，或针对生命周期尚处早期的新市场制定新策略。这一策略对爱适易（InSinkErator，垃圾处理器品牌）奏效。其占据了美国垃圾处理机市场 80% 的份额，但该产品在美国已进入过半的家庭，增长空间有限。相比之下，该产品在欧洲许多地区的安装率仅 10%，尽管许多家庭经济上能够负担，但此前多数城市因环保原因禁止使用这一产品。当研究证实垃圾处理机的确具有环保效益后，爱适易调整了策略，欧洲的销售额迅速增长。

用新的用途来刺激增长

在市场成熟期，营销经理可以尝试寻找产品的新用途。经过多年缓慢增长后，费城奶油奶酪（Philadelphia Cream Cheese，简称 Philly）的营销团队对该品牌的高频购买者的使用习惯进行了深入研究。他们发现，最高频的购买者将产品作为食材使用，而不仅仅是涂抹在百吉饼上。为此，欧洲地区的营销经理启动了一项广告活动，推广将 Philly 添加至意大利面、西班牙小吃等多种创意吃法。为了激发家庭厨师的创意，他们说服英国最大的超市特易购（Tesco）将 Philly 与主菜食材（如三文鱼）摆放在一起。如今，英国使用 Philly 作为烹饪原料的人数翻倍，销量再次增长。

销售下降：削减成本或逐步淘汰

在销售衰退期，管理产品的一种方式是削减成本。例如，减少推广投入或限制产品的改进投资，以提升亏损产品的盈利能力。报纸行业正处于销售衰退期，虽然许多报社仍在运营，但减少了员工数量。男士西装曾很受欢迎，如今的西装制造商减少了推广活动、门店数量，并缩小了产品选择范围。

并非所有的策略都是为了刺激增长。如果某一产品的市场前景黯淡，可能需要采用逐步淘汰策略。当销售衰退期来临时，逐步淘汰的必要性会更加明显。即使在市场成熟期，某些产品也可能因利润不足无法达成企业目标而被淘汰。无论如何，需要谨记营销计划是作为持续性战略来实施的，如果营销经理突然停止计划，企业通常会面临损失。因此，采用逐步淘汰策略可能更为稳妥。

逐步淘汰产品可能面临执行难题，但这一策略必须以市场为导向。事实上，如果竞争对手更快退出市场，需求虽然下降但仍有持续性，可长期榨取"垂死产品的剩余价值"。部分消费者愿意为旧爱产品支付溢价。

8.4 新产品的规划

在大多数市场中，前进的步伐永不停歇。企业必须开发新产品或改进现有产品，来应对不断变化的客户需求和竞争对手的行动。如果没有积极的新产品开发流程，无论是否意识到，企业实际上已经选择了榨取现有产品的剩余价值，最终会走向倒闭。在当今的动态市场中，新产品规划并非可选项，而是生存的必选项。

什么是新产品

在讨论产品生命周期的市场导入期时，我们聚焦于那些颠覆传统做法的创新产品。然而，每年企业推出的许多产品本质上是对现有产品的改良。因此，新产品对企业而言，任何形式的创新都可被视为新产品，但消费者对各类新产品的认知方式并不相同。

根据消费者为采用新产品所需改变行为的程度，新产品大致可分为三类。接下来逐一探讨这三种类型。

渐进式创新

这类新产品不需要消费者改变行为模式，它们通常是对现有产品的细微改进。例如，新口味的牙膏、低热量的饮料或新款式的耳环均属此类。消费者能轻松理解并使用这些产品。对渐进式创新的推广需要强调认知度，例如，通过新包装或广告宣传新增功能。

动态渐进式创新

这类产品需要消费者进行轻微的行为调整。例如，3M 开发的蓝牙听诊器，它的使用方式与传统听诊器相似，但能够自行记录并存储心脏、肺部等器官的声响，储存为数字文件。这一创新省略了手动输入信息这一步骤，促使医生的行为发生了微小的变化。医生可将数字文件附加到电子病历中，或发送给其他医生协助诊断和治疗。对动态渐进式创新的推广需要清晰地传达其功能优势。

突破性创新

这类产品要求消费者采用显著不同的行为模式。此类创新往往开创了全新的产品组合及全新的产品生命周期。我们通过印度市场的一个案例来说明突破性创新如何改变消费者行为。

冰箱带来了全新的行为模式

家电制造商戈德瑞吉（Godrej）需要重新思考印度农村地区的制冷需求。在这个日均收入不足 5 美元、电力供应不稳定甚至无法获取的地区，人们对戈德瑞吉生产的大型家电需求甚微。消费者通常不会购买需要长时间冷藏的食物。这些消费者的基本需求是希望将牛奶、蔬菜和水果冷藏 1 ~ 2 天，从而降低购物频率，同时能够准备更多种类的餐食。

针对这一市场，戈德瑞吉工程师设计了 ChotuKool（印地语中"小清凉"的意思）——一款可使用直流电或外部电池供电的便携式冷藏箱。这一设计最大限度地减少了热量流失和电力消耗，改变了该地区人们的生活方式，也改变了他们的购物和烹饪习惯。

对 ChotuKool 这类突破性创新产品的推广通常需要通过人员销售和产品演示来促使消费者适应新的行为方式。最终，这款产品为这个世界带来了更美好的改变。

"新"产品的有效期是 6 个月

根据美国联邦贸易委员会（Federal Trade Commission，FTC）的规定，企业只能在有限时间内称其产品为"新产品"。如果要标注"新"，要么产品是全新产品，要么在功能上有显著改进。

法律保护发明者

在开发新产品时，企业可向政府申请专利，以获得"禁止他人制造、使用、销售该发明"的权利。专利法通过赋予发明者短期技术垄断权，来激励其向公众分享新技术。许多因创新产品具备竞争优势的企业会申请专利并积极保护专利，防止竞争对手窃取技术。例如，苹果和三星曾就智能手机和平板电脑技术多次互相提起诉讼。

在美国及许多其他国家，著作权法保护创意作品（文学、音乐、戏剧、艺术等）的创作者，赋予其独家版权。这些法律旨在保护发明者并激励创新。

新产品规划中的道德问题

新产品的规划以及旧产品的淘汰常常涉及道德问题。例如，某些企业（包括制药公司）因推迟发布重要新产品而受到批评，它们往往等待现有产品专利到期或销量下滑才推出新品。

与此同时，其他企业因"计划性淘汰"遭到指责。类似地，批发商和零售商抱怨制造商总是保密新品计划，导致库存过，只能亏本出售。

不同营销经理可能对这类批评反应迥异。然而，产品管理决策常对消费者和中间商都会产生重大影响。草率的决策可能带来负面结果，影响企业战略或声誉。

8.5　一个规范的新产品开发流程至关重要

识别和开发新产品创意，制定与之配套的有效策略，往往是企业生存和成功的关键，但新产品开发的成本和失败风险都很高。专家估计，消费品企业推出一个新品牌的投入往往超过 2000 万美元，但其中 80% ~ 95% 的新品牌最终以失败告终。这是一笔巨额支出，也是一笔巨大的浪费。在服务业领域，失败项目的前期成本可能不会那么高昂，但如果不满意的消费者转向其他服务商，可能会对企业造成长期毁灭性的影响。

为什么大多数新产品都会失败

新产品在上市后失败的原因多种多样，常见的原因包括企业未具备独特的优势，或者低估了竞争。有时创意本身不错，但企业存在设计问题，或者产品的生产成本远高于预期。部分企业急于将产品推向市场，但未制订完整的营销计划。

但进展缓慢同样存在风险。新产品的开发耗时越长，竞争对手越可能抢先推出新产品，或者客户需求在产品上市时已经发生了变化。汽车行业尤其如此，因为开发设计一款新车需要数年时间。几年前油价较低时，汽车制造商投资生产了大型、油耗高的卡车和 SUV。但油价飙升后，这类车型不再受欢迎，消费者转而青睐电动汽车。提高成功概率的一个方法是遵循规范的新产品开发流程。

历史上充斥着产品开发失败的案例。一个规范的新产品开发流程能够降低失败产品走向市场的可能性，因为上市后失败的成本更高。公司应该在投入过多资金之前就洞察到潜在的失败原因。任天堂（Nintendo）的 Virtual Boy 可能出现得太早了，无法满足虚拟现实游戏的需求，因此被认为是失败的。在番茄酱成熟的产品类别中，亨氏（Heinz）认为其多彩版本可以提高价值和差异化。虽然亨氏最初的销售额超出了预期，但市场的新鲜感很快消失，这种产品因未能达到最终的销售额和利润目标而在几年后被停止生产。

一个规范的新产品开发流程

为了快速行动同时又避免新产品失败的高昂损失，企业应遵循规范的新产品开发流程。以下内容将描述这一流程，逻辑上依次经过五个步骤（见图 8-2）：（1）创意生成；（2）筛选；（3）创意评估；（4）开发（产品和营销组合）；（5）商业化。

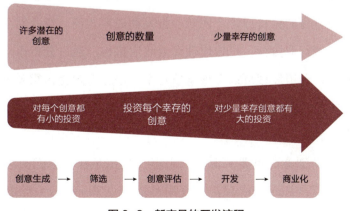

图 8-2　新产品的开发流程

快速失败！迅速淘汰缺乏潜力的新创意

避免产品失败的方法是永远不尝试新的创意，或者仅尝试非常稳妥的创意，但突破性机遇本质上就伴随着高风险和高回报。失败可能代价高昂，但具体代价取决于在失败前，产品已经推进到开发流程的哪个阶段。如果某个产品注定失败，重要的是在流程的早期阶段就发现这一问题，避免投入过多资源。

因此，新产品开发流程中的一个重要环节是对新创意的潜在盈利能力及投资回报率进行持续评估。通常，预先的假设应该是"新创意无法盈利"，这就要求新创意必须自我证明价值，否则就会被淘汰这一流程有时被称为阶段关卡流程，即流程中的每一阶段均包含一个决策节点，判断某个创意是否能够推进至下一阶段。随着流程推进，保留的创意数量会逐步减少。这一流程看似严苛，但经验表明，大多数新创意存在缺陷。营销经理应该尽量在早期发现这些缺陷，然后改进方案或直接否决方案。

实施这一流程需要企业在投入资金开发和推广产品前，对创意进行大量分析。随着时间推移，通过筛选的创意将获得越来越多的投资。新产品在开发后期阶段的成本可能很高，因此该流程要确保只有优质创意才能获得最多的资源投入。这与传统的生产导向模式形成鲜明对比，后者通常是先开发产品，再要求销售团队"处理"掉它。

第一步：创意生成

寻找新产品的创意不能依赖运气。相反，企业需要一套正式的流程来持续产生创意流。对部分企业而言，持续投入研发可以带来新产品或新技术。但新创意也可能来自企业自身的销售或生产团队、批发商或零售商、竞争对手、消费者调查或其他来源，如行业协会、广告代理商或政府机构。通过分析市场以及研究现有消费者的行为，营销经理可以发现竞争对手或潜在客户尚未察觉的机会。让我们通过一些具体案例来解析这一机制。

来自客户的创意

客户可能是新创意的重要来源。如果客户提出想法，他们更可能购买该产品。例如，乐柏美（Rubbermaid，家庭用品品牌）和 eBags（行李箱品牌）会从客户评论中挖掘新产品创意。T 恤制造商 Threadless 将这一模式推向新高度。Threadless 社区的成员可提交 T 恤设计方案，参与比赛，由其他成员选出胜出的设计，这一过程称为众包。Threadless 随后生产优胜的设计并在线销售。由于社区成员能够直接决定生产哪些 T 恤，所以几乎每款产品均售罄。

来自客户数据的创意

追踪客户的行为数据能够发觉客户可能感兴趣的新产品。例如，线上零售商 CafePress 销售主题礼品和定制产品。由于其产品与流行文化和时事相关，CafePress 会分析客户在搜索栏输入的内容。近期，"2024 届毕业生"成为网站热门搜索词，因此 CafePress 迅速推出相关产品以满足需求。线下案例中，可口可乐通过其自助饮料机收集数据。这些饮料机提供 125 种不同口味，消费者选择的数据会被回传至公司。当可口可乐发现某种趋势或区域差异时，就会推出新品，进行更广泛地分销。

来自其他公司和市场的创意

没有公司能始终率先提出最佳新创意，所以公司需关注竞争对手的动向。部分公司采用逆向工程。例如，福特的新产品专家会在竞品车型上市后立即购买进行拆解研究，以寻找新思路或改进点。英国航空则通过与旅行社交流，了解竞争对手的新服务。

某些市场的产品创意可能被移植到其他市场，从而成为全新产品。为获取这类创意，部分公司会调研国际市场。例如，欧洲食品公司正在测试一项来自日本的创新——一种透明、无味、天然的食品包装膜。消费者无须拆开包装，将产品放入沸水或微波炉时，包装会自行溶解。

技术加速全球解决方案

在某些行业中，AI 和机器学习会助力新创意的探索。AI 能带来一些新的发现，这些发现要是依靠人类单独研究需要耗费很长的时间。在制药和清洁能源等领域，科学家们仅能研究有限的机会，而机器学习在此类场景中大有可为，因为它能在短时间内分析大量可能性。机器学习的思维模式也与人类不同，可能提出科学家未曾考虑过的路径。

例如，研发新药是一个极其复杂的过程。机器学习技术能加速研发中的多个环节。例如，机器学习能在极短时间内识别并评估大量不同分子，效率远超科学家团队。可再生能源领域面临的挑战之一是需要更高效的太阳能电池和新型电池技术，以实现更有效的能源储存。突破性机遇可能来自新材料的发现，而机器学习在此方面尤为擅长。这些进展可能催生新药和成本更低、更清洁的能源。

第二步：筛选

筛选过程需要运用SWOT分析法以及市场筛选标准，来对新的创意进行评估。回顾这些标准，包括资源分析（优势与劣势）、长期趋势分析，以及对公司目标的全面理解等综合方面。一个优质的新创意最终应发展为一种产品（及营销组合），从而为公司带来持久的竞争优势。

新产品进入市场时所处的产品生命周期阶段直接影响其增长前景。因此，在筛选阶段需要考虑新产品策略在整个产品生命周期中的可行性。

必须考虑安全性

真正接受市场营销理念的管理者会根据产品的安全性进行筛选，毕竟安全问题不容忽视。1972年颁布的《美国消费品安全法案》（*Consumer Product Safety Act*）成立了消费品安全委员会（Consumer Product Safety Committee），用来推动产品设计安全性和产品质量提升。该委员会拥有广泛的权力，能够设定产品的安全标准，有权要求企业进行维修或召回不安全产品，甚至通过罚款或监禁强制执行。食品药品监督管理局（Food and Drug Administration）对食品和药品拥有类似权力。

考虑产品安全性会增加战略规划的复杂性，因为并非所有消费者都愿意为此支付更高价格，即使是那些希望产品具备更好安全功能的消费者。某些安全功能的添加成本高昂，可能导致价格大幅上涨。这些安全问题必须在创意筛选阶段就考虑到，因为公司可能因销售不安全产品而承担法律责任。

产品可能转化为负债

产品责任是指存在缺陷或不安全的产品导致他人受伤时，销售者需要依法承担赔偿的责任。产品责任问题极其严重。赔偿金额可能远超公司的保险覆盖范围，甚至超过其全部资产。

与大多数其他国家相比，美国法院采用严格的产品责任标准。无论产品如何使用或如何设计，销售者都要对与产品相关的伤害负责。在一项广受关注的判决中，麦当劳向一名因咖啡洒漏导致三度烧伤的女性支付了巨额赔偿金。法院认为，咖啡温度过高，企业提醒不到位。

产品责任是重大道德和法律问题。许多国家正在试图修改法律，以更公平地对待企业和消费者。但在产品责任问题完全解决前，营销经理在筛选新创意时需更加谨慎。

ROI 是关键筛选标准

通过初步筛选标准并不能保证新创意的成功，但至少表明该创意符合公司的基本方向。如果多个创意通过筛选，公司需要通过估算每项创意的 ROI 来给创意排序，决定先推进哪些创意。ROI 是税后净利润与产生利润所需投资的比率。最具财务吸引力的创意会被优先推进。以目标为导向的企业可能将回报视为超越财务的因素，并评估投资对使命的影响程度。

市场营销分析：ROI

ROI 是管理者评估投资的一项指标。投资是指在一个项目或业务中投入的资源。例如，对新产品的开发而言，一个新产品可能需要 400 万美元用于研究和开发、推广等。这项投资预计在产品推出后的第一年产生 100 万美元的净利润。在这个例子中，ROI 为 25%，即（100÷400）×100%。

ROI 可以通过以下三种方式提高：提高利润率、增加销售收入、减少对新产品的投资。下面举例说明如何通过 ROI 来评估新产品开发筛选阶段的想法。

National Grains 的产品经理正在评估两种新的早餐麦片，分别是人工甜味巧克力麦片（内部代号 Choco）和无麸质麦片（内部代号 GluFree）。作为筛选步骤的一部分，产品经理需要预估每个新产品的 ROI。

产品经理借鉴经验和市场研究结果，预估了第一年的销售额和利润率以及新产品开发和推广所需要的成本。预计 Choco 的销量比 GluFree 高，但 Choco 的利润率更低，因为它将面临更大的竞争。GluFree 预计将针对一个无麸质购物者群体，这降低了产品的推广成本，因此也降低了产品开发的总成本。预估的 ROI 如表 8-1 所示。

各项指标	Choco	GluFree
表 8-1 两种麦片的预估 ROI		
销售收入（美元）	20.0	12.0
利润率	15%	20%
净利润（美元）	3.0	2.4
产品开发投资（美元）	10.0	6.0
ROI	30%	40%

第三步：创意评估

一个创意通过筛选步骤后，需要对其进行更深入的评估。在此阶段，企业需要收集更多的客户反馈。虽然此时实际的产品尚未开发完成，但在投入成本前，企业仍需获得充分反馈。

在这一阶段，营销经理需明确陈述并验证对每个新创意的假设。新产品的创意本质上是对如何满足客户需求的一种假设或有根据的推测。例如，某律师事务所可能假设其企业客户愿意为一项新的基于网络的文档共享服务支付溢价，以换取便利性。通过将假设（如客户对便利性的重视程度）显性化，营销经理可以进行调研，快速验证假设是否成立。

初步评估可通过非正式焦点小组进行。其反馈可能很有帮助，尤其是当潜在客户对新创意缺乏兴趣时。更正式的方法则是进行概念测试，即通过客户反馈评估新产品的创意是否符合其需求。概念测试涉及市场调研，包括焦点小组或潜在客户调查。部分企业在线上进行概念测试，以降低成本并提高反馈速度。例如，向目标客户展示产品概念的照片或视频，并附上可能定价，随后通过问卷调查进行评估。

迪士尼动画《小公主苏菲亚》（*Sofia the First*）的编剧团队发现概念测试很有帮助。他们可以向附近幼儿园的孩子展示剧本和剧情，了解孩子们的兴趣和理解度。例如，原本名为《苏菲亚的第一次睡衣派对》（*Sofia's First Slumber Party*）的一集未引起共鸣，因为孩子们对"睡衣派对"这一说法不熟悉。因此，把剧集名称中的"睡衣派对"改为了"大型留宿派对"。

市场调研还能帮助企业识别潜在市场的规模，从而估算可能的成本、收入和盈利水平。所有这些信息共同帮助营销经理判断是否存在机会、是否应该匹配公司资源、能否建立竞争优势。借助这些信息，企业能够对不同细分市场的 ROI 进行更可靠的估算，并决定是否继续推进新产品的开发流程。

第四步：开发

当创意通过筛选和评估阶段后，将获得进一步的时间和资金投入。这通常涉及更多的研发工作来设计和开发产品的实体部分。如果是新的服务产品，则需要确定提供该服务所需要的培训、设备、人力资源等细节。企业早期的经验积累将为后续技术工作提供指导。

客户对原型的反应

通过创意评估阶段后，下一步通常是制作原型，即用于测试概念的早期样品或模型。服务企业可能会先对一小部分服务人员进行培训，并在真实客户中测试服务效果。3D 打印技术能够将计算机设计的图纸快速转化为三维模型，且成本相对较低。例如，汽车制造商可"打印"全尺寸车翼板、车门甚至车身，以检查其装配、表面处理和设计。

客户可能对原型给予反馈和改进建议，甚至共同参与到创作的流程中。在进行快速原型设计的过程中，客户意见会被迅速融入产品进行迭代，并再次反馈给客户以获取更多建议。这一重复流程鼓励创新，"尽早且频繁地失败"，从而让优质创意更快地推向市场。谷歌采用此方法测试其在线服务家族的新功能，通常在 24 小时内整合反馈，并向测试组寻求进一步意见。

对于实物产品或服务，潜在客户能够更真实地评估产品是否满足需求。焦点小组、用户小组和问卷调查将反馈产品功能及整体概念。有时反馈会直接否定创意。例如，可口可乐食品公司曾认为用挤压瓶装冷冻橙汁浓缩液是个好主意，但在测试中惨败。消费者虽然喜欢这一新奇的概念，却厌恶产品本身，因为在实际使用时容易弄脏，且无人知道应挤入杯中的浓缩液体积。

市场测试在真实市场条件下进行

企业常常通过全规模市场测试，在真实的市场环境中获取客户反馈，或者测试营销组合的变体。例如，企业可能在不同城市尝试不同的品牌名称、价格或广告文案。需注意的是，企业测试的是完整的营销组合，而不仅是产品本身。例如，一家连锁酒店集团可能在某一城市试点新服务，观察效果。虽然市场测试成本高昂，但不测试的风险更大。菲多利（Frito-Lay）因深信自己了解消费者的零食偏好，未进行市场测试便推出三款饼干产品，即使有电视广告支持，仍遭遇消费者的压倒性冷漠。产品下架时，企业已经损失了 5200 万美元。

第五步：商业化

一个产品创意通过前面的所有阶段后，最终就能投放到市场。但这一过程成本高昂，想要取得成功通常需要公司各部门的协作。这就需要建立制造或服务设施，生产充足的产品来填满分销渠道，或招聘并培训员工提供服务。此外，初期推广的成本高昂，尤其是进入高度竞争的市场时。

由于任务规模庞大，部分企业会选择分阶段推出产品，渐进式推出产品，直至全面覆盖市场。分阶段推出允许进行更丰富的市场测试，但主要目的是确保营销计划得到有效执行。营销经理需要密切关注控制措施，确保实施过程有效且战略方向正确。

流程加速的诱惑与风险

由于速度至关重要，当某些环节显示公司拥有一个极具潜力的创意时，公司可能倾向于跳过部分步骤。然而，流程需分阶段推进，沿途收集不同信息。跳过步骤可能导致忽略关键因素，使整体战略的盈利能力下降或直接失败。除了跳过步骤，通常还有其他办法来加速流程。

加快新产品的开发速度

尽管每个步骤都很重要，但产品快速上市能够带来显著的优势。例如，抢先竞争对手或避免被市场甩开。当客户行为快速变化时，加速就显得尤为必要。如果速度至关重要，部分企业会并行推进五个步骤，允许某些具有更大潜力的创意提前进入下一阶段。

之前描述的传统阶段门槛通过要求创意在进入下一阶段前通过关卡，降低了平庸创意获得过多投资的风险。然而，为速度而做的权衡会增加后续阶段失败的风险，因为跳过某些验证环节可能导致关键问题未被发现，最终影响战略成功。

新产品开发的另一种方法

尽管前文所述的流程广受欢迎，但它并非新产品开发的唯一方法。其他方法包括精益创业法，同样是为了缩短从创意到商业化的周期。该方法常常被创业者用于验证新商业理念，且在流程早期就寻求客户反馈。随后的流程在产品改进与从客户那获取反馈之间重复。

还有一种专为快速获得客户反馈进行迭代的方法是设计思维。设计思维是一种解决复杂问题的通用方法论。开发突破性新产品及营销战略属于复杂问题，许多企业采用设计思维来应对挑战。

新产品的设计思路

以下是新产品设计思维的五个步骤描述，需注意这些步骤是迭代而非线性的；一个步骤的发现常常促使开发者返回前一步进行调整。

1. 共情。设计思维的第一步是深入了解目标客户。他们的需求、目标和期望是什么？他们的所思所感是什么？这一步的目标是从认知、心理和情感层面了解客户。

2. 定义。在该阶段，团队将共情阶段的发现汇总，明确问题的核心。这一步的目标是整理数据并识别模式：客户试图解决的主要问题是什么？完成此阶段时，应该从客户角度正式定义问题："（我们的目标市场）需要……"，如果问题定义得不清晰，产品开发团队就应该返回共情阶段重新探索。

3. 构思。在理解目标市场的问题与需求后，研究团队进入寻找潜在解决方案的阶段。此阶段需要发散思维，提出多种可能性。团队应追求丰富多样且广泛的想法。初期把所有的创意均视为可行，先不评判哪些可能有效或成本过高。经过一段时间的头脑风暴后，团队筛选出少量创意进入下一步。

4. 制作原型。设计思维常采用低分辨率原型。例如，用卡通分镜草拟网站设计，或用乐高积木或黏土搭建模型。这一步的目标是创建简单易反馈的雏形。低分辨率版本甚至可以当面重新设计和重构原型。

5. 测试。原型制作完成后，需要测试接近最终形态的产品。这类似前文讨论的市场测试。但设计思维流程并未在此结束，即使在测试阶段，开发团队仍需做好准备，可能会返回前面的步骤。

案例：快餐连锁 Chick-fil-A 如何通过设计思维优化柜台服务

1. 共情：Chick-fil-A 的人类学家在门店花费数十小时观察混乱区域——收银台前人群拥挤，顾客等待点餐、取调料或续杯饮料。他们发现顾客的体验欠佳。

2. 定义：Chick-fil-A 撰写了一份设计简报，描述繁忙时段顾客在收银台应获得的体验。

3. 构思：多元化的设计团队在白板和速写本上记录想法，收集数十种替代方案，许多方案与现状截然不同。最终筛选出约 12 个创意进行原型制作。

4. 制作原型：团队用泡沫板搭建新型收银台，根据实际体验反复调整重建。参与会议的门店经理作为体验者快速提供反馈。随后，Chick-fil-A 筛选出几个方案，用更坚硬的固体材料来制作收银台，最终选定两种设计进行实体店测试。

5. 测试：六家门店试行新设计的收银台、饮料区和调料台布局。观察创新实际效果后，Chick-fil-A 进一步微调设计，再推广至其他分店。

设计思维通过持续迭代，确保解决方案真正契合客户需求，同时降低开发风险。

8.6 新产品开发：全公司协同发力

新产品开发流程的每一个步骤都需要逻辑严谨，正如图 8-3 所示，每一个因素都可能影响最终成败。

高层管理的支持至关重要

在开发新产品方面特别成功的公司似乎都有一个共同特征：高层管理者热情支持新产品开发。新产品往往会打破常规，而旧产品的营销经理往往会试图以微妙但有效的方式维持这些"常规"。因此，需要有一个获得高层支持并且拥有决策权的人来负责新产品的开发。

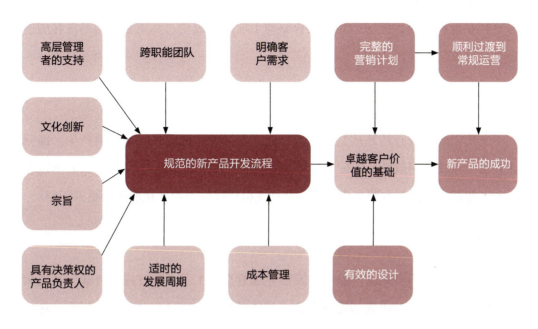

图 8-3　影响新产品开发的因素

品牌宗旨驱动创新

　　前文提到的品牌宗旨与目标导向的概念在此至关重要。超越单纯利润最大化的品牌目标能激发员工提出更具创意的解决方案。研究表明，内在动机更能催生创新想法。例如，员工对帮助贫困人群或环境保护的产品更具热情。当员工看到创新不仅具有经济价值，还能创造社会价值时，他们更愿意积极参与并寻找实现途径。

　　以在线鞋服零售商 Zappos 为例，所有员工（包括高管）都需要接受为期一个月的培训。培训包括两周的实时客服电话处理——接单与解决客户问题。在一次通话中，一位新晋高管与一位为自闭症孙子选购鞋服的顾客进行了长时间交流。这位 11 岁男孩无法独立系鞋带，需要特殊的鞋子设计。这位高管意识到，这类需求群体远不止一人，但市场目前缺乏解决方案。

　　他推动 Zappos 开发了一个专门的网站，旨在"为穿衣困难人群提供功能与时尚兼具的鞋服，让生活更便捷"。这一理念激发了 Zappos 内部各部门的协作——许多员工甚至利用业余时间参与。网站最初与专注该细分市场的中小型供应商合作，但很快耐克和 UGG 等品牌也加入，为这一未被满足的市场需求开发新产品。尽管存在盈利机会，但却是品牌宗旨驱动了项目的成功。真正受益的是现在能进行自主穿衣的人群。

文化创新

文化创新的核心是开放交流、倾听他人意见，并推动优质创意的产生。部分企业通过正式机制鼓励员工创新，例如谷歌允许所有员工将 20% 的工作时间用于探索新想法，即使与本职工作无关。这种支持创新的企业文化能产生更多创意。

指定负责人

成功的企业不会将新产品的开发任务随意交给工程、研发或销售部门中偶然有兴趣的员工，而是明确指定负责人，可能是个人，也可能是部门或团队。这一职责至关重要，不可轻视。

平衡市场需求与公司资源

从创意生成到商业化，企业需要协调研发、运营与营销团队，共同评估新创意的可行性。所有成员必须基于对客户需求的清晰理解开展工作。如果研发人员开发的技术或产品与企业及市场需求无关，一切便毫无意义。

营销经理需要确保新产品项目符合投资回报目标。研发与生产团队需提供企业能力与成本信息，避免营销计划脱离实际。例如，为公司无法盈利或无法生产的产品制定复杂推广方案毫无意义。

新产品的成功

聪明的营销经理会开发市场认可的产品，制订全面的营销计划，明确产品特性、定价、渠道、竞争分析及预算。负责新产品开发的营销经理可能继续进行其常态化运营，也可能将产品移交至产品经理。无论哪种情况，产品上市后仍需要持续行动以确保长期成功。

8.7 产品经理的重要性

当企业仅有一种或几种产品时，所有员工都会关注到这些产品。但如果企业涉足多个产品类别，管理层可能会为每个类别或品牌指定负责人，确保产品在日常运营中不被忽视。产品经理或品牌经理负责具体产品的运营，通常接手广告经理以往的工作职责。这表明他们的主要任务之一通常是推广，因为产品已经由新产品开发团队制作完成。不过，部分产品经理会从新产品开发阶段开始全程参与。

产品经理在生产多种产品的大型企业中尤为常见。多名产品经理可能隶属于一位营销经理。有时，产品经理需全权负责某产品的整体营销活动，并与其他部门或人员进行协作，包括销售经理、广告代理商、生产与研发团队，甚至渠道成员。如果产品经理对其他关联品牌的营销战略或需要协调的职能领域缺乏控制权或决策权，协作就会变得有些困难。

为避免这些问题发生，部分企业中的产品经理主要扮演"产品倡导者"角色，专注于规划与执行推广活动。更高层级、拥有更多权限的营销经理则负责协调整体营销战略，将不同产品的营销计划整合为全局方案。

适应国际市场的产品

产品经理的工作范围因经验、积极性及企业理念而异。如今，企业更重视营销经验，因为营销这一关键岗位需要的不只是学术知识和热情。但无论怎样，必须要有人负责制定并执行与产品相关的规划，尤其当企业的产品线庞杂时。

产品经理还需与国际团队协作，决定是否及如何为不同市场调整产品。部分调整可能简单且必要，例如，因各国电压不同，电器产品需更换不同的插头。一些调整则更具创意。例如，雀巢针对日本推出 19 种独特风味的奇巧（KitKat）巧克力棒，包括酱油、味噌、红薯和蓝莓口味；在德国，柠檬酸奶味奇巧流行；英国市场则偏爱花生酱口味。雀巢的其他产品也会根据国际市场的不同偏好进行调整。例如，雀巢在美国推出水果味冰棒，但在中国推出香蕉味等本地化口味的牛奶冰棒，以契合当地需求。

8.8　管理产品质量

全面的质量管理

产品质量是指产品满足客户需求或要求的能力。现在我们将扩展这一概念，讨论管理者提升企业产品和服务质量的具体方法。这些方法的思路将从全面质量管理（Total Quality Management，TQM）的视角展开。这一理念认为，组织内的所有成员都需要在各项活动中持续关注质量，以更好地满足客户需求。

劣质产品的代价是失去客户

早期质量管理的重点多放在减少工厂生产产品的缺陷上。过去许多企业认为缺陷是大规模生产的必然代价，因此将更换缺陷零件或产品的成本视为经营成本的一部分。相较于大规模生产的优势，这一点成本微不足道。然而，当日本汽车、电子和相机制造商证明缺陷并非不可避免时，许多企业不得不重新审视这一假设。令部分管理者惊讶的是，日本企业的经验表明，首次正确完成某项工作比先做错、再修复更节约成本。而它们成功抢夺既有竞争对手的客户，也证明了缺陷的代价不仅是更换成本，还有失去客户。

从客户的视角看，收到有缺陷的产品不得不投诉，这对客户而言是极大的麻烦。客户无法使用有缺陷的产品，还需要承受等待问题解决时的不便。这样的产品显然无法提供卓越的客户价值，反而会损害品牌好感度，导致客户的不满，信任度下降，客户甚至可能通过口口相传或互联网向他人传播。劣质产品的真正成本是失去客户。

采用 TQM 方法减少制造缺陷的企业很快将相同的策略用于解决其他问题，例如差劲的客户服务、易坏的包装或销售人员无法回答客户问题等。这些成功案例吸引了业界的关注，证明 TQM 方法的潜力。

把事情一次性做好的关键

识别客户需求并一次性做对看似很简单，但实施起来困难重重。问题总会出现，而且并非所有的问题都显而易见，人们往往忽视那些尚未构成即时危机的隐患。但采用 TQM 的企业始终通过不断优化逐步提升产品质量。一旦接受"可能存在更好的方法"的理念并付诸实践，往往就能找到答案。

数据和人工智能为高质量助力

部分企业利用数据和人工智能持续提高质量。例如，工业设备制造商在产品中添加智能仪表和数字传感器，实时监测并且可以做到故障预警，从而在故障发生前更换零件，同时积累数据，为未来产品优化提供依据。甚至有的企业将联网传感器植入奶牛体内监测其健康状况，如果奶牛患病，系统会向农场主发送邮件。传感器常常能比农场主更早察觉到问题。

医疗保健领域产生大量数据，部分初创企业正尝试分析这些数据以提升医疗质量。例如，Enlitic 利用大型医疗数据库和 AI 技术帮助放射科医生更精准地解读医学影像；Deep Genomics 则通过庞大的基因数据库和 AI 技术识别预示健康问题的潜在模式。这些洞察让医生能在疾病显现前为患者提供干预方案。

为每一个接触点提供质量保证

服务质量管理面临着特殊的挑战。几乎所有产品都包含服务要素，无论其本质是服务、实物商品还是二者的结合。即便是轴承制造商，也不只是向批发商或制造商提供钢制滚珠轴承，还需确保交货信息清晰、订单处理无误，并解答客户针对财务或技术的咨询。因此，营销经理也需要关注所有客户接触点的质量，任何环节的疏漏都可能影响客户对整体质量的感知。例如，一家餐厅如果因为服务员态度恶劣而破坏用餐体验，其他方面再出色也无济于事。许多产品的购买与消费流程涉及多个接触点，而服务的接触点通常比实物商品更多。

以 Jiffy Lube 的机油更换服务为例，客户获得优质服务需要所有环节都精准无误：体验可能始于 Jiffy Lube 官网，客户能轻松获取服务内容、价格、营业时间和附近门店的地址、联系方式。打电话咨询时，是否有友善且专业的员工迅速接听？到店后，停车场标识是否清晰？服务队列是否过长？接待人员是否通过车牌号快速调取客户信息？登记流程是否高效？服务态度是否友好？等候区是否整洁并提供 Wi-Fi？如果其他客户带着吵闹的孩子，是否会影响当前客户的体验？结算流程应快速完成，并提供车辆相关信息。取车时车辆需要保持干净。最重要的是，换机油后的车辆不应该立即出现其他服务问题。如果 Jiffy Lube 想为客户提供高质量的服务，每个环节都要无差错地重复执行。其他类型产品的接触点可能更多或更少，但营销经理要意识到所有接触点均会影响客户对产品质量的感知。

培训员工并赋权

服务质量管理的特殊性在于，服务提供者通常需要直接接触客户，因此保持一致性尤为困难，毕竟人的行为远不如机器稳定。此外，服务质量常取决于服务人员对客户需求的解读。例如，发型师需要通过有效提问理解客户的需求，才能打理出满意的发型。因此，即使某员工某一环节操作正确，仍可能因其他失误（如沟通不畅或态度不佳）导致客户不满。

提升服务质量的两大关键在于培训和赋权。所有与客户接触的员工都需要接受培训，许多企业将每年 40 小时的培训视为最低标准。培训需包含情景模拟，以应对不同客户的请求和问题。例如，租车柜台员工如果无法妥善处理客户投诉，即使车辆状况完美，也可能导致客户不满。此外，员工还需要具备自主决策的能力，快速解决问题。如果服务人员因权限不足而无法即时解决问题，客户体验将大打折扣。

企业无法任命大量管理者来检查每位员工的执行情况，而且此类模式通常效果不佳。服务质量无法通过"事后检查"实现，必须由直接提供服务的员工自发保障。致力于提高服务质量的企业会赋予员工自主权，让他们灵活满足客户需求。赋权意味着允许员工无须事先请示管理层即可解决问题。例如，被赋权的酒店客房服务员工知道可以自行到街对面购买客人要求的特定品牌瓶装水。

明确工作任务和绩效

成功的管理者会明确写清楚需要完成的任务、执行方式及负责人。这一做法看似多余，毕竟大多数员工都清楚自己的工作职责。然而，如果任务被明确界定，制定衡量绩效的标准就更为容易。一旦标准确立，评估工作成果和质量就有了依据。

人工智能会取代服务工作者吗

许多服务任务可以通过人工智能实现自动化。人工智能的基础应用集中在常规重复性任务上。例如，过去由人工客服接听的电话现可交由智能语音系统处理。用户只需询问"如何退货"，系统即可解析问题并提供解决方案。

随着人工智能的发展，需要分析技能的服务岗位也可能被替代。许多人想投资理财会咨询理财顾问，如今更多客户选择"机器人顾问"来管理资产。投资者只需访问专门的网站，回答一系列问题，软件便会根据其目标和风险承受能力推荐合适的投资组合。这些智能系统随着学习能力的提升，将提供更高品质的服务。

在质量问题上获得回报很重要

质量的提升可能会增加成本。企业容易陷入误区，即耗费成本去改善那些对客户满意度或客户留存无关紧要的质量维度。虽然客户满意了，但企业因成本过高而无法实现盈利。换言之，部分质量提升投入无法带来财务回报。因此，管理者应聚焦那些真正为客户创造卓越价值的质量改进，但成本不应超过客户最终愿意支付的金额。

第九章

销售渠道的开发与管理

计算机企业的销售渠道分析

在 20 世纪 70 年代，微型计算机很难安装和使用，所以很少有人想买。这也解释了为什么没有计算机商店。澳汰尔（Altair）作为微型计算机第一批品牌之一，其产品最初主要在电子产品展览会上销售，通常买家和卖家只在周六早上的展览会见面。随后，Heath 推出了功能更强大的 H89 计算机，并通过邮购目录的方式进行推销。此外，Heath 还通过电话的方式为客户提供技术支持，从而增加了产品的价值。

此后不久，施乐（Xerox）利用其在分销方面的竞争优势推出了 820 型号计算机。商业客户喜欢从施乐复印机的批发商那里购买计算机。到 1980 年，Radio Shack 的大型零售商店网络帮助施乐将易于使用的 TRS-80 推向更多人，成为当年最畅销的计算机。客户对 Radio Shack 店内员工和技术支持专家所提供的服务表示赞赏。

读到这里时，你可能会想到，上面提到的大多数企业现在都不再销售计算机了。当 IBM 公司推出第一台个人计算机时，上述的企业未能及时做出调整。IBM 品牌吸引力给了更多客户购买的信心。随着 IBM 建立自己的零售连锁店，选定经销商密切合作，个人计算机销量激增。大企业客户直接从 IBM 的销售团队中大量购买计算机。IBM 的设计成为行业标准后，康柏（Compaq）、惠普和东芝（Toshiba）等企业很快也进入市场，推出了自己的个人计算机型号，它们一般通过独立的计算机经销商销售。

不久之后，当时还是大学一年级学生的迈克尔·戴尔开始在宿舍里销售计算机。戴尔认为，对价格敏感的目标客户会对不同的营销组合做出反应。他在计算机杂志上发布的广告直截了当：客户可拨打免费电话，订购一台具备他们想要的确切功能的计算机。除此之外，戴尔使用联合包裹服务直接向客户发货。

这种方式直接避免了中间商加价，而且按订单生产的方式也降低了库存成本，所以价格一直很低。戴尔还制造了可靠的机器并提供了卓越的客户服务。如果他一直与数千家零售商合作，那么将所有这些优势集中起来会很困难。

尽管戴尔的直销模式在精通技术的客户和小企业中运作良好，但它很难在大型政府和企业买家中取得进展。随着时间的推移，戴尔针对这一目标市场调整了策略，利用销售队伍和这些买家建立关系并取得积极的进展。

与此同时，惠普和其他企业试图模仿戴尔成功的直接订购方式。然而，这一举动与已经销售惠普计算机的零售商产生了冲突，零售商对此感到非常不满意。当这些零售商通过推广其他品牌进行回击时，惠普限制了在线销售的型号，并增加了支持其零售商的程序。

为了寻找新的增长方式，戴尔看到了国际市场的前景。在欧洲获得成功后，戴尔进入亚洲。中国是一个巨大的市场，有人数不多但不断增长的中产阶级和许多中小型企业。但是戴尔遇到了中国本土的竞争对手：个人计算机制造商 Legend（后更名为联想）。联想已经占据了这个规模虽小但不断增长的市场。戴尔很难在联想拥有强大分销网络的背景下获得分销渠道。

这就是个人计算机市场故事发生转变的地方，联想在中国建立了强大的基础，最终成为全球个人计算机巨头。早在 20 世纪 90 年代，联想只是一家分销商，为外国个人计算机安装本地软件，并帮助客户连接互联网。后来，联想通过制造自己的计算机向价值链上游移动。在当时的中国，个人计算机处于产品生命周期的市场引入阶段。联想遍布全国数千家零售店为初次购买计算机的客户提供了全方位服务。这些零售店能帮助他们在购买前比较产品、收集建议，并让他们能够真实体验和触摸计算机。

随着时间的推移，一些中国客户对购买个人计算机变得更加放心，并寻求直接从制造商那里购买，这样价格更低。于是联想增加了直销渠道、更敏捷的供应链和及时交货系统，这些改变也让联想保持了低成本，这是对价格敏感的中国消费市场的一项重要战略。当时，一个中国消费者需要几个月的工资才能购买一台个人计算机，许多中国客户是为了孩子的教育购买的。

早在 2005 年，联想在中国以外还鲜为人知。然后它做出了一个大胆的举动：它收购了 IBM 当时陷入困境的个人计算机业务。IBM 退出竞争激烈的计算机市场，这正是联想启动全球分销网络的好时机。IBM 的 ThinkPad 在世界各地的商业客户中很受欢迎，此次收购让联想获得了 IBM 的增值经销商网络。这些经销商采购个人计算机，定制软件和配件，并最终确定了较低的价格来满足商业客户的需求。联想的供应链降低了 ThinkPad 的成本，却没有牺牲其在功率和耐用性方面的声誉。

联想发现，与自己的销售团队相比，美国的经销商以更低的销售成本实现了更多的销售。于是，联想对自己的渠道合作伙伴进行了再投资。后来，联想的经销商增至 3.5 万家，还培训这些经销商销售计算机服务器和配套服务。当一些竞争对手直接向 B2B 计算机用户提供服务时，联想继续依赖其分销商网络，这帮助联想与这些合作伙伴建立了牢固的关系。

经销商对销售联想生产的差异化新产品感到兴奋。联想的 ThinkReality A3 智能眼镜帮助佩戴者同时看到 5 个不同的虚拟计算机显示器，通过左右移动头部就能查看每个显示器的内容。联想还在开发用于教育的虚拟现实耳机。与捷波朗（Jabra）的合作打造了全新的视频会议和协作平台。

联想以 25% 的市场份额占据已经成熟（也许开始衰落）的全球个人计算机市场，领先于惠普和戴尔。在居家办公趋势的推动下，计算机销量在经历了几年的缓慢增长后激增。联想在全球不同地区采用不同的产品和分销方式，这一战略继续帮助其实现增长。

娃哈哈的销售渠道分析

成立于 1987 年的娃哈哈前身是杭州市上城区的一家校办企业，到 1991 年，创业只有 3 年的娃哈哈产值已突破亿元大关。同年，娃哈哈兼并全国罐头生产骨干企业之一的杭州罐头食品厂，组建成立杭州娃哈哈集团公司。1996 年，娃哈哈与法国达能公司合资。其主导产品娃哈哈果奶、AD 钙奶、纯净水、营养八宝粥稳居全国销量前列。其乳酸奶饮料、瓶装饮用水的产销量已跻身世界前列。娃哈哈成功的四大法宝：集权管理提升企业的运作效率；保证金制度捍卫企业资金安全；联销体激发经销商热情；科技创新确保娃哈哈经久不衰、朝气蓬勃。

娃哈哈从改革开放走向新时代，在日趋激烈的竞争中屹立不倒，形成了自己独特的商业模式——联销体。在互联网不发达和下沉市场零售渗透还并不完善的改革开放初期，通过联销体网络，娃哈哈将销售渠道渗透到三、四线城市及农村。联销体的基本架构为：总部—各省级行政区分公司—特约一级批发商—特约二级批发商—二级批发商—三级批发商—零售终端。这个模式被业界称为"以义统利"，也就是"以利为基础，以义为纽带"。这个模式连接着娃哈哈和供应商的情义，形成了配合紧密、风险共担、利益一致的供应链。这一模式合理分配了厂商之间的利益，使厂商之间达到了目标与利益的一致，把渠道上各个层次的客户及客户占有的资金、市场、仓储甚至配送体系等各项资源有机整合进娃哈哈的联合销售共同体内，由一家企业与他人竞争变成几千家企业形成合力与他人竞争，大大增强了企业的市场竞争力，确保了企业产品销售渠道的通畅。

娃哈哈的联销体网络，横跨接近一万家经销商、几十万家批发商以及上百万个销售点。如今在很多农村地区也能找到娃哈哈的产品，这一渠道能力在饮料行业一直没有对手能企及。通过这种方式，娃哈哈不仅确保了自身资金的流动性，增加了在研发、生产和销售方面的投入，而且依靠利益共享和经销商的网络效应，建立了一个遍及全国的经销网络，最终触及了数以百万计的零售终端。消费较频繁、销售渠道较为广泛且单次购买金额较小的产品类别，更加需要制造商对分销渠道有严格的管理和控制，以确保销售额的规模性和稳定性。能解决高难度结构性难题的娃哈哈注定成为成功的企业。

渠道的营销战略规划决策

营销经理必须考虑渠道，即在客户需要时，以合适的数量和地点提供商品和服务。当不同的目标市场有不同的需求时，可能需要多种渠道变化。本章开篇的案例清楚地表明，新的渠道安排会显著影响产品市场的竞争。在当今的商业中，这一点尤为重要，包括网站和电子商务在内的信息技术，使公司能够更高效地协同工作，并直接接触客户。

本章将讨论营销经理在渠道方面必须做出的许多重要的营销战略规划决策。我们将先讨论渠道目标以及它们如何与产品类别和产品生命周期相关联。然后，我们将讨论最能满足客户需求的渠道类型，从生产者到消费者如何共同形成分销渠道。我们还将考虑如何管理渠道成员之间的关系，以减少冲突并改善合作。

9.1　渠道策略由理想的分销目标指导

营销经理都希望商品和服务能在顾客需要的时间、地点和数量上提供得恰到好处。但不同购买行为会产生不同的需求。

产品类别决定渠道目标

前文介绍了产品类别，涉及消费者满足需求的紧迫性以及他们主动获取信息、购物和比较的意愿。现在，我们可以运用这些产品类别来处理消费品和工业品在渠道方面的决策。

消费品类别与终端消费者对产品的思考和购物方式密切相关。表 9-1 进一步说明了消费品类别如何影响消费者购物行为，并由此驱动渠道策略的制定。

表 9-1　消费品类别和渠道策略建议

产品类别	消费者购物行为	渠道策略建议
便利品	消费者不愿意花费太多时间	产品需要广泛分销，以便在需要时随时可用
选购品	消费者希望比较价格（同质）或功能（异质）	与竞品一起销售，方便比较
非渴求品	消费者可能不了解产品，需要偶然发现	与相关产品一起销售，线上零售商可能会添加"购买此产品的顾客还购买了……"等推荐

至于工业品类别，它们涉及买家对产品用途的看法。某些类别对渠道选择有特殊要求：配件和 MRO 消耗品因使用频率高，通常需要更广泛的分销渠道；原材料往往需要特殊的运输和储存条件，需要提前规划；零部件的可靠配送至关重要；

专业服务通常需要线下交付，因此选址靠近客户群体更有优势。

渠道系统不是自动的

同一产品可能因市场细分的不同视角而被归入不同的产品类别。因此，营销经理可能需要制定多种渠道策略，每种策略对应不同的渠道安排，毕竟不太可能存在一种渠道能适合所有情况。

例如，许多消费者将汰渍洗衣液视为家庭洗衣的日用品，因此它广泛分布在超市和折扣店。但如果消费者在自助洗衣店用完洗衣液，更可能将其视为应急品，并希望在自动贩卖机购买小包装。此外，部分酒店将汰渍视为客房部所需的运营消耗品，用于为客人提供干净的床单和毛巾。针对酒店客户，汰渍以大桶装通过客房清洁用品批发商进行销售和配送。

这一案例表明，同一产品可能因目标市场的不同需求而被划入不同类别，进而需要差异化的渠道策略。

产品生命周期引导渠道策略的制定

营销经理在制定渠道策略时，还需要考虑产品生命周期的影响。在市场导入期，企业可能需要谨慎搭建分销渠道，渠道范围有限且选择性较强，因为销量尚小。随着产品进入市场成长期和市场成熟期，企业会逐步增加分销渠道。

以本章开头案例提到的个人计算机市场为例：早期计算机仅在少数专业的计算机商店销售。随着市场扩大，消费者可以从多种渠道购买：专业计算机店（通常为本地店）、办公用品店（如 Staples）、电子产品卖场（如 Best Buy）、大众产品零售商（如塔吉特或沃尔玛），以及线上渠道（如亚马逊或戴尔、惠普的官网）。

渠道策略的长期影响

渠道策略的影响往往更长远，调整起来也比产品、推广或价格更困难。例如，许多企业原以为能快速建立有效的网站开展线上直销，但实际可能需要数年时间和数百万美元才能完善。与渠道伙伴建立有效的合作关系所需的时间和成本可能更高。此外，法律合同可能也会限制渠道调整，而一旦零售店或批发仓库建立后，迁移成本高昂。然而，随着产品进入市场成熟期，通常需要更广泛的渠道覆盖以触达不同目标客户。因此，营销经理在制定渠道策略时，必须前瞻性地考虑未来需求。

9.2 渠道系统既包括直销，也包括分销

生产者需要做出的最基础的渠道决策之一是：是否亲自承担整个销售任务。例如，是通过直接面向消费者的电子商务平台销售（或自建门店销售），还是借助批发商、零售商等中间商销售。

许多企业倾向于直销，以控制营销的全流程。它们可能认为，相比中间商，自己能以更低的成本和更高效的方式服务目标客户。然而，营销经理仍需仔细评估中间商为终端客户带来的价值。直销和分销的优势如表 9-2 所示。

表 9-2 直销和分销的优势

直销的优势	分销的优势
保持对营销组合的掌控	客户会购买捆绑销售的商品
直接接触消费者数据	中间商掌握专业知识与信息
缺乏合适的中间商时的最佳选择	中间商提供资金与信用支持
通过电子商务平台销售可以降低成本	

直销的好处

直销保持对营销组合的掌控

生产者选择直销的一个原因是想掌控营销组合。批发商和零售商通常同时销售竞品，并基于自身利益做出决策。这未必与某个生产者的利益一致。例如，如果制造商希望降价刺激需求，中间商可能因利润受损而拒绝降价。

以固特异（Goodyear）为例，品牌希望消费者知道其"三能轮胎"比某竞品在湿滑路面的抓地力强 21%。但如果 Roadmasters 汽车与轮胎服务中心销售该竞品的利润更高，销售人员可能就不会强调固特异轮胎的这一优势。如果固特异降价，中间商可能选择保留利润差额而非让利给客户。而通过固特异自营的线上或线下门店，企业能确保客户收到与其策略一致的价格与信息。

直接接触消费者数据

企业能直接接触消费者也是直销的优势，从而获取更多市场数据。例如，通过自营网站，企业可了解消费者购买了哪些产品、哪些页面或信息更吸引人、客户对价格变动的反应等。这些数据可用于优化营销战略。如果通过中间商，其可能保留这些信息以增强自身的议价能力，而企业还需要额外投入成本和时间开展市场调研来获取这些信息。

缺乏合适的中间商时的最佳选择

如果找不到合适的中间商或对方不愿合作，企业只能选择直销。例如，批发商可能不愿意采购未经验证的新品牌或产品。实体店铺空间有限，上架新品通常需要下架其他产品。酷乐仕（Glacéau）最初推出维他命水时，批发商对其毫无兴趣。因此，公司创始人直接将瓶装水送到纽约市周边的小型零售店。很快，他用销售数据证明了产品的畅销潜力，分销商才逐渐有了兴趣。酷乐仕通过积累零售商和批发商的支持获得成功，但许多新产品因企业无法找到合作的渠道，且缺乏直销资源而失败。

电子商务平台推动直销

尽管大多数消费品仍通过中间商销售，但越来越多企业选择直接面向消费者的模式。这源于三方面趋势。

1. 低成本基础设施：建网站比过去更便宜，降低了直销的门槛。

2. 高效物流：快递服务让企业能触达过去难以覆盖或成本过高的消费者群体。

3. 消费者习惯转变：消费者越来越习惯网购，许多人不再需要亲自查看商品，依赖在线评价和"免费退货"承诺来降低购买风险。

近年来，部分初创企业通过直接面向消费者的模式颠覆传统市场。例如，Allbirds 仅通过官网销售环保鞋类；Dollar Shave Club 从剃须用品起家，现在扩展至沐浴和护肤产品；Casper 等床垫品牌通过线上销售，提供免费配送服务和宽松的退货政策。

直销虽具优势，但要求企业具备足够的资源与客户触达能力。对于新兴的品牌或产品，这可能是打破市场壁垒的关键策略。

服务型企业和企业产品通常采用直销

服务型企业通常采用直销渠道。如果服务需要在客户面前生产，中间商往往可有可无。例如，会计师事务所和咨询公司直接向客户销售并提供服务。在消费端，小型服务提供商，如美发师、景观设计师和清洁服务公司，通常也无须中间商。

许多工业品也是直接销售给客户的。例如，铝业公司 Alcan 直接向通用汽车供应铝材；伍德沃德（Woodward）生产的泵和燃油喷嘴等产品，也直接销售给波音（Boeing）、空客（Airbus）和湾流（Gulfstream）等飞机制造商。这在企业市场中合乎逻辑：交易次数少、订单量大，且客户可能集中在特定区域。企业可以通过定制化营销组合来满足客户需求。此外，一旦合作关系建立，电子商务系统就能高效处理订单。

当遇见最佳中间商时

虽然一些直接面向消费者的业务声称通过省去中间商来降低价格，但这种情况往往难以实现。有时客户更倾向通过中间商购买，或中间商能以更低的成本或更高效的方式完成必要环节。接下来，我们看看中间商可能成为更优选择的几种场景。

客户希望完成一站式购物

在客户已经形成购买习惯的前提下，他们更倾向于可以一次性在一个中间商那买到不同的商品。例如，多数消费者希望能在同一家超市购买牛奶、面包、肉类、水果和蔬菜。同样，Square D（一家电气设备制造商）虽然可以通过官网或销售办公室直接对接电气承包商，但如果承包商习惯在本地电气分销商处"一站式"采购所有材料，那制造商只能通过中间商触达客户。

中间商掌握专业知识与信息

中间商可能是连接买卖双方的信息专家。例如，普通客户对种类繁多的房屋和汽车保险政策知之甚少，但保险代理人能帮助他们选择最适合自身需求的险种和保险公司。

贴近客户的中间商还能预判客户需求，从而降低整个渠道的库存成本，帮助企业更平稳地安排生产。

当企业进入国际市场时，常常更加依赖中间商提供当地客户的需求洞察结果和市场环境分析。

中间商提供资金与信用支持

直销需要企业在设施、人力和信息技术上投入大量资金。如果企业资金有限或希望保持灵活性，与现有的中间商开展合作是更优选择。中间商通过代购库存，能够有效减少企业的运营资金需求。例如，如果消费者希望立刻购买商品，中间商必须确保库存充足。如果目标客户分布广泛，更需要借助中间商实现广域分销。

部分中间商在渠道末端承担信用风险。例如，本地批发商更了解客户的信用状况，可避免企业因在线订单发货后客户拒付货款而承受损失。

渠道合作伙伴为 Solar Sister 带来了本地知识和社区关系网络

Solar Sister 在乌干达、坦桑尼亚和尼日利亚寻求分销渠道的合作伙伴，销售太阳能灯具、手机充电器和太阳能板。由于消费者需要了解这些产品如何节省时间和成本，Solar Sister 希望有当地的销售团队。最终，公司决定赋能当地村庄的女性，让她们做分销商，因为她们已在社区中赢得信任。这些女性从 Solar Sister 购买产品，再转售给村内其他居民。由于她们并非 Solar Sister 的员工，所以这属于分销。通过将这些当地女性培养为分销商，Solar Sister 既满足了消费者需求，也改善了她们的生活条件。

这一模式巧妙地结合了社会价值与商业逻辑：女性分销商获得增收机会，而消费者得以在偏远地区获得清洁能源产品。

很多企业采用直销和分销相结合

直销和分销并不是非此即彼的选择。许多企业同时采用两种模式来针对不同的目标市场。例如，傲特利（Autolite）通过直接渠道向福特等汽车制造商销售火花塞，同时也通过汽车配件零售商面向消费者销售。

其他企业则通过新增直接或间接渠道兼顾两者优势。例如，Harry's 剃须品牌和 Glossier 美妆品牌最初仅通过官网直接面向消费者销售，如今也通过沃尔玛和塔吉特等实体门店销售。新增渠道让小品牌接触到了更广泛的客户群体。

即使是曾经只通过零售渠道销售的耐克和李维斯，如今也加大力度直接面向消费者销售。目前两大品牌超过 1/3 的收入来自直接面向消费者的线上渠道。

不要感到困惑

在结束直销与分销的讨论前，需要澄清两个容易混淆的概念。第一，部分产品虽然通过直销方式进入消费者的家中或工作场所，比如 Rodan + Fields 护肤品、Scentsy 香氛产品、LuLaRoe 女装，但这仍属于分销。因为涉及的销售人员大多并非企业员工，而是独立经销商、分销商或代理商。严格来说，这种模式仍需要中间商，因此不算直接面向消费者。

第二，直接营销也是容易混淆的概念，它是指企业通过非面对面的推广方式（如邮件、社交媒体）与客户直接沟通。虽然部分企业结合直接营销与直销（如官网销售），但是多数企业仍通过中间商分销。例如，罗技（Logitech）通过邮件直接联系购买电脑外设的客户，但产品本身仍然通过零售商来销售。因此，直接营销主要涉及推广策略，而非渠道策略。

企业选择直销、分销或混合销售模式，需要理解这些差异与区别。

9.3　渠道专家可减小差异与减少隔阂

消费者希望购买的产品种类和数量，可能与制造商的供应种类和数量存在差异。制造商通常远离消费者，且未必清楚如何触达目标市场；消费者也可能不了解可选产品。此时渠道专家会制定策略来尽力消除这些差异与隔阂。

数量和产品组合的差异

数量差异意味着制造商的经济生产量与消费者实际需求量可能不匹配。例如，高尔夫球制造商通常进行批量生产，可能在特定时间段生产 20 万 ~ 50 万颗球。但普通高尔夫爱好者每次只需要购买少量的球。为解决这一问题，通常需要批发商和零售商进行分装和零售。

制造商通常专注于单一的产品线，而消费者可能需要更多配套产品。产品组合差异就是指制造商生产的产品与终端消费者期望的多样化产品组合之间的差异。例如，高尔夫爱好者不仅需要高尔夫球，还需鞋、手套、球杆及高尔夫球场等，但很少有人单独购买每样产品。因此，批发商和零售商（如高尔夫用品专卖店）的整合销售策略能有效解决这一问题。总之，中间商通过调整产品数量和种类，让制造商的生产量与消费者的需求量精准匹配。

渠道专家通过重组活动调整差异

重组活动调整了产品在渠道各层级的数量或种类。重组活动包括四项具体操作：积累、分装、分类和搭配。如果需要这些活动，渠道专家会设计对应方案以满足需求。

通过积累和分装调整数量差异

积累指从多个小规模制造商那里收集产品。例如，哥伦比亚高山地区有许多小农种植咖啡豆。这些咖啡豆需要被集中起来，以最低的运输成本供应给远距离的食品加工企业。这种活动在欠发达国家、农业市场或专业服务领域尤为重要。

积累在专业服务领域同样重要，因为其通常需要多位专业人士的协作。例如，医院通过集中多位医疗专家的服务（即使他们并非医院员工），为患者提供便捷的诊疗体验。此外，许多通过网站运营的批发商和零售商也专注于积累功能，将分散生产的产品整合到统一平台，供消费者一站式购买。

分装是指在产品接近终端市场时，将大包装分拆为小包装。这一过程可能涉及多级渠道：批发商将大批量产品拆分后卖给其他批发商或零售商，零售商最终以单件形式销售给消费者。

通过分类和搭配调整产品组合差异

渠道专家通过两种重组活动调整产品组合差异：分类和搭配。

分类是指根据目标市场需求，将产品按等级和质量细分。例如，投资公司可能向客户推出仅包含稳定分红公司股票的共同基金。专为便利店服务的批发商可能专注于提供小包装的常用商品。

搭配则是将多样化产品组合成目标市场所需的整体方案。这一活动通常由距离终端客户最近的渠道（如零售商或批发商）来完成，以满足客户的便利性需求。例如，向高尔夫球场销售拖拉机和割草机的批发商，也可能同时提供草种和肥料，形成完整的草坪维护产品组合。

渠道专家减少各种隔阂

渠道专家还能减少制造商与终端客户之间的隔阂。例如，地理位置与时间上的隔阂：制造商常选择集中生产以降低成本，但客户希望实现随时随地按需购买。此外，制造商可能掌握所有客户的总体需求数据，但客户往往存在个性化需求。信息隔阂则表现为制造商可能不了解各地客户的具体偏好。例如，苹果未必清楚印度或加利福尼亚的客户更倾向哪些 iPhone 型号。此时，当地的渠道专家可以根据区域需求来备货他们认为最畅销的产品。

这些关于差异、隔阂及渠道专家如何解决的内容，总结在表 9-3 中。这些概念共同解释了为何许多市场需要渠道专家的存在，以及他们如何通过渠道功能实现产品定位。

表 9-3　渠道专家如何减小差异和隔阂

分销挑战	制造商希望	客户希望	渠道专家的重组活动
数量差异	进行大批量生产，因为这样更有效率	一次购买少量产品，这样就不需要储存多余的产品	积累：从许多小型生产者那里收集产品 分装：将大批量货物分成小包装
产品组合差异	生产较少产品组合，因为这样更有效率	寻找相关产品的组合，更高效地购物	分类：将产品按不同目标市场所需的等级和品质分开 搭配：将各种产品组合在一起，提供目标市场所需的产品组合
地理位置、时间和信息上的隔阂	在一个地点、一个时间进行生产	随时随地按需购买	渠道专家为客户提供便利（地理位置和时间方面），更好地了解本地需求

数字产品也需要分销

虽然大多数数字产品是无形的，但它们也需要传播。音乐、电视节目、电影、电子书、游戏和软件都以无形的数字形式存在，尽管有些也以实物商品的形式出售。许多服务产品经常在网上购买和交付，例如机票和银行业务。数字产品的分销成本可以非常低，因为它们在互联网上的传播成本很低或几乎可以忽略不计。然而，即使没有实体形式，对拥有数字产品的公司来说，分销仍然是一项重要的营销战略规划。

数字产品经常面临与有形商品相同的差异和隔阂。因此，渠道专家也会通过执行重组活动为数字产品的分销增加价值。

数字产品的分销

如今，许多人通过数字格式（如卫星电视、有线电视或奈飞、Hulu 等流媒体服务）消费视频娱乐内容（电视节目或电影）。视频市场的一大特点是：数百个频道提供了海量节目，观众几乎无法跟上所有选择。即使单个频道的节目数量也远超多数观众的观看能力。因此，类似 Hulu 的渠道专家应运而生。如同其他中间商一样，Hulu 从电视网络和影视公司集中内容，再通过互联网将其分发到手机、电脑或电视。

作为渠道专家，Hulu 减少了消费者（视频观众）与制造商（电视节目和电影内容创作者）之间的差异与隔阂。观众面临数量差异：全球每年制作数百万小时节目，但单次观看时长通常只有 1 ～ 2 小时；同时存在产品组合差异，例如观众可能喜欢自然类节目，但这类内容分散在探索频道、国家地理、公共电视网等不同平台。

Hulu 通过重组活动更好地满足观众需求。

1. 积累：整合多频道内容，让观众通过单一平台搜索和获取所需节目。

2. 分装：接收网络提供的批量内容，再按单集形式提供。

3. 分类：允许观众按频道、节目类型或体育队伍筛选内容，帮助他们识别高质量内容。

4. 搭配：根据观众兴趣组合节目，形成个性化内容包。

可见，数字产品制造商与有形商品制造商面临相似的挑战：如何通过渠道专家减少数量、产品组合差异，以及消除地理位置、时间、信息隔阂。

增减渠道可以创造价值，实现差异化

渠道专家会根据需求调整策略，解决差异与隔阂问题。有时发现这种需求本身就是商机。例如，大城市白领因时间紧张无法每天都外出吃午餐，城市餐车的兴起开辟了新渠道。

另外，如果仅仅因为传统做法而保留中间商并无意义，去除中间商反而可能带来新机遇。如今，部分工业品制造商通过官网触达偏远市场的客户数量，已超过按佣金提成的独立制造商代理的分销数量。官网的成本优势可以转化为更低的价格，或为某些目标细分市场提供更具价值的营销组合。

9.4　渠道关系的管理

营销经理必须选择渠道关系类型

中间商的确能够提升渠道效率，但不同的渠道间可能存在协作问题。它们的合作效果取决于彼此间的关系类型。这一点需要仔细考虑，因为在选择加入或开发渠道系统时拥有多种模式选择。

所有渠道应该有一个共同的市场承诺

理想情况下，渠道系统的所有成员应拥有共同的市场承诺，即所有成员聚焦同一终端目标市场，并以适当的方式分担各项营销职能。当渠道成员做到这一点时，他们能更有效地争夺客户业务。遗憾的是，许多营销经理忽视这一理念，因为这与传统的渠道关系管理方式不太一样。

传统的渠道系统是弱关系

在传统的渠道系统中，各渠道成员几乎不尝试相互协作。他们仅进行买卖交易，关系仅止于此。每个成员仅做自认为最有利于自己的事，不关心其他渠道成员的利益。这种短视行为虽然不明智，但它的原因不难理解，因为各渠道成员的目标可能不同。例如，库柏工业公司（Cooper Industries）希望电气建材批发商销售其产品，但该批发商若与多家制造商合作，可能并不在意具体销售哪个品牌的产品，其最终目标是赚取合理的利润。

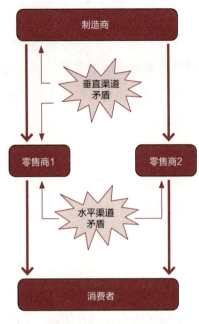

图 9-1　渠道冲突类型

冲突成为障碍

专业化虽能提升渠道效率，但如果各渠道成员过于独立则适得其反，导致运作不畅。传统渠道成员常常因为目标差异和经营理念不同而产生矛盾。

分销渠道中存在两种基本冲突类型。一种是垂直渠道冲突，指不同层级渠道间的矛盾。例如，如图 9-1 所示，制造商与零售商可能目标不同：制造商希望最大化销量，而零售商追求更高的利润；制造商给零售商折扣，期望其能降价促销提升销量，零售商却可能选择维持原价并采购更多产品。制造商与零售商对某产品的推广力度也存在不同意见。丝芙兰（Sephora）推出自有品牌美妆产品（Sephora Collection）后，以往合作的品牌（如雅诗兰黛和兰蔻）因货架空间、销售人员关注和销售额被挤压而产生不满。

另一种基本冲突类型是水平渠道冲突，指同一层级渠道间的矛盾。例如，某自行车实体店拥有实物产品展示、专业销售人员和试骑服务，却发现线上零售商以更低的价格销售同款自行车。线上零售商"免费搭便车"，利用了实体店的库存和销售投入，却无须承担同等成本。

这些冲突源于各成员追求自身利益的最大化，但可能损害了渠道整体的效益。因此，渠道管理需平衡各方目标，减少摩擦，以实现协同效应。

管理渠道冲突

一定程度的冲突不可避免。如果冲突能让终端客户获得更大价值，它甚至是有益的。但大多数营销经理都尽力避免冲突出现。通常，不同渠道服务于不同的目标市场。例如，7-11 等便利店与好市多（Costco）等会员店均销售可口可乐，但前者在众多便利店提供冰镇单杯装，后者则在仓库店以每箱 24 罐的常温包装销售。两者通过差异化的营销组合来满足不同的需求。

另一种策略是通过不同的渠道销售不同的产品。吉布森（Gibson）吉他公司曾通过官网销售吉他及配件（琴弦、拨片、拨片架等），但这引发了传统零售商的不满。此外，Gibson 要求所有经销商必须持有大量配件库存，但经销商认为这会增加库存的成本。因此，在传统零售商和经销商投诉后，Gibson 官网停止销售吉他，但仍继续销售多数零售商不愿意持有库存的多样化配件。其竞争对手芬达（Fender）也尝试直接面向顾客销售，导致经销商担心顾客会在门店试弹后转去官网购买。尽管 Fender 承诺不降价冲击经销商，但部分经销商仍然选择更安全的策略，引导顾客购买 Gibson 而非 Fender 吉他。

有时企业通过停售竞品来消除冲突。沃尔玛收购户外零售商 Moosejaw 后，在自己的官网销售高端产品，如 250 美元的 Deuter 徒步背包和 Leki 100 美元的登山杖。其他零售渠道担忧沃尔玛降价销售，抢走客户，于是对品牌进行了投诉。在收到投诉后，两家品牌要求沃尔玛下架其产品（无论是线上还是线下），沃尔玛最终选择了配合。

总体而言，虽然某渠道成员更具话语权，但是企业公平对待所有合作伙伴仍能建立信任并减少冲突。信任关系能促进渠道协作，最终更高效地满足消费者的需求。

"渠道队长" 主导渠道关系

尽管每个渠道系统应作为一个整体运作，但部分企业因地位优势通常能够主导关系并协调整体渠道。我们将这类渠道称作"渠道队长"，负责统筹渠道活动并解决渠道冲突。

例如，哈雷戴维森（Harley-Davidson，简称哈雷）计划扩大时尚配件的销售时，经销商难以在门店为各类款式腾出更多的空间。哈雷考虑官网直销，但这可能分流依赖经销商销售摩托车和配件的客户。最终，哈雷总裁召集经销商和公司管理层共同制定方案：通过官网来销售哈雷产品，但订单会分配给距离最近的经销商，由其完成配送。这样既避免冲突，又整合资源。

"渠道队长"的概念虽合理，但传统渠道通常缺乏公认的领导者。各渠道虽通过政策相互关联，却未形成协调的系统。因此，提前规划渠道关系来减少冲突至关重要。"渠道队长"需要以最有效的方式安排必要职能。

一些制造商主导渠道关系

制造商有时会主导渠道关系，通常发生在以下情况：企业规模较大、占据品类主导地位，或拥有强大的品牌。此时中间商多处于次要地位，支持制造商的决策。双方虽然可能通过谈判实现双赢，但制造商通常更具话语权。

以 Boar's Head 为例，这家美国高端熟食品牌（销售高端肉类、奶酪和调味品）作为制造商，主导着渠道系统。其广告支出远超竞争对手，并赢得消费者的品牌偏好与品牌坚持，从而获得这一地位。Boar's Head 与零售商谈判时，要求确保其品牌在熟食区占据主导地位，并长年是店内唯一的高端品牌。它的产品甚至一直维持溢价定价，优秀的营销战略帮助其保持高利润率。

中间商主导的渠道系统

有时渠道的主导权由批发商或零售商掌握。他们更贴近终端消费者，因此是"渠道队长"的最佳选择。中间商通过收集、分析和解读数据，能更精准把握消费者需求，并据此寻找能以合理价格提供产品的制造商。如今，沃尔玛、劳氏、克罗格和特易购等强势零售连锁店在欧美和亚洲的许多品类中主导渠道系统。在此情况下，零售商常向供应商建议开发新品，并对定价有着显著的影响力。

9.5 垂直营销系统以最终客户为中心

在前一节中，我们描述了传统的渠道系统。在传统的渠道系统中，渠道中的每个成员都专注于自身的利益，通常最大化自身的利润，而较少关注其他的渠道成员。

许多营销经理认为，和谐运行的渠道系统有利于渠道中的所有成员。另一些经理正带领企业脱离传统的渠道系统（因为传统的渠道系统可能导致更多冲突和整体利润降低），转而开发或加入垂直营销系统。垂直营销系统的整个渠道聚焦于终端市场的同一目标客户。为实现这一目标，渠道成员需达成更高程度的协调与合作。

如果最终消费者没有购买产品，整个渠道的利益都会受损。如表 9-4 所示，垂直营销系统主要有三种类型：公司型、管理型和契约型。

表 9-4　传统的渠道系统与垂直营销系统

特征表现	传统的渠道系统	垂直营销系统		
		公司型	管理型	契约型
合作程度	极少甚至没有	完全协作	部分协作	较多协作
数据共享程度	极少甚至没有	完全共享	部分共享	较多共享
控制方式	无	单一企业完全控制	经济实力	合同约束
代表案例	典型的独立渠道	宣伟	通用电气	麦当劳

公司型渠道系统高度集成

公司型渠道系统代表整合程度最高的垂直营销系统。部分公司通过内部扩张或收购其他公司（或两者结合）建立了自有的垂直营销系统。在公司型渠道系统中，渠道全程由单一公司掌控，可以说公司直接运作。但事实上，公司可能同时负责生产、批发和零售，因此更准确的描述是将其视为一个垂直营销系统。

例如，宣伟（Sherwin-Williams）公司生产油漆，并拥有库存仓储中心和零售门店。在这些渠道中，存在高度协调与信息共享。宣伟门店的计算机系统与公司总部及生产工厂共享销售数据。促销活动（如特定款式的销售）因为渠道全权归属同一家公司而紧密协调。例如，当某款乳胶漆促销时，本地广告、门店标识以及仓储和零售端的库存均针对需求激增做好了准备。

有的公司型渠道系统自成立之初便设计为垂直整合模式。有的则通过垂直整合，收购不同渠道层级的公司来实现。例如，宜家购买了罗马尼亚的森林资源，以更严格地把控关键原材料的供应。

垂直整合可能带来潜在优势：稳定的原材料来源、对分销和质量更好控制、更强的采购能力、更快速可靠的信息数据流，以及更低的管理成本。只要各层级渠道的产品数量与产品组合差异不显著，垂直整合就可能有利可图。然而，许多管理者发现，企业同时擅长制造、批发和零售业务，实非易事。因此，这些企业更倾向于专注自身最擅长的领域，并探索其他渠道协作的方式。

管理型渠道系统和契约型渠道系统运行良好

企业无须建立成本高昂的公司型渠道，即可获得垂直整合的优势。管理者可以选择开发管理型或契约型渠道系统。

在管理型渠道系统中，渠道成员通过非正式协议合作。例如，他们可以标准化订单流程、通过计算机网络共享库存和销售数据、统一会计标准，并协调推广活动。这种情况通常出现在某渠道成员（如渠道队长）拥有足够的影响力，能够推动其他成员协作时。例如，塔吉特或宝洁等大型零售商或制造商常常主导此类垂直营销系统。

在契约型渠道系统中，成员通过合同约定合作事宜。例如，福特与经销商签订详细合同，明确双方的责任及承诺。麦当劳餐厅虽然由本地负责人来经营，但均与总部签订合同，确保统一的运营标准。在这两种系统中，成员仍可保留传统渠道系统的部分灵活性。

垂直营销系统主导着市场

如今，消费品类垂直营销系统已占据多数的零售份额，并有望在未来进一步提高。垂直营销系统正成为美国分销体系的主要竞争单元，并在全球其他地区快速扩张。

9.6　最好的渠道系统应该实现理想的市场曝光

你可能认为所有的营销经理都希望产品实现最大化的潜在客户曝光，但事实并非如此。某些产品类别所需的市场曝光远少于其他类别。理想的市场曝光度应确保产品足够覆盖市场，满足目标客户需求，但不过度。过度曝光只会徒增整体营销成本。

分销可以是密集的、选择性的或独家的

密集分销是指通过所有负责任且合适的中间商来销售产品，这些渠道会储存或销售产品。选择分销是仅通过能给予产品特别关注的中间商来销售产品。独家分销则在一个特定地理区域内仅通过单一的中间商来销售产品。如表 9-5 所示，从密集分销转向独家分销时，企业以减少市场覆盖率的形式来换取其他优势，包

括但不限于降低成本。

表 9-5　不同分销形式的区别

特征	密集分销	选择分销	独家分销
销售网点数量	众多	居中	极少
适用场景	日用品、工业品，高销量可以抵消高成本	覆盖广泛，对中间商特别关注	客户群体较少，需要中间商支持特许经营要求受保护的市场
示例	可口可乐	固特异轮胎	奥迪

密集分销：消费者在哪买，就在哪卖

密集分销常用于生活用品和办公用品，比如打印机墨盒、三孔活页夹、复印纸。这些产品在多数办公室都会使用到，消费者希望此类商品就近可得。例如，雷诺威（Rayovac）电池销售表现不佳，尽管其性能与劲量（Energizer）和金霸王（Duracell）相当。部分原因在于后两者的广告投入更大，但消费者通常不会特意购买电池，83% 的购买属于冲动消费。为抢占更大的市场份额，雷诺威需进驻更多零售店，通过"减少广告投入并降低价格"的营销战略吸引零售商。三年内，该品牌从覆盖 3.6 万家门店扩展至 8.2 万家，销量随之大幅增长。

选择分销：哪里卖得好，就在哪卖

选择分销介于密集分销与独家分销之间，该策略适用于各类产品。企业仅选择更优质的中间商，在获得独家分销部分优势（如品牌形象提升）的同时，仍能实现较广的市场覆盖。例如，高端电子产品或奢侈品通过选择分销确保渠道质量，同时又触达足够多的消费者。

降低成本，找到更好的合作伙伴

选择分销策略常用于避免与四类中间商合作：订单量过小；退货率过高或服务需求过多；信用评级不足；无法有效销售产品。

如今，选择分销逐渐取代密集分销，因为企业发现不需要 100% 的市场覆盖率也可以支撑全国性广告投放。没有本地门店也可以选择线上购买。80% 的销量往往集中于 20% 的客户，这一现象也符合"二八法则"。

选择分销可以产生更多利润

选择分销不仅能为制造商带来更高的利润，还能惠及所有的渠道成员。批发商和零售商如果知道自身努力能获取产品的主要销量，便更愿意积极推广。例如，他们可能拓展产品线、加大推广力度或提升服务质量，这些举措都能增加销量。以 Viper 为例，它的远程启动汽车系统通过选择分销策略（每个城市仅有少数门店）获得经销商更大的支持。

选择分销通常会转变为密集分销

对于非渴求品，制造商初期通常会依赖选择分销。知名批发商或零售商可能具备将产品推向市场的能力，但会限制合作渠道的数量。制造商初期可能同意此安排，但后期可能因为更多零售商希望销售该产品而与其产生矛盾。

独家分销有时是有意义的

独家分销是选择分销的极端情况，制造商在每个地理区域只选择一家批发商或零售商来销售。除了选择分销的优势，制造商可能通过独家分销控制价格与服务质量。例如，麦当劳等特许经营商为加盟商划分独家区域。

独家分销的边界

独家分销是美国反垄断法所考虑的领域，法院关注的焦点是独家分销安排是否会损害竞争。

横向安排，即在相互竞争的零售商、批发商或制造商之间达成的按客户或地区限制销售的协议，一贯被美国最高法院认定为非法。法院认为这种安排明显是合谋，减少了竞争，损害了客户利益。

纵向安排，即制造商和中间商之间的垂直协议，合法性并不明确。1977 年，美国最高法院的一项裁决（涉及 Sylvania 和电视机分销）推翻了早先的一项裁决，即建立限制地域或客户的纵向关系是非法的。现在法院可以权衡可能的有利影响和可能的竞争限制，其关注的是整个渠道之间的竞争，而不仅仅是一个分销层面的竞争。对 Sylvania 的判决并不意味着所有纵向安排都是合法的，它意味着一家公司必须能够在法律上证明任何排他性安排是合理的。

因此，公司在进行任何独家分销安排时都应谨慎。法院可以强制改变那些代价高昂建立的关系。更糟糕的是，如果法院裁定竞争者受到了损害，它可以判公司赔付三倍的赔偿金。

同样的注意事项也适用于选择分销，其对竞争可能产生的影响更为深远。在构建渠道系统时，仔细选择渠道成员已成为更普遍的做法。然而，拒绝向一些中间商供货，必须基于一套长期的、合理的规划，且有利于消费者。

9.7　多渠道分销和逆向渠道

试图实现理想的市场曝光度可能导致分销渠道复杂化。企业可能需要通过不同的渠道触达不同的细分市场，或确保在购买流程的各阶段覆盖目标客户。有时该行为会引发渠道间的竞争与冲突，有时还需要开发额外的渠道以处理退货或回收。接下来我们将深入探讨多渠道分销及逆向渠道。

很多公司使用多种分销渠道

例如，一家计算机图书出版公司通过以下渠道销售：

- 通过一般图书批发商分销至网络书店和独立书店；
- 通过计算机用品批发商对接百思买（Best Buy）等电子类超级卖场；
- 通过大型连锁书店销售，甚至通过官网直销；
- 互联网零售商同时提供纸质书和电子书下载。

显然，多渠道扩大了客户的触达范围，但问题随之而来：不同批发商和零售商要求不同的利润空间，可能引发价格竞争；中间商们的竞争可能导致其与出版公司产生冲突。如果选择通过增加分销渠道来提升市场曝光度，管理者就必须评估可能引发的渠道冲突。

多渠道分销越来越普遍

多渠道分销指制造商通过多个竞争渠道触达同一目标市场，可能包括直销渠道及多种中间商。这一模式越发普及。例如，消费者可以从苹果官网、苹果直营店、亚马逊等在线零售商，或沃尔玛、大学书店等实体店购买新款iPad。同样，胡椒博士也通过便利店、超市、自动贩卖机及餐厅等多渠道分销其产品。

　　有时制造商选择多渠道分销，是因为现有渠道表现欠佳或者未能覆盖潜在客户。例如，锐步（Reebok）曾依赖本地运动用品店向高中及大学运动队销售鞋类产品，但销量未达预期。锐步组建直销团队直接和学校对接后，销量显著提升。

消费者跨渠道购物

　　多渠道分销普及的主要原因之一是其顺应了消费者的购物偏好。在购买流程的不同阶段，消费者可能认为不同的渠道有效。当消费者在多个渠道搜集信息、评估产品并完成购买时，便属于多渠道购物，消费者在购买流程中会切换不同渠道。

　　例如，一位寻找新网球拍的多渠道消费者可能先在亚马逊上阅读某网球拍的客户评价，再前往本地网球俱乐部的专业球具店试用该款球拍，最后通过官网以折扣价购买。这种跨渠道的购物行为已成为常态，企业需要设计无缝衔接的多渠道体验以满足客户需求。

消费者只能选择一家店购买

　　多渠道购物给那些认为自己推动了销售却未能从努力中获利的渠道成员带来了困扰。在网球拍购买的例子中，亚马逊和专业球具店协助了消费者，但只有官网获得了利润。

　　消费者前往实体店试用产品，然后通过价格更低的在线零售商购买，这种行为被称为"展厅行为"。通常，实体零售商充当竞争对手（通常是价格更低且在线运营）的展厅，为消费者提供可观看、试用和触摸的真实产品。智能手机的广泛应用使这种行为变得更容易，顾客在零售店扫描产品条形码就能看到亚马逊价格，只需点击即可在线完成购买。

　　这种行为也存在反向操作。"网络展厅行为"发生在消费者通过在线商店收集信息（比如阅读评价）后，转而到实体店购买，这可能是为了更快获得产品。当然，在任何购物过程中，只有顾客最终选择的零售商才能获利，而非那些在购买过程中仅为顾客提供信息的零售商。

全渠道：无缝衔接的多渠道购物体验

部分批发商和零售商正致力于将顾客全程保留在自己的商业生态系统内。部分在线零售商已增设实体店，而许多实体店即使没有实际电商店铺，也建立了提供实用购买信息的线上站点。采用这种策略将实体店与线上渠道连接的零售商能够形成竞争优势。

全渠道是一种多渠道销售方式，零售商通过电脑、移动设备或实体店提供无缝衔接的顾客购物体验。全渠道是多渠道分销的范例，旨在吸引偏好跨渠道购物的单一消费者。例如，美国银行允许客户通过网站、移动应用或传统银行网点申请贷款、查询账户余额、转账等。

营销经理监控所有渠道

当企业采用多渠道分销时，营销经理需要定期监控各渠道的销售情况。分渠道销售报告是常用的工具，列出了各渠道的销量和销售额，帮助营销经理了解各渠道的绩效表现，也能针对不同的细分市场，提供顾客行为的洞察分析。

道德困境

如果竞争环境变化或消费者的需求发生转变，现有渠道系统就可能失效。为了满足消费者需求进行的调整可能损害渠道中的一个或多个成员的利益。这种情况下将引发渠道领域的道德困境，因为并非所有渠道成员都能获益。

例如，在分销渠道中，批发商和零售商可能会信任制造商制定适用于整个渠道的营销战略。但制造商可能认为改变现有模式才能更好地服务消费者及其自身业务。如果立即实施此类调整，当前合作的批发商伙伴可能会失去自主调整的机会。他们对制造商的依赖程度越高，所受冲击就可能越大。这种情况下很难确定最优或最符合道德的解决方案，但营销管理者必须慎重考虑渠道策略调整对其他渠道成员的影响。渠道中的信任关系必须谨慎维护。

逆向渠道也很重要

大多数企业专注于将产品送达顾客，但部分营销经理还需要规划逆向渠道，即用于回收顾客不再需要的产品的渠道。逆向渠道的需求可能出现在多种不同的场景：玩具公司、汽车厂商、制药公司等企业有时因安全问题必须召回产品；订单处理出现失误的企业可能需要接受退货；电脑显示器在保修期内损坏时，需有人将其送至维修中心；软饮公司可能需要回收空瓶；国家法规要求在产品生命周期结束时回收产品。当然，顾客有时也仅因尺寸不符或后悔购买而希望退货。

法律要求个别行业增加逆向渠道

许多企业不情愿地增设逆向渠道，这类举措往往源于环境保护法规。例如，部分法规要求制造商在产品使用寿命结束时回收或再利用，且不得向顾客收取额外费用。欧盟《废弃电子电气设备指令》(*Waste Electrical and Electronic Equipment Directive*)规定制造商必须回收废弃电子电气设备，包括电脑和电视机等产品。

类似的法规在美国也逐渐兴起。政府激励企业将可持续性融入新产品设计，要求制造商承担回收责任。这不仅催生更多环保产品，也促进世界更美好。

逆向渠道：可持续且有利可图

逆向渠道不但有助于环保，许多企业也可以从中获利。例如，可口可乐重复使用玻璃瓶比采用塑料包装或易拉罐更经济。回收对施乐更为关键：客户购买新复印机时，对施乐提供的旧机回收服务反响良好。更有利的是，该项目首年通过翻新设备和转售回收机型零件，为施乐节省了 5000 万美元。

部分消费者更倾向于购买可持续产品。萧氏地毯 (Shaw Floors) 专攻此类消费者群体：生态智造方块地毯采用回收地毯制造，并承诺免费回收旧地毯。为便于消费者联系，每块地毯背面印有萧氏地毯的联系电话。

逆向渠道规划

如果营销经理未规划逆向渠道，顾客可能被迫自行解决自身问题。因此完整的渠道策略也需要考虑建立高效的退货机制，需要制定各渠道成员认可的政策。如果这是满足顾客需求的必要条件，就应纳入营销战略规划。

9.8　进入国际市场

分销的战略决策基本上适用于所有公司，无论其是只专注于国内市场还是试图在国际市场上接触目标客户。然而，营销经理面对国际市场的差异，需要做出额外的选择。在国际市场中，文化和法律可能与营销经理所熟悉的不同。财务报告的要求可能非常严格，也可能不严格，因此评估客户的信誉可能是一个挑战。尽管如此，许多中小型企业仍将国际市场视为一个值得冒险的成长机会。如图9-2所示，进入国际市场有五种基本策略。通常，风险更大、所需投资更大的方法可以更好地控制所使用的营销组合。

图 9-2　进入国际市场的基本策略

出口往往是第一选择

一些公司通过出口进入国际市场，将公司生产的部分产品销售到国外市场。一些公司一开始出口只是为了利用过剩的产能，甚至是为了处理过剩的库存。它们对产品、标签甚至说明书几乎不做任何改变。这就解释了为什么早期出口的效果不太令人满意。后来，一些公司与中介机构密切合作，开发适当的营销组合来处理问题。

美国 Sono-Tek 公司生产用于许多电子制造工艺的超声波喷涂系统。该公司60% 的收入来自出口，产品主要销往欧洲和亚洲。该公司的出口也花费了更高的成本，约 80% 的营销预算都花在了国际市场。

授权通常是一种简单的方法

授权是指允许他人使用某些工艺、商标、专利或其他权利以收取特许权使用费。外国市场的被授权方承担了大部分风险，因为它必须进行一些初始投资。被授权方需要为被授权服务的市场做好营销战略规划。如果有好的合作伙伴，这可能是进入市场的有效途径。Gerber 通过这种方式进入日本婴儿食品市场，其产品也远销其他国家。

管理承包销售的是技术

管理承包意味着卖方只提供管理和营销技术，其他人负责生产和分销设施。一些矿山和炼油厂就是用管理承包模式经营的，希尔顿在世界各地为当地业主经营酒店也采用这种模式。这是一种风险相对较低的国际营销方式。对固定设施的低投入水平使得该模式在发展中国家或政府不太稳定的国家具有吸引力。

合资企业提高了参与度

在合资企业中，一家国内公司与一家国外公司结成伙伴关系。与大多数合伙关系一样，双方在目标上（例如期望获得多少利润和什么时候支付费用）以及经营政策上，可能存在分歧。如果一家公司拥有技术和营销手段，另一家公司对市场和政治关系有全面的了解，那么就能建立密切的工作关系，对彼此都很有吸引力。

通常情况下，双方必须进行重大投资，并就营销战略达成一致。合资企业一旦成立，即使经营不顺利，也很难解散。美国投资银行摩根大通就是通过这种方式进入中国的。公司会找到不同的方式进入新市场。可口可乐在包括沙特阿拉伯在内的许多国家与有营业执照的装瓶商合作。

直接投资涉及所有权

当国际市场看起来真的很有前景时，一家公司可能想通过直接投资迈出更大的一步。直接投资是指母公司在国际市场设立一个分公司（或拥有一个独立的子公司）。母公司完全掌控营销战略规划。一方面，直接投资是一项巨大的承诺，通常会带来更大的风险。如果当地市场存在经济或政治问题，公司就无法轻易离开。另一方面，通过为当地提供就业机会，公司在新市场建立了强大的存在感，这有助于公司在当地的客户中建立良好的声誉，而且该公司不必与其他人分享利润。

第十章

零售商、批发商及其战略规划

家得宝的渠道分析

20 世纪 70 年代，伯尼·马库斯（Bernie Marcus）和亚瑟·布兰克（Arthur Blank）经营着一家名为 Handy Dan 的南加州家居建材连锁店。在进行定价实验时，他们发现降低价格不仅能提升销售额，还能降低销售成本占比。他们认为，与行业普遍采用的"低买高卖"定价策略相比，低价策略反而能增加 Handy Dan 的利润。然而就在他们准备扩大实验范围时，Handy Dan 的新股东入驻并撤换了大部分高管团队人员，包括马库斯和布兰克。

在洛杉矶的一家咖啡店里，马库斯和布兰克起草了一份新型家居建材中心的商业计划。纽约一家投资公司看好这个创意并提供了资金支持，首批两家家得宝（Home Depot）门店在佐治亚州亚特兰大郊区开业。马库斯和布兰克开创了全新的"大规模零售"模式，证明了低价策略同样能带来高销量和可观的利润。

早期的家得宝就以 10 万平方英尺（约 9300 平方米）的仓储式卖场著称，商品种类从油漆、管道材料到电工器材、木材应有尽有。专业承包商和资深 DIY 爱好者非常欣赏其丰富的选择和低廉的价格。为了吸引经验不足、信心欠缺的消费群体，家得宝专门招聘并培训店员，让其教顾客如何铺设瓷砖地板、使用电动工具或搭建围栏。随着这部分顾客信心增强，他们开始尝试更多的家居改造项目，当然，采购目的地总是家得宝。

21 世纪初，马库斯和布兰克退休后，家得宝试图通过在中国等国际市场开店，缩减本土成本来实现利润增长，但这些策略并未奏效。在中国市场经历六年惨淡经营后，家得宝以文化差异为由退出该市场，认为中国消费者更青睐小型专业店铺。

在美国本土，家得宝的成本控制措施导致销售人员数量缩减、培训质量下降。虽然短期内提升了利润，却疏远了员工和顾客。当家得宝的顾客找不到专业导购时，很多人转而投奔服务更出色的竞争对手劳氏。

此时，家得宝重新实施其熟悉的营销战略：低价与优质服务并举。增加销售人员的数量并升级店面环境，显著改善了购物体验。门店经理的绩效考核开始更侧重顾客满意度。很快，员工士气得到提升；顾客也注意到这些变化，纷纷重新光顾家得宝。

家得宝面临着多元化的竞争对手。同为家居建材零售商的劳氏瞄准相似的目标市场。其他竞争者则试图分食家得宝的业务份额，例如宣伟涂料专营油漆、着色剂、涂刷工具和墙纸等有限品类。许多原本独立的五金店也加入 Ace Hardware 合作社，通过集中采购和分摊营销费用来降低成本。当顾客只需要采购少量商品时，Ace Hardware 的小型门店更具便利性优势。另一些顾客则选择在沃尔玛或塔吉特购买所需商品。

对多数零售商而言，最令人畏惧的竞争对手当属亚马逊。这家企业的名称甚至已被动词化，"被亚马逊化"特指市场份额遭这家电商巨头蚕食的现象。家得宝的营销战略刻意避免与亚马逊正面交锋，其核心竞争力始于那些身着橙色围裙的专业导购，同时通过独家经销的商品品牌（如电动工具品牌 Ryobi、风扇品牌 Hampton Bay、涂料品牌 Behr）建立品牌偏好。

家得宝官网虽然提供约百万种商品，但其战略远不止于此。家得宝深谙线上购物的利弊：既承认网络平台能为顾客提供丰富的信息、评价、视频资料和全天候购物，也清醒认识到某些商品需要实地体验，另一些则不适合运输。更重要的是，部分顾客希望在购买前与专业的销售人员沟通。家得宝发现，越来越多的消费者期望在手机端、电脑端和实体店之间自由切换，最终完成购买决策。

"一体化家得宝"战略正是为了满足这类全渠道消费者，通过整合线上线下优势，打造更优购物体验。例如，官网改版后强化了搜索功能、比价功能和快捷结账流程；顾客能获取精确的预估配送时间，享受当日达服务；其 2300 家门店已转型为分布式配送中心。这种虚实融合的模式，既保留了实体零售的体验优势，又融入了电商的效率基因。

以家得宝的冰箱销售为例：顾客可以先访问网站，搜索冰箱产品并比较各型号价格，查看本地门店库存情况（甚至能定位到具体货架位置），再到实体店实地体验。在门店里，他们可以打开冰箱门，体验冷冻抽屉的实际操作。通过手机应用，顾客还能直接选择配送服务。对于其他商品，顾客可选择线上下单后到店自提，在门店智能储物柜扫码取货，完全避开收银长队。家得宝发现，相较于开设新门店，提升线上购物体验能带来更可观的投资回报。

专业承包商群体始终是家得宝的重要增长点。虽然这类 B2B 的客户数量仅占总客群的 3%，却贡献了 40% 的销售额。多年来，家得宝为这个目标市场制定了差异化策略：一方面通过独立批发渠道提供维护、维修物资，主攻电力工程和专业建筑市场；另一方面在零售端推出 Pro Xtra 会员计划，为承包商提供批量采购折扣，并且承包商能够选择免费直送工地或到店自提。

在追求商业成功的同时，家得宝也积极履行社会责任。例如，为缓解建筑工人短缺问题，公司捐赠 5000 万美元用于培训 2 万名从业人员，其中大部分资金用于退役军人职业转型培训。

近年来的特殊环境助推了家得宝业绩增长：居家政策促使更多人投资 DIY 家装项目，而飙升的房价则让部分人选择翻新现有住宅而非更换新房。2020 ~ 2022年，家得宝销售额增长 37%，突破 1510 亿美元。公司将成功归因于对目标客户"近乎偏执"的专注，以及持续消除购物流程中的摩擦点。这些核心竞争力正助力其可持续发展。

美宜佳的渠道分析

美宜佳是中国领先的便利店连锁企业，它的成功故事从一家小店铺开始，如今美宜佳已成为全国的零售业巨头。美宜佳是如何成为中国便利店巨头的呢？

创业初期

1996 年，沃尔玛超市进入中国，给中国第一家连锁超市东莞美佳超市带来了巨大的压力。为了更好地发展，美佳超市的管理层前往欧美考察学习，发现了一种崭新的业态——便利店。意识到这一市场的潜力，美佳超市正式进入便利店领域，便有了后来的美宜佳。1997 年 6 月，第一家美宜佳便利店开业。当时，中国的零售市场尚未完全开放，便利店这种新型零售模式也并不普及，美宜佳提供了24 小时服务，吸引了大量消费者。

连锁扩张与品牌定位

很长一段时间里，美宜佳扎根于东莞，在城市的主要街道、社区、商业中心等地方开设了很多分店，形成了一个完整的连锁体系。2008 年后，美宜佳开始进军外省市场，并逐步辐射到全国 20 多个省份，覆盖 220 多座城市。美宜佳与一些精品超市不同，其加盟模式灵活，加盟商仅需 30 万 ~ 35 万元便可加盟。美宜佳以小步快跑的方式，没有过多限制地取得了惊人的成绩。

美宜佳的成功离不开准确的定位，从成立开始，美宜佳就深深地扎根于社区，定位在社区是美宜佳在零售业差异化竞争的重要战略。用美宜佳董事长张国衡的话说，美宜佳的选择是全国化发展战略："我们希望覆盖一线到六线的城市，覆盖整个乡村。"

便利与服务

美宜佳的成功并非只在于其便利的地理位置，更在于其提供的优质服务。7-11的领导者曾说："我们被誉为业界的先行者，其核心在于我们紧密关注每一个微小的变化，并及时做出适当的应对。作为顾客日常生活中不可或缺的一部分，我们一直致力于'创造便利'。"零售业是一个有温度的行业，同样也是顾客的港湾，一家好的便利店，就像大家的朋友一样，根植于社区的美宜佳便是如此。

标准化管理与多元化经营

连锁零售店在管理方面的优势是标准化，包括采购、库存、营销和人力资源等方面。统一的管理，不仅可以降低成本、提高效率，还能确保经营更加稳定。

美宜佳开发了自己的系统，通过一体化的收银机将总部与各门店相连接。加盟商只需简单操作收银机，销售结算和自动补货便可自动完成，大大降低了经营的难度。

随着市场的竞争日益激烈，美宜佳不断拓展其经营范围，以应对市场变化。除了传统的便利店业务，美宜佳还增加了充值缴费、代收代寄、便民支付等一系列附加服务，社区属性与下沉趋势明显，强化社区便民定位。

未来展望

在零售业竞争日趋激烈的背景下，美宜佳需要继续致力于提升服务质量、拓展业务范围，以保持竞争优势。随着中国消费者消费习惯的不断变化和零售技术的创新，连锁零售业也会随之变化，如果想在零售业保持领先地位，未来就要提供相契合的产品与服务。

10.1 零售商和批发商规划自身策略

零售商与批发商在渠道系统中发挥着关键作用。这些渠道中介能有效解决数量与产品组合差异，以及空间、时间和信息的不对称问题。接下来，我们将讨论零售商和批发商如何制定自身战略。在此之前，我们先了解一下各环节如何运作。

首先需要明确零售商与批发商在分销渠道中的不同职能。制造商可以通过多种路径将产品与服务以合适的数量、在恰当的时间和地点提供给客户（见图 10-1）。需要注意的是，终端客户与企业/组织客户可能通过不同渠道获得产品，具体路径取决于产品特性与目标市场。

我们来看制造商可能采用哪些分销渠道将产品送达终端客户。制造商可选择直接面向消费者销售（即图 10-1 中的路径 1）。许多产品是通过零售商购买的，制造商可能直接向零售商供货，再由零售商转售给终端客户（即图 10-1 中的路径 2）。零售包含所有面向终端客户的销售活动，其目标客户始终是终

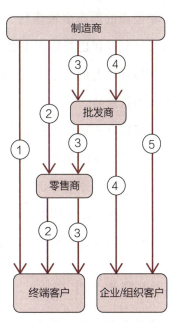

图 10-1 分销系统中的批发商和零售商

端客户。

为避免陷入关于批发本质的长篇技术讨论，我们采用美国人口普查局的定义：批发是指向零售商及其他中间商，或工业、机构和商业用户销售产品的活动，但不会大量出售给最终消费者。因此，批发商是以提供批发服务为主要职能的主体。

批发商面向各类组织客户开展销售，其中就包括零售商。图 10-1 的路径 3 展示了一种常见分销模式：制造商—批发商—零售商—终端客户。路径 4 和 5 则展示了制造商面向其他企业及组织客户的两种渠道：既可通过批发商销售（路径 4），也可直接销售（路径 5）。需要说明的是，某些分销渠道可能包含多个批发环节（虽然图 10-1 中未展示）。

制造商必须评估：通过零售商和批发商能否最高效地将产品送达终端客户或企业 / 组织客户。当营销经理决定在策略中采用中间商时，他们可以从多种零售商和批发商类型中进行选择。要更准确地选择，需要掌握不同类型零售商和批发商的运营方式及其战略规划。

10.2　零售的本质

零售商的形态多种多样，既有像 Bath & Body Works 这样的专业连锁品牌，也有尼日利亚伊巴丹集市上摆摊卖篮子的个体商户。其经营方式也各不相同：有的开实体店，有的通过电商、电视购物、产品目录、自动售货机，甚至上门推销等方式销售商品。

大多数零售商销售的是别人生产的实体商品，但在服务零售领域，比如干洗店、快餐店、旅游景点、网上银行、美容美发等，零售商往往同时也是服务的提供者。不论是哪种零售商，都要面对一个共同挑战：处理大量的小额交易。

零售业的发展与国家的经济状况密切相关。美国的零售业特别发达，业态丰富，创新不断。观察美国零售业的发展，可以帮助我们了解全球零售业的未来走向。

零售业是笔大生意

零售业在每个宏观营销体系中都扮演着关键角色。以美国为例，消费者每年通过零售商购买商品和服务的金额超过 5.5 万亿美元。

少数零售商贡献了大部分零售额

美国拥有超过 100 万家零售商，其中大多数规模较小，超过半数年销售额不足 100 万美元。相比之下，年销售额超过 500 万美元的大型零售店虽然数量占比不到 15%，却贡献了近 75% 的零售总额。

连锁企业拥有市场影响力

大型零售商占据主导地位的一个重要原因在于，许多企业通过连锁经营实现了规模经济。所谓连锁企业，是指拥有并管理多家门店（通常数量庞大）的公司。诸如诺德斯特龙（Nordstrom）、沃尔玛、克罗格、7-11 和 Chipotle 等连锁企业已实现快速增长，目前其总体销售额约占零售总额的一半。连锁企业能够通过大批量采购获得更低价格，凭借多店运营提升经营效率，并将广告等推广成本分摊至众多门店。可以预见，连锁企业将持续扩张，并从独立店铺夺取市场份额。

合作社和特许经营

由于规模优势显著，许多非连锁零售商选择加入合作社或特许经营体系。零售商合作社通过集中采购和集中营销支出来提升运营效率和效益，典型代表包括 Piggly Wiggly 食品杂货、Ace 五金、NAPA 汽车配件和 Carpet One 地毯等企业。

在特许经营模式下，特许方负责制定完善的营销战略，加盟商则在经营场所执行该策略。加盟商可共享特许方的经营经验、采购优势、促销资源及品牌价值，同时需签订合约承诺支付特许权使用费、严格遵守旨在延续成功策略的特许经营规范。目前特许经营体系销售额约占零售总额的 1/3，汉普顿酒店（Hampton Hotels）、Anytime Fitness 健身中心、赛百味和 Supercuts 理发店均为典型的特许经营案例。

小型零售商具备专业特色

虽然大型连锁和特许经营占据了大部分销售额，但 85% 的零售商仍属于小型企业。不过，小型零售商的经营并不轻松，其倒闭率相当高。研究显示，小型零售商在开业四年后仍能存续的不足半数。

　　那些成功存活的小型零售商，尽管具备不同的规模，但通常都发展出了自己的专业特色，并对某个细分市场有着深刻理解。例如，线上零售商 Wicker Central 专注于户外藤编家具领域；位于南卡罗来纳州查尔斯顿的 Wonder Works 玩具店（共 4 家门店），通过为顾客提供每次到店都不同的独特体验而立足市场。这些小型零售商凭借对特定市场的深入认知和优质的客户服务，得以与规模更大的竞争对手展开有效竞争。

10.3　零售商的战略规划

　　零售商直接面向终端客户，因此战略规划对其生存至关重要。若客户被竞争对手夺走，蒙受损失的正是零售商自身。无论通过哪家零售商售出产品，制造商和批发商都能完成销售。图 10-2 所示为零售商的战略规划。

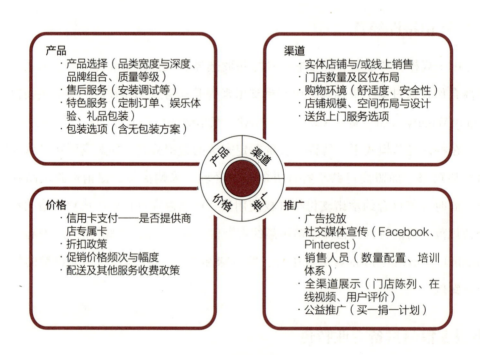

图 10-2　零售商的战略规划

消费者有理由从特定零售商那里购买商品

不同消费者偏好不同类型的零售商，但许多零售商要么不了解，要么不关心其中的缘由。成功的零售商会明确潜在目标消费者群体，深入分析其消费决策的动机和原因，同时客观评估企业自身与竞争对手的优劣势。基于这些洞察，零售商能够持续优化营销组合，精准满足特定目标市场的需求。

零售商的营销组合决策

在制定战略时，零售商应当明确目标市场，并审慎规划营销组合四要素（产品、价格、渠道、推广）。图10-2列出了可供选择的决策维度。零售商的营销组合将决定目标客户对其市场定位的认知，以及区别于其他竞争者的差异化优势。该营销组合必须为目标市场创造卓越价值，否则零售商将难以立足。

两家成功的鞋类零售商

为深入理解零售商的营销组合决策，我们以两家风格迥异的鞋类零售商为例进行分析。Foot Locker主要依托实体门店，而Zappos则采用纯在线销售模式。对比表10-1可知，这两家零售商虽然目标市场和营销组合策略差异显著，但都取得了成功并持续扩大业务规模。

表10-1　两家成功的鞋类零售商的营销战略规划

营销组合要素	Foot Locker	Zappos
目标市场	12～20岁年轻男性及其他活跃人群	多元化的线上购鞋人群
产品	约300款运动鞋，超半数销售额来自耐克品牌	超过15万种鞋款、1400个品牌（含耐克、添柏岚、Bandolino），现拓展至服装、手袋及家居用品
渠道	约3000家门店，辅以线上销售	官网，提供365天免费退换货服务
推广	门店配备销售顾问；社交媒体运营；签约橄榄球运动员和篮球运动员等代言	每款鞋具备专属页面，含多角度照片、视频及用户评价；"猜你喜欢"推荐系统；24×7全天候优质客服；适度的广告投放
价格	具有竞争力的定价，定期开展促销活动提供折扣	价格竞争力强，承诺匹配竞争对手价格

具备环保理念的零售商正在探索吸引志同道合消费者的创新方式。随着越来越多消费者追求可持续消费，部分零售商开始实施减废措施：许多超市（及社区）已逐步淘汰一次性塑料袋；亚马逊要求所有供应商精简包装材料，并推动洗衣液制造商采用更轻量化、可持续的包装方案。以汰渍为例，该品牌通过浓缩配方改良，将包装从塑料罐改为纸盒，总重量减轻 4 磅（约 1.8 千克），既减少废弃物产生，又降低运输成本，同时有利于环境保护。

部分零售商则采取更彻底的环保举措。加拿大的 Nada 食品杂货店完全摒弃商品包装，香草以枝条形式出售（消费者可取用一两枝罗勒叶），牙膏储存在玻璃罐中（消费者需自备容器），并鼓励消费者自带咖啡杯（也可借用店内马克杯，用后归还即可）。新加坡的 UnPackt 采用相似的模式，消费者自带容器购物可享受低于传统超市的价格。这些案例印证了可持续发展理念的全球吸引力，以及通过商业实践改善环境的可能性。

"更美好的世界"的道德要求

本书始终强调，许多消费者愿意支付溢价购买既能满足需求又能改善世界的产品。这一现象促使众多企业宣称践行"更美好的世界"理念，即便实际努力往往流于表面。消费者需要自行判断对企业声明的信任程度：部分声明通过"公平贸易"或"有机"等认证获得佐证，而其他声明则缺乏监管标准。企业究竟需要做出多少实质贡献，才有资格宣称其产品属于"公平贸易""有机""环保"？这些问题尚无标准答案。

不同的零售商强调不同的战略

零售商拥有近乎无限的方式来调整其营销组合，以满足目标市场需求。鉴于各种可能的变体，仅凭单一特征（如商品种类、服务水平、销售额，甚至是否线上经营）来划分零售商及其战略显得过于简单化。不过，从基本零售业态及其战略差异入手分析，仍然是一个合适的切入点。

10.4　单一及有限品类的零售商专注于同类产品

多样化的消费需求催生了众多零售业态，表 10-2 展示了其中的主要类型，同时说明了这些业态在产品组合特征、服务水平、便利性和价格水平方面的差异，并列举了具有代表性的实例。

表 10-2　零售商类型及其经营特征对比

类型	产品组合特征	服务水平	便利性	利润率/价格水平	实例
单一品类及有限品类零售商					
专卖店	品类单一，通常具有独特性	高（配备专业销售人员）	低	高	本地店铺（面包店、咖啡店、珠宝店）
百货商店	品类数量中等	高（配备专业销售人员）	中等（多品类集中）	高	梅西百货（Macy's）、科尔士（Kohl's）、诺德斯特龙
便利店	有限选择（品类数量少至中等）	低	高	高	7-11、Speedway、Kwik Trip、Casey's、General Store
自动售货机	品类单一	低	高	高	办公楼、机场等场所的自动售货机
居家购物（产品目录/电视）	有限选择（品类数量少至中等）	低	高	中等	Lands'End、Lilian Vernon、GVC、Home Shopping Network
大型综合零售商					
超市	中等	低	高	低	克罗格、艾伯森、西夫韦
大型综合卖场及超级中心	丰富	低	高	低	塔吉特、沃尔玛
仓储式会员店	有限	低	低	低	好市多、山姆会员店
品类杀手（专业大卖场）	品类有限但深度覆盖	中等	低	低	百思买、欧迪办公、Dick's Sporting Goods

单一及有限品类的零售商专注于同类产品

约 150 年前，杂货店（经营任何有合理销量的产品）是美国主要的零售形态。

但随着消费品数量的激增，传统杂货店难以在所有商品线都保持足够的多样性，于是部分店铺开始专营纺织品、服装、家具或食品杂货等特定品类。

如今，大多数传统零售商都采用单一品类或有限品类经营模式，这些店铺专注于相关产品线的特定组合，而非提供广泛的产品种类。许多零售商不仅专注于单一品类（如服装），更进一步聚焦于该品类下的细分领域。以服装类为例，零售商可能仅经营鞋类、正装，甚至专攻领带产品，但在其限定范围内提供丰富的选择。

单一及有限品类的零售商正在被挤压

有限品类零售商的主要优势在于能更好地满足特定目标市场的需求。其中部分店铺可能仅凭地理位置便利取胜，但多数会针对特定客群进行调整。它们通过与顾客建立稳固关系，确立自身作为某类产品的首选。然而，这类零售商也面临一个成本难题：为满足目标市场需求，不得不储备部分滞销产品。加之许多此类店铺规模较小，运营成本率偏高，因此它们往往通过避免同质化产品竞争来维持较高的定价水平。

这类传统零售商由来已久，至今仍存在于各个社区。它们展现出强大的生命力，确实满足着部分消费者的需求。事实上在多数国家，传统零售商的销售额仍占据零售总额的绝大部分。然而这一格局正在快速改变，在美国市场表现得尤为明显。传统零售商正遭受着那些以多样化方式调整营销组合的新型零售商的挤压。下面深入分析其中几种新兴的零售业态。

专卖店通常经营异质选购品

作为传统有限品类商店的一种，专卖店通常规模较小且具有鲜明的个性。这类店铺专门销售特定类型的异质选购品，如高品质运动装备、高定服装、烘焙食品乃至古董收藏品。它们通过提供独特的产品组合、专业的销售人员以及优质的服务，精确瞄准目标市场。

由于服务对象是管理层和销售人员熟知的特定客群，专卖店能够简化采购流程、加速库存周转，并降低因产品过时或款式变更带来的成本损耗。只要消费者仍保持多样化品位并具备相应的消费能力，专卖店就将继续在零售业态中占据一席之地。

百货商店是集众多有限品类商店与专卖店于一体的大型零售业态

百货商店规模较大，采取分部门管理模式，提供多样化的产品线。每个部门都类似于独立的有限品类商店，经营各类选购品，如男装或家居用品。百货商店通常提供优质的客户服务，包括信贷、商品退换、配送及销售协助等。领先的百货连锁企业包括梅西百货、迪拉德百货（Dillard's）和诺德斯特龙。

尽管百货商店在大城市仍占据重要地位，但自 20 世纪 70 年代以来，美国的百货商店数量、单店平均销售额及其在零售业中的市场份额均显著下降。经营良好的有限品类商店之间在优质服务和相同品牌商品层面形成竞争，而大型综合零售商和线上零售商在美国及许多其他国家对百货商店构成了威胁。

便利店（食品类）必须精准把握商品组合

便利店是传统有限品类食品店向便利型转化的产物。与扩充品类不同，便利店将库存限定为即取即用或临时补货商品，如面包、牛奶、啤酒和即食零食。许多便利店还兼营汽油销售。7-11 和 Stop-N-Go 等便利店旨在满足消费者临时的需求，其中不少店铺正与快餐店展开竞争。它们主打便利性而非品类丰富度，通常定价比周边超市高出 10% ~ 20%。但随着其他零售商普遍延长营业时间，激烈的竞争正不断压低便利店的价格和减少利润空间。

自动售货机为消费者提供便捷服务

自动售货是指通过机器完成商品销售和交付的零售方式，目前在美国的零售总额中仅占约 1.5% 的份额。然而对某些目标市场而言，这种零售形式不容忽视。

尽管运营自动售货机成本较高，但其便利性深受消费者青睐。如今许多自动售货机支持信用卡和移动支付，进一步提升了使用便捷度。传统上，自动售货机主要销售软饮料、糖果和饼干等商品。如今一些高利润商品也开始采用这一渠道，例如，任丹德酒店（Standard Hotels）就在泳池边设置自动售货机销售泳装。

居家购物是终极便利体验

居家购物（或称无店铺零售）在美国可追溯至早期的上门推销时代，销售人员直接前往消费者家中销售。这种模式的变体至今仍是安利（Amway Global）和玫琳凯（Mary Kay）等企业的重要销售方式，它能满足部分消费者对便捷个性化服务的需求。尽管居家购物在中国和非洲部分地区日益流行，但目前在美国零售额占比仍不足 1%。

消费者还可以通过观看专门的购物电视频道，然后拨打电话订购商品。QVC
（Quality Value Convenience，美国电视与网络百货零售商）和家庭购物网（Home
Shopping Network）在美国、日本及部分欧洲国家开展业务。类似地，产品目录
购物允许消费者翻阅并通过电话或网络下单，通常数日即可送达。这些居家购物
方式往往采用多渠道策略，同时配备网站服务。

10.5　大规模零售商的演进历程

大规模零售与传统零售模式存在本质差异

传统零售商通常认为所在区域的需求是固定的，秉持着"低买高卖"的经营
理念。而许多现代零售商则摒弃这种观念，转而采纳大规模零售理念，即通过低
价策略吸引更广阔的市场，从而实现更快的商品周转和更大的销售规模。这一理
念适用于各类零售商，包括实体店铺和线上销售平台。

为深入理解大规模零售，我们可以追溯其发展历程：从超市到现代大型综合
零售商，如美国的沃尔玛、英国的超级购物中心特易购，以及互联网零售巨头亚
马逊。

超市开创了大规模零售的先河

这种以食品杂货为主营、采用自助服务模式并提供丰富品类的大型商店，其
基本理念起源于 20 世纪 30 年代的美国经济大萧条时期。早期的购物方式是顾客
进入商店后，由柜台后的店员取拿所需商品。后来一些创新者引入自助服务模式，
通过在简陋的大型店铺中提供丰富的商品选择来降低成本。

现代超市经营 2 万 ～ 4 万种商品，单店年销售额约 2000 万美元，其中食品类
约占 75%。超市平均面积为 4 万平方英尺（约 3716 平方米）。美国现有约 3.5 万
家超市，大部分地区竞争激烈。近年来，超市运营商开始开设 5 万 ～ 10 万平方英
尺（约 4645 ～ 9290 平方米）的超大型门店，提供更多的商品选择。

超市的运营追求效率最大化。扫描结账系统的应用使得商家能够精准分析每件商品的销售情况，从而为周转更快、利润更高的商品分配更多的货架空间。超市的生存依赖于运营效率和高销售额，其净利润通常仅为销售额的 1% ~ 2%，甚至更低。

突破"食物荒漠"：99 美分专营店以平价健康食品惠及低收入社区

遗憾的是，在美国某些地区，贫困已成为一种生活常态。许多人生活在所谓的"食物荒漠"中——这些社区很难获得优质的新鲜食品。当超市未能充分满足低收入的目标市场需求时（可能认为该市场不愿为新鲜食品支付更高价格），食物荒漠便形成。对此，连锁杂货店"99 美分专营店"逆势而行，其门店主要开设在低收入的内城区，以合理的价格提供健康食品，为这个服务不足的市场提供了更好的选择。

该企业实现这一目标的部分方式是销售高端杂货店通常拒收的"不美观"农产品。这些果蔬或许外观欠佳，但仍保持营养且美味。"99 美分专营店"通过减少食物浪费、满足服务不足的目标市场需求的战略，为创造更美好的世界做出了贡献。

大型综合零售商增加品类

大型综合零售商是采用自助服务模式的多部门商店，主要经营"软商品"（家居用品、服装和纺织品）和日常必需品，通过低价策略实现快速周转。以沃尔玛和塔吉特为代表的这类零售商，其收银台设于店铺前部，店内销售人员较少。

现代大型综合零售商平均营业面积近 6 万平方英尺（约 5574 平方米），而许多新开设的门店更达到 10 万平方英尺（约 9290 平方米）。这类零售商发展迅猛，已成为许多高频消费品的主要购买场所。为拓展新市场（无论是大都市还是小城镇），部分零售商正开设小型门店。

超级购物中心满足日常全品类需求

部分超市和大型综合零售商正转型为超级购物中心（又称大型超市）。这类超大规模店铺不仅销售食品和药品，还提供消费者日常所需的全品类商品与服务。虽然这些超级店铺在外观上很像由超市、药店和大型综合零售商组合而成，但其经营理念截然不同。超级购物中心旨在以低价满足消费者的所有日常需求，典型运营商包括美杰（Meijer）、Fred Meyer、塔吉特和沃尔玛。事实上，沃尔玛通过其超级购物中心已成为美国最大的食品零售商之一。

超级购物中心的平均面积超过 15 万平方英尺（约 13 935 平方米），经营了约 5 万种商品。虽然一站式购物提供了便利性，但许多时间紧迫的消费者认为拥挤的人群、排队结账以及在店内寻找商品仍然会耗费时间。因此，部分超级购物中心开始缩减产品线深度，例如沃尔玛决定将卷尺品类从 24 款精简至 4 款。

新的零售模式不断涌现

仓储式会员店是一种品类有限、服务精简、价格低廉的零售模式，通常要求会员资格并收取年费。这种模式近几十年来日益流行，山姆会员店和好市多是其中两大代表。每家仓储式会员店约经营 3500 种商品，涵盖食品、家电、园艺工具、轮胎等被多数消费者视为同质选购品且期望以低价获取的商品。这类店铺的增长也得益于对企业客户的销售，因此有人称其为批发会员店，但超半数的销售额来自终端消费者，所以仍被归类为零售商而非批发商。

专注于单一产品线的零售商的兴衰

自 20 世纪 80 年代以来，众多专注于单一产品线的零售商成功采用大规模零售模式。已经退出市场的玩具反斗城（Toys "R" Us）曾是这一模式的开创者。同样地，宜家、劳氏、百思买和史泰博（Staples）等企业，凭借特定商品品类的丰富选择和低价策略吸引了大量顾客。这类商店被称为"品类杀手"，因为它们让专业化程度较低的零售商难以竞争。而如今，提供更丰富的选择和更低价格的线上零售商正对这些"品类杀手"构成威胁。

大规模零售的数据分析应用

我们见证了以低价策略和快速周转为核心的大规模零售模式的发展演变。为监测商品周转效率，零售商将库存周转率作为关键指标。库存周转率作为衡量库存销售速度的指标，能有效反映零售商的运营状况。库存上升（伴随周转率下降）意味着商品销售速度不足。零售商通常按月追踪周转率变化，或与同类零售商进行横向比较。

10.6　线上零售

线上零售增长迅猛，但各品类差异显著

线上零售持续快速增长，年增长率约 15%，远超零售业整体 4% 的增速。

对于高频消费品类（如食品杂货）以及大宗商品（如汽车），线上购物仍非主流渠道。但在某些特定品类，线上销售已占据显著份额：约 70% 的图书、影音制品通过线上销售；电子产品超半数；玩具爱好等产品占 45%；办公设备及用品达40%；而汽车零部件、食品饮料等品类线上销售的份额仅占 5%。

互联网对零售行为的影响更为深远：许多消费者会先在电商平台搜集信息，再前往实体店完成购买。这种"线上研究、线下购买"的行为模式已经重塑现代消费路径。

线上零售商与实体店的博弈

当前零售业态主要分为三类：纯线上零售商、实体店以及线上线下融合经营的店铺。纯线上零售商完全或几乎完全通过互联网销售，通常不设消费者可到访的实体门店。

相较于实体店购物，消费者对线上购物优劣势有着明确认知，如表 10-3 所示。如今创新型线上零售商正设法消弭实体店的传统优势，同时实体店也通过互联网增值服务提升竞争力。这场争夺消费者的商业博弈，正推动零售业进入前所未有的创新变革期。下面我们将深入分析线上线下零售商如何借助互联网优化消费者的购物体验。

表 10-3　线上购物与实体店购物的比较

对比维度	线上购物优势	实体店购物优势
信息获取	多元化的产品信息来源	可实地触摸、试穿或测试商品
决策参考	已购用户的评价与使用建议	专业人员的现场帮助与互动
商品选择	海量商品选择	精选商品组合——简化决策过程
交易流程	快速便捷购买/结算	便捷的商品退换服务
时空限制	全天候随时随地访问	即时获取商品，立即满足需求
社交属性	无	与亲友共同购物的社交体验

线上零售零具备低价与品类丰富的优势

由于无须实体店面且人工服务成本较低，线上零售商通常比实体店运营成本低。这种成本优势促使许多网店采用低价策略吸引消费者。互联网使得比价变得异常便捷，价格敏感型消费者往往选择价格最低的商家，这给线上零售商带来了持续的价格压力，迫使其不断寻求差异化竞争策略。

线上商店还能提供丰富多样的产品选择，这些产品通常来自不同卖家。消费者只需点击即可跳转不同网站，或直接搜索特定品牌和型号，就能找到多个销售同款产品的店铺。亚马逊和易贝（eBay）通过整合不同卖家，在单一零售平台上为消费者提供更多选择。为应对这一线上优势，许多实体店正在增设店内联网终端机（信息亭），让消费者能访问品牌官网，购买实体店未陈列的产品。

降低线上购物风险的有效举措

部分消费者仍对线上购物存有顾虑，主要担心有运费支出、实物与网页展示存在差异、退换货不方便，以及信用卡信息等个人数据泄露等问题。

成功的线上零售商正通过以下方式帮助消费者消除这些顾虑：销售知名品牌并提供免运费服务；随产品附赠条形码退货标签，比实体店退货更便捷；提供优质的客户服务并建立良好信誉；帮助消费者增强信心；等等。

消费者的信息获取

消费者在做出购买决策时往往需要获取相关信息来辅助判断，这一需求在初次购买某类商品或选购服装、时尚单品等对合身度有要求的品类时尤为突出。实体店的优势在于允许消费者实际触摸、感受甚至试穿商品，同时配备现场销售人员提供实时咨询。

与此同时，线上零售商也在积极应对这些消费者需求：通过用户评价系统、虚拟导购服务和"尺码指南"等工具提供决策支持；利用商品图片和视频演示增强信息透明度（例如眼镜电商支持用户通过手机摄像头虚拟试戴镜架）；更有如Warby Parker等创新企业提供五副镜架免费寄送试戴的居家购物体验服务。

什么是便利

传统零售观念将购物便利性理解为产品组合、店铺区位和营业时间的综合体现。相比之下，线上购物允许消费者通过单一零售平台或跨平台浏览获取海量商品选择，且不受时间限制——足不出户即可完成购物。

然而互联网也在某些方面降低了购物便利性：消费者需提前规划，下单后必须等待配送。为消除这些劣势，线上零售商正不断提高物流服务速度：从经济型两日达起步，到普及次日达服务，如今部分企业更以极速配送作为差异化优势。例如，Gopuff 实现 30 分钟内送达零食和酒水等商品，Food Rocket 在部分大城市甚至提供 5 ~ 15 分钟极速配送服务。

线上零售的持续创新

为减小相较于实体店的劣势，线上零售商推出一系列创新举措。更具突破性的是，这些创新者通过开发实体店难以复制或成本高昂的独特功能实现差异化竞争。这种竞争态势也推动着实体店持续创新，许多创意源自对线上模式的借鉴。

- 大数据分析技术实现个性化购物体验定制。
- 线上零售商增设实体门店。
- 线上平台与实体店建立战略合作。
- 实体店拓展线上功能：开发线上下单到店自提服务。
- 全渠道整合线上线下零售资源。
- 打造社交电商模式。
- 打造网红店铺。
- 增强理念导向型线上零售商影响力。

大数据分析与个性化购物体验

线上零售商掌握着海量的用户行为数据，能够追踪并存储用户在网站的全部行为轨迹：浏览路径、商品页面停留时长、是否查阅评价或观看视频、对比竞品情况以及最终购买决策。这些数据为每位用户构建了精准的画像。

通过实时采集分析大数据并在用户下一次点击前动态调整营销战略，线上零售商得以提供高度个性化的购物体验。运用预测分析技术，线上零售商能预判用户需求：当系统识别某用户曾浏览竞品网站，可能将其标记为"价格敏感型消费者"并推送专属折扣；若用户曾购买某款毛衣，再次访问时首页将优先展示同类风格商品。这种个性化推荐机制已广泛应用于流媒体平台（如奈飞根据观影历史和同类用户偏好推荐内容），通过数据沉淀使推荐更精准，有效刺激额外消费。这些实践共同构建了以用户需求和兴趣为核心的定制化购物体验。

实体零售商拓展线上功能

如前文所述，现代消费者普遍采用多渠道购物模式，在购买过程中交叉使用线上线下的不同渠道。为顺应这一趋势，实体零售商正通过新增功能来对抗线上零售商的优势。如今绝大多数实体零售商都建立了线上渠道，它的网店可能仅提供产品信息，也可能是功能完备的电商平台。前文已描述过 Foot Locker 和家得宝如何通过线上商店提供比单一实体店更丰富的产品选择。以实体店闻名的塔吉特、沃尔玛、梅西百货和百思买，线上销售额均已达到可观规模。对实体零售商而言，是否发展线上功能以及发展何种功能，已成为营销战略规划的关键决策。

全渠道零售的整合实践

如今众多实体零售商正实施全渠道战略以优化顾客体验，具体实现方式各有特色。

例如，部分顾客会通过网站查询本地门店库存。欧迪办公（Office Depot）和百思买的官网不仅显示当地门店库存，还支持线上购买后选择即时到店自提或配送到家服务。沃尔格林的处方药应用程序则实现全流程整合：顾客可查询 / 续签处方、设置用药提醒或再次订购。真正满足顾客需求的全渠道策略，最终将赢得那些游走于不同购物渠道的顾客群体。

线上零售商开设实体店

部分纯线上零售商开始投资实体店，以提升顾客购物体验。以亚马逊为例，在线上食品杂货业务遇挫后，其持续尝试实体零售模式。Amazon Go 无人便利店和 Amazon Fresh 生鲜超市持续扩张，并于数年前收购全食超市；而亚马逊书店与 Amazon 4-Star 综合商店则因客源不足已停业。眼镜电商 Warby Parker 和家居零售平台 Wayfair 也从纯线上起步，后期陆续开设实体店。这一趋势显示了线上线下融合的混合零售模式正成为主流。

线上零售商与实体店合作拓展新市场

为实现快速布局实体网点，部分线上零售商选择与无力自建线上渠道的小型实体店合作。这种模式在亚洲发展迅猛：线上零售商借此触达互联网普及率低的地区（多为农村）的目标客群，同时为小型实体店提供丰富的商品选择。中国零售巨头京东正在全国乡村店铺部署智能货柜，印尼的 Kioson 则通过与邮政系统合作，迅速获得超 3 万个合作网点。此类创新模式正将线上零售版图扩展至全新目标市场。

社交电商的崛起

社交电商指完全在社交媒体平台内完成的购物体验，包括 Instagram、Facebook 和拼趣（Pinterest）在内的主流社交平台都已经增加电商功能。这种模式能有效减小线上购物阻力，当用户在浏览社交动态时发现心仪商品，仅需数次点击（无须跳出当前应用）即可完成交易。此类店铺适合经营以"千禧一代"和"Z 世代"为目标客群的产品，因为这两个群体是社交媒体的主要用户。

网红店铺兴起

网红店铺正成为推广环节日益重要的渠道。这些网络达人通常在社交媒体平台拥有大量粉丝，并具备影响其消费决策的能力。品牌方通常通过付费方式，邀请达人在其社交动态中提及、展示或推荐产品。

以亚马逊为例，该平台通过"亚马逊网红店铺"项目实现双赢：任何网络达人均可创建专属店铺页面，展示其推荐的产品并添加个性化图片、文字说明和视频内容来辅助消费者做出决策。当顾客通过这些店铺页面完成购买，网络达人可获得品牌产品的销售佣金。例如教育博主 Ashley Marquez 运营的"Teach Create Motivate"亚马逊店铺，专门为教师群体精选教学相关产品。

线上零售平台的崛起

众多企业虽然想要开展线上销售，却不愿意自建订单处理、支付结算、营销推广及物流配送等基础设施，这就催生了零售平台业态。以亚马逊卖家为例，这些独立商户通过支付月租和销售佣金，即可在亚马逊平台开展业务。亚马逊宣称其平台超半数商品由第三方卖家供应，所以消费者在网站搜索商品时，可以选择从亚马逊自营或独立卖家处购买，部分卖家甚至使用亚马逊仓储配送服务。但许多卖家对平台日益不满，主要源于平台不与卖家共享用户数据，且平台曾被指控仿制热销商品及操纵搜索结果偏向自有品牌。

这些争议为其他平台创造了发展机遇。目前规模最大的 Shopify 已在 175 个国家拥有超 200 万商户，提供包括支付、营销、物流及客服在内的全套服务，支持高度定制的店铺模板。

理念导向型线上零售商的兴起

研究表明，线上购物群体明显向年轻化倾斜，以"千禧一代"和"Z 世代"为主。而这两大群体更青睐具有真实理念主张的品牌，因此众多线上零售商通过彰显价值取向赢得客户忠诚与更高利润也就不足为奇。

秉持可持续发展理念的零售商至少应践行"5R 原则"中的再利用（Reuse）一项，转售"轻度使用"的商品：尼曼马库斯（Neiman Marcus）建立线上平台供顾客转售包、鞋和珠宝等；宜家的"回购转售"计划让顾客将旧家具卖回给宜家。当旧家具获得第二次生命并避免被填埋的命运时，"各方皆赢，地球尤甚"。

10.7　零售商的演进与变革

互联网与线上购物及其对传统零售构成的竞争威胁，已成为推动零售业演进与变革的重要动力。本节将探讨更广泛的零售业发展趋势，并分析店内技术如何影响购物体验。

零售轮转理论持续演进

零售轮转理论认为：新型零售商通常以低端定位、薄利多销的模式进入市场，成功后逐渐转型为提供更多服务、运营成本更高、定价更高的传统零售商，继而面临新一代低价竞争者的威胁，如此循环往复。百货商店、超市和大型综合零售商都经历了这一周期，部分线上零售商也正遵循这一轨迹。

但该理论无法解释所有零售业态的发展：自动售货机以高成本、高利润模式进入；便利食品店维持高价策略；郊区购物中心不以低价为核心竞争力。

商品组合策略的创新实践——通过混搭产品线提升利润

传统零售商往往按产品线专业化经营，而现代零售商正转向商品组合策略，即销售任何可实现盈利的产品线。这种创新模式表现为：超市和药店销售量大且易销的连裤袜、电话卡和盆栽植物；五金店兼售椒盐卷饼和咖啡；大型综合零售商不仅经营日用品，还拓展至手机、电脑和珠宝等高利润品类。

零售业态同样遵循产品生命周期理论

采用创新模式的零售商可能在短期内获得可观的利润，但如果理念确实出色，必将面临快速模仿与利润挤压。竞争者会复制其经营模式，或通过调整商品结构，销售利润更高、周转更快的商品，迫使原创企业要么变革，要么出局。

按照这种循环，部分传统零售商正走向衰落，而线上零售商等新晋创新者仍处于市场成长阶段。许多在美国已经成熟的零售业态，在其他国家可能才刚刚起步。

技术驱动零售业持续变革

尽管互联网推动了许多零售变革，但一些创新零售商正在运用其他技术提升购物体验。部分商店尝试人工智能技术：如 Caper 智能购物车配备内置扫描仪和刷卡器，使顾客无须经历传统结账流程。该购物车还能根据已选购商品推荐附加商品（通过购物车把手处的触摸屏传递信息）。

实体零售商意识到线上平台分析用户点击路径的优势后，开始引入店内追踪技术优化卖场布局、商品陈列和促销策略。有的商店使用摄像头，有的则通过传感器或手机信号追踪顾客动线。珠宝品牌通过分析顾客停留区域和商品接触频率来调整陈列策略，从而提升销量。

心灵感应式零售

实体零售商对线上竞争对手心存忌惮，毕竟后者能追踪用户的网上行为轨迹，并整合社交媒体与其他购买数据。随着线上零售商逐步掌握如何运用预测分析技术处理这些数据，实体零售商可能面临巨大的竞争劣势。这种压力正推动部分实体零售商开始构建自己的数据体系，零售业的未来或许将呈现这样的图景：实体店通过整合顾客的个人数据及店内数据，为每位顾客提供定制化的营销组合。

实体零售商的数字化转型通常从会员卡起步，通过给予折扣激励顾客注册会员。配合商店应用，实体零售商就能追踪顾客在店内的移动轨迹：记录顾客访问的货架、停留的区域。部分实体零售商正尝试使用视频分析技术，用以识别顾客拿取的商品、浏览时长甚至表情变化。不久的将来，当您在家得宝的电动割草机展区驻足微笑却未购买，次日就可能收到应用推送"该入手 Greenworks 电动割草机了"；或者通过分析您的购物记录和店内动线，推断您正在考虑厨房改造项目，随即发送详细的装修指南来激发消费意愿。

为深入洞察顾客，实体零售商正在整合多元数据，构建大数据档案：通过信用卡数据补充跨店消费记录；借助地图应用获取竞品门店到访频次；分析社交媒体活动挖掘潜在需求。当这些数据经由预测分析系统处理，实体零售商便能精准决策向每位顾客展示哪些商品，以及提供何种折扣能促成交易。

比如，商店整合您的信用卡消费记录、社交媒体数据、店内轨迹及会员信息后，可能发现您曾为好友 Instagram 上的新衬衫点赞，历史数据表明您偏爱红蓝色系且 15% 的折扣足以促成购买。当您再次光临商店时，其会立即推送红蓝色毛衣的 15% 折扣的图文信息。

更前瞻的是，未来零售商或能预判消费需求。亚马逊已获"预判式发货"专利，在用户点击购买前即发出商品。或许不久后，当您闲逛诺德斯特龙门店时，店员能直呼您的名字并将您引至试衣间，那里已经备好三套符合您尺寸与风格的套装。这种"心灵感应式零售"或将定义行业未来。

零售业面临的伦理议题

新技术在为零售商和消费者带来便利的同时，也引发了诸多伦理问题。正如前文所述，零售商通过收集和使用数据提供个性化购物体验，这看似符合营销理念，但在消费者不知情的情况下监控其购物行为是否道德？零售商是否需要事先获得许可？评判标准是否取决于数据用途？向部分消费者提供专属折扣是否公平？

许多零售商还会追踪消费者的退货记录并进行风险评分，对高分消费者拒绝退货。频繁退货者是否应该被区别对待？虽然营销理念应引导企业远离不道德行为，但濒临倒闭的零售商可能难以兼顾短期生存与长期客户关系维护。

10.8 各国零售业的差异

全球零售创新模式的快速迁移

在全球零售业中，成功的创新模式往往迅速跨国传播。起源于美国超市的自助服务理念，现已广泛应用于世界各地的零售业务；而超级购物中心的概念则最初在欧洲成型发展。

大规模零售依赖大众市场支撑

虽然大型综合零售商提供的低价策略、丰富选择和高效运营对全球消费者都具有吸引力，但欠发达国家的消费者往往缺乏足够的收入来支撑这种大规模的分销模式。在这些经济体中存活的小型店铺通常仅面向少量消费者进行极小批量的销售。

零售商进军国际市场需调整营销战略

本土市场增长放缓促使大型零售连锁店拓展海外市场，它们认为在一国市场成功的竞争优势可复制到其他国家。但事实上，法律与文化的差异常导致失败：沃尔玛虽然在拉美地区和加拿大成功，却在德国和日本受挫；法国家乐福在欧洲和南美扩张顺利，却折戟美国市场，并在印尼遭遇法律问题。

而 MyDollarstore 等零售商通过本土化调整实现快速国际扩张。该企业在全球特许经营"一元店"模式，并因地制宜调整策略：在印度定价 99 卢比（不到 2 美元）；将目标客群从美国的低收入者转向青睐"美国制造"标签的印度中高收入群体。MyDollarstore 初期直接移植美国商品组合，后期通过市场反馈快速调整，并推出印度市场罕见的退款保证政策，成功吸引当地消费者。

10.9 批发商的价值创造路径

本章开篇已将批发定义为向零售商及其他中间商，或工业、机构和商业用户销售产品的活动，但不会大量出售给最终消费者。批发业务实质上是对基本营销职能（见表 10-4）的多样化实践。批发商通过高效执行这些活动中的一个或多个环节，为供应商和消费者创造价值。

表 10-4　市场营销的基本职能

职能	定义
购买	寻找和评估产品
销售	涉及产品的推广
运输	将货物从一个地点移动到另一个地点
存储	保存货物直至消费者需要
标准化与分级	根据尺寸和质量对产品进行分类
融资	提供生产、运输、存储、推广、销售和购买产品所需的现金和信贷
风险承担	承担营销过程中不可预测的风险
市场信息	收集、分析和分发所有规划、执行和营销所需的信息

批发商在规模和成本结构上存在差异

图 10-3 对比了商人批发商、代理批发商和制造商销售分支机构三种美国主要批发商的数量、销售额和成本占比情况。图 10-4 概括了主要批发商类型。需要注意的是，商人批发商和代理批发商的一个关键区别在于是否具备所售产品的所有权。在深入探讨这些批发商之前，我们先简要分析自行处理批发业务的制造商。

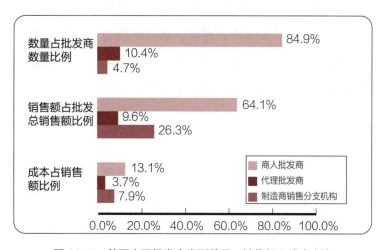

图 10-3　美国主要批发商类型数量、销售额和成本占比

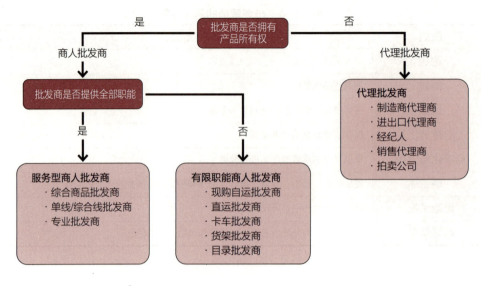

图 10-4　主要批发商类型

制造商销售分支机构被视为批发商

如果制造商只是接手部分批发业务，就不能算作批发商。但如果其建立了专门的销售分支机构，也就是制造商在工厂以外单独设立的仓库和配送中心，那么这些机构就会被美国人口普查局和许多国家的政府部门正式认定为批发商。

在美国，这类由制造商直接运营的销售分支机构虽然只占全部批发商的4.7%，却完成了 26.3% 的批发总销售额。这些分支机构之所以能创造这么高的销售额，是因为其都设立在最好的商业地段。这也解释了为什么其运营成本占销售额的比例往往较低。而且，制造商和自己设立的销售分支机构在信息沟通和物流协调方面，比跟其他批发商合作要顺畅高效得多。

商人批发商数量最为庞大

商人批发商拥有其销售产品的所有权。他们通常专注于特定类型的产品或客户群体。以法思诺（Fastenal）为例，这家商人批发商专门为各类制造商分销螺纹紧固件。在将产品出售给客户前，Fastenal 会在一段时间内持有这些紧固件的所有权。如果有人以为商人批发商正在逐渐消失，那 Fastenal 的成功恰恰证明其仍扮演着不可或缺的角色。过去十年间，Fastenal 的利润增长速度与微软不相上下。

数据显示，美国近 85% 的批发机构都属于商人批发商，销售额更占到批发行业总量的 64% 以上。在其他国家，商人批发商的存在更为普遍。以日本为例，产品在到达企业用户或零售商手中之前，往往要经过一连串商人批发商的转手交易。

服务型商人批发商提供全方位批发职能

服务型商人批发商是指提供全部批发功能的商人批发商，主要分为三类：综合商品批发商、单线 / 综合线批发商、专业批发商。

综合商品批发商经营各类非易腐商品，包括五金、电器、家具、药品、化妆品和汽车设备等。他们的便利品和选购品品类丰富，主要为五金店、药店和小型百货商店提供服务。

单线 / 综合线批发商较综合商品批发商而言，经营的品类更为集中，可能仅涉及食品、服装或特定工业工具等单一领域。在消费品领域，其服务于单品类和有限品类商店；在工业品领域，则覆盖更广的区域并提供更专业的服务。

专业批发商以极窄的产品线和深度的服务为特色。例如，某家车用特种灯具制造商可能依靠专业批发商来触达各国汽车制造商。消费品领域的专业批发商可能仅经营健康食品而非全品类杂货。部分有限品类和专业批发商通过帮助独立零售商与大型连锁店竞争实现增长。总体而言，随着零售连锁店自建配送中心并直接对接制造商，许多消费品批发商受到严重冲击。

工业品专业批发商通常专注于需要特殊技术知识的领域。Richardson 电子就是典型案例，其专长是为工厂仍在使用的老旧设备（如电子管）提供替换零件。该公司自称"站在技术淘汰的前沿"，但其客户多来自新技术尚未普及的地区。通过全球仓储网络和互联网的信息支持，Richardson 电子确保客户能快速获取所需产品。

有限职能商人批发商仅提供部分批发功能

下面将简要讨论有限职能商人批发商的主要特点。尽管在某些国家数量较少，但这些批发商对某些产品非常重要。

现购自运批发商要求现金交易

现购自运批发商的运营模式类似于服务型商人批发商，但客户必须支付现金。

在美国，大型仓储式会员店已经占据了这一业务的大部分份额。在欠发达国家，现购自运批发商仍然很常见，因为这些国家的大部分零售交易都是由小型零售商完成的。

直运批发商不接触实际商品

直运批发商拥有所售商品的所有权，但实际上并不经手、储存或配送这些商品。这些批发商主要参与销售环节。他们在获取订单后将其转交给制造商，然后由制造商直接将货物发送给客户。直运批发商通常销售大宗商品（如木材），因为额外处理会增加成本并可能造成损坏。美国的直运批发商已经感受到买卖双方通过互联网直接联系带来的压力，但一些追求进步的批发商正在通过建立自己的网站和收取推荐佣金来进行积极应对。

卡车批发商提供配送服务

卡车批发商专门用自有卡车提供运输服务。他们的最大优势是能够及时配送易腐商品，而这些商品通常是普通批发商不愿意经营的。例如，一家 7-11 便利店在繁忙的周五晚上卖完了薯片，肯定不希望整个周末都缺货。卡车批发商能帮助零售商严格控制库存，显然填补了这一市场需求。

货架批发商经营难管理的商品组合

货架批发商专门经营零售商不愿管理的复杂商品组合，通常会在自有的金属货架上展示这些商品。例如，杂货店或大型零售商可能会依靠货架批发商来决定销售哪些平装书或杂志。货架批发商知道哪些书刊在当地畅销，并将这一信息应用于多家商店。

目录批发商覆盖偏远地区

目录批发商通过广泛分发目录给小型工业客户或其他批发商不会拜访的零售商进行销售。客户可以通过网站、电子邮件、传真或电话下单。目录批发商经营五金、珠宝、体育用品和电脑等产品线。例如，Inmac 使用六种语言的目录和网站销售全系列的电脑配件。客户们可以从世界任何地方下单。大多数目录批发商都迅速适应了互联网。这不仅符合其业务模式，而且提高了效率。但目录批发商也面临着更多的竞争，因为互联网使客户能够比较更多渠道的价格。

批发商探索创造"更美好的世界"价值的方式

商人批发商 Henry Schein 主营牙科用品（以及其他医疗专业产品）。该公司坚信优质的医疗服务能够改变人们的生活，因此积极支持"Give Kids A Smile"项目，该项目为全球贫困儿童提供免费口腔健康服务。Henry Schein 不仅捐赠医疗物资，还支持牙医志愿者的工作。自 2003 年启动以来，该项目已惠及全球超过 550 万名儿童。Henry Schein 既为改善世界做出了贡献，也获得了良好的商业回报：参与该项目的牙医销售额增长了 10%。

10.10　代理商的核心优势是销售能力

代理批发商在国际贸易中很重要

代理批发商（以下简称代理商）是指不拥有所销售产品所有权的批发商，其主要职能是协助买卖双方完成交易。代理商在国际贸易领域尤为重要。许多海外市场往往仅存在少数资金雄厚的商人批发商，因此对多数制造商而言，通过代理商获取本地代表权，再通过专业国际贸易银行安排融资，已成为最优选择。

代理商通常深谙本国的商业惯例与法规体系。在某些情况下，营销经理如果缺乏当地代理商的协助，甚至难以应对外国政府的行政程序。这种本土化的专业优势，使代理商成为跨境供应链中不可或缺的纽带。

制造商代理商提供销售专长

制造商代理商为几家非竞争性制造商销售相似产品，并按实际销售额收取佣金。这类代理商就像是各公司销售团队的成员，但他们实际上是独立的批发商。超过半数的代理批发商都属于制造商代理商。他们的最大优势是已经拥有某些客户资源，能够以相对较低的成本增加新的产品线，而且制造商在商品售出前无须支付任何费用。如果某地区的销售潜力较小，公司可能会使用制造商代理商，因为他们能够以低成本完成销售工作。小型制造商通常在所有地区都使用代理商，因为他们的销售量太小，不足以支撑自建销售团队。

代理商在推广新产品时特别有用。对于这项服务，他们可能获得 10% ～ 15% 的佣金。相比之下，对于销量稳定的成熟产品，他们的佣金可能只有 2%。对于销量较低的新产品，10% ～ 15% 的佣金率可能看起来不高。然而，一旦产品畅销，制造商可能会认为这个佣金比例过高，转而开始使用自己的销售代表。

进出口代理商是国际贸易专家

进出口代理商本质上是专门从事国际贸易的制造商代理商。其在各个国家开展业务，帮助国际企业适应国外陌生的市场环境。

制造商代理商将继续在需要获取订单的企业中发挥重要作用。但各地的制造商代理商在日常业务往来方面都面临着压力。越来越多的制造商开始通过电话销售、网站、电子邮件、视频会议和传真等方式直接联系客户。

经纪人提供市场信息和专业知识

经纪人将买卖双方联系在一起。在特定交易谈判期间，经纪人与买卖双方通常保持临时的合作关系。当买卖双方不经常进入市场时，经纪人特别重要。经纪人的核心价值在于提供供需信息：既了解买方的需求，又掌握可用的资源。交易完成后，经纪人会从雇用他们的一方获得佣金。

出口经纪人和进口经纪人的运作方式与其他经纪人相同，但他们的专长是促成跨国交易。聪明的经纪人很快看到了通过互联网扩大业务范围的新机会。随着互联网促进行业整合，经纪人也将提供更多价值。数量较少的网络经纪人将通过建立更大的买卖双方数据库来降低成本并主导这一行业。

销售代理商——近乎营销经理

销售代理商承接制造商的整个营销工作，而不仅仅是销售职能。这类代理商可负责一个或多个制造商（包括存在竞争关系的制造商）的全部产品销售，几乎完全掌控定价、销售和广告投放的决策权。实际上，销售代理商也可以被视作每家制造商的营销经理。

制造商寻求销售代理商合作的主要原因包括自身的财务困境。销售代理商不仅可以提供运营资金，还可能接管企业事务。这类代理商的业务范围同样覆盖国际市场。其中，复合型出口经理人兼备制造商代理商与销售代理商的双重属性，为多家产品相似但不存在竞争关系的制造商提供完整的出口业务管理服务。

拍卖公司加速交易进程

拍卖公司为买卖双方提供交易场所，通过竞价促成交易。传统上，它们在特定行业至关重要，例如牲畜、毛皮、烟草和二手车等供需状况快速变化的领域。拍卖机制能有效匹配瞬息万变的市场需求，尤其适合标准化程度较低或价值波动较大的商品交易。

第十一章

推广：整合营销传播导论

GEICO 的整合营销推广

20 世纪 30 年代，利奥·古德温与莉莲·古德温夫妇创立了政府雇员保险公司 GEICO。该公司专攻联邦雇员和军人这两个低风险目标市场，始终保持着低廉的运营成本。GEICO 将节省的成本以更低的保费回馈给客户，此后数十年间业务持续增长。

1996 年，GEICO 成为伯克希尔·哈撒韦（Berkshire Hathaway）的全资子公司后，管理层试图通过开拓新市场加速利润增长。但在成熟的汽车保险市场实现增长，意味着要从更知名的竞争对手（如好事达保险）手中夺取客户。更棘手的是，许多潜在客户甚至从未听说过 GEICO。时任营销副总裁的特德·沃德与公司广告代理商讨论后，决定通过积极的广告活动实现双重目标：提升品牌知名度与获取新客户。

GEICO 最终推出的广告采用拟人化的壁虎形象来吸引关注。首支广告中，这只操着英伦口音的爬行动物宣称："我是壁虎（gecko），别把我跟 GEICO 搞混——它能帮你省下数百美元车险保费。所以别再打错电话啦！"幽默的广告迅速达到了预期效果：目标客户群的品牌认知度与兴趣度显著提升。原计划短期投放的壁虎广告因客户喜爱及销售增长得以继续投放，最终壁虎成为 GEICO 品牌形象的核心符号。

21 世纪初，GEICO 以超百亿美元的广告支出成为全美的广告投放冠军，如今仍保持每年 15 亿美元以上的投入。其广告不断制造流行文化记忆点，比如改编自嘻哈金曲的"挖一勺"电视广告曾斩获《广告周刊》《广告时代》年度最佳广告。但 GEICO 真正关注的是广告能否持续达成"提升品牌知名度与获取新客户"的营销目标，而非奖项荣誉。

GEICO 随后与纽约冰激凌店 Mikey Likes It 合作，推出歌词中提到的"挖一勺"联名冰激凌。这款限量产品虽然难买到，却为 GEICO 和这家冰激凌店赢得了巨大曝光。通过讲述店主迈克·科尔从发现冰激凌配方到成功创业的励志故事，这次合作传递了积极的社会价值。

GEICO 深知许多潜在客户在广告的影响下，会自主开启保险信息搜集流程。当客户在谷歌搜索"汽车保险"时，GEICO 运用多种技术确保其自然搜索结果位居前列。作为双重保障，公司还购买赞助链接（广告），使 GEICO 与竞争对手的广告共同出现在搜索结果顶部。每次客户点击这类广告，GEICO 就支付超过 40 美元的成本，保持用户兴趣至关重要，客户点击后跳转的页面会首先要求输入邮编，这是获取报价的第一步。

持续的营销攻势使 GEICO 家喻户晓，但许多客户仍希望在投保前与真人沟通。这类客户可选择前往当地 GEICO 的办公室面谈，或者致电全国客服中心咨询持证保险顾问。GEICO 严格筛选销售代表，通过专业培训使其能够精准把握客户需求，从而有效传达产品优势。

GEICO 始终重视保单签约后的客户关系维护。通过定期的邮件推送实现日常联络与信息更新。当投保客户遇到问题时，公司高级的客服团队会迅速响应。GEICO 将自身的使命定义为"不仅销售保险，更要在事故发生后代表客户权益"。客户还可以通过 GEICO 移动应用获取道路救援服务，或与 AI 虚拟助手 Kate 对话，咨询保单条款、账单信息等。

官方网站作为 GEICO 自主运营的自有媒体，在客户关系管理中扮演核心角色。不同于付费投放的电视广播广告，该平台支持客户自助管理保单、提交理赔申请，同时提供附加险种介绍、优惠活动、当地油价等增值信息。

GEICO 在 Facebook、Instagram、TikTok、YouTube 和 Twitter 等平台构建了社交矩阵，既维系了现有客户，又触达了潜在客户。通过关注官方账号，客户可以获取最新广告视频与品牌形象内容。当客户对广告进行"点赞"或"分享"时，其社交圈层产生的口碑传播能显著提升品牌考虑度。

这种融合广告投放、人员销售与数字媒体的整合营销推广战略，配合优质的保险产品，使 GEICO 市场份额在 25 年间从 3% 跃升至 14%。其标志性的"壁虎"营销甚至催生了竞争对手的效仿之作，如 Progressive 保险的"Flo"和好事达保险的"混乱先生"等系列广告。

小红书的整合营销推广

2013 年，由创始团队撰写的 7 个境内外购物指南文件，正式"种"下了小红书这颗种子。用户带着被"种草"的期待来到小红书，主动寻找产品、分享体验、积极互动。时至今年，小红书社区中内容分享者超过 8000 万人，有 20 万个 SPU（Standard Product Unit，标准化产品单元）在这里被用户搜索和讨论。每个月约有 1.2 亿个用户在小红书寻求购买建议，比如"梨形身材怎么穿""圆脸怎么化妆""暑假怎么订酒店最划算""成人怎么学好英语"等。如此真实、充满信任感、消费基因浓厚的社区，让小红书成为"种草"营销的核心阵地。在尼尔森的调研报告中，用户对小红书平台的印象前五位，包括"'种草'新产品 / 品牌""认识新产品 / 品牌""内容真实可信"。

在小红书上，UGC（User Generated Content，用户生成内容）的占比超过90%，不同用户的个性化需求，都能找到广泛整合营销推广的生存空间，兴趣、需求再小众，在社区中都能找到"同道中人"。小红书的数据显示，社区内容涵盖37 个一级、200 多个二级垂类内容，其中城市出行、音乐、旅游、社科、职场、情感等领域的内容，同比增速均超过 100%。无论是"下班后上夜校"，还是"去郊区赶大集，体验生活中的烟火气"，都能在社区引发共鸣。而这离不开社区的内容分发的流量平权——坚持向好内容倾斜，不完全以博主粉丝量的多少来判定内容价值和流量分发权重，让更多真实的需求和好内容被看见、被发现。比如户外出行、露营、飞盘等原本都是在小红书社区的小众需求，现在逐渐变成主流趋势。

真实的内容、真实的互动、真实的用户反馈，通过结构化的数据得以梳理和呈现，这是小红书商业价值的宝藏。BeBeBus 看到了用户对婴儿在推车内"歪脖子躺"的痛点，推出带有蝴蝶状的腰托支撑的"蝴蝶车"，让无数妈妈为它买单。

卡萨帝看到了用户在沐浴时对水质的要求，强调热水器产品中锶元素的美肤作用并推出"小私汤"，其成为品质装修人群的热议产品。这些都来自品牌对小红书用户需求的准确洞察。如今，小红书已经推出了数据洞察产品"灵犀平台"，可输出市场洞察、人群洞察、需求洞察等，帮助品牌选出好产品、找到目标人群、校准产品卖点，从而有效提升"种草"营销的成功率。

小红书完整还原 H2H[①] 时代的消费路径

在小红书，用户与产品的远近关系可归纳为认知、"种草"、深度"种草"、购买、分享，这与科特勒教授提出的 5A 模型（Aware- 认知、Appeal- 吸引、Ask-询问、Act- 行动和 Advocate- 拥护）不谋而合，且在"询问"和"拥护"行为上更加显著。在小红书，用户在消费前主动收集产品信息，并在消费后分享产品笔记，这在其他平台 / 社区中是鲜少见到的。小红书的消费路径如图 11-1 所示。

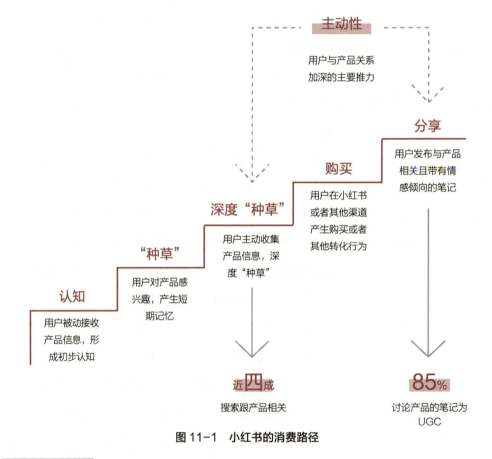

图 11-1　小红书的消费路径

---

① H2H：Human to human，人对人。

认知：真实内容带来有效曝光

在小红书上，无论是哪一种内容，几乎都是产品置于真实生活场景中的真实呈现。在影响用户心智上，这些内容具备更高的有效性。

"种草"：内容共鸣触发正向情感

在小红书"种草"，始终要围绕人、围绕人的生活场景。通过有效深刻的洞察，以及优质内容的激发，产生正向、积极的体验和情感。

深度"种草"：主动"种草"带动效果质变

在小红书的"种草"营销中，相比靠触达频次积累的"量变"，平台和品牌都更关注靠好产品与好内容引发的"质变"，即用户的主动行为。诸如主动搜索、深度阅读、收藏、转发、截图保存、评论等，都是用户主动问询的行为信号。小红书最新数据显示，社区日均搜索次数高达 3.8 亿次，其中近四成搜索与产品有关。

购买：一站式"种草"实现全域转化

用户被深度"种草"后，会进一步采取实际行动，比如下单、留资等。品牌的数据及各电商平台的数据显示，无论是线上还是线下的购买者，均与品牌在小红书站内的深度"种草"人群高度重合，也和站内搜索的趋势呈强正相关。这意味着，小红书所带来的"种草"心智不仅能促进站内转化，还能影响全域的交易转化，是名副其实的"消费决策场"。

分享：拥护者助推品牌积淀与破圈生长

小红书"种草"也带动了对用户心智的进一步影响，让他们成为品牌的拥护者。他们以真实视角分享，为产品提供极具说服力的推荐内容，成为开启新一轮潜在用户从"种草"到拥护的"火种"。数据显示，小红书关于产品的分享内容中 85% 都来自 UGC，可见用户分享意愿之强烈，UGC 影响之深远。

11.1　推广是向目标市场传递信息

推广是卖方与潜在买方或渠道中其他成员之间的信息沟通，目的是影响其态度和行为。营销组合中的推广部分，就是告诉目标客户：适合的产品已在合适的地点以恰当的价格上市。推广应当针对特定目标市场进行精细调整，与其他营销组合变量相协调，并强化战略的差异化与定位。

　　营销经理可以从以下几种基本推广类型中选择：人员销售、广告、促销和媒体宣传推广。由于这些方法各有不同的优势和局限性，营销经理通常会组合使用它们来实现特定目标。

灵活是人员销售的优势

　　人员销售是指销售人员与潜在客户之间直接的言语沟通。客户服务则是客户与商家为解决购买问题而进行的个人化沟通。销售人员能即时获得反馈，这有助于他们调整沟通方式，以满足每位客户的需求。虽然大多数营销组合都包含一定的人员销售，但这种方式成本较高。因此，通常需要将人员销售与其他推广方式相结合使用。

大众推广涉及广告和宣传

　　大众推广是指同时向大量潜在客户传递信息。相比人员销售，它的灵活性较低，但当目标市场规模庞大且分布分散时，大众推广的成本效益较高。

　　广告是大众推广的主要形式，指由明确赞助商付费进行的非个人化理念、商品或服务展示。它既包括杂志、广播电视、广告牌和电子邮箱等传统媒体，也涵盖播客、Facebook 等新媒体。营销经理通过付费方式在特定媒体上投放广告内容。

销售推广试图立刻激发客户兴趣

　　销售推广是指除人员销售、广告和媒体宣传之外，能够刺激最终客户或渠道成员产生兴趣、试用或购买的推广活动。销售推广可针对消费者、中间商或企业内部员工开展，例如面向消费者的抽奖活动和优惠券发放、面向批发商或零售商的贸易展览和定制日历，以及针对企业销售团队的销售竞赛和动员会议。相较于其他推广方式，销售推广通常能够快速实施并更快见效。事实上，大多数销售推广活动都是为了取得立竿见影的效果而设计的。

宣传避免了媒体成本

　　宣传是指任何非付费形式的、非人员参与的关于理念、商品或服务的推广形式。当然，宣传人员是获得报酬的，但他们力求在不支付媒体费用的情况下吸引公众对企业和其产品的关注。宣传形式多样，包括企业官网及其发布的内容、热门视频、口碑传播、企业 Facebook 主页和 Twitter 的推文等。此外，当电影或餐厅获得报纸等媒体报道时，这些报道也属于宣传范畴。

广告成本低于人员销售和销售推广成本

许多人误以为推广预算主要花在广告上，因为大众目之所及都是广告。但实际上，优惠券、抽奖、展会等各类特价销售推广活动的总花费更高。同样，大量的人员销售发生在渠道和其他 B2B 市场。总体而言，大多数企业在广告上的投入要少于人员销售或销售推广。

11.2 推广组合必须由专人统筹规划与管理

每种推广方式都有其优缺点。当它们组合使用时，便能相互补充、相得益彰。同时，每种推广方式都涉及独特的运作模式，需要不同类型的专业能力。因此，通常需要由各类专业人士来负责，如销售经理、广告经理、促销经理、公关经理和社交媒体经理等。

销售经理管理销售人员

销售经理主要负责人员销售管理工作。通常情况下，他们还需要承担企业分销渠道建设、渠道政策实施等职责。在规模较小的企业中，销售经理可能同时兼任营销经理，统管广告与促销事务。

广告经理与广告公司合作

广告经理统筹公司的大众推广工作，涵盖电视、报纸、杂志等传统媒体及网络社交媒体的广告投放。其核心职责包括媒体选择、信息策略制定及广告创意设计。广告业务可以由公司内设部门执行，也可以外包给专业的广告公司。

促销经理需要很多专业人员

促销经理专职负责企业促销活动管理。部分企业会设立有独立的部门，直接向营销经理汇报。如果企业促销规模庞大，就有必要配置专职的促销经理。在某些情况下，促销工作可能由销售或广告部门兼职，或交由各品牌经理自行负责。鉴于促销形式多样，多数企业会同时启用内外部专业人员。

宣传可能由很多人管理

广告经理可能兼管宣传工作，但大型企业通常会设置专职的公关经理，负责与媒体、工会、公益组织、股东及政府等非客户群体沟通。社交媒体经理通常专门负责企业社交账号（如 Facebook 主页、Instagram 账号、LinkedIn 账号等）及官网的运营。这些职能也可以外包，但需注意公关宣传与社交媒体运营所需的专业能力存在差异。

营销经理整合方案

虽然各类专业人员都会参与具体推广方案的制定与执行，但推广组合策略的最终决策权属于营销经理。面对众多推广选项，确定最优的组合方案是营销经理要面临的重要挑战。

营销经理需要权衡各类推广方式的优劣势，在协调各部门运作的基础上制定整体推广方案。随后由广告、销售及促销经理根据战略目标细化执行方案。

在整合营销传播中传达完整统一的信息

有效的推广整合将实现营销传播一体化，即企业向目标客户传递的所有信息都经过精心协调，确保内容完整统一。本章开篇的 GEICO 案例便是典范，通过多种推广方式传递统一的信息。不同推广方式各司其职又相互协同，最终达到"1+1 > 2"的传播效果。

保持传播的一致性看似简单，但当多个团队分头运作时，唯有营销经理统筹全局才能确保战略统一。如果推广工作由不同机构分包，协调的难度就会更大，甚至各环节可能存在目标冲突。

要实现高效协同，所有参与方都必须清晰透彻地理解整体营销战略，都应明确各推广方式如何助力具体目标的实现。

11.3　推广目标决定推广方法

总体目标会影响行为

营销经理通常需要为推广目标设定优先级。虽然最终目标都是促使客户选择特定产品，但是具体哪些推广目标最为关键，则取决于市场环境和目标受众特征。客户的购买决策往往遵循阶段性路径，且不同品类的购买路径存在差异。有些情况下，客户对产品已经十分熟悉，有些情况下则完全陌生；既有首次购买的新客户，也有多次复购的老客户。推广目标的设定必须基于对目标客户的深入洞察。本节将系统分析不同类型的推广目标，并将其与购买决策模型相关联。

告知、说服和提醒是基本的推广方法

明确的推广目标界定至关重要，因为恰当的推广组合完全取决于企业希望达成的效果。我们可以将基础推广目标归纳为三类：向目标客户传递企业及营销组合的告知型推广、说服型推广和提醒型推广。这三类目标都旨在通过信息传递来影响购买行为。

更科学的做法是设定具体的推广目标，明确界定需要告知、说服、提醒的具体人群及原因。这完全取决于企业的独特战略，不同的推广方式对应的具体目标也各有侧重。

告知型推广

潜在客户必须对产品有所了解才会产生购买行为。对于全新的产品，企业的首要任务是向客户告知产品的特性和优势。为了实现告知型推广目标，可以展示该产品能比其他产品更好地满足客户需求。例如，一家小型企业需要定期清洁办公室，企业主可能会先在网上搜索，找到当地清洁公司的网站，了解各项服务信息。

有些企业通过告知型推广间接提升品牌价值。由于教育性内容对客户具有实用价值，他们往往会主动搜索、参与互动甚至分享给朋友。以富达投资（Fidelity Investments）为例，其发布了大量关于投资理财的通用建议文章和视频，不局限于推广自家的产品。再如澳大利亚线上时尚零售商 Showpo 的 YouTube 频道，定期发布从"如何穿出 A 妹（Ariana Grande）风格"到"10 种驾驭自行车短裤的方法"等趣味教程视频，同时巧妙穿插展示 Showpo 的产品，如"我们将时尚提升到新高度……一条会变色的连衣裙！"这些视频都有一个共同特点，即精准吸引 Showpo 的目标客群，并使他们持续保持关注度。

说服型推广

当市场上存在同类竞品时，企业不仅需要告知客户自己产品的可获得性，更需要有效说服其购买。说服型推广目标的核心在于培养客户对品牌的积极态度，从而促成首次购买，并建立持续消费的习惯。这类推广往往通过突显品牌差异化优势来完成。

以纸巾品牌 Brawny 为例，其广告通过展示产品在应对顽固污渍时的卓越表现，说服消费者选择该品牌。而 Andersen 的销售人员则致力于向建筑商证明，相比竞品，其窗户在品质与价格方面更具优势，从而促使建筑商在未来项目中持续选用 Andersen 产品。

提醒型推广

当目标客户已经对企业的营销组合产生积极认知，或与企业建立了良好关系时，采取提醒型推广目标往往更为适宜。即便是已经完成首次购买的客户，仍然面临着竞品的争夺。唤醒客户既往消费的满意度，能有效降低客户流失的风险。

例如，某本地小型会计师事务所的会计师会定期（每隔数月）致电客户进行"服务回访"，主动询问是否有业务需求。这种看似简单的沟通，实则持续向客户传递着"随时在线"的重要信息，有效增强了客户黏性。

购买漏斗模型和推广方法

部分营销经理将购买过程形象地描绘为一个购买漏斗模型。个人或组织在接纳新观念、完成购买并形成忠诚度的过程中会经历一系列阶段：（1）知晓阶段；（2）兴趣阶段；（3）评估阶段；（4）试用阶段；（5）决策阶段；（6）确认阶段。在此基础上，我们补充深化忠诚阶段，强调首次购买后的持续互动。确认与深化忠诚意味着复购行为乃至购买频次提升，两者都能显著提升客户终身价值。更理想的情况是，客户发展为品牌传播者，自发进行口碑推荐。

该模型之所以被称为漏斗，是因为每个阶段都会流失部分客户，如图 11-3 所示。虽然知晓产品的客户基数可能很大，但产生兴趣的客户会减少，进入评估阶段的客户更少，依此类推。即便是完成购买的客户，也可能不会持续复购或深化品牌忠诚。虽然每个阶段的客户数量递减，但随着客户购买量增加及推荐行为带来新客户，客户资产总值将持续增长，从而提升企业整体收益。因此，营销经理有强烈的动机来制定阶段适配的推广目标，推动客户向漏斗深层转化。

根据客户或目标市场在漏斗中的所处阶段，推广目标需要动态调整。对尚未建立品牌认知的客户，应该采取告知型推广；当客户产生兴趣后，需要通过说服型推广促进评估与试用；对于已形成购买决策乃至品牌偏好的客户，则以提醒型推广维持互动。

这个购买漏斗模型勾勒出理想的客户旅程全貌，而各阶段的推广目标则明确了推广策略的阶段性使命。我们还需要借助另一个模型——AIDA 模型，来为具体推广工具的开发提供实操指南。

AIDA 模型是一种实用的方法

购买漏斗模型和基础推广方法，与另一个注重行动导向的 AIDA 模型（见图 11-2）高度契合。AIDA 模型包含四个推广环节：（1）获取注意（Attention）；（2）维持兴趣（Interest）；（3）激发欲望（Desire）；（4）促成行动（Action）。与购买漏斗模型类似，AIDA 模型每个阶段都对应特定的推广目标：获取注意和维持兴趣通常需要告知型推广；激发欲望依赖说服型推广；促成行动则需提醒型推广。

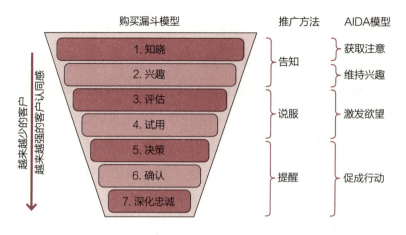

图 11-2　购买漏斗模型和基本推广方法

以英国帮宝适纸尿裤的营销活动为例，其电视广告通过展现婴儿视角的世界成功引发关注；为促进购买转化，采用创新的卖场广告，在配备婴儿护理设施的卫生间门上，将假门把手故意装在高处，并配文"宝宝总需要踮脚够东西，所以他们更喜欢帮宝适 Active Fit 的弹性设计"；货架上的产品信息卡则利用逆反心理，标注"禁止抽拉"字样（消费者反而更想抽拉查看）。

这三个核心概念：基础推广目标、购买漏斗模型和 AIDA 模型，适用于各类推广方式。需要注意的是，尽管营销经理对数据分析的兴趣日益增长，但从未忽视优质故事在吸引注意、维持兴趣和激发欲望方面的独特价值。许多管理者认为，营销创新的下一波趋势恰恰是回归传统的叙事艺术。

11.4　推广必须实现有效传播

如果推广无法实现有效传播，就会造成资源浪费，但是导致推广信息被误解或未被接收的原因有很多。要理解具体的原因，我们需要了解完整的传播过程，即信息发送方试图通过信息触达接收方的过程。

这里我们将探讨两种不同的传播模式。第一种是单向传播模式，在营销中特指由卖方向买方传递信息。第二种模式主要探讨由买方主动发起的沟通情境。

有效传播始于可信的信息源与接收方

图 11-3 展示了传统传播过程的要素。在这一过程中，信息源（即信息发送方）试图将信息传递给接收方（潜在客户）。这些要素可作为诊断工具，帮助营销经理分析影响营销传播的各类因素，并提醒他们：要想让信息有效触达，每个环节都必须精准无误。

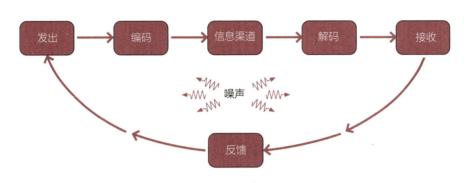

图 11-3 传统的传播过程

接收方会评估信息源的可信度。例如，美国牙科协会的研究证明，李施德林漱口水能减少牙菌斑堆积。因此，李施德林在推广中引用该协会的背书，以增强产品的可信度。

如果销售人员（信息源）不被信任，潜在客户（接收方）就不会采纳其传递的信息。人员销售的一大优势在于，销售人员能即时获取潜在客户的反馈，从而更容易判断信息是否被有效接收，并在必要时调整内容。相比之下，大众推广通常只能从市场调研或总销售额中获取反馈，而这一过程往往耗时过长。因此，许多营销人员会在推广中加入免费电话或网站链接，以便在大众传播中建立直接反馈机制。

噪声会分散注意力

噪声是指任何降低沟通有效性的干扰因素。例如，在电视广告中，谈话和吃零食都是噪声。在工业销售中，买家在观看销售人员演示的过程中阅读短信也是噪声。因此，计划发送信息的广告商必须认识到，许多可能的噪声会影响传播效果。

编码与解码需要共同的认知框架

传播过程中的核心难点在于编码与解码阶段。编码指信息源确定传播内容，并将其转化为接收方能理解的文字或符号；解码则是接收方解读信息的过程。由于双方态度与经验的差异，相同的文字符号也可能产生不同的理解，所以这一过程充满挑战。要实现有效传播，双方必须建立共同的认知框架，如图 11-4 所示。

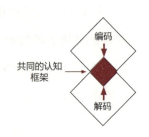

图 11-4　共同的认知框架

百事可乐就曾在此环节遭遇问题。它的广告由超模肯达尔·詹娜（Kendall Jenner）主演，剧情中她中断拍摄加入抗议队伍，并通过递送百事可乐让严肃的警察展露笑容。品牌试图传递"团结、和平与理解"的编码信息，却被众多观众解码为"淡化社会议题严肃性"和"商业化解构抗议活动"。最终，品牌预设的传播信息与信息市场的实际解读出现严重偏差。

跨文化传播需要警惕认知差异

不同受众对同一信息的解读可能截然不同。当源自某种文化的传播内容进入另一文化语境时，这种差异往往会被放大。肯德基的经典广告语 "finger-lickin' good"（美味吮指）在首次中文翻译时就出现了严重偏差，被直译为"吃掉你的手指"，完全背离了原意。瑞典药品品牌 Samarin 曾试图通过无文字广告规避语言障碍，采用三幅简单图示：第一幅展示男子腹痛难忍，第二幅呈现其服用 Samarin 药剂的场景，第三幅则表现他康复后的笑容。这组广告在多数地区取得良好效果，却因忽视中东地区从右至左的阅读习惯而导致传播失效。此类案例表明，即使是看似通用的视觉符号，也可能因文化认知的差异而产生完全相反的传播效果。

信息渠道很重要

传播过程的复杂性还体现在信息需要通过特定传播渠道（即信息载体）从发送方传递至接收方。信息发送方可选择多种渠道：销售人员通过面对面交流或电话沟通（借助语音与动作），广告则需要通过杂志、电视、电子邮件或网站等媒体。不同渠道可能强化或削弱信息的传播效果。例如，电视广告能直观展示洗洁精"强力去油"的功效，而同样的诉求如果通过电子邮件传递，其说服力（甚至邮件被打开的概率）就会大打折扣。

反馈有多种形式

传统传播过程的最终环节是反馈，即接收方向发送方回传信息。反馈的形式多种多样：顾客可能产生态度转变、索要更多资料、实地到访店铺或直接完成购买。因此，推广目标必须明确期望获得的反馈类型，营销经理需要评估传播是否引发预期的反应。

综合直接反应，寻求即时反馈

当需要获取特定顾客的即时反馈时，企业往往采用直效推广（亦称直接营销），即通过非面对面的人员销售方式，实现卖方与个体顾客的直接沟通，旨在激发即时反馈。这种推广方式可实现精准触达，但需要依托详尽的个体数据和客户关系管理系统来设计针对性信息。李维斯、哈里与大卫（Harry and David）、FTD（鲜花速递）等众多企业都广泛应用直效推广策略。

直效推广运用多元传播渠道

直效推广可通过多种传播渠道（媒体）与顾客直接沟通。直邮广告、产品目录、电视购物、电话营销及电子邮件等，都是获取即时顾客反馈的常用媒介。这些渠道往往协同运作。例如，当目录零售商寄出实体目录后，其网站访问量通常会出现激增。

直效推广（尤其是电子邮件与产品目录）是前文所述"直达消费者"分销模式的核心推广手段，被耐克、Lands'End、Harry's 剃须刀和 Allbirds 等品牌广泛采用。当顾客在线下单后，商家立即获取其住址与邮箱信息。如果顾客在品牌官网创建账户，商家还能掌握其回访行为（另一种反馈形式）及网站浏览轨迹（如查看的商品）。这些数据为精准营销创造条件，例如 Lands'End 发现某顾客仅购买男士正装衬衫后，便向其寄送"男士正装"专项产品目录，而非包含女装、童装的综合版本。

直效推广的优势

直效推广的优势是高度精准。接收这些信息的往往是品牌现有顾客，他们已对品牌建立初步认知。商家可通过测试不同的产品目录、信息内容和推送时机，来确定最能激发顾客行为的方式。随着顾客多次访问网站并完成购买，这些行为数据结合个体顾客的其他大数据以及更精细化的客户关系管理系统，能够用于实现信息个性化定制。这种良性循环能持续提升直效推广的效果与效率。

直效推广的劣势

直效推广在某些目标市场中存在负面形象，这可能对采用该策略的品牌造成不利影响。部分顾客反感垃圾邮件和广告信息，如果品牌推送过于频繁，不仅会被忽略，还可能引发厌烦情绪。具有环保意识的顾客即使喜爱产品，也可能对每月收到产品目录感到不满。此外，欧美地区新出台的隐私保护法规，可能会降低企业获得的顾客数据质量。

直效推广电子邮件具有低成本与精准触达的优势

众多企业采用直效推广方式，因为电子邮件沟通能为买卖双方创造双重价值。对卖家而言，其成本远低于直邮广告；对买家而言，邮件中的图文视频链接提供了便捷的信息获取渠道，有助于促进购买。

当然，邮件信息有效传递的前提是顾客打开邮件。在充斥着促销信息的收件箱中，个性化和富有创意的内容才能吸引注意。以 Warby Parker 眼镜为例，当顾客购买时会记录其验光处方有效期，并在到期前两周发送主题为"提醒！您的验光处方即将失效"的邮件，这种真实紧迫的标题能显著提升邮件的打开率。

监测和反馈直效推广

直效推广邮件的核心目标是促使顾客完成特定行为，而且可以精准追踪效果。虽然邮件打开率是基础反馈指标，但企业通常更关注后续的转化行为，包括官网访问、电子书下载、订阅注册或直接购买等。

衡量电子邮件的性能

让我们来分析医疗保险公司优护保（UltraCare）如何通过整合营销传播向中小企业销售其保险产品。优护保通过电子邮件、网站和销售团队来完成 AIDA 模型中的四项推广目标。为了监控其发送的电子邮件和网站的表现，优护保跟踪以下指标。

1. 邮件打开率：收件人打开邮件的比例。由于客户在打开邮件前只能看到"主题行"，这一指标衡量了主题吸引客户注意力的效果。

2. 邮件点击率：打开邮件后点击链接进入优护保网站的客户比例。每封邮件都介绍了优护保的福利，并邀请收件人点击链接获取更多信息。邮件点击率衡量了邮件内容是否能激发客户的兴趣。

3. 表单完成率：点击进入网站后填写信息申请表的客户比例。在优护保网站上，客户可以观看一段包含更多信息的短视频，随后被要求留下姓名、邮箱和电话，以便优护保销售人员跟进。填写表单表明客户希望获取更多信息。

4. 销售团队的任务：通过跟进电话与感兴趣的客户取得联系，促成购买行动。

营销经理获取了一份包含人力资源经理邮箱地址和姓名的邮件列表。人力资源经理通常是销售保险计划时的第一联系人。营销经理决定测试两种不同的邮件策略，分别强调优护保健康计划的两个特点：低成本和高质量。针对每种特点的邮件（以及点击后跳转的网页）已创建并发送给 2000 名人力资源经理。表 11-1 展示了不同主题的电子邮件的相关指标情况。

表 11-1　不同主题的电子邮件的相关指标情况

项目	低成本	高质量
发送电子邮件数量	2000	2000
电子邮件打开数量	1232	864
电子邮件打开率	61.6%	43.2%
电子邮件点击量	151	147
电子邮件点击率	12.3%	17.0%
完成的表格数量	36	71
表格完成率	23.8%	48.3%

11.5　客户主导的传播流程

传统的传播模型默认是卖方（信息源）主动发起沟通，现在，让我们更深入地探讨另一种传播模型，如图 11-5 所示。在这种模型中，客户主动发起了沟通。想要让客户开始沟通过程，首先要让他们意识到自身的需求或问题，然后主动寻找解决方案。有时，这种意识是客户自行产生的；而有时，则是客户在看到突出需求或潜在福利的广告后产生的。

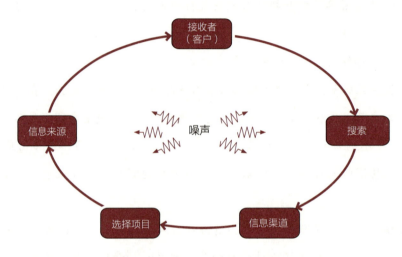

图 11-5　**客户主导的传播流程**

客户主动发起沟通的例子包括客户在谷歌中输入"附近的比萨外卖"、向销售人员寻求帮助，或者采购经理致电多名销售人员提问或咨询报价。互联网的发展让客户主动收集信息的可能性变高。尽管这种"客户主动发起"的过程与我们之前讨论的传统传播流程有相同的环节，但它们之间的差异以及对推广的影响是显著的。

在图 11-5 所示的沟通过程中，客户（接收者）在特定的信息渠道中搜索信息来主动发起沟通。用于信息搜索的常见且影响深远的渠道是互联网。有时，客户会直接进入某个特定卖家的网页搜索信息。信息渠道仍然是信息的载体，正如之前的情况一样，但可搜索的信息渠道通常包含多个主题的现有信息档案，可能有无数的主题可供选择。

客户随后会查看和筛选各种选项，并决定要追踪哪些信息。搜索引擎会呈现一个包含付费广告和免费信息的结果列表。搜索也可以在制造商、零售商或批发商的网站上进行。例如，客户可能会访问一家清洁用品分销商的网站，并搜索解决方案，然后点击查看价格信息和成分安全性。同样，客户可能会访问奈飞并搜索恐怖电影，然后查找导演、演员或已观看该电影的观众评论。客户选择自己感兴趣的信息，这是营销经理无法左右的。

营销人员必须吸引客户注意

由于客户现在选择众多，因此对营销人员来说，吸引客户注意力变得至关重要。这意味着在有人搜索"巴塔哥尼亚法兰绒衬衫"时，像 Backcountry 这样的在线零售商（销售户外服装）希望出现在搜索结果的顶部。在这种情况下，Backcountry 会向搜索引擎公司付费，以求在列表顶部放置一个广告链接，或者对其网站进行优化修改，使自己出现在搜索结果的顶部。

当接收者更仔细地查看屏幕上的信息时，他决定是留在该网站还是离开。通常，获取更多信息只需点击一下，而这一点击可能是深入浏览商家网站，或者跳转到另一个网站。营销经理需要确保页面能够吸引接收者的兴趣，或者开始激发其购买欲望。噪声仍然可能成为一个问题。例如，一个布局混乱的网站可能会让客户难以弄清楚退货政策，从而放弃购买。

正如这个简短的场景所描绘的那样，客户在购买过程中可以接触到多元化的信息来源。其中一些信息来源超出了营销经理的控制范围，但企业仍可以采取积极的措施：提供丰富的产品图片并且将这些图片发布在 Instagram 上；持续监控网络上关于品牌的言论，好评可以让企业知道自己做得好的地方，而投诉则可以突出未满足的客户需求，给公司一个改进的契机。

了解客户的在线搜索行为有助于品牌打造吸引目标客户的网站。波兰女性热衷于搜索和分享食谱，波兰最畅销的杂志就是关于食谱分享的。国际食品品牌家乐（Knorr）发现，"食谱"在波兰语中是"przepisy"，而这个词作为网址可以获得很好的排名。于是，Knorr 围绕食谱分享创建了一个品牌网站、一个 Facebook 主页和一个 App。每当有人在谷歌浏览器上搜索食谱时，Knorr 的网站就会出现在顶部，从而吸引更多流量到品牌网站。随着在线食谱分享的增长，该网站的访问量也在增加。平均每位访客在网站上停留近 8 分钟，Facebook 页面获得了超过

50 万次 "点赞"，App 已被下载超过 30 万次。最重要的是，Knorr 品牌在可信度和品牌形象方面缩小了与本地竞争对手的差距。

推广时机和相关性的重要性

在客户主动发起的沟通过程中，他们接收到的营销传播往往具有高度有效性，因为这时客户往往会积极寻找与购买决策相关的信息。因此，客户更容易关注并更可能对推广信息感兴趣。

当客户浏览网站时，他们的搜索行为可能会清晰地传递出购买意向（至少对搜索引擎或社交媒体而言）。例如，阅读关于不同类型自行车的博客和文章、访问几家自行车制造商的网站，以及在 Facebook 上 "点赞" 本地自行车店，可能都是想要购买自行车的迹象。这些行为会让谷歌和 Facebook 知道这位客户可能很快会购买自行车。自行车制造商或本地自行车店希望马上针对这位客户进行沟通。能够识别对产品感兴趣的潜在客户的营销经理，可以向这些客户投放及时且相关的在线（和线下）广告。

锁定主动发起沟通的客户

在客户掌握点击主动权的数字时代，营销经理需要创建不同的推广方式。首先，营销经理需要清楚如何在目标客户的搜索结果中占据靠前的位置。其次，营销经理必须提供真正有用的信息，否则客户会迅速点击其他能够帮助他们做出购买决策的内容。最后，推广活动需要留住客户，让他们进一步了解卖家的产品。

先用一个例子说明我们所说的吸引和留住主动上门客户的含义。旅行社 "探索非洲"（Discover Africa）通过精准的内容营销吸引客户访问其网站，并让他们不断回访。探索非洲首先确定了九个不同的目标市场，例如商务人士、露营者、学生和背包客等。其次，探索非洲针对每类客群制作了差异化的文章、博客、视频和旅行指南。最后，通过少量的广告宣传探索非洲的网站及其内容，其他人开始注意到并链接到该网站。这帮助探索非洲在有关非洲旅行的在线搜索结果中出现在靠前的位置。探索非洲很快被视为非洲旅行的权威，更多客户开始寻找该网站的信息，销售额也随之上升。

营销传播中的伦理问题

推广是市场营销中最常受到批评的领域之一。许多批评集中在推广是否真实和公平。营销人员在考虑这些指控和规划推广活动时，有时需要做出伦理判断。

例如，我们常常根据信息来源来判断其可信度。当电视新闻节目播放视频新闻稿时，消费者不知道这是为了实现营销目标而准备的。他们认为新闻工作人员是信息来源，从而认为信息更具可信度。但这是公平的吗？许多人认为，只要宣传信息是真实的就无可厚非。类似的争议也出现在广告中。一个在热门电视剧中扮演诚实可信角色的人可能在广告中是一个可信的信息来源，但使用这样的人是否会对消费者产生误导？一些批评者认为"是"。另一些人则认为，消费者在看到广告时会认识到这是广告，并知道名人是为产品代言、获得报酬的。

对推广最常见的批评与夸大宣传有关。如果一则广告或销售人员声称某产品是"市场上最好的"，这究竟只是一个个人观点，还是每个声明都应该有证据支持？需要什么样的证据？一些推广活动确实夸大了产品的优势。消费者会查看评论以获取客观意见。那么，为自己的公司或产品发布虚假的好评，或者对竞争对手发布负面评论，又该如何看待？真实的评论可以让消费者识破夸大宣传，但如果消费者觉得有一些评论是假的，他们可能会对所有评论都不再信任。一些人认为互联网最终会揭露市场中的不诚实参与者。

大多数营销经理意识到，最终的验证时刻在于消费者完成购买的那一刻。如果营销组合不能兑现推广所承诺的内容，客户就不会进行口碑传播或再次购买。因此，大多数营销经理始终致力于使推广声明具体且可信。

11.6　典型推广计划的融合与整合

没有一种适用于所有情况的推广组合

每种组合都必须作为营销组合的一部分来开发，旨在实现公司在每个营销战略阶段中的推广目标。我们将研究几种不同情况，每种情况都有其典型的推广组合。

　　首先，我们来看公司通过中间商（如零售商或批发商）销售产品时的推广组合。如你所见，这种推广组合通常包括针对中间商的推广和针对最终客户的推广。

　　其次，我们讨论针对最终客户的推广。

　　再次，我们探讨针对企业客户的推广。

　　最后，我们研究针对员工的推广。

推动策略

　　当分销渠道包含中间商时，其配合程度对整体营销战略的成功至关重要。推动策略（见图 11-6）是指运用常规推广手段向潜在渠道成员销售整个营销组合，例如人员销售、广告及销售推广。

　　通常制造商承担渠道推动的主要责任，但批发商可能负责面向零售商的部分推广，而零售商则负责本地市场的终端客户推广。当所有营销信息被精心整合时，整体的推广效果就能达到最佳。

　　推动策略通常表现为制造商销售人员与渠道采购方合作，同时提供交易优惠或折扣，以增加渠道成员利润空间并促使其接纳产品。

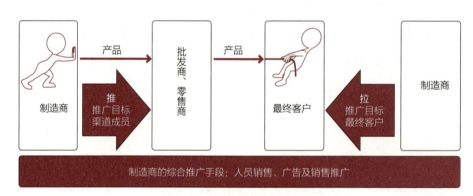

图 11-6　推动策略和拉动策略

拉动策略

　　大多数制造商还会将大量推广资源投向渠道末端的消费者，这有助于刺激需求，并通过拉动策略让产品在分销渠道流动。中间商总是倾向于采购消费者已经产生购买意愿的产品。拉动策略就是通过让客户向中间商询问产品来实现的，是

针对最终消费者的推广。有效的推广会创造真实的消费需求，从而带动产品在渠道中流通。

在消费市场中，拉动策略通常强调广告和销售推广（比如优惠券）。消费者了解产品后会在货架上寻找它，这种需求推动产品在渠道中流通。一旦产品出现在货架上，拉动策略可以确保持续的需求。当消费者前来购买产品时，中间商自然会持续进货。

推动策略和拉动策略结合使用

推动策略和拉动策略通常是结合使用的，是一种整合营销传播的形式。如果仅靠拉动策略，消费者可能找不到优惠券或在广告中看到的产品。即使商店后来销售该产品，消费者也可能已经忘记了它。同样，仅靠推动策略可能也不够有效。制造商可能成功将产品上架（或在线零售商的网站），但如果无人购买，他们也不会满意。他们可能会将未售出的产品退回，并且未来不再采购。有效的推广计划需要以协调的方式结合推动和拉动策略。

对大多数产品来说，庞大的消费者数量几乎迫使制造商和零售商强调广告、促销活动和宣传。促销活动，比如优惠券、比赛或免费样品，可以激发消费者的兴趣并带来产品的短期销售。一个信息丰富的网站可以帮助消费者建立对品牌及其产品的良好印象。有效的大众推广能够有效提高品牌熟悉度，从而减少对人员销售的需求。

人员销售也可以很有效。通常，大众推广会把客户带到商店，而人员销售可以在那时发挥作用。针对最终消费者的人员销售通常出现在高价产品的渠道系统中，比如金融服务、家具、高级珠宝、电子产品、设计师服装和汽车等领域。

针对企业客户的推广

针对企业客户的制造商和批发商通常强调人员销售。这是因为企业客户数量较少，且他们的采购规模通常较大。销售人员可以更灵活地调整企业提供的方案以满足每个客户的需求，而面对面的沟通通常是完成交易的必要条件。此外，销售人员还可以在后续回访中解决问题，并维护与客户的长期关系。尽管人员销售在企业市场中占据主导地位，但这种方式成本较高，因此也需要结合成本较低的大众推广手段。

企业客户经常通过互联网搜索来寻找解决方案，因此卖家的网站出现在搜索结果的顶部至关重要，否则可能就无法吸引客户的注意力并激发他们对产品的兴趣。在线案例研究和信息丰富的网页更能够吸引他们的注意，而行业杂志中的广告也可以用来向潜在客户介绍解决方案。国内和国际的贸易展会也有助于识别潜在客户。这些推广活动会将客户引导至销售人员前面，销售人员需要回答客户的具体问题。

针对员工的推广

有时，企业会强调对员工的推广。这可以采取多种形式。例如，销售经理可能在年度销售会议上设定目标，其目的是告知并激励销售团队了解新产品。一些企业利用推广来激励员工提供更优质的服务或实现更高的销售额。

每个细分市场可能需要独特的营销组合

了解不同目标适用的推广类型，对规划推广组合很有用。但每个独特的细分市场可能需要单独的营销组合和不同的推广策略。当真正需要针对特定目标市场进行特定组合时，切勿在市场细分中使用单一的推广策略。由于目标市场的特殊需求，营销经理会结合使用推动和拉动策略。

11.7 采用过程引领推广战略规划

AIDA 模型和采用过程模型聚焦于个体消费者行为分析。这种个体层面的研究视角有助于我们理解推广活动如何影响消费者的行为方式。但同时也需要从整体市场角度进行观察，同一市场中不同消费者群体的行为模式可能存在差异：部分消费者会率先尝试新产品，进而影响其他人群。

推广策略需要针对不同的消费者群体调整

关于市场接受新理念的研究发展出了采用曲线模型，如图 11-7 所示。这个模型展示了不同群体接受新理念的时间规律，强调了群体之间的联系，并且可以看到有些群体的消费者会率先尝试新理念。推广活动通常需要随着时间调整，来适应不同消费者群体的特点。

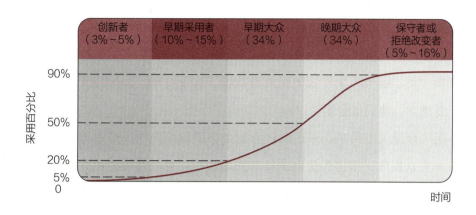

图 11-7　采用曲线模型

创新者

创新者是最早尝试新事物的人群。他们热衷于体验新理念，愿意承担风险。这类人通常比较年轻，受过良好的教育，社交圈广泛，经常与本地社区之外的群体保持联系。属于创新者类型的企业往往专注特定领域，愿意承担新事物带来的风险。

创新者更倾向于参考客观的科学信息来源，或其他创新者的意见，而不是依赖销售人员的推荐。他们经常会在网上搜索信息，浏览技术类网站和出版物，或者在专业杂志上寻找有价值的广告内容。

早期采用者

早期采用者在同龄人中很受尊重，往往能影响他人的看法。相比后期采用者，他们通常更年轻、更活跃、更有创造力。但与创新者不同，他们的社交圈主要局限在自己的群体或社区内。属于早期采用者的企业也往往专注于特定领域。

和创新者一样，早期采用者群体对新产品或新理念的技术性能十分感兴趣。在所有群体中，他们与销售人员接触最多，同时也重视大众媒体的信息。销售人员需要特别关注如何吸引和说服早期采用者，因为他们的认可至关重要。后面的早期大众群体会以早期采用者为参考，早期采用者可以通过口碑传播帮助推广新产品。

早期大众

早期大众会规避风险，他们会等到许多早期采用者尝试并认可某个新理念后，才开始考虑。他们需要确认产品已经不再新潮，而且有其他人用过并且表示满意。那些规模中等、业务不太专精的企业通常属于这个群体。如果行业内的企业成功采用了新理念，他们也会跟进。

早期大众最关心的是，采用新理念能否帮助解决问题或带来更多便利。这个群体接触大众媒体、销售人员以及早期采用者中的意见领袖的机会很多，但他们自己通常并不充当意见领袖的角色。

晚期大众

晚期大众对新理念持谨慎态度。他们通常年龄较大，行为方式固定，所以不太会跟随早期采用者。实际上，往往需要来自强烈的社会压力，他们才会尝试新产品。属于这个群体的企业大多是保守的小型公司，业务范围较广。

晚期大众很少利用营销信息渠道，比如大众媒体和销售人员。他们倾向于参考其他晚期大众的意见，而不是那些他们不信任的外部信息来源。

保守者或拒绝改变者

保守者或拒绝改变者喜欢沿用过去的做法，对新理念持高度怀疑态度。他们通常年龄较大，受教育程度较低。那些规模小、业务不专精的企业往往属于这一类。这一群体坚持现状，认为这样最稳妥。

对保守者或拒绝改变者来说，主要的信息来源就是其他保守者或拒绝改变者。这对销售人员来说显然不是好消息。实际上，在这个群体身上花费精力可能并不值得。

11.8 推广战略随产品生命周期变化

采用曲线模型有助于解释为什么新产品会经历前文描述的那些生命周期阶段。在不同的生命周期阶段，要想实现不同的推广目标，通常需要调整推广组合。

市场导入阶段："这个新理念很不错"

在市场导入期，推广的核心目标是告知消费者。如果产品确实是个全新理念，推广就需要建立基本需求，即对整个产品品类的需求，而不仅是公司品牌。屋顶太阳能板、智能家电（能联网的）和自动驾驶长途卡车就是基本需求刚开始增长的产品范例。

市场导入阶段潜在创新者可能很少，人员销售能找到他们。企业也需要销售人员寻找优质渠道伙伴并说服其经销新产品。针对销售人员或渠道成员的销售推广可以激发他们销售新产品的兴趣。消费者常认为新的产品理念存在风险，销售推广有助于激发兴趣和促使试用。

市场成长阶段："我们的品牌最棒"

在市场成长期，更多竞争者进入市场，推广目标从建立基本需求转向刺激选择性需求，即对公司品牌的需求，主要任务是说服消费者购买并持续购买自己公司的产品。

随着潜在客户增多，大众推广变得更经济高效。但销售人员仍需在渠道中开展工作，增加销售网点的数量，巩固与渠道成员的关系。

Banquet Homestyle Bakes 的推广过程展示了前两个阶段的特点。Banquet Homestyle Bakes 是首个含肉类的罐头，消费者只需几分钟准备就能放入烤箱。产品上市初期没有直接竞争，销售团队用市场调研数据说服零售商提供货架空间，广告则用幽默方式强调包装较重是因为内含肉类。但随着类似竞品出现，推广转向突出 Banquet Homestyle Bakes 的优势：更多口味和额外 10% 的肉量。为持续吸引消费者兴趣，销售团队转而推动零售商参与"超级妈妈"竞赛，为忙碌的妈妈们提供水疗体验等奖品。

市场成熟阶段：“我们的品牌确实更胜一筹”

在市场成熟期，大众推广和销售推广可能成为消费品公司的主要推广手段。工业品则可能需要更多的人员销售，并辅以广告支持。随着竞争加剧，推广预算总额往往会增加。

如果一家公司已经取得较高的销售额，这个阶段就具备推广优势。比如泰诺（Tylenol）的销量约为竞争对手美林（Motrin）的四倍，如果两者都拿出 35% 的销售额做推广，泰诺的推广投入就是美林的四倍，能覆盖更多人群。

营销组合差异化的企业倾向使用大众推广，因为它们有独特的卖点可讲。例如，强势的品牌可能采用提醒式广告，或针对老顾客开展会员促销，以此强化客户关系，保持忠诚度，这比从竞争对手那里抢夺客户更有效。

但随着市场趋向完全竞争，部分企业会诉诸降价。降低虽然短期能提升销量，但很可能造成总收入和推广预算减少。当竞争对手以发放折扣券等短期促销手段还击时，这种销量增长就会消失，价格会被压得更低。随着现金流减少，企业可能不得不削减开支。

销售衰退阶段：“告诉还需要我们产品的人”

在销售衰退期，企业为保持利润通常会减少推广预算。由于仍有部分消费者需要该产品，企业需要更有针对性地推广来触达这些客户。

不过也有企业会加大推广力度，试图延缓衰退，至少是暂时延缓。绘儿乐（Crayola）几乎垄断了儿童蜡笔市场，但随着新型马克笔取代部分蜡笔，绘儿乐销量缓慢下滑。于是绘儿乐增加广告投入，鼓励家长为孩子购买新蜡笔。

11.9 设置推广预算

预算影响推广的效率和组合

推广活动存在规模效应：全国性电视广告的千人成本可能低于地方台，全市范围的广播、电视和报纸广告也比人员销售更经济。但对预算有限的小企业来说，某些大众媒体的总成本可能迫使其选择单位接触成本更高的推广方式。实际上，精准定位的推广可能更有效，因为"广撒网"式的广告会被许多非目标人群甚至非潜在客户看到。营销经理需要兼顾预算和目标市场。

制定预算的不同方法

常见的预算制定方法是销售额百分比法，即按过去或预期销售额的固定比例计算。还有一种是对标竞争者支出来制定预算，虽然营销经理可能不愿承认，但这种方法相当普遍，即参照竞争对手的推广费用占比来确定自身的预算。

利润大时增加预算，小时削减预算，这种方法简单易行，但机械照搬并不明智。如果销量下滑正是因为推广不足，那缩减预算只会雪上加霜。

按任务制定预算

基于营销战略规划的逻辑，最合理的推广预算制定方法之一是任务法，即根据待完成的工作制定预算。这能帮助营销经理确定优先级，确保推广投入能产生明确效果。任务法适用于所有营销支出的预算制定。

具体操作是先确定哪些推广方式最能经济高效地完成传播目标，再汇总各项任务成本，最后得出总预算（就像为营销活动分配资金一样）。换言之，企业可以直接根据详细计划制定总预算，而非依赖历史数据或固定比例。

市场调研优化预算

部分推广活动的目标易于量化。企业通过评估过往推广活动的投资回报率，能较准确地预估实现类似目标所需的成本。例如，塔可钟如果计划为 Facebook 主页新增 1 万"点赞"，而过去用发放优惠券的方法达成过类似的目标，就可以参考历史数据。广告公司的经验也能提供预估基础。虽然衡量"点赞"的价值较难，但推广成本和点赞数量是可量化的。

但有些推广目标难以预测和评估。比如 Bonobos 裤子如果想提升品牌认知度，选择男性杂志刊登广告看似合理。但如果从未投放过杂志广告，首次的效果预测就颇具挑战性。即使评估困难，营销经理仍应尽力分析成本收益，制定切实可行的预算。

第十二章

人员销售和客户服务

福格森的人员销售和客户服务

波贾·古普塔（Pooja Gupta）是伊利诺伊大学商学院的学生，她一直希望找到一份充满挑战、能促进职业发展、能让自己保持热情的工作。福格森（Ferguson）正好给了她这样的机会。当时福格森正在各大高校招募销售人才，从某种意义上说，这份工作主动找到了她。

古普塔知道，有抱负的年轻人往往能在快速发展的公司中找到好机会。但她没想到，这家快速发展的公司竟是一家主营管道设备、阀门配件批发，近年还推出自营暖通空调产品线的公司。几十年来，福格森每五年规模就翻一番，如今已是全美最大的管道产品分销商之一，也是暖通领域的领军企业之一。面对工业巨头、市政水务、建筑承包商、厨卫经销商乃至终端消费者等多元客户群体，如果没有一支高效的销售团队，根本不可能实现这样的增长。

福格森的销售团队既要开拓新客户，又要通过贴心服务培养客户的忠诚度。销售人员深谙客户痛点，懂得如何用公司的产品、电商平台和智能物流系统为客户解决问题。这种专业能力与客户至上的理念，让福格森的销售人员成了客户信赖的合作伙伴。

打造这样一支金牌销售团队绝非偶然。福格森的营销经理与销售经理紧密配合，精准设定每个销售岗位的职责，并找到最合适的人选。公司经营超百万种商品，拥有1400个服务中心，还按客户类型设立了专项事业部。销售人员不可能样样精通，因此销售经理会精心安排每人负责的片区、客户群和产品线。比如古普塔就专门负责协助弗吉尼亚州的承包商，帮他们解决住宅建造或改造中终端消费者的需求。她对厨卫装修潮流、隐蔽工程降本方案，以及科勒（kohler）、艾肯、摩恩（Moen）、杰酷西（Jacuzzi）等数百个品牌的优劣如数家珍。

福格森销售人员的工作日常因客户而异：有人负责市政水务项目，为自来水厂升级净水设施提供方案；集成系统事业部（ISD）的销售人员则负责推销"全流程服务"理念，说服制造企业将全年采购仓储业务整体外包；还有内勤销售通过电话视频、邮件、社交媒介与客户沟通；而自助卖场的店员则主要负责接单拣货。为招募多元化人才，福格森采用校园招聘、官网人才库等多渠道筛选。通过初试的候选人要接受区域经理的多轮面试。

新人入职后将接受 10 ~ 12 个月的轮岗培训：从仓储物流到门店销售，再到电话销售，通过在线课程、情景模拟、"老带新"等方式全面提升。即便是资深销售也要定期参加培训，比如全员参与的客户忠诚度提升计划，最终实现了超 400% 的培训投资回报率。

福格森还致力于可持续发展，深刻理解可持续解决方案为客户、员工乃至全球社会创造多重价值。该公司持续研发符合并超越"Water Sense 水资源认证和 Energy Star 能源之星"标准的产品系列，其高效能 Durastar 迷你分体式热水泵是当前市场效能的标杆产品之一。在碳减排领域，福格森不断设定更高标准并持续超额完成目标。这种具有使命感的经营理念，正激励着古普塔等全体员工。

中国平安集团的人员销售和客户服务

中国平安集团是中国金融牌照最齐全的金融服务集团，也是国内第一家股份制的保险企业，拥有广泛的金融业务，在保险行业内外关注度非常高。它作为中国金融保险行业第一家引入外资的企业，将创新科技深度应用于金融服务中，优化服务渠道，将准确、高效、平等的服务理念传递给投资者，为 2 亿个人客户与 5.16 亿互联网用户提供金融生活产品与服务。

中国平安集团始终致力于成为国际领先的综合金融、医疗养老服务集团，为此它在遵循合规分业经营的前提下，围绕客户多样化的金融需求，提供专业、便捷的一站式综合金融解决方案，以打造客户与企业价值最大化的特色综合金融模式。

中国平安集团的综合金融模式核心在于始终以客户需求为驱动，全面覆盖客户日常生活中的金融场景。一方面努力提升客户幸福感，充分体现"金融为民"的初心；另一方面以高效、精确、专业的服务，全力支持实体经济发展。以客户需求为驱动，充分发挥综合金融独特优势，提供完善的资产配置和产品服务，让客户"省心、省时、省钱"。

拿车险举例，平安好车主 App 会经常赠送客户一些免费的实物和服务，提醒客户领取，这些行为提高了客户的使用黏性，使平安保险在无形中进入客户生活，这样客户就很难离开，因为离开涉及较高的转换成本。提高客户的黏性，有利于保险代理人销售保险，提高中国平安集团的竞争力。

中国平安集团还拥有强大的线上、线下渠道网络。其中，线下网点已超过 7000 个，遍布全国，销售服务队伍人数超过 130 万人；平安金管家、平安口袋银行、平安好车主等 App 构成的线上网络带来超 7 亿个的销售触点。平安保险涉及的领域非常广泛，比传统保险更为多元化。

中国平安集团还建立了国际领先、亚洲最大的后援服务平台之一，目前拥有超 5 万个后援座席，支撑 12 家金融公司集中的后援中心。打造一体化、智能化的服务体系，实现财务、客服、风控、人事四大后台支撑，为客户提供高质量的服务体验。同时，中国平安集团强大的数字化能力助力打造行业领先的客户标签体系。

与此同时，中国平安集团还拥有高度协同的组织文化。以价值最大化为核心的"一个平安"文化，让多元化的团队以提升客户价值为共同目标，在协同文化的指引下实现各类紧密合作、创新交流和能力共建。

12.1　人员销售的重要性和角色

人员销售需要战略决策

本章我们将探讨人员销售和客户服务的重要性及本质，帮助你理解相关的战略决策。本章还会介绍一些指导这些决策的框架和实操方法。这些方法同时适用于国内和国际市场，所以不会特别强调两者的区别。但这并不意味着不同国家的推广方法毫无差异，恰恰相反，面对不同客户时，销售人员必须根据文化背景等因素调整推广方式。

人员销售至关重要

在某些企业的推广组合中，人员销售绝对不可或缺。试想，如果你需要定期支付工资，而这时销售团队总能奇迹般地带来订单，维持公司盈利。这种感受想必不言而喻。

人员销售往往是企业最大的单项运营开支，这也使得销售管理决策尤为重要。糟糕的决策不仅会导致销售损失，还会造成真金白银的浪费。

任何经济体都需要大量销售人员。在美国，每 10 个劳动力中就有 1 人从事销售工作，是广告从业人数的 20 倍。如此庞大的职业群体对经济至关重要，值得深入研究。

好的推销是帮客户购买

优秀的销售人员不只想着"卖东西"，而是帮客户"买东西"，通过理解客户的需求，客观分析产品的优劣。这种服务意识能带来稳固的客户长期关系，尤其在 B2B 市场，稳固的关系通常成为竞争优势的基础。

推广不只靠销售人员

企业里几乎任何人都可能参与销售：超市肉铺师傅帮你选肉是在销售，汽修工为你推荐机油是在销售，网页设计师按需求定制网站是在销售，医生建议患者调整饮食控制血压也是在销售。虽然这些角色未必被称为"销售人员"，但他们都在帮客户选择产品或理念。本章虽聚焦传统销售岗位，但聪明的企业会确保所有接触客户的人都懂点销售技巧。

销售人员代表企业与客户

销售人员常是企业对外的代表，不仅要推销产品，还需解释企业政策、协商价格甚至解决技术问题。在客户离企业总部较远时，销售人员可能是唯一的联络纽带；而在供应商与客户建立深度合作时，通常也由销售人员协调多方关系。

正因职责变化，许多企业赋予销售人员新头衔，如"客户代表""区域经理""销售顾问""市场专员"。

销售人员也是市场情报员

销售人员还负责在企业内部传递客户需求。他们可能是第一个嗅到新竞争对手或新策略的人，敏锐的销售人员甚至能催生产品创新。

例如，材料科学公司（MSC）的销售人员在福特研发新款 F-150 卡车时，通过询问"如何降低行驶噪声"，意外为公司的 Quiet Steel 隔音材料打开了汽车市场，这本原本未涉足汽车市场的材料，恰好契合了福特的需求。这一洞察不仅帮助 MSC 在汽车市场站稳脚跟，更通过销售人员几个关键问题的提出，最终让消费者得以享受更静谧的驾乘体验。

销售人员也能制定战略

有些销售人员需要独立担任辖区的营销经理，或者因为总部没能提供明确战略而被动成为决策者。无论是哪种情况，他们需要决定目标客户、主推产品、合作渠道、推广预算、价格调整。能制定并执行高利润战略的销售人员往往晋升迅速。机会永远留给有准备且愿意拼搏的人。

12.2　哪种销售人员更抢手

如果一家公司的销售人员太少或者类型不合适，一些重要的人员销售任务可能就无法完成，而销售人员过多又会造成资金浪费。此外，随着公司战略或市场环境的变化，人员配置的平衡点也需要相应调整。这就是许多公司不得不重组销售团队的原因。

确定销售人员的数量和类型的难点在于，每个销售岗位的工作内容都不尽相同。不过一般来说，每份销售工作都是三种基本销售任务（见图 12-1）的某种组合。这为公司评估需要完成哪些销售任务、需要多少人员来完成这些任务提供了切入点。

这三种基本销售任务分别是开发客户、维护订单和销售支持。为方便起见，我们将用这些术语来描述销售人员。虽然在某些情况下，一个人可能同时承担其中两项甚至全部任务。

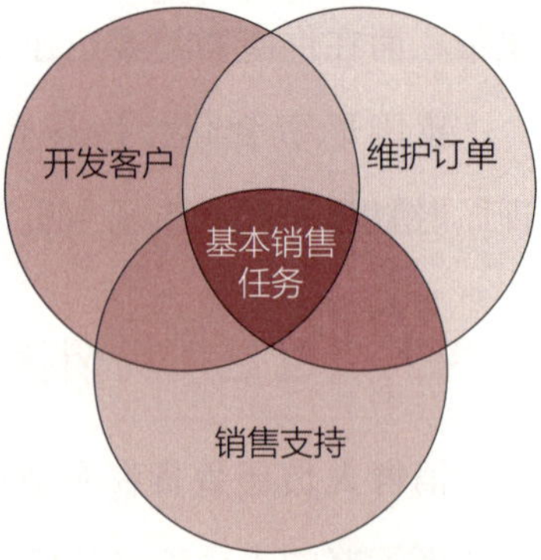

图 12-1　三种基本销售任务

开发客户型销售人员

开发客户型销售人员主要负责与新客户建立关系并拓展新业务。开发客户意味着通过精心准备的销售演示，向潜在买家推销商品、服务或理念。

开发客户型销售人员必须精通业务知识，不能仅靠人际关系。这类销售人员的薪酬通常很高，许多人的年收入超过 10 万美元。

制造商的开发客户型销售人员

各类产品的制造商，尤其是工业品制造商，都非常需要开发客户型销售人员。他们依靠这些销售人员来寻找潜在客户、开拓新客户、发现新机会，并建立和巩固渠道关系。

大多数客户更关心如何省钱或赚钱，而不是技术细节。优秀的开发客户型销售人员会顺应这一需求。他们帮助客户找到解决问题的方法，然后推销概念和理念，而不仅仅是实体商品。他们提供的商品和服务只是帮助客户实现目标的手段。

要有效尝试这种"解决方案式销售"，开发客户型销售人员通常需要既了解客户的整体业务，又掌握产品及其应用的技术细节。例如，自动化制造设备的销售人员必须既要了解潜在客户的生产流程，又要清楚如何将传统设备升级为计算机控制的系统。

专业服务的开发客户型销售人员面临着特殊的挑战。客户通常在购买前无法实际体验服务。销售人员与客户的沟通可能成为评估服务质量的唯一依据。

批发商的开发客户型销售人员

代理批发商的销售人员通常是开发客户型销售人员，尤其是那些更具进取精神的制造商代理商和经纪人。他们面临着与制造商的开发客户型销售人员相同的任务。但对他们不利的是，一旦开发工作完成，客户关系稳定后，制造商可能会试图取消代理商，转而使用自己的维护订单型销售人员来节省人力成本。

零售商的开发客户型销售人员

说服客户考虑购买他们之前没有认真关注过的产品，需要高超的推销能力。针对非渴求消费品的开发客户型销售人员必须使客户认识到，新产品如何能满足他们目前通过其他方式满足的需求。如果没有开发客户型销售人员，许多常见产品可能会在市场导入阶段就夭折。开发客户型销售人员帮助产品从市场导入阶段进入市场成长阶段。

开发客户型销售人员对销售异质选购品也很有帮助。客户购买这类产品时，往往基于适用性和价值进行选择，他们对有用的信息甘之如饴。

订单维护型销售人员

订单维护型销售人员主要为现有客户提供服务，完成大部分销售交易，并持续维护客户关系。当客户通过开发客户型销售人员、销售支持型销售人员或广告促销对产品产生兴趣后，通常由订单维护型销售人员解答疑问并促成交易。订单维护是指定期为目标客户完成常规销售的过程，通常需要持续跟进以确保客户完全满意。

制造商的订单维护型销售人员

订单维护型销售人员的工作不仅限于完成单次交易，更致力于提升与客户的整体关系。即使在客户通过电子系统下单的电商环境中，他们还是要执行多项关键工作：解释细节、调整订单、处理投诉、说明新价格或条款、分享资料，以及同步最新动态。订单维护型销售人员如果在这些环节中未能满足客户预期，可能会损害长期关系甚至影响未来销售。

许多企业将订单维护岗位作为培养未来开发客户型销售人员和管理者的训练场。这类工作让新人有机会接触客户、深入理解需求，并时常能从中发现新的销售机会。

敏锐捕捉销售机会的订单维护型销售人员能为企业创造显著增量。有些企业流失订单，仅仅因为无人主动促成交易。例如，银行会通过系统提示柜员向存款余额较高的客户推荐理财产品，或利用客户关系管理系统智能匹配最适合推荐给客户的金融服务。

批发商的订单维护型销售人员

制造商的订单维护型销售人员通常仅处理少量产品，而批发商的订单维护型销售人员则需应对成千上万种产品。面对庞杂的品类，他们可能重点推广新品或高利润产品，无法对所有产品投入过多精力。因此，他们的主要职责是与客户保持联系、处理订单、确保准时交付，同时协调售后问题，充当公司与客户之间的桥梁。

零售商的订单维护型销售人员

在零售终端，订单维护可能近乎机械化（如超市收银）。许多零售店员因培训不足而表现欠佳，加之薪资接近最低工资标准，人员流动率较高。然而，他们仍是零售营销组合中不可或缺的一环。如果店员态度粗鲁或业务生疏，客户会毫不犹豫地转向其他商家消费。

销售支持型销售人员

销售支持型销售人员协助维护订单型销售人员开展工作，但他们自身并不直接争取订单。他们的工作重点在于提升客户关系，从长远角度促进销售。但在短期内，他们更像传递企业善意的使者，为客户提供专业服务和信息。销售支持型销售人员主要分为三类：传教士式销售人员、技术专家和客户服务代表。

传教士式销售人员

传教士式销售人员是为制造商服务的销售支持型销售人员，主要负责拜访中间商及其客户。他们致力于建立品牌好感、刺激需求，帮助中间商培训其销售人员，并经常接收由中间商负责配送的订单。这类销售人员有时也被称为商品化专员或细节专员。

依赖商业批发商或电子商务实现广泛分销的制造商，通常会使用传教士式销售人员。这类销售人员能够为那些在众多产品中难以获得关注的产品提供推广支持。例如，维克斯（Vicks）感冒药的传教士式销售人员可能会在感冒高发季节拜访药剂师，鼓励他们为维克斯止咳糖浆设置专门的货架展示，并协助完成陈列布置。虽然为药店供货的批发商将从销量增长中获益，但其可能不会专门花时间来推动这类特殊陈列的实施。

富有创意的传教士式销售人员能够为企业的产品实现两到三倍的销售增长，

这样的业绩自然不会被忽视。在某些企业，传教士式销售岗位往往是迈向订单维护型销售岗位的第一个台阶。

技术专家

技术专家是为维护订单型销售人员提供技术支持的销售支持型销售人员。他们通常拥有科学或工程的专业背景，能够理解客户的应用场景并解释公司产品的优势。相较于说服客户购买，他们更擅长展示产品的技术细节。在技术专家拜访客户之前，订单维护型销售人员通常已经激发了客户的兴趣，而技术专家则负责提供详细的技术说明即可。

客户服务代表

客户服务代表主要负责解决客户在购买后遇到的问题。与其他仅在特定销售场景中需要的支持型销售工作不同，每家以营销为导向的企业都需要优秀的客户服务代表。客户服务对企业客户和终端消费者而言都至关重要，因为有些问题确实需要人性化的服务才能解决。

总体而言，各类人员销售都有助于赢得客户，但优质的客户服务对留住客户尤为关键。可以将客户服务代表视为通过确保客户对前次购买满意，从而促进其下次购买的销售人员。客户服务代表的战略决策与其他推广岗位是一致的。尽管如此，仍有一些企业不将客户服务视为人员销售活动或企业整合营销传播的一部分，而是将其视为处理"问题客户"咨询的环节。这种认知正是客户服务成为企业问题高发区的原因之一，这也展示了企业需要更深入地审视客户服务活动的重要性，解释了为什么企业应将其作为人员销售工作的重要组成部分来管理。

12.3　客户服务促进下次购买

客户服务并非产品本身

人们有时会将"客户服务"作为一个笼统的术语，泛指任何服务于客户的行为。但这里，我们聚焦的是解决客户购买后遇到问题所需的服务。因此，有必要厘清客户服务与产品本身包含的服务之间的差异。

前文我们讨论过，产品本质上是满足需求的载体，可能是实物商品、服务或二者结合。银行向消费者提供收费的信用卡服务；必胜客将热气腾腾的比萨送到客户家门口；戴尔销售的电脑硬件和软件，购买后附带一定期限的电话或网站技术支持。在这些情境中，客户都将服务视为所购产品的重要组成部分。

但从客户视角看，这类服务与当产品未达预期时需要的问题解决型客户服务截然不同。例如，客户不会预期银行的自动取款机吞卡，不希望必胜客送错餐且延迟送达，更不期待戴尔发错电脑型号，这些问题都意味着企业营销组合的失效，客户实际获得的商品或服务与卖方承诺的存在差异。

当客户服务代表处理客户问题时，往往需要采取补救措施。但修补负面体验与最初就提供正面体验存在巨大区别。无论解决方案多么有效，问题本身已经给客户带来不便，导致企业营销组合创造的客户价值低于约定水平，通常也低于企业预期提供的价值。

促进下次购买能提升客户资产

营销经理致力于提升客户资产，即企业现有与潜在客户在一定时期内的预期收益（盈利能力）。客户资产理论指出三大增长路径：（1）获取新客户；（2）保留现有客户；（3）提升现有客户消费额。优质的客户服务能同时助力这三大路径的实现。

卓越的客户服务与口碑效应带来新客户

正向口碑的力量不容小觑。我们选择牙医、尝试餐厅或购买外套时，更倾向于采纳朋友的推荐；反之也会因负面评价而却步。客户服务正是将问题转化为口碑传播的契机，从而吸引新客户。

客户服务维系并增进关系

没能获得满意的解决方案的客户很可能不再光顾。而卓越的客户服务不仅能挽回局面，更能为企业赢得二次机会。训练有素的客户服务代表在解决当前问题时，还能通过深入询问发现新的销售机会，满意的客户往往更愿意接受附加产品推荐。

Zappos 用幸福交付创造客户资产

在线零售商 Zappos 极致的客户服务完美地诠释了客户资产理念。客户服务代表被授权采取一切措施取悦客户：有人给丧母客户寄送鲜花，有人在飓风后为整个社区订购比萨，更有客户服务人员持续数周在一位提及减肥困扰的客户博客留言鼓励。这些与卖鞋无关的举动，却通过传递温暖深刻影响了客户的生活。当人们亲历或听闻这些故事，自然会增加复购和推荐，最终反哺企业利润。这种客户服务既传递幸福，又创造利润。

大数据与社交媒体助力主动式服务

传统的客户服务属于被动沟通，企业坐等客户来投诉，但许多客户选择默默流失或在网络发泄不满。如今部分企业正运用网络监测、大数据和预测分析提供主动服务，在客户情绪爆发前介入。

以康卡斯特（Comcast）为例，过去二十年其因糟糕的服务饱受诟病。如今除保留电话客服外，公司专门组建团队关注 Facebook、Twitter 等平台，通过数据分析预判客户问题并主动联系解决。这种前瞻性服务正在逐步扭转其负面形象。

客户服务代表是客户代言人

营销组合任何环节的失误都可能引发客户投诉。理想状态下，企业应兑现承诺，但营销过程难免出错。例如，客户因广告或销售人员承诺"首月免费"选择威瑞森（Verizon）手机服务，如果首月仍被收费，对客户而言究竟是定价、宣传还是渠道协调的问题，都已经不重要，重要的是企业承诺落空。此时客户需要的是解决问题，而非借口。

虽然有时问题源于客户的误购或变卦，但多数企业深知：即便是客户的问题，也不值得为此永久失去他们。制定客户服务政策时需要权衡此点，因为最难的销售艺术就是留住不满的客户。

无论责任归咎于谁，客户服务代表都需要具备高效的沟通能力、良好的判断力，并意识到自身兼任企业与客户双重代言人的角色。这意味着企业必须构建支持问题解决的协作体系。当客户服务被正确执行时，它将成为促进客户下次购买的最强推手。

12.4　合理的组织架构有助于明确职责划分

我们已阐述了三大销售任务：开发客户、维护订单和销售支持。销售经理必须合理组织销售团队以确保所有必要任务得到妥善执行。在实际操作中，单个销售人员可能同时承担两项甚至全部三项任务。例如，某岗位可能涉及 10% 的客户开发、80% 的订单维护和 10% 的销售支持。但更常见的模式是根据销售任务和目标市场的差异进行专业化分工。

销售工作通过团队协作完成

当不同人员分管不同的销售环节时，企业常采用团队销售模式：由跨部门人员共同服务重点客户。例如，IBM 在销售企业级 IT 解决方案时，质量管控专家可能临时加入销售团队。这种模式在大宗交易中尤为普遍，各领域的专家分工协作以实现整体目标。

大客户享有特殊待遇

重要的客户往往需要专属的销售策略。以卫浴品牌美标为例，它的常规销售团队服务于建材批发商，而精英销售团队则直接对接劳氏、家得宝等零售巨头。这种差异化投入的必要性在宝洁与沃尔玛的合作中可见一斑：沃尔玛年采购额达 100 亿美元，占宝洁多个品类全美销量的 1/3。当沃尔玛将宝莹（Persil）洗衣液与汰渍并排陈列时，宝洁大客户团队立即将汰渍的促销预算提升 30% 以捍卫市场份额。

电话销售模式

部分企业设有专职的电话销售团队。虽然个人消费者普遍反感推销电话，但企业客户往往重视专业销售顾问的建议。销售团队通过电话、邮件、视频等非面访形式开展业务，最初用于服务小客户或偏远客户，现已成为比传统外勤更高效的销售模式。其核心优势在于为买卖双方都节省时间成本，客户只需致电就能解决问题，网站提供常规问题的答案而销售专员解答个性化疑问。

消费品企业也广泛运用免费热线，使终端消费者能直接联系客户服务代表。这种机制帮助制造商绕开零售商，直接获取消费者的反馈并帮助消费者解决问题。

销售业务外包

内部销售的发展催生了销售外包模式，企业将部分销售流程委托第三方执行。这些外包人员并非销售公司的正式员工，通常只负责销售工作中的特定环节。以 Televerde 公司为例，其特殊使命与员工构成展现了外包销售的新形态。

终极内勤销售团队

身着最好的（也是唯一的）正装，瓦莱丽·奥乔亚站在 TEDx 佩里维尔大会的讲台上。她是亚利桑那州销售外包公司 Televerde 的员工。她讲述了自己的故事，也讲述了 Televerde 的故事——她的团队如何为"全球最大的电信公司之一"提供外包销售和营销服务，并自豪地分享了成果："在不到一年内，将预测收入提升 60%，同时把 16 个月的销售周期缩短至 6 个月。"令人印象深刻。

不过，这场演讲的某些细节更让人震撼。这场 TEDx 活动的地点是佩里维尔惩教所。和团队其他成员一样，瓦莱丽的正装其实是一套橙色囚服。她继续解释成功秘诀："想象一下：企业获得一支超级专注的劳动力队伍，她们除了时间一无所有，而这些时间全部用于推动企业增长。至于优势？员工永远不会堵车；这里的安全政策严格到连 FBI 都点赞；人员流动率为零；至于着装规范嘛……"观众席爆发笑声。

台下微笑注视着她的是 Televerde 首席营销官米歇尔·西罗科。二十多年前，西罗科本人也曾身陷囹圄。在狱中她就立志：出狱后要回到孩子身边，找份好工作。Televerde 成为她的人生转折点。从销售岗位起步，她一步步晋升至高管层。

如今，Televerde 拥有 600 多名员工，其中 70% 在亚利桑那、苏格兰等地的监狱工作。它已帮助 3000 多名女性在掌握就业技能的同时重获自信。数据证明其社会价值：参与项目的女性出狱后就业率达 94%，再犯罪率降低 91%，其子女高中辍学率也只有原来的 1/11。仅亚利桑那州，每年就因此节省 1300 万美元税款。

这些女性入职时大多毫无销售经验。为此 Televerde 提供 84 小时课堂培训，涵盖销售技巧、产品知识和 Marketo 等营销技术平台的使用。但最重要的是，她们变得自信。

她们真能创造销售奇迹吗？微软、SAP 等回头客就是最好答案。某大客户披露：十年间 Televerde 带来 3 万条销售线索，创收超 10 亿美元，投资回报率高达 1400%。正如瓦莱丽所言："我们呼吸的每一口空气，都在计算投资回报率。"这支穿囚服的销售铁军，正用业绩改写着自己和企业的命运。

按销售区域划分任务

企业常按销售区域组织销售工作，该区域由一名或多名销售人员共同负责。波音公司可能将整个国家划为单个销售区域，而凯悦酒店集团（Hyatt Hotels Corporation）则通过总部统筹会议场地销售，避免各分店销售人员重复拜访同一客户。精心规划的区域能减少差旅时间，明确责任分工。

按产品线专业化分工

当产品知识或销售技能差异显著时，按产品线专业化分工更能满足客户需求。例如，杜邦公司（Dupont）为医院放射科薄膜与实验室血检化学品配备不同的销售团队，尽管运营效率稍低，但客户更认可专业顾问的服务价值。

销售团队规模取决于工作量

销售经理通过系统流程确定销售团队的最佳人数：先测算单人周期工作量，再评估需要覆盖的客户数量。多年来，帕克珠宝一直成功地向美国西南部的百货商店和珠宝店供应银饰，但高层管理者希望继续拓展美国东北部的市场。他们意识到，最初几年的工作主要需要开发客户型销售人员。他们认为，销售人员每月至少需要拜访每个客户一次，才能在这个竞争激烈的市场中获得份额。根据在西南部的经验，他们估计一个销售人员每天只能拜访 5 个潜在客户，包括交通、等待和跟进订单的时间。这意味着每月工作 20 天的销售代表最多可以维护约 100 个客户。

动态调整团队规模

明智的管理者会持续评估销售任务变化对人员配置的影响，避免问题出现时才仓促调整团队。当需要缩减团队时，有计划地分阶段优化远比一次性裁员更稳妥。这种前瞻性规划能最大限度减小组织震荡。

12.5　信息技术为销售工作提供工具支持

技术有时替代或补充人员销售

以前一些由人工处理的销售任务，如今可通过人工智能、机器学习、电商系统等技术更高效且低成本地完成。技术能否替代人工销售，主要取决于图 12-2 中二维矩阵反映的两个因素：信息标准化程度（订单、发票、物流状态、产品信息及价格）和关系维护需求强度（问题解决、协调、支持与合作）。

图 12-2　信息标准化程度和关系维护需求

关系维护强需求 + 信息标准化程度低 = 人员销售

在多数复杂的销售场景中，需要协调大量问题与制定解决方案，此时就要依赖销售人员建立关系。当信息标准化程度较低（即信息动态变化）时，必须专注于人员销售。例如货运服务销售，由于交易频次低且每单价格不同，技术难以替代人工。

关系维护强需求 + 信息标准化程度高 = 人机协同作业

如果维护关系的需求强，且信息标准化程度较高（如常规订单、价格及物流状态），最好在人员销售基础上配置定制化电商系统或电子数据交换（EDI），这样买家能够持续获取所需信息。沃尔玛与宝洁的合作就属于此类：不但需要销售团队协调规划，而且因产品与门店数量庞大，日常订单与结算信息高度标准化，所以人机协同成为信息流管理的最优选择。

关系维护需求弱 + 信息标准化程度高 = 全流程自动化

越来越多的场景不再需要销售人员建立关系。如果信息高度标准化且关系维护需求弱，建立标准电商或 EDI 系统（如库存与订单信息自动交换）即可满足需求，仅需通过电话或邮件处理例外情况。许多供应商与批发商的合作都采用此类高效模式。

关系维护需求弱 + 信息标准化程度低 = 数字化自助服务

对于信息标准化程度低且关系维护需求弱的场景，数字化自助服务更为适用。例如银行的自动取款机：当客户深夜在机场需要现金时，自动取款机比人工柜台更便捷。惠普官网能够让客户按需配置电脑参数，点击"帮我决定"按钮就能获取选购建议。部分企业还通过人工智能聊天机器人提供全天候服务。

智能代理提供产品推荐

销售人员通常需要根据客户的需求推荐产品，通过提问与倾听制定个性化方案。智能代理（一种能感知环境并达成目标的设备）在销售场景中可以观察客户行为或主动询问需求后提供建议。例如高端酒店使用 AI 客服，客人通过短信预订餐厅，与 AI 客服互动的客人消费额高出 40%。

智能代理实现按需服务

智能代理擅长低成本地提供高质量客户服务。例如，欧特克（Autodesk）的语音助手能快速准确地解答大部分技术问题，只有复杂的情况需要转接人工。这种高效的处理方式契合了客户寻求客户服务的核心诉求。

技术改变销售人员的工作方式

新的技术工具重塑销售任务的规划与执行。销售经理需要掌握一些决策工具并了解其使用方式（或技术专家协助）。

以某快消品公司销售经理的一天为例：

早餐时段：用笔记本电脑规划拜访客户的路线，通过 LinkedIn 研究下午要见的采购员背景，观看 15 分钟新产品视频，处理十余封邮件。

数据分析：连锁超市采购员称纸巾品类销量下滑 10%，马上下载该连锁店及竞品的销售报告，通过表格分析发现主因是仓储俱乐部带来的新竞争。

协同决策：与相关人员开完视频会议后，制作含货架空间优化方案的 PPT，建议主推大包装产品（含竞品）。出发拜访客户前将方案邮件抄送采购员及其经理，途中致电预约面谈。

客户管理：面谈后更新客户信息；后续在拜访新客户前在线调研其业务，推动客户从知晓阶段进入评估阶段。

软硬件构建竞争优势

上述销售经理依赖的 CRM 系统、销售分析工具、视频会议设备等，十年前尚未普及。如今销售人员能够在线使用客户管理、销售预测、货架管理等软件，硬件则涵盖智能手机、平板及视频会议设施等，这些技术在以新方式满足客户需求的同时有助于达成销售目标。

技术应用不仅是个人选择，更是竞争必需品。例如，客户可能会要求销售人员调取历史数据并提供最新预测，若销售人员缺乏此能力，企业将处于劣势。

然而技术投入包含显性采购成本与隐性培训成本。部分资深销售人员抗拒改变传统工作方式，即便客户有此期待。因此，企业需将技术能力纳入招聘与培训考核，确保团队与时俱进。

12.6 完善销售队伍的选择与培训

选择优秀的销售人员需要判断力

招聘合格的销售人员并让他们出色地完成工作是非常重要的，但许多公司在招聘前并没有认真考虑过公司到底需要什么样的人。管理者可能会招聘朋友或亲戚，或者随便找一个人，因为他们觉得销售工作的唯一要求就是拥有友好的性格。这种做法会导致销售业绩不佳、客户流失以及高昂的人员流动成本。

一些追求进步的公司则比较谨慎。它们会不断更新潜在候选人名单，在公司网站上邀请应聘者提交简历，并安排候选人参与多轮面试，同时进行完备的背景调查。虽然这种做法并不能保证100%成功，但相比之前的方法，这种基于多种投入的系统性方法更有机会形成更出色的销售队伍。

在选择销售人员时，一个常见的问题是，两个看似相同的销售工作实际上可能涉及完全不同的销售任务，需要不同的技能。为了避免这个问题，认真准备职务说明非常重要。

职务说明应该是书面的、具体的

职务说明是对工作人员预期工作的书面陈述，通常会包括若干项具体的任务，例如进行市场调研和撰写销售报告等。每个公司都必须制定自己的工作规范，以提供明确的指导方针，说明工作涉及哪些具体任务。这对确定应该选择什么样的销售人员至关重要，并为了解应该如何培训他们、评估他们的表现以及确定他们的报酬提供依据。

好的销售人员是训练出来的，而不是天生的

虽然有些人认为优秀的销售人员是天生的，但事实并非如此。销售人员需要接受关于公司及其产品的相关信息培训，以便进行有效的销售演示，使用适当的销售技术，并与客户建立关系。很多销售人员之所以表现得不好，是因为他们没有接受过良好的培训。公司经常雇用新的销售人员，然后立即让他们开始工作，而他们没有掌握基本的销售步骤和产品或客户的信息。

所有销售人员都需要接受培训

为了让销售人员明白自己的职责，公司需要为他们提供培训，让他们知道应该做什么以及如何去做。惠普就面临过这个问题。多年来，该公司根据不同的产品线（如打印机、网络服务器等）组建不同的部门。然而，对一个专业领域的销售人员来说，他通常无法为客户提供解决方案。随着一位新的高级经理进入公司开始进行改革，所有的销售人员都必须接受培训，了解自己的责任，并学会如何组织自己的工作。

销售培训的内容应该根据相关群体的经验和技能进行调整，但公司的销售培训计划至少应该包括以下几个方面：（1）公司政策和惯例；（2）产品信息；（3）如何与客户建立关系；（4）专业的销售技巧。

销售技巧是可以学习的

许多公司培训销售人员时，往往把大部分时间花在产品信息和公司政策上，而忽略了销售技巧的培训。它们认为销售是任何人都可以做的事情，但实际上，销售技巧的培训可以给公司带来丰厚的回报。例如，雅诗兰黛（Estee Lauder）将销售化妆品的美容顾问的销售技巧提升到艺术的高度，其培训手册和研讨会涵盖每个细节。通过培训，销售人员可以学习如何更有效地发掘新的潜在客户，仔细倾听以确定客户的真正需求，从而完成销售。

培训通常从课堂开始，包括讲座、案例研究、试讲和演示。然而，完整的培训不仅限于这些，还需要加上对优秀销售人员的在职观察和销售主管的辅导。

此外，许多公司还利用网络培训、每周的销售会议或工作会议、年度大会、定期的电子邮件等，使销售人员掌握最新的情况。

12.7　对销售人员的补偿和激励

为了招募、激励和留住优秀的销售人员，公司必须制定有效的激励规则。在理想情况下，销售人员的报酬应该能够激发他们的工作热情，使个人利益与公司利益保持一致。尽管大多数公司都注重财务激励，但公开对优秀员工进行简单的个人表彰等非财务激励方式也能非常有效地鼓励销售人员提高业绩。不过，本节主要讨论的是财务激励。在制定规则时，必须确定两个事项：（1）薪酬水平；（2）支付方式。

薪酬水平

许多人选择从事销售工作是出于经济原因。顶级销售人员的年薪甚至可以超过 10 万美元，即使他们毕业没多久。

为了建立一支具有竞争力的销售队伍，公司必须为不同类型的销售人员支付至少与市场水平相当的薪酬。公司应该在进行工作描述时预估不同类型销售人员的价值。例如，一位销售人员对一家公司来说可能价值超过 10 万美元，但对另一家公司来说可能只值 2.5 万 ~ 3.5 万美元，这仅仅是因为第二家公司没有足够的产品可供销售。在这种情况下，第二家公司可能需要重新考虑工作规范，或者完全改变营销计划，因为一般来说，销售人员的年薪要比 3.5 万美元高很多。

如果一项工作需要频繁出差、积极争取订单或与客户进行复杂的沟通，那么薪酬可能更高。销售人员的薪酬标准至少应该与公司其他部门的薪酬标准大致相当。通常情况下，销售人员的收入会高于办公室或生产环节的人员，但低于高层管理人员。

支付方式

在具备竞争力的薪酬水平下，有三种基本的支付方式：（1）固定薪资；（2）绩效奖励；（3）组合计划。固定薪资为销售人员提供了最大的保障，销售人员每周（或每月）都会得到相同的报酬。相比之下，绩效奖励提供了最大的激励，并与业绩直接挂钩。绩效通常是基于销售额的百分比或基于其他业绩的经济激励，与新客户的数量、客户满意度评级和及时解决的客户服务问题数量等有关。

许多销售人员希望有安全感（每个月都有足够的报酬来支付房租），而大多数公司则希望销售人员有动力、聪明、努力地工作。因此，组合计划变得流行，其中包括一部分固定薪资和一部分绩效奖励。奖金、分红、养老金、股票计划、保险和其他附加福利也可能被包括在内。

表 12-1 总结了不同支付方式的优点和缺点。组合计划的利弊则不太明显，这取决于组合计划是更多地依赖工资还是绩效。

表 12-1　不同报酬支付方式的优缺点

	固定薪资	绩效奖励
优点	·管理简单，易于实施 ·薪资透明，容易招募新的销售人员 ·适合团队销售模式，避免攀比 ·当销售人员的努力与销售结果关系不大时最适用（例如，当品牌拥有较高的市场份额，或广告对销售的推动作用大于人员销售对销售的推动作用）	·管理成本低，通过业绩直接控制 ·只有在有销售收入的时候才需要支付薪酬 ·吸引的求职者少而精 ·促进良好的人员流动，优者倾向于留下，差者选择离开 ·为小公司提供更好的现金流
缺点	·需要监督销售人员的工作 ·对业绩好的销售人员缺乏激励 ·对销售人员提高业绩的激励作用不大 ·吸引的求职者非顶尖人才	·可能会在销售人员中产生高度竞争和攻击性行为 ·可能导致销售人员之间的合作意愿降低 ·销售人员不太可能执行与增加销售收入没有直接关系的任务（如提供市场情报、帮助其他销售人员） ·可能导致更大的职业倦怠和压力

固定薪资模式下的管控机制

采用固定薪资制度的销售人员，其收入与工作时间分配无关，因此被要求严格执行销售经理的各项工作任务，包括订单处理、销售支持、客户问题解决以及拜访记录填报等。但这种管理模式需要依靠密切的监督来维持管控效力，这意味着采用纯固定薪资或高固定薪资比例的薪酬方案将相应增加管理成本。

固定薪资方案避免了绩效奖励的复杂性，特别适用于以下场景：当销售人员的工作投入难以直接转化为销售成果时（如团队销售中各成员贡献度难以量化）、当销售人员需要承担非直接销售任务时（例如市场情报收集与汇报、客户服务等）。此外，固定薪资制在招聘初级销售人员时更具优势，因这些人对达成销售目标获取高绩效往往缺乏信心。

绩效奖励的双重作用

对外勤销售人员实施有效监督存在客观困难，此时采用包含绩效奖励（甚至纯绩效制）的薪酬方案反而能提升管理效能。企业通常通过差异化绩效设置引导销售行为，例如对新客户订单给予更高绩效以鼓励销售人员开发新客户。

资金有限或市场波动较大的中小企业往往倾向采用纯绩效制或高绩效比例的混合方案。这种模式下，销售额下滑时人力成本同步降低，对资金链形成保护。

然而，纯绩效奖励也存在明显弊端。这种模式下，销售人员往往各行其是，销售经理很难要求他们参与不能直接增加其收入的工作。这类销售人员通常也不太愿意与销售团队其他成员协作配合。对部分人而言，这种工作模式会带来较大的压力和挑战。

纯绩效奖励方案往往能吸引业绩好的销售人员，其通常能获得远高于固定薪资的收入。由于额外付出直接转化为下个月（或下个季度）的实际收入，所以他们的工作积极性往往较高。

激励与目标成果挂钩

只有当销售人员的付出与业绩存在直接关联时，薪酬中的激励部分才应占较大比重。否则，恰逢公司高速发展的销售人员可能仅凭天时地利就能获得快速增长的收益，而在公司增长缓慢时期的销售人员同样努力工作的却收获甚微。这种不公平现象容易导致人员流失和工作积极性下降。销售经理在制定销售配额（即要求销售人员完成的特定销售额或利润目标）时，应当充分考虑这些差异因素。通常销售人员完成目标后即可获得相应奖金。

薪酬方案应简单清晰

如果销售人员无法直观地感受到工作成果与薪酬回报之间的关联，很容易产生不满的情绪。针对不同的产品或客户类型设置差异化绩效的薪酬方案往往过于复杂。纯固定薪资制虽然简单明了，但实践中通常需要适当牺牲简洁性来换取激励效果、灵活性和管控力。这些要素的最佳组合方式取决于具体岗位职责和公司目标。

销售经理的评估与调整

销售经理必须定期评估每位销售人员的工作表现，确保各项任务都得到妥善执行。当薪酬与工作内容出现脱节时，应及时调整薪酬方案。通过绩效评估，企业还能发现需要销售人员或管理层重点改进的工作环节。

12.8 人员销售技巧

接下来我们将详细介绍销售人员应当遵循的基本工作流程，包括潜在客户开发与目标客户筛选、销售演示策划、销售演示实施以及售后跟进等关键步骤（见图 12-3）。这些步骤构成了一个系统化的销售流程。需要特别说明的是，销售人员实质上是在执行一项预先规划的沟通策略，通过循序渐进的方式引导客户完成购买漏斗模型的各个阶段。

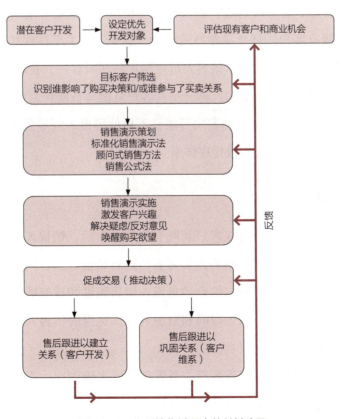

图 12-3 人员销售过程中的关键步骤

缩小目标范围

将人员销售精准聚焦于正确目标，需要持续细致的市场分析和大量的潜在客户开发工作。本质上，潜在客户开发就是要在目标市场中追踪所有线索，识别出真正有潜力的客户。然而，找到能参与采购决策的有效潜在客户并非易事。比如在 B2B 市场，销售人员往往需要进行细致的调查工作，才能锁定真正的采购决策者。

为了简化这项工作，部分企业会提供潜在客户名单或客户关系管理系统。这些系统通常与其他营销传播工具整合，帮助销售人员将精力集中在最具潜力的客户身上。以网站设计公司 Thought Lava 为例，其通过客户关系管理系统首先以邮件的形式联系潜在客户，并利用追踪软件记录哪些客户打开了邮件、点击了公司网站，甚至浏览了哪些页面。基于这些数据，销售人员能提前了解每位潜在客户感兴趣的内容，从而精准地锁定重点跟进对象。

并非所有的客户都一样

需要注意的是，并非所有客户都具有同等价值。虽然潜在客户的开发主要针对新客户，但既有客户同样也需要持续维护。建立客户关系往往耗时耗力，因此维系良好关系至关重要。这要求销售人员定期评估活跃客户，重新思考客户需求，并判断每位客户的长期商业潜力。部分小型客户可能具备成长为重要客户的潜质，而某些曾经需要大量投入维护的客户可能已不再值得投入同等关注。因此，销售人员需要为新老客户建立优先级排序体系。

合理分配时间

在确定需要重点关注的潜在客户和既有客户名单后，销售人员必须合理分配每位客户的跟进时间。这要求销售人员对客户进行价值评估，判断哪些客户值得投入更多精力。销售人员会通过综合考量潜在销售额度和成交概率来做出这些决策，这需要专业的判断力。由于时间和资源有限，优秀的销售人员往往会建立自己的客户分级管理体系。

许多企业会为销售人员配备客户关系管理系统来辅助这一工作流程。系统采用分级评估机制：销售人员需要预估每位潜在客户的采购量，并评估在现有竞争环境下赢得并维持该业务的成功概率。系统会综合这些数据自动对客户进行分级，重要客户可能被标记为 A 级，销售人员可能计划每周拜访，直至达成交易、建立稳固关系或客户降级；B 级客户潜力稍逊，可能每月跟进一次；C 级客户通常每年仅需维护一次，除非他们主动联系；而 D 级客户则可能转交给电话销售团队来负责维护。

三种有效的销售演示策略

当销售人员选定目标客户后，就需要进行销售演示，这是销售人员为促成交易或解决客户问题所做的专业陈述。但在此之前，销售人员必须预先规划演示策略，这一策略应当在销售人员正式拜访前就确定好。对于客户主动上门的场景（如零售门店），营销策划人员则需要确保潜在客户能与销售人员有效对接。

销售人员在制定销售演示策略时，有两种基本方法可供选择：标准化销售演示法和顾问式销售法。此外，还有将两者结合的销售公式法。这三种方法各具优势，适用于不同场景。

标准化销售演示法

标准化销售演示法采用一套预先设计好的固定话术，不会针对不同客户进行调整。这种方法基于一个假设：当客户面对特定刺激时，会做出预期反应，具体来说，就是对销售人员包含成交请求（即要求下单）的标准化话术给予肯定答复。

如果首次试探未果，销售人员会转而使用另一套预备话术再次尝试。这个过程可能持续多次，直到销售人员穷尽所有预设话术，或客户最终决定购买或离开。图 12-4 展示了在标准化销售演示过程中销售人员和客户的参与程度对比，可见销售人员占据了绝大部分的谈话时间。

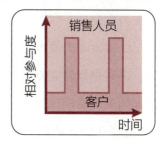

图 12-4　标准化销售演示法

企业可以控制销售人员和客户发言的内容和顺序，这种情况经常针对电话销售人员，因为他们可能只有几分钟的时间来吸引客户的注意力。例如，诺华（Novartis）在推出新药时，会利用传教士式销售人员向医生进行介绍。由于医生非常忙碌，他们通常只会给销售人员一两分钟的时间。这段时间刚好做一个简短的、预先准备好的介绍，并留下一些样品。为了最大限度地发挥介绍的作用，诺华公司会根据医生的反馈意见对话术进行改进。

但标准化销售演示法存在明显缺陷：它假设所有潜在客户都具有相同反应模式。虽然对简单订单的获取可能有效，但在复杂销售场景中，这种方法被认为不够专业。特别是当面对需要个性化解决方案的重要客户时，标准化销售演示法往往难以建立真正的商业价值认知。

顾问式销售法

顾问式销售法强调在促成交易前，首先深入理解客户的个性化需求。这种方法之所以得此名，是因为销售人员扮演着顾问角色，帮助客户识别并解决问题。具体实施时，销售人员会先通过概括性利益陈述吸引客户注意，随后通过有针对性的提问和积极倾听来准确把握客户需求。在双方就需求达成共识后，销售人员才会展示产品如何满足这些需求，并适时提出成交请求。这种协同解决问题的模式，使客户与销售人员共同致力于需求满足，因此也被称为需求满足法。图 12-5 展示了在此过程中客户与销售人员参与互动的情况。

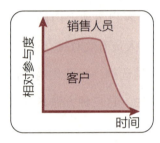

图 12-5 顾问式销售法

实施顾问式销售需要专业的技能和大量的时间投入。销售人员必须具备分析客户动机的能力，并准确展示企业产品如何满足这些需求。有时甚至需要做出专业判断：当竞品能够更好地满足客户需求时，要如实告知客户。这样做虽然可能损失当次交易，却能建立长期信任，为未来创造更多合作机会。

尽管顾问式销售常见于 B2B 领域，但零售业同样可以运用此方法建立客户关系。以诺德斯特龙百货为例，其销售人员以极致的服务著称：他们熟识常客，通过提问确保精准满足客户需求。比如在销售正装西裤时，专业的销售人员会提出"您主要在什么场合穿着？需要经常携带旅行吗？偏好夏季轻薄款还是四季通用款？"等系列问题，为客户推荐最符合需求的产品，使客户获得"完美契合"的体验，而销售人员和企业则赢得客户忠诚。

销售公式法

销售公式法融合了前两种方法的特点，它以一套预先设计的演示框架为起点，类似于标准化销售演示法，然后引导客户按照逻辑步骤最终达成交易。这种预设步骤之所以具有逻辑性，是因为对目标客户的需求和态度有基本认知。

在销售公式法（见图 12-6）实施的过程中，销售人员在演示初期主导对话，以便尽早地传达关键信息（这部分内容可能已经作为营销战略的一部分预先设计好）。但随着演示推进，销售人员会逐步引导客户参与讨论，以准确识别其具体需求。此时销售人员的核心任务就是明确客户类型，从而确定后续的演示方向。当客户的需求清晰后，销售人员再回到产品展示环节，具体说明产品如何满足客户的特殊需求，并最终促成交易。

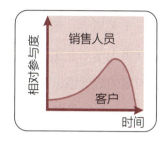

图 12-6　销售公式法

AIDA 法则帮助规划销售演示

绝大多数销售演示都遵循 AIDA 法则的顺序。虽然销售人员在不同步骤投入的时间会因为具体情况和销售方法而异，但成功的演示都必须从吸引客户的注意力开始，最终推动客户采取购买行动。

可能会出现的伦理问题

与其他营销领域一样，人员销售同样面临着道德考量，最根本的问题在于推广陈述是否诚实可信。这个问题的答案不言而喻，任何企业都不会从销售人员的欺骗或操纵行为中长期获益。

多数销售人员终将面临这样的困境：如何在企业利益、客户利益与个人利益之间取得平衡。当企业的营销组合真正满足目标市场需求时，这类冲突往往较少出现；同样，重视培养长期客户关系的企业也较少面临此类问题，此时的销售人员更像在促成一段美满"姻缘"。当销售人员的绩效提成或企业利润依赖于向需求未被充分满足的客户推销时，道德困境便容易产生。

理想情况下，企业应通过提供真正具有独特价值的营销组合来规避这些问题。高层管理者、营销经理与销售经理共同塑造销售人员的道德环境：设定不切实际的目标或传递不择手段的态度，都可能迫使销售人员在压力下做出妥协；而明确提倡道德销售、拒绝操纵性销售技巧的企业，则能为销售人员提供正确的道德指引。

销售岗位类型示例

本章探讨了企业在销售团队管理方面的各类营销战略决策。虽然这些决策对企业至关重要，但许多大学生更关注销售岗位的具体工作内容和职业发展路径。对众多大学毕业生而言，销售与销售管理是极具吸引力的职业选择，既能获得解决问题的成就感，又能在帮助客户的同时取得报酬。

销售岗位呈现出多元化特点，既有强调竞争、以达成销售目标为核心的岗位，也有需要与客户密切合作、深入理解客户需求并提供解决方案的岗位。本章的古普塔案例已展示了一种销售工作模式。为帮助读者全面理解本章内容并认识更多销售岗位类型，表12-2展示了来自三个不同行业、具有两年工作经验的销售人员职业发展情况，包括他们的入职途径、工作职责、薪酬水平以及未来职业发展方向。这些描述既是对本章内容的回顾，也为读者提供实际参考。虽然人物和岗位均为虚构，但都真实反映了相关行业的典型销售工作。

表12-2 不同行业销售人员的职业发展情况

维度	伊马尼	扎克	索菲娅
公司/行业	知名保险公司	具有110人规模的初创企业（软件销售）	知名口腔护理品牌（牙膏、牙刷）
目标客户	个人客户（以年轻家庭为主）	大中型企业	批发商、药店及超市
岗位名称	财务代表	业务发展代表	销售专员
教育背景与工作经验	应届毕业生，市场营销与金融双学位，无销售经验	市场营销专业，曾为校报销售广告位，首份工作为电脑销售人员	心理学专业，大学期间担任咖啡师，无销售经验
选拔方式	校园面试	通过公司官网申请	校园面试，流程严格
培训内容	6周课堂培训（销售技巧与产品知识），后续配备导师	2周公司背景与技术基础培训，随后在职学习	数周品牌与销售培训（课堂+实践）
销售任务时间分配	80%开发客户，20%维护订单（随时间推移开发比例降低）	10%开发客户，30%维护订单，60%销售支持（主要为客户调研与演示准备）	25%开发客户，75%维护订单（主要评估客户持续需求）
典型工作日	通过电话/社交媒体拓展人际关系，接听保险询价电话，为客户设计保险方案	制作PPT演示材料，安排产品演示，日均进行2场现场销售演示	分析并规划客户拜访：1家连锁超市采购经理、2家超市、1家批发商

维度	伊马尼	扎克	索菲娅
薪酬结构	纯佣金制，首年3万美元，第三年6万美元，含福利	底薪+奖金，首年5万美元+1万美元，第三年7.5万美元+2万美元，含福利	固定薪资，第一年5.4万美元，第四年预计8.8万美元，含福利
销售流程亮点	通过电话筛选潜在客户，面谈新客户（多采用顾问式销售法）	预筛选市场部提供的潜在客户，协助大客户经理制作方案	演示新品及促销计划，季度规划答疑（多采用销售公式法）
最大收获	长期报酬丰厚，获得为家庭制定财务规划的成就感	高薪酬，团队协作优秀，解决客户问题的满足感	优秀的管理层支持，薪资高于行业平均水平
主要挑战	前期开发新客户及达成指标压力大	每月演示次数指标带来阶段性压力	需创新解决方案提升销量（品牌知名度降低是销售阻力）
成功关键	勤奋坚持，度过前两年适应期	注重细节、具有创造力、善于团队协作与时间管理	客户关系维护、时间管理与组织能力
职业发展路径	3~5年可晋升管理岗，计划持续担任财务代表（客户群稳定后转向维护订单型销售人员）	18~24个月后可晋升商业客户经理（面向大客户进行顾问式销售）	每18~24个月调任更大销售区域，5~7年后可转产品/销售管理岗

　　如果这些岗位引起了你的兴趣，我们建议你深入了解销售这一职业。销售岗位在应届毕业生招聘中占有很大比重，但由于种类繁多，求职者需要主动探索最适合自己的方向。有些销售岗位竞争激烈，薪酬完全取决于销售业绩，这种高压环境适合部分人，却也会让其他人望而却步；另一些岗位则更注重解决客户问题，年度销售指标的压力相对较小。几乎每个行业都需要销售人员，你可以在感兴趣的领域，如美妆、时尚、体育用品或计算机等行业，找到适合自己的销售岗位。

　　传统的应酬型销售人员正在被专业型销售人员所取代。新时代的优秀销售人员需要具备创造力、勤奋精神、说服力、专业知识以及系统培训的背景，能够真正为客户提供价值。这类高素质销售人才一直处于供不应求的状态，市场需求持续增长。这种趋势为具备专业素养的毕业生提供了广阔的职业发展空间。

第十三章

广告和促销

达美乐的广告和促销

汤姆·莫纳汉和詹姆斯·莫纳汉兄弟俩为了筹措大学学费，借了 900 美元，在密歇根州的伊普西兰蒂购入了一家名为 Domi-Nick's 的比萨店。一年后，汤姆用一辆大众甲壳虫汽车，换取了他兄弟在店里的股份。他将店名改为达美乐（Domino's），并专注于热比萨的配送业务。在当时，比萨配送还是一项新兴服务，因此达美乐率先采用广告宣传，以提升顾客对这项服务的认知度。随着时间的推移，达美乐逐步建立起一套配送和市场推广的体系，专门针对对价格较为敏感的大学生目标群体销售比萨。通过在大学城发展加盟商，达美乐的业务迅速扩张。

当顾客逐渐习惯了配送服务后，达美乐开始致力于提升比萨的制作、烘烤和配送速度。其推出了"30 分钟必达，否则免费"的配送承诺，这一口号成为达美乐广告中的重要组成部分，直到顾客开始认为其配送员为了追求速度而忽视了安全。为了确保比萨送达时仍保持热度，达美乐创新地引入了一种名为热浪（HeatWave）的包装方案。此外，达美乐还开展了如风味饼底等推广活动，以激发顾客的消费兴趣。在持续的广告宣传支持下，达美乐品牌的知名度不断提高，公司也随之发展壮大。

在业务增长的背景下，开设一家达美乐的加盟店成为一个颇具吸引力的选择。加盟商尤其看重达美乐已经建立的品牌声誉以及公司持续的广告投入。达美乐定期开展全国范围的广告宣传，并通过合作推广计划，为加盟商在当地的推广活动提供补贴。这种组合方案颇具吸引力，因此不断有新的加盟商加入。

然而到了 2008 年，尽管达美乐的广告支出达到了历史峰值，但在面对来自棒约翰、必胜客等连锁品牌的竞争时，其增长势头依然有所减缓。导致达美乐发展受阻的原因不仅在于激烈的市场竞争，更在于公司在专注于推广、渠道和价格策略的同时，对产品本身的关注不足。市场调研结果显示，达美乐在价格和便利性方面位列第一，但在口味方面却排名垫底。顾客的反馈指出，其饼底尝起来"像纸板"，酱汁则"像番茄酱"。改变一个支撑品牌发展近五十年的配方并非易事。但是，达美乐的厨师团队听取了顾客的意见，从饼底到馅料，对达美乐的比萨进行了彻底的革新，新的产品口味得到了显著提升。但是，顾客是否愿意尝试这款全新的达美乐比萨呢？

达美乐当时特别想告诉顾客其产品改良了，所以需要一个新的广告宣传活动。达美乐的广告代理商 Crispin Porter Bogusky 提出了一个坦诚的方案：直接承认以前的比萨确实不怎么样，告诉顾客听取了大家的意见，现在有了新的口味可以试试。达美乐投入了 5000 万美元的广告预算，主要投放在收视率很高的体育和娱乐电视节目上，这样就把新比萨的消息广泛地传播了出去。在一系列的广告里，达美乐的总厨甚至去拜访了当初批评最狠的那些顾客，请他们品尝新的比萨。结果，那些人都很喜欢。

虽然广告成功地让大家知道了新口味，并且产生了兴趣，但达美乐也用了销售推广的手段来鼓励顾客尝试。他们做出了一个"不好吃就退钱"的承诺，加盟店也提供免费试吃，广告里还大力宣传特价活动，比如两个中份、双料的比萨只要 5.99 美元。所有的推广活动（加上新的配方）都奏效了。在推出新比萨后的前三个月，达美乐的销售额猛增了 14%，营销经理超额完成了目标。更重要的是，那些尝试了新比萨的人都很喜欢，他们持续订购，即使在广告宣传和销售推广活动逐渐减少之后，达美乐比萨销量依然保持在高位。

接下来，达美乐着手改善顾客的订购和配送体验。为了使顾客尽可能快速便捷地完成订购和收到热比萨，达美乐推出了 Any Ware 系统。顾客可以通过超过 15 种非人工接触的方式订购达美乐比萨，比如 Facebook、Twitter、发短信、Apple Watch、语音激活应用、亚马逊 Echo 等。对熟食来说，时间是最大的敌人，所以快速配送能带来更好的用餐体验。为了进一步提升配送效率，澳大利亚的加盟商正努力实现 10 分钟（从出炉到送到顾客手中）的配送目标。在澳大利亚和欧洲，达美乐已经开始使用机器人送餐，而在迈阿密则使用了自动驾驶汽车。达美乐希望在顾客想吃比萨的任何地方都能满足他们，因此其可配送超过 20 万个"热点"区域（没有常规门牌号的位置），包括公园和海滩。

为了向顾客宣传这些配送方面的创新，达美乐重新启用了 20 世纪 80 年代的捣蛋鬼吉祥物 Noid。那时候，Noid 总是想方设法破坏比萨配送，比如朝热比萨射冰块；而达美乐则以快速、热乎的比萨配送来挫败 Noid 的诡计。"躲避 Noid"的口号甚至成为流行文化的一部分。现在，Noid 又回来了，再一次试图制造各种麻烦，而达美乐的配送服务则总能克服这些困难。广告显示，Noid 又在尝试阻止达美乐的配送机器人（但都失败了）。Noid 出现在广告、TikTok 视频、《古惑狼》电子游戏，甚至数字藏品（NFTs）中。

Any Ware 系统会收集顾客数据，达美乐会利用这些数据进行精准推广。达美乐将这些信息与来自其他渠道的第三方数据相结合，包括美国邮政服务的数据、人口统计信息、竞争对手情报等。分析师们会对这些数据进行挖掘，从而决定在哪里开设新店、如何细分顾客市场，以及在何时何地进行有针对性的广告投放和销售推广活动。例如，达美乐的数据显示，第一大道的谢丽尔是素食主义者，并且对素食比萨的折扣券比较感兴趣；而主街的约翰则习惯在周六下午的大学橄榄球赛季期间购买肉食比萨。如果约翰没有像往常一样下单，达美乐可能会及时发送一条提醒短信，并提供一定的折扣。达美乐的"Pie of the Pie Rewards"忠诚度计划通过会员专享折扣鼓励忠实顾客更多地购买比萨，同时也收集了更多的顾客数据。

达美乐为其既注重业绩又以目标驱动的企业文化感到自豪，并指出其目标是"激发无限可能的力量"，包括持续关注其员工、社区和顾客。达美乐对社会责任要求的回应就体现了这一点。员工和顾客都期望达美乐在可持续发展方面有更多行动，因此达美乐加大了回收力度，并通过与 One Tree Planted 的合作来支持森林保护活动。其并没有在广告中大肆宣传这些举措，因为这可能会让人质疑这些行动的真诚性。

营销组合的 4 个 P（产品、价格、渠道、推广）共同作用，为达美乐的目标市场传递价值。如今，达美乐的顾客忠诚度是主要比萨品牌中最高的。其股价在过去十年中上涨了 60 倍，在 90 个国家和地区拥有超过 18000 家门店，每天销售超过 100 万个比萨。凭借其出色的产品、技术、广告和销售推广，达美乐的增长仍在继续。

椰树品牌的广告和促销

椰树品牌（简称椰树）的前身是海口罐头厂，在 20 世纪 80 年代国有企业市场化改革中，因为不适应市场经济的竞争环境，几乎破产。1987 年，王光兴接手椰树后进行一系列管理改革，第二年就宣布攻破了椰汁油水分离和蛋白酪化水乳技术，产品的创新性突破使得企业起死回生。

20 世纪 80 年代末 90 年代初正是中国饮料市场快速发展的时期，现在饮料界的几大巨头，比如娃哈哈、乐百氏（Robust)、汇源，都是这个时期成立发展起来的。椰树也赶上了这个风口，靠着差异化产品，快速构建起经销商体系，将产品铺排到全国。1994 年椰树开始民营企业改制，到 2006 年改制完成前，除了王光兴自己下场设计"土味"包装外，椰树在品牌宣传上没有大动作。而这十多年，正是电视广告红利较高的十多年，也是饮料市场格局形成最关键的十多年。健力宝、娃哈哈、乐百氏等饮料品牌通过电视广告扩大知名度。20 世纪 90 年代，中国饮品市场风云巨变，可口可乐在中国市场大规模扩张，打着合作的旗号消灭本土品牌。到了 2000 年，饮品市场基本已经形成以碳酸饮料、瓶装水、茶饮料、果蔬饮料为主的市场格局，乳制品饮料逐渐被边缘化。到了 2005 年，《超级女声》让蒙牛酸酸乳调味乳饮料进入大众视线，"六个核桃"主打补脑抢占青少年植物乳饮料市场，椰乳制品的市场进一步被挤压。

2013 年前，广告和话题度对椰树营业额拉动能力还是很强的。椰树几乎每次被讨论，第二年都能迎来新增长。2013 年之后，椰树的每一次动作虽然也能成为媒体讨论的焦点，但营业额曲线从上升趋势变成平稳波动，这使得椰树不得不考虑使用其他营销手段。

我国椰子饮品市场从 2018 年开始迎来新增长，市场体量从 107.8 亿元增长到 144.4 亿元，其原因在于海南椰萃利用冷压榨工艺生产，全低温冷冻处理，研发出生椰乳。生椰乳的出现打破了椰树 30 余年的技术壁垒，生椰乳在保持浓郁椰味的同时，口感也顺滑。2022 年，椰树开始和瑞幸咖啡联名推出椰云拿铁，释放品牌年轻化的信号。椰树一直以一种传统、一成不变的印象出现在消费者面前，包装字号大、色块多、颜色艳，被广大网友戏称为"土味设计"，它需要一个更吸引年轻人的形象。与此同时，椰树包装风格虽然深入人心，但过度依赖单一产品，风险较大。椰树的新产品更多是对原有椰汁产品线的补充，它需要一些新的消费场景。而与瑞幸跨界联名，释放了椰树品牌年轻化探索的信号。同时，在渠道布局上，椰树一直以流通和商超渠道为主。在电商普及、直播大火的市场背景下，椰树依然坚持传统销售渠道，并未大力发展电商渠道，因此瑞幸的线上渠道布局和打造"爆款"产品的逻辑，都是椰树比较欠缺的。椰树通过与瑞幸联名，尝试拓宽自身的销售渠道，推动对新销售渠道的探索，进一步推进渠道深化布局。椰树也尝试通过直播切入电商，开发新渠道。

直播带货的本质是互联网形态的叫卖，商家通过吆喝吸引人流、刺激消费欲望，进而实现销售转化。最常用的方式是通过营造高折扣氛围和数量有限的紧迫感，刺激消费者即时下单，但这种方法椰树用不了。一直以来，椰树依托经销商的分销实现销售，品牌方单方面促销，不一定能提升营业额，但一定会损害经销商利益。椰树开拓电商渠道寻求的是市场增量，而不是分经销商的蛋糕。

13.1　广告、促销和营销战略规划

广告和促销在推广组合中可以发挥核心作用，因为它们能够同时触达大量顾客。从单次接触的成本来看，这些推广方式提供了一种相对低廉的途径来告知、说服和提醒顾客。广告和促销可以将企业的营销组合定位为能够满足顾客需求的产品。它们不仅能够激励渠道成员或企业自身的员工，也能激励最终顾客。

然而，广告和促销产生的效果却参差不齐。有人说，在这两项活动中投入的资金有一半是浪费的，但大多数营销经理并不知道是哪一半。大众推广可能令人兴奋，但也可能令人反感。有时它基于细致的研究，但很多时候却源于某个人的突发奇想。一个有创意的想法可能会产生意想不到的效果，但也可能造成巨大的资金浪费。广告可以激起情感，也可能无人注意。

本章将阐述一些方法，帮助大家理解成功的广告和促销是如何运作的。在简要概述广告业务之后，本章将探讨营销经理必须做出的不同决策，包括：（1）期望的目标；（2）广告的类型；（3）触达目标顾客的媒介；（4）说什么内容（信息）。由于数字和移动广告快速增长及具备独特的功能，本章也将深入地探讨这两种广告形式。此外，本章还将讨论广告效果的衡量标准和法律问题以及销售推广。

国际视角非常重要

无论目标市场位于世界的哪个角落，广告和销售推广的基本原则都是相同的。然而，在不同的国家，广告的视觉和感觉可能会有很大差异。营销经理在每个领域内的选择，也可能因国家不同而差异巨大。

商业电视广告的投放可能面临多重限制：某些地区可能根本没有商业电视频道，即便存在，政府规定也可能会限制播放的广告类型或时间。例如，与美国相比，欧洲的隐私法更为严格，这让追踪消费者的在线行为和投放高度定向的广告更加困难。此外，特定市场还可能存在以下障碍：当地广播语言与目标受众不匹配，目标受众群体识字率低或者完全无法接入互联网。

销售推广在一些国际市场也可能存在差异。例如，一个典型的日本杂货零售店只有 250 平方英尺（约合 23.23 平方米）的空间，根本没有空间进行任何特殊的货架展示。促销活动也可能受到影响。在一些发展水平较低的国家，样品无法通过邮件分发，因为它们在送达目标消费者之前经常被拦截。一些国家禁止开展消费者抽奖活动，因为其认为这是一种赌博形式。

本章将考虑许多此类国际问题，但将重点关注美国和其他发达经济体中可供选择的各种方案。

13.2　广告的重要性

广告总支出很庞大，且在不断增长

随着经济的增长，广告变得越来越重要。但是，良好的广告效果需要花费更多的资金。并且，广告支出是相当可观的。1946 年，仅美国在媒体上的广告支出（最大且最容易追踪的费用）就超过 30 亿美元。现在，这个数字已经超过 2400 亿美元，并且预计将以每年约 3% 的速度持续增长。

在过去的十年里，其他国家的广告支出增长速度甚至更快。全球广告支出现在超过 7000 亿美元。作为世界第二大广告市场，中国的广告市场正快速增长，目前已超过 1000 亿美元。大部分广告资金都花费在北美、亚洲和欧洲。

大多数广告商并没有真的花那么多钱

尽管广告总支出看起来很高，但美国企业平均只将其销售额的约 2.5% 用于广告。在全球范围内，这个比例甚至更低。然而，图 13-1 显示，广告支出占销售额的百分比在不同的产品类别之间存在显著差异。消费品制造商通常比工业品制造商有更高的广告支出占比。例如，美国的香水和化妆品公司将其销售额的约 21.2% 用于广告，而家用家具制造商则约为 8.4%。然而，销售建筑机械设备、塑料和树脂以及计算机和办公设备的公司，其广告支出占销售额的比例不到 1%。

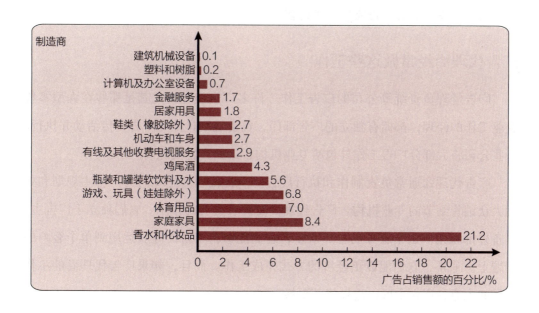

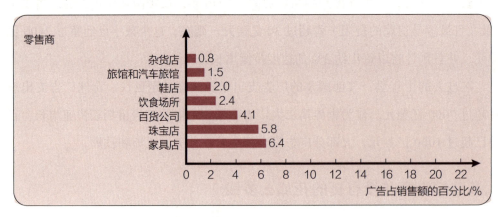

图 13-1　不同产品类别广告支出占销售额的百分比

　　不同零售商在广告支出方面也存在显著差异。一般来说，零售商和批发商的广告支出占销售额的百分比低于制造商。尽管一些大型连锁店，如科尔士、梅西百货和彭尼百货（J. C. Penney）的广告支出占销售额的 5% 以上，但其他零售商和批发商的这一比例为 2% 或更低。个别企业可能会根据广告在其推广组合中的作用，给予更高或更低的广告预算。虽然图 13-1 没有单独列出在线商店，但它们通常比实体零售店的广告支出要少得多。

广告代理商经常做这些工作

　　广告经理负责统筹公司的广告工作。许多广告经理，尤其是那些在大型零售企业工作的经理，都拥有独立的广告部门，负责规划具体的广告宣传活动并执行。一些公司将大部分广告工作外包给专业机构，比如广告代理商。

　　广告代理商通常负责制作和执行广告。广告代理商是专门为广告主规划和处理大众销售细节的专业机构。广告代理商发挥着重要的作用。它们独立于广告主，具备外部视角。由于服务的客户众多，它们能够将丰富的经验运用到单个客户的问题上。通常，它们能以更经济的方式完成工作。而且，如果广告代理商的工作不尽如人意，广告主可以选择将其更换。

　　一些提供全方位服务的广告代理商能够处理与广告、公关或销售推广相关的其他事务。其他有针对性的代理商则更加专业。例如，近年来，专注于开发在线广告、开展销售推广和公关活动的数字代理商得到了迅速发展。

广告业并没有雇用那么多人

虽然广告的总支出很大，但从事广告业的人员相对较少，主要的支出用于媒体的广告投放。许多毕业生希望在广告业找到一份工作，但广告业的岗位比他们想象的要少。在美国，大约只有 50 万人从事广告相关的工作。而在这些人中，广告公司雇用的人不到一半。

13.3　广告目标

广告目标必须明确具体

每一则广告和每一次广告宣传活动都应该有明确的目标。这些目标应该源于公司的整体营销战略以及分配给广告的推广任务。营销经理仅仅说"目标是推广产品"是不够的，必须确切地指出广告应该实现什么。

营销经理设定总体方向

广告目标通常由营销经理制定，他会与广告经理合作，共同确定目标以及实现这些目标所需的预算。好的广告目标是具体的、可衡量的，并且包含时间进度。以下是一些结构良好的广告目标示例。

1. 在 1 月 1 日之前，针对公司的目标市场，将新产品定位为行业内技术最先进的产品。

2. 在 7 月 1 日之前，将公司在目标市场中的无提示品牌认知度提高到 50%。

3. 在 12 月 1 日之前，为公司的网站带来 10 万新访客。

4. 在 12 月 31 日之前，在俄勒冈州争取有 5% 的人试用公司的产品。

目标影响广告类型

很明显，具体的广告目标会影响广告类型的选择。图 13-2 显示，在某个阶段实现目标的广告类型，可能并不适用于另一个阶段。例如，塔可钟使用了信息性的电视广告和店内促销材料，以鼓励消费者尝试其新的炸玉米饼。这场积极的宣传活动帮助塔可钟在上市的前 10 周内售出了 1 亿个炸玉米饼。达索航空公司（Dassault Aviation）在《彭博商业周刊》杂志上投放广告，向商业精英们推广其猎鹰系列喷气机。这家公务机制造商希望提高知名度，并引导客户访问其网站以获取更多信息。

图 13-2　产品采用过程各阶段的广告类型

协调渠道成员以实现广告目标

　　有时候，渠道中的其他成员能够更有效或更经济地实现广告目标。企业应该与渠道成员紧密合作，协调广告活动，获得最佳效果。例如，像艾利丹尼森（Avery Dennison）这样的办公用品制造商可能会发现，最经济的广告投放方式是欧迪办公这样的零售连锁店的宣传单。因此，艾利丹尼森会提供广告补贴，给渠道下游企业更低的价格，以鼓励其在当地进行广告投放或其他形式的产品推广。

　　合作广告是指制造商与批发商或零售商共同承担费用投放的广告。特许经营商也可能使用合作广告来帮助当地的加盟商发展业务。这有助于中间商在当地市场进行竞争。同时，媒体通常会给当地广告商比全国性或国际性公司更低的报价，这也有助于制造商用同样的广告预算获得更多的推广。此外，分摊广告费用的零售商或批发商也会更加积极配合执行。

13.4 目标决定所需的广告类型

广告目标在很大程度上决定了使用哪种基本类型的广告（见图 13-3）：产品广告还是机构广告。产品广告试图销售产品，分为三种类别：开创性广告、竞争性广告和提醒性广告，它们侧重于让消费者了解、喜欢和记住某些产品。机构广告推广的是组织的形象、声誉或理念，而不是特定的产品。

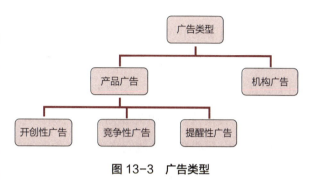

图 13-3 广告类型

产品广告的三种类别

开创性广告建立初步需求

开创性广告旨在为某一产品类别建立初步需求，而不是针对特定品牌的需求。开创性广告通常在产品生命周期的早期阶段进行，向潜在顾客介绍新产品，让他们成为早期使用者。例如，当奈飞推出主要的视频流媒体服务时，它需要向顾客普及流媒体服务与有线电视、卫星电视或 DVD 的不同之处。

竞争性广告强调选择性需求

竞争性广告试图为特定品牌树立选择性需求。随着产品生命周期的发展，企业为了在竞争中保持优势，不得不选择竞争性广告。例如，当智能手机进入产品生命周期的成长期时，广告需要强调自己品牌的各种功能和优势，以说服目标顾客他们需要更高像素的摄像头、更大的存储空间或更低的价格。

竞争性广告可以是直接的，也可以是间接的。直接竞争性广告旨在促成即时购买行为。间接竞争性广告则强调产品优势，影响未来的购买决策。

达美航空的大部分广告都属于竞争性广告。其中很多都是为了促进即时销售，因此这类广告是直接的，包含价格、时刻表以及用于预订的网站地址或电话号码。它的另一些广告则是间接的，侧重于服务质量，并建议乘客在下次旅行时查看达美航空的网站。

比较性广告也是竞争性广告的一种，指进行具体的品牌比较的广告，可能会使用实际的产品名称或图像。威瑞森的广告通过展示地图来宣传其卓越的网络覆盖能力，地图突出了其服务范围相对于 AT&T 的优势。奥迪的一则电视广告展示了一个人开着宝马汽车在高速公路上行驶。在全速行驶时，他跳出自己的车，爬到一辆路过的卡车上，那辆卡车正在运送一批新的奥迪 Q5。

一些国家禁止比较性广告。但在美国，联邦贸易委员会决定鼓励比较性广告，因为它认为这会增加竞争，为消费者提供更有用的信息。广告中的优越性声明应该有研究证据支持，但相关准则并不明确。比较性广告也可能会产生反作用，因为它可能会引起消费者对他们之前没有考虑过的竞争产品的关注。

提醒性广告强化良好关系

提醒性广告试图使产品名称保持在公众的视野中。当产品已经获得品牌偏好或指名购买时（可能在市场成熟期或销售衰退期），这种广告可能很有用。它主要用于强化先前的推广效果。投放此类广告时，广告商可能会使用柔性推销广告，仅仅提及或展示品牌名称，作为一种提醒。例如，贺曼经常依赖提醒性广告，因为大多数消费者已经知道这个品牌名称，并且在多年推广的影响下，将其与高质量的贺卡和礼品联系起来。

机构广告树立良好公司形象

机构广告通常侧重于推广组织或行业的名称和声誉。它可能只是为了告知、说服或提醒，其基本目标是建立商誉或改善组织与各个群体（不仅包括顾客，还包括现有和潜在的渠道成员、供应商、股东、员工和公众）的关系。例如，英国政府就利用机构广告来宣传英国是一个适合经商的地方。许多日本公司，如日立（Hitachi），都非常重视机构广告，部分原因是它们经常将公司名称作为品牌名称使用。

有时，公司会依赖机构广告来树立公司的良好形象，其他组织则利用机构广告来倡导特定的事业或理念。例如，保险公司和像"母亲反对酒后驾车"（Mothers Against Drunk Driving）这样的组织，就使用机构广告来提醒人们不要酒后驾车。

13.5　选择最佳媒介

广告媒介是将信息传递给目标市场的各种手段。表 13-1 列出了常见的媒介类型：数字媒体（移动端和电脑端）、电视、广播、杂志和户外媒体（包括广告牌、电影院、公交车站等）。表 13-1 还简要概述了每种媒介的优点和缺点。营销经理寻求的是最佳媒介，这会因具体情况而异。推广的有效性取决于媒介与营销战略的其他部分是否契合，也就是说，它取决于推广目标、想要触达的目标市场、可用于广告推广的预算，以及媒介的性质，包括媒介触达哪些人、以何种频率、产生何种影响和成本如何。

表 13-1　常见媒介类型及其优缺点

媒介类型	优势	劣势
数字媒体（移动端）	·可链接至详情网站 ·部分按效果付费 ·效果易追踪 ·支持高精度定位投放	·成本难以横向比较 ·更侧重购买流程的后期阶段
数字媒体（电脑端）	·同上（除定位精度略低）	·同上
电视	·支持产品演示 ·利于品牌塑造 ·注意力捕捉能力强 ·覆盖广 ·有线频道可以定向投放	·广告干扰严重 ·成本高昂 ·时长受限（通常 30 秒内） ·易被观众跳过或忽略
广播	·覆盖广 ·听众细分明确 ·成本低 ·声音元素助力品牌形象塑造	·注意力捕捉能力弱 ·费率体系复杂 ·曝光时间短 ·听众群体减少 ·无法回放广告 ·干扰娱乐体验
杂志	·读者参与度高 ·目标精准 ·信息承载量大 ·存在传阅效应 ·图片呈现质量优异	·灵活性低 ·刊发周期长 ·成本较高 ·版面位置选择有限
户外媒体	·强制触达 ·可地理定向投放	·户外：仅限"一瞥式"曝光 ·影院：主要覆盖年轻群体

广告媒介的重要性随时间而变化

广告费用会流向目标顾客的视线和注意力所在之处。顾客在互联网上花费的时间大大增加，而且其中更多的时间转移到了移动设备（智能手机）上。此外，许多传统的印刷媒体如今也会同步发行电子版本。

图 13-4 展示了 2011 ～ 2023 年美国常见媒介的广告支出占比情况。广告商青睐的媒介在过去十年中发生了很大变化。例如，2011 年，移动端的数字广告约占所有广告支出的 1%；然而，到 2023 年，这一比例已接近 50%。2011 年，约 39% 的广告媒介费用用于电视，但到 2023 年，其份额已降至 23%。报纸、广播、杂志和黄页的广告占比也在下降。虽然图 13-4 中的数据来自美国的市场调研，但这些趋势在全球范围内是相似的。

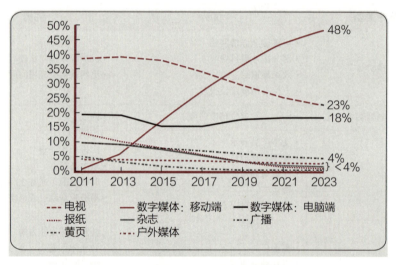

图 13-4　美国常见媒介广告支出的占比

尽管如此，富有创意的广告经理仍然有很多媒介选择，所有这些选择（以及更多选择）都值得考虑。接下来，我们来看一下影响媒介选择的一些因素。

零售媒体蓬勃发展

增长最快的数字媒体之一是零售媒体，零售媒体广告指的是在零售商的网站或应用程序内投放的广告。例如，当顾客在亚马逊上搜索 "Hydro 水杯"（Hydro 是一个特定品牌）时，搜索结果的顶部可能会出现一个广告，推广 Takeya Actives 绝缘不锈钢水杯。Takeya Actives 为这个展示位置付费，希望促使顾客改变购买

Hydro 水杯的意愿。一项研究预测，零售媒体将以每年 25% 的速度增长，到 2026 年将占所有数字媒体广告的 1/4。

零售商通过零售媒体广告赚取额外的收入。广告商与零售商建立紧密的联系，并发现这些广告非常有效，因为它们在顾客进行购买的过程中精准地触达了他们。

媒介应符合推广目标

广告媒介应该符合推广目标。如果目标需要展示产品优势，那么电视或带有视频的在线广告可能是最佳选择。零售媒体和在线搜索广告在顾客有购买意愿时触达他们，通常效果最好。报纸、广播和本地在线广告适用于在本地市场运营的企业，而在线广告也可以按地理位置进行定向投放。

广告商为所有受众买单

广告商为选定媒体所覆盖的所有受众付费，包括那些并非潜在客户的人。例如，当汽车制造商宝马在"超级碗"期间投放广告时，它为所有观看比赛的人付费，而不仅仅是那些高收入和对豪华车感兴趣的人。当广告出现在某人的 Instagram 信息流中时，无论用户是否忽略它，广告商都要付费。

让目标市场与媒体相匹配

为了确保良好的媒体选择，广告商首先必须明确指定目标市场。然后广告商可以选择能够触达目标市场的媒体。大多数媒体公司都使用市场调研来总结其受众的特征。一般来说，这种研究侧重于人口统计学特征，而不是针对每个不同广告商的规划需求确定细分维度。

选择媒体以精准触达特定目标市场

如今，广告商越来越注重触达更小、更明确的目标市场，即使是传统媒体也变得更具针对性。电视就是一个很好的例子。像 CNN（美国有线电视新闻网）、尼克国际儿童频道、HGTV 和高尔夫频道这样的有线电视频道，正从传统电视网手中吸引走广告商，因为它们的目标受众非常明确。例如，高尔夫频道的平均观众人数略高于 10 万（相比之下，主要电视网的观众人数为 300 万至 500 万，

ESPN 的观众人数为 70 万）。但是，这些高收入消费者正是高尔夫球杆、高尔夫球和配件制造商的目标用户。因此，在主要电视网上投放高尔夫产品的广告，效果远不如在单一的有线电视频道上投放。

杂志按特定兴趣划分读者

许多杂志只服务于特定的兴趣群体，例如厨师、新手父母或电脑用户。《贸易杂志》则针对在特定领域工作的人群，例如家具零售。最赚钱的杂志似乎是那些针对明确目标市场的杂志。通过正确的宣传活动，杂志能够收获不错的效果。

例如，乐高的一个推广目标是让父母使用其德宝（Duplo）系列积木与孩子一起玩耍，而不是让孩子自己玩。因此，乐高选择在《父母》杂志投放广告。乐高的营销经理制作了一份拉页日历，其中包含 31 项供父母与孩子一起进行的活动。乐高邀请父母将他们与孩子一起进行德宝系列积木活动的照片发布到德宝的 Facebook 页面上。在广告投放后，乐高的研究发现，父母的购买意愿以及他们认为德宝系列积木能让孩子更聪明的信念都有所提升。

专业化媒体规模虽小，但正在增长

表 13-1 中列出的广告媒介占据了绝大多数广告主的预算。广告专家一直在寻找具有成本效益的新媒体，以帮助广告主触达公司的目标市场。例如，一家广告公司成功地出售了它放置于 7-11 便利店前的自行车架上的广告位，新一代自动取款机在顾客等待取款时播放视频广告。

13.6 数字广告

顾客大多时间在上网

正如图 13-4 所示，数字媒体（尤其是移动端）是广告商投入越来越多预算的领域。这种媒体支出变化紧随美国人的屏幕使用行为。平均而言，美国人花在互联网和移动设备上的时间比看电视的时间更多，而且远多于阅读报纸和杂志的时间。当然，这因年龄而异，与"婴儿潮一代"和老年人相比，年轻一代（"千禧一代"和"Z世代"）在数字媒体上更为活跃。因此，营销经理也需要了解自己的目标市场。

互联网让顾客能够社交、查看信息、娱乐和购物。这种行为方式的改变为通过数字媒体瞄准特定顾客或细分市场的营销经理带来了挑战和机遇。本节将探讨付费数字媒体如何在营销战略规划中得到应用。

大多数广告商只为有效果的广告付费

广告商通常以不同于其他媒体的方式为在线广告付费。大多数媒体根据看到广告的人数向广告商收费，例如电视节目的观众人数或杂志的读者人数。除此之外，大多数网站使用按点击量付费的广告模式，广告商只在客户点击链接到其网站的广告时才支付媒体费用。许多公司喜欢直接追踪广告成本和由此产生的销售额，这样营销经理能够调整预算并追踪投资回报率。

在线广告知道顾客的居住和工作地点

电脑和智能手机常常会展示用户的地理位置，这对广告商大有裨益（用户可以通过隐私设置关闭这种功能）。许多广告商会定位居住或工作在特定地理位置的顾客，并且通常在一天中的特定时间进行定位，这有利于用正确的信息锁定正确的顾客。以新泽西州的米勒面包店为例，该面包店销售各种糕点和定制蛋糕。通过使用谷歌 Ad Words 广告服务，米勒可以控制面包店的广告何时何地展示。例如，米勒希望定位在其某个门店附近居住或工作的顾客。定位完成后，它只向使用谷歌且位于其门店两英里范围内的顾客展示广告。这种定向广告增加了网站访问量，更重要的是，米勒的电话订单翻了一番。

我们能保护自己的隐私吗

在线广告的一个承诺是，广告商可以获得大量客户的信息，不仅包括在广告商网站上浏览的内容和采取的操作，还包括他们在整个互联网上的行为。这些数据由名为 Cookies 的小型文件汇编而成，有效地跟踪了客户的行为。大多数人几乎不知道自己的多少行为被跟踪了。例如，一个人在谷歌上搜索"海滩度假"和

"最佳海滩"，然后访问了一些夏威夷度假村的网站，这些信息可以与其他信息结合起来，推断这个人属于高收入、中年、喜欢潜水和精致餐饮的群体。毛伊岛四季度假酒店的客房每晚可能高达数千美元，它希望将其广告精准地投向这类人群。针对这个人的四季度假酒店广告可能会突出其餐厅和附近的潜水活动。

三项变化使得追踪个体用户的网络行为变得更加困难。首先，欧洲和美国的立法现在为用户提供了更多的在线隐私保护。这些新法律通常限制公司使用和出售用户数据。其次，它们还要求网站收集用户数据必须经过用户允许。苹果对其iPhone操作系统（iOS）进行了更改，要求应用程序需要询问用户是否愿意分享他们的数据，大多数iPhone用户都选择了拒绝。最后，包括谷歌Chrome、苹果Safari和火狐在内的主要网络浏览器都淘汰了第三方Cookies。这些变化共同保护了用户更多的隐私，但也使得精准定向投放广告更加难以实现。

失去这些数据带来了更高的广告成本。一家北卡罗来纳州的公司，其业务是清洁建筑物外部，过去依赖Facebook广告。该公司估计，在这些变化之前，识别一个客户的成本约为6美元，而之后则跃升至约27美元。这家公司的老板通过提高服务价格来应对。另一家依赖Facebook广告的小企业是防护眼镜制造商Stoggles，该公司只进行直接面向消费者的销售。这些变化导致Stoggles将一些广告从Facebook和Instagram转移到效果更好的谷歌和亚马逊搜索。Meta（Facebook和Instagram）的报告称，在发生这些变化之后，其广告收入损失了数十亿美元。

第一方数据仍然允许一些定向广告

虽然无法使用用户在其他网站的行为数据，但网站仍然可以使用自身网站收集的数据，即"第一方数据"。例如，Facebook可以使用其自身的客户数据（他们的点赞、照片、朋友等）来定向投放广告。这为拥有更多用户访问量的大型科技公司带来了优势，因为它们拥有更丰富的数据。这对像亚马逊这样的公司也是有利的，因为客户经常在亚马逊上购物。随着时间的推移，可能会出现提供更好的定向技术的解决方案。

许多用户将商品放入购物车，但出于各种原因，没有选择付款。零售商可以使用第一方数据来投放广告，鼓励用户返回网站并完成付款。这种做法称为重定向（或行为重定向），它根据先前收集的数据向用户展示广告。现在，网站的数据更加有限，这将限制重定向的有效性和适用性。因此，人们也许会体验到更少的广告跟踪。

程序化广告：人工智能邂逅媒体规划

重定向之所以能够实现，是因为人工智能在引导在线广告的投放。传统上，媒体策划人员会决定广告的投放地点。他们会选择哪些杂志、电视节目或替代媒体能够触达广告商想要接触的目标客户。人工智能正在改变这一点。程序化投放指的是使用软件和人工智能自动化地在网站或社交媒体上投放在线广告。这个过程提高了媒体规划的效率和有效性，广告商能够以更低的成本更精准地定位客户。

不同类型的数字广告

大多数在线广告商寻求即时效果，他们引诱用户点击链接、收集信息并参与互动。互联网广告持续快速发展，营销经理以点击量和其他互动指标的形式获得快速反馈。这些信息使广告商能够将更多精力投入有效的广告中，并撤回效果不佳的广告。此外，技术的进步不断为新型广告打开大门。为了吸引网络用户的注意力，在线广告商创造了不同类型的广告，以实现不同的目标。正如前面所述，这些广告中的大多数也采用按点击量付费的模式并进行重定向。表 13-2 列出了主要数字广告类型及其优点和缺点。

表 13-2　数字广告的类型及其优缺点

数字广告类型	优势	劣势
横幅广告（含弹窗广告）	·成本相对较低 ·最适用于品牌形象建设 ·效果追踪工具完善 ·定向广告精准获客	·部分类型（尤其是弹窗广告）易引起用户反感 ·浏览器广告拦截插件会降低触达率 ·展示过于普遍导致用户习惯性忽略
目录广告和分类广告（如 Facebook Marketplace）	·成本低廉 ·高度精准投放 ·最适合已产生购买意向的用户	·不适用于品牌建设 ·不适合大型企业需求

数字广告类型	优势	劣势
搜索引擎广告（如谷歌、亚马逊）	·预算设置与成本控制简便 ·精准触达信息搜集阶段的用户 ·投资回报率易量化 ·定向精度高 ·可信度高	·关键词竞价可能导致成本激增 ·用户面临信息过载 ·广告文案空间有限 ·图像展示功能不足
社交媒体广告（如 Instagram）	·用户画像数据丰富 ·潜在覆盖范围广 ·可激发病毒式传播 ·支持精细化定向 ·投资回报率高 ·好友"点赞"的背书效应显著 ·预算设置灵活	·社交媒体用户主动规避广告 ·广告主获取的数据量通常少于其他渠道
移动广告（常含手机端搜索与社交广告）	·受众规模持续增长 ·最适合高参与度/实用型产品 ·支持地理位置定向 ·即时转化效果佳	·技术限制（屏幕尺寸、宽带、数据传输） ·用户体验欠佳且交互性有限 ·效果测量工具尚不成熟

横幅广告

横幅广告是一种在线广告类型，将广告放置在网页上，通常位于页面主要内容的顶部或侧面。弹出广告属于横幅广告的一种，但通常覆盖整个浏览器窗口，弹出在用户网页的前面（或后面）。这些广告的点击率可能很低，甚至低于千分之一。

虽然点击率很低，但横幅广告通常的目标是提高认知度和建立品牌，因此点击率可能不是衡量它有效性的最佳指标。有证据表明，这些广告与线下广告结合使用，可以提高购买意愿。当广告使用视频形式时，点击率会更高。

目录广告和分类广告

当顾客知道自己想要什么时，他们可能会转向目录广告或分类广告。寻找二手车的人可能会查看 Craigslist 或 Cars 等目录服务网站；想要购买或租赁新房的顾客可能会访问 Zillow。这些网站成本较低，对本地企业投放广告效果良好，但当目标是提高认知度或建立品牌时，效果通常不佳。

搜索引擎广告

谷歌、亚马逊和 Facebook 正在争夺广告的未来。谷歌以及其他搜索引擎的优势在于，顾客经常访问这些网站以寻求购买决策的帮助。在线搜索可能发生在顾客遇到问题但没有解决方案时，也可能发生在顾客确切知道自己想买什么时。超过 80% 的用户至少在部分购物过程中使用搜索引擎。当购物时，与自然搜索结果一起出现的赞助搜索广告通常是相关的且有用的。像 REI 这样的零售商就利用了这一点，向搜索引擎公司付费购买赞助搜索广告，使广告出现在搜索"徒步靴"结果的上方或旁边。

谷歌搜索引擎广告的平均点击率为 1% 到 3%。广告商为那些与昂贵商品相关的搜索词支付更高的费用。例如，虽然谷歌的平均每次点击成本约为 2 美元，但广告商可能会为点击搜索"保险""贷款"或"抵押贷款"等搜索词支付超过 45 美元。

社交媒体广告

虽然取消了 Cookies，但社交媒体网站仍然拥有大量用户数据。这些数据仍然可以用于定向广告，Facebook 的优势在于它对其每个用户都有详细的了解。通过更新的状态、照片、朋友、"点赞"和点击的链接，用户都会向 Facebook 提供关于自己的偏好和价值观的信息。Facebook 知道大多数用户的年龄、种族、工作、餐厅偏好、喜欢的音乐团体、生日等。Facebook 通过分析这些信息，为广告商提供特定的目标广告用户画像。

Facebook 和其他社交媒体面临的挑战是用户访问社交网络的目的不是购物，是为了看看朋友们在做什么。例如，在无法显示用户在社交媒体平台之外的第三方数据后，Facebook 广告的效果有所下降。

网红利用社交媒体并成为有价值的媒体

长期以来，营销一直依赖于运动员、明星或广告领域的专家提供的认可或证明。社交媒体为各种类型的代言人创造了全新的机会。来自各行各业的人在社交媒体上积累了大量的粉丝。也许是因为他们是名人或特定主题的专家，一些人拥有数十万甚至数百万的粉丝。许多人利用社交媒体平台影响他人。一些品牌已经开始向网红博主付费，因为他们能够影响特定目标客户的态度或购买决策，从而推广品牌。

这些网红博主是意见领袖，他们可以通过自己的社交媒体传递品牌信息。一些网红博主拥有庞大的粉丝群体。例如，好莱坞培训的化妆师胡达·卡坦（Huda

Kattan）使用她的博客和 Instagram 分享化妆产品和化妆教程。她拥有超过 5000 万粉丝，现在销售自己品牌的化妆品，并且是丝芙兰最畅销的产品之一。有时，品牌也会选择与粉丝数量不多的小型网红博主合作。

智能手机知道用户在哪里

智能手机现在越来越普及。几乎 4/5 的美国成年人拥有智能手机，他们每天使用手机的时间超过 4 小时，这为广告商创造了新的机会。移动广告领域最大的参与者是谷歌和 Facebook，它们通过移动设备提供搜索和社交网络服务，并同时投放广告。

由于移动设备通过卫星定位系统定位用户的行踪，因此可以将特定时间的物理位置这一细分维度添加到广告中，以更精确地推送广告。许多企业发现根据这些信息定位客户非常有用，尤其是酒吧、餐馆和零售店。例如，市中心的一家餐馆可以只向午餐时间在该餐馆附近几个街区行走的人投放广告。由于用户通过移动设备进行搜索和访问社交媒体，所以广告商必须选择适合移动设备的广告类型。

智能手机可以"告诉"沃尔玛：用户何时出现在了其某家商店中。它还知道用户愿意接收和使用优惠券，因此沃尔玛鼓励用户下载 App，然后发放优惠券。当用户靠近沃尔玛商店时，广告（通常附带优惠券）会被推送给他们，这可能促使他们访问商店并消费更多。

大数据服务于及时的移动广告

各公司也在尝试整合大数据和移动广告。谷歌再次参与其中，因为它发现与流感相关的搜索数据可以比疾控中心提前两周预测流感的爆发地点。Vicks 耳后体温计的广告经理看到了可以利用谷歌数据预测流感趋势这一机会。Vicks 希望能够定位出家长，而音乐流媒体服务商 Pandora 掌握有孩子的听众的数据。Vicks 进一步细分家长群体，仅在美国流感爆发地区投放广告："您所在地区的流感水平很高。使用 Vicks 耳后体温计做好预防。"点击广告会将家长引导至最近一家销售该体温计的商店："可以在 0.5 英里（约 0.8 千米）外的沃尔格林购买。"大数据和移动广告使 Vicks 能够精准细分市场，并及时向用户传递相关信息。

数字广告的伦理问题

数字广告引发了许多伦理问题。例如，美国政府曾批评谷歌、雅虎和必应，声称这些搜索引擎在区分自然搜索结果和付费广告方面做得不够。用户往往更倾向于自然搜索结果，而广告可能会产生误导，甚至具有欺骗性。2002 年，美国联邦贸易委员会要求搜索引擎使用阴影、边框、文本差异或标签来明确区分自然搜索结果和付费广告。随着时间的推移，搜索引擎已经使得这些差异变得不太明显。

虽然新的隐私法规和技术变革为用户的隐私提供了更多的保障，但许多用户并不太关注隐私警告或减少数据共享的提醒。在线公司仍然可能收集尽可能多的用户数据，有些甚至可能超出法律范围。移动广告基于广告商随时了解用户的实际位置。一些人质疑广告商追踪人们（他们在网上做什么，甚至去哪里）是否合适，尤其是在大多数人并未明确允许广告商追踪其行踪的情况下。研究表明，这对许多消费者来说存在严重的担忧；营销经理需要谨慎行事，否则可能会招致监管机构和消费者权益保护组织更多的审查。

数字领域的媒体公司也存在伦理问题。广告商往往是在为"假客户"付费。当对产品有兴趣的客户点击广告时，他们并不介意付钱。然而，一个人或软件程序在对广告主题没有任何兴趣的情况下自动点击广告，就会产生"点击欺诈"。

网红博主也根据粉丝数量获得报酬。一些网红博主被发现购买了很多粉丝，另一些人则使用机器人（计算机程序）来参与互动，使其看起来拥有黏性很强的粉丝群体。社交媒体平台一直在努力制止这些行为。

用户是否也有伦理责任呢？技术允许用户屏蔽广告。欧洲一些移动电话公司已经开始屏蔽所有移动广告，理由是广告会降低用户的在线体验并增加他们的数据使用量。大多数网络浏览器也都允许用户屏蔽广告，但其实广告是很多免费的网站的收入来源。用户使用网站，但是又屏蔽广告，是否合乎伦理呢？

13.7　规划最佳信息

确定文案重点

一旦决定了信息如何触达目标受众，就必须明确广告核心诉求：文字和视觉元素应该传达什么。广告的具体创意执行由专业团队完成，但是，广告经理和营销经理需要理解这个过程，这样才能确保宣传质量。

用 AIDA 法则来指导信息规划

基本上，整体的营销战略应该决定传播内容，营销经理也许可以结合市场调研，决定如何组织这些内容，以便用户能更好地理解信息。我们可以使用 AIDA 法则指导信息规划：获取注意、维持兴趣，激发欲望、促成行动。

获取注意

获取注意是广告的首要任务。许多读者翻阅杂志时不留意任何广告；观众在电视播放广告时会去吃零食；用数字录像机观看节目时，观众可能会按一下按钮就跳过广告；在网上，用户可能会使用弹窗拦截器，或者在广告信息加载完成前点击下一个网站。广告商必须想办法获取用户的注意力。

有很多方法可以吸引注意力。醒目的标题、精美的动画、令人震惊的陈述、迷人的模特儿、动物、在线游戏、特效等，任何新颖或引人注目的东西都可能奏效。然而，吸引注意力的方式不能分散用户对广告内容的关注，而且最好能引导到下一步：维持兴趣。

维持兴趣

维持兴趣很难。一则幽默的广告、一个不寻常的视频效果或一张巧妙的照片可能会吸引用户的注意，但看过之后呢？如果吸引用户注意的东西与营销组合无关，或者广告没有满足用户的需求，用户就会看别的。要保持兴趣，广告的风格和内容必须符合目标用户及其参考群体的经验和态度。因此，许多广告商会制作与特定情感相关的广告。其希望用户对广告的好感能留存下来，哪怕广告的细节被遗忘。

激发欲望

唤起购买特定产品的欲望是广告最困难的任务之一。广告必须说服用户，产品必须能够满足他们的需求。用户评价可以说服其他有类似需求的人购买这款产品。产品比较也可以突出特定品牌的优势。

为了激发欲望，广告通常应该聚焦于独特的销售主张，即与竞争对手的主要差异。它应该瞄准重要的未被满足的需求，这有助于公司设计有差异的营销组合，并将公司的品牌定位为向目标市场提供卓越价值。太多广告商忽略了独特的销售主张这个理念，没有使用整合的传播方式来讲述完整的故事，而是将太多内容塞进每个广告中，结果反而没有任何效果。

促成行动

促成行动是广告的最后一个要求，而且并不容易。我们现在知道，仅让潜在消费者想象产品如何融入其生活远远不够，必须引导他们真正去试用产品。

直效反应广告有时可以通过鼓励感兴趣的消费者尝试一些事情来帮助促成转化，即使他们还没有准备好购买。例如，富达投资曾投放电视广告，其中包含彩色图表、一个写着"哇！"的标志以及公司的电话号码和网站地址。为了确保观众能看明白，背景音乐是 Blondie 的歌曲 *Call Me*，富达投资希望鼓励感兴趣的消费者迈出建立关系的第一步。

让多元、公平和包容成为传播决策的一部分

许多公司意识到，其转播重点必须更加多元（Diversity）、公平（Equity）和包容（Inclusion），简称 DE&I。多元意味着重视性别、年龄、宗教、性取向、政治观点等方面的差异；公平意味着促进公正和平等；包容意味着欢迎来自不同群体的人参与。消费者，尤其是"千禧一代"，已经表明他们重视 DE&I，并且会更加支持那些拥有相同价值观的品牌。

在实践中，展示 DE&I 意味着使用不同群体的图像和语言，让他们感觉自己被邀请参与对话。这也意味着公司需要寻找不同受众阅读的媒体，以确保他们看到欢迎自己参与的邀请。拥有更加多元化的员工队伍的公司，尤其是在营销团队中，能更好地在错误被公之于众之前发现它们，并识别展示 DE&I 的机会。

软广合乎伦理吗

有时，最好的信息是被伪装起来的，也就是说，它们看起来不像广告。当消费者知道某些东西是广告时，往往会提高警惕。为了让消费者绕过这种警惕，广告商可能会让广告看起来像媒体内容。软广是一种看起来不像广告的广告，它模仿广告所出现平台的风格和感觉。例如，报纸广告可能看起来很像一篇报纸文章。

另一个例子是，宝马迷你（MINI）汽车品牌与新闻网站合作发布了"25 个看起来不寻常的地方"。帖子写道："准备好大开眼界吧。我们向那些以不同视角看

待事物的人致敬。"在展示了 25 个看起来非常棒的地方之后，你会在标题的下方看到迷你的标语——我们向那些以不同视角看待事物的人致敬，MINI 不同寻常。后面还有一个 MINI 的视频广告。

软广通过引人注目的标题来吸引注意力，并通过引人入胜的内容来让消费者保持兴趣。消费者觉得这些广告比传统广告更可信。然而，批评者认为软广欺骗了观众，是不道德的。联邦贸易委员会已经发布了规范要求，但广告商往往忽略。

13.8 衡量广告效果并非易事

成功与否取决于整体营销组合

如果我们能通过观察销售额来衡量广告效果，那就方便多了。一些突破性的广告确实对公司的销售有非常直接的影响，一些资料中充满了证明广告能直接增加销售额的成功案例。同样，像 Information Resources 这样的市场研究公司有时可以比较举办广告活动前后的销售水平。然而，通常不能仅仅通过观察销售额来衡量广告效果。广告经理应该根据广告目标来衡量广告效果，毕竟最终的销售结果是由整体营销组合决定的，而不仅仅是广告。销售结果还会受到竞争对手的行为以及外部市场环境的影响。

预先测试能提高成功率

理想情况下，广告商应该在广告投放前进行预先测试，而不是仅仅依赖自己对广告效果的猜测。创意人员或广告专家的判断可能帮助不大，他们通常只根据文案和视觉效果的创意或巧妙程度来预测广告效果。

许多追求进步的广告商要求进行实验室测试或市场测试来评估广告效果。广告的概念测试可能会要求对平面广告的粗略模型或电视广告的故事板（类似于漫画分镜）提供反馈。进行实验室测试时，受试者被带到特定场所观看广告，有时还会在人们观看或阅读广告时，进行生理测量（如瞳孔放大测量或眼动追踪）。虽然这种方法能为研究者提供高度可控的数据，但它并不能完全代表现实世界的广告观看情况。因此，部分广告商会选择在目标市场的抽样家庭中进行实地测试，保留了自然存在的环境干扰因素，从而获取更具参考价值的数据。

前事不忘，后事之师

广告投放后，研究人员可能会试图测量消费者对特定产品或广告的回忆程度，可以通过各种调查方法测算消费者对广播、电视、杂志广告的反应，以了解受众的规模和构成。同样，大多数网络广告商也会区分公司网站的点击量来自哪些其他网站上的广告。

广告必须被看到才有效果

营销经理要选择合适的媒体渠道以确保广告能触达目标客户。在做这些决定时，第一个考虑因素是目标客户是否能接触到这些媒体。为此，研究人员会直接询问客户是否记得看到过某家公司的广告。

根据推广目标衡量广告效果

第二个考虑因素是媒体与推广目标是否契合，这也解释了为什么营销经理应该提前明确推广目标。例如，行动导向型目标的公司投放广告，针对处于购买周期后期的客户会选择搜索引擎广告，在这时它比户外广告牌更有效。其他品牌塑造型的广告，选择电视、杂志和可以使用照片或视频的在线媒体通常效果更好。营销经理需要根据推广的目标来评估广告效果。

广告曝光和媒体成本

对于传统媒体，营销经理通常为广告曝光量付费，即广告触达的人数。广告曝光量指的是观看电视广告、阅读报纸广告、收听广播广告或看到广告牌的人数。对于某些媒体，广告曝光量是通过使用评级机构的数据推断出来的，这些机构掌握关于电视节目观众人数和高速公路上经过广告牌的司机数量的信息。

然后，这些信息被用来计算每千次曝光成本（CPM），即广告获得1000次展示所需的费用。例如，一份运营成本为300美元并触达10000名读者的报纸广告的 CPM 为 30 美元。广告商能够通过 CPM 比较不同媒体的广告投放成本。

虽然 CPM 为比较广告媒体的成本提供了一个维度，但不同媒体的 CPM 可能各不相同。一些媒体更有价值，也许是因为它们触达了非常特定的目标市场或非常理想的客户群体，也许是在客户即将进行大额购买时吸引了他们。可以看出，这些媒体的竞争非常激烈。例如，我们之前提到过，对于关于"保险"的搜索词，搜索引擎广告可能非常昂贵。

13.9　避免不公平的广告

政府机构可能会规定什么是公平的

在大多数国家，政府都会积极地介入广告内容的审批工作，确保广告的合规性、公平性和适当性。例如，法国和日本限制在儿童广告中使用卡通人物；加拿大禁止任何直接针对儿童的广告；在瑞士，广告商不能使用演员来扮演消费者；新西兰限制电视上的政治广告；在美国，印刷广告必须明确标识，以免与内容混淆。大多数国家都会限制广播媒体上商业广告的数量和时长。

在一个国家被视为基础操作的做法，在另一个国家可能被视为不公平或具有欺骗性。例如，在大多数国家将百事可乐宣传为"新一代的选择"时，日本公平贸易委员会不允许这样做，因为在日本，百事可乐并非"首选"。中国原本相对宽松的广告环境也变得更加严格。宝洁因承诺"佳洁士美白牙膏能在一天内带来更白的牙齿"而被罚款近 100 万美元。

规则的差异意味着营销经理在不同的国家可能会面临非常具体的限制，可能需要当地专家来确保公司不会浪费资金去开发消费者认为具有欺骗性的广告。

联邦贸易委员会控制美国的不公平行为

在美国，联邦贸易委员会有权监管不公平或具有欺骗性的商业行为，包括虚假广告。多年来，联邦贸易委员会一直在监管虚假广告，现在已经取得了显著成效，广告代理商和广告商对虚假、误导性或不公平的广告承担同等的责任。

这是一件严肃的事情。如果联邦贸易委员会认定某种特定行为是不公平或具有欺骗性的，它有权要求进行肯定性披露或进行更正，例如香烟上的健康警告。拜耳（Bayer）对其药物的疗效做出未经证实的广告后，联邦贸易委员会强制拜耳公司投放更正性广告。其他广告商也从这些案例中吸取教训。巨额的经济处罚和支付更正性广告费用的压力，促使大多数广告商严格遵守法律。

然而，有时广告宣传仍然会失控。联邦贸易委员会已经开始打击与减肥和健康相关的广告。例如，在联邦贸易委员会反对其广告并展开调查后，肯德基迅速停止播放电视广告。肯德基的广告将炸鸡定位为快餐中的健康选择，但屏幕底部也有很多小字来限定这些声明。斯凯奇和锐步声称其鞋子可以帮助顾客减肥和增强肌肉。联邦贸易委员会对这些毫无根据的广告提出异议，这两家公司不得不向消费者退还数百万美元。

针对意见领袖的监管

正如本章前面讨论的那样，许多公司会向拥有大量粉丝的网红博主支付代言费。虽然电视或杂志广告通常很明显是广告，但社交媒体的内容是否是广告比较模糊。也许有人发布了关于一条新牛仔裤的内容是因为她真的很喜欢它，商家没有为此付费。联邦贸易委员会现在规定，代言人应对产品的虚假陈述承担责任，除非他们有使用该产品的经验，否则不应谈论或发布该产品的信息。联邦贸易委员会还要求在网红博主和品牌之间存在重要联系时进行说明，包括他们收到免费产品以及任何经济报酬。

不公平或具有欺骗性的定义在变化

什么构成不公平和具有欺骗性的广告是一个难题。虽然法律提供了一些指导方针，但营销经理也必须做出个人判断。全球的社会和政治环境都在变化，几年前被认为是可接受的做法，现在可能会受到怀疑或被认为是具有欺骗性的。《兰哈姆法案》1988年的修订保护了在比较广告中品牌名称受到不公平损害的公司。

广告声明是一个模糊地带

要弄清楚如何避免被指责不公平和具有欺骗性，其实并不难。做出无法证实或证伪的模糊声明（有时称为"夸大宣传"）是可以接受的，比如联邦贸易委员会不会对声称"世界上最好吃的汉堡"的广告提出指控。但是，营销经理需要阻止那种典型的生产导向做法，即试图用广告来展示那些没有差异化，也不能为顾客提供更好价值的劣质产品。

13.10 促销：用新方法刺激改变

促销的本质

促销指的是广告、宣传和人员销售之外的，刺激最终消费者或渠道中的其他人产生兴趣、尝试或购买的活动。促销通常用来补充其他的推广方式。广告宣传和销售策略往往能够持续较长时间的影响，但促销活动通常持续的时间有限。与广告相比，促销通常可以更快地实施并更快地获得销售结果。此外，促销的目标通常侧重于促成一些短期行为。对中间商来说，促销可能促使其决定进货、提供特殊的展示空间或加大产品的销售力度。对消费者来说，促销活动可能促使其尝试新产品、转换品牌或购买更多产品。对员工来说，促销可能使其提升客户服务积极性。图 13-5 展示了针对最终消费者、批发商或零售商和公司员工的典型促销示例。让我们通过一些例子来了解促销如何在不同对象身上发挥作用。

针对最终消费者	针对批发商或零售商	针对公司员工
·竞赛	·价格折扣	·竞赛
·优惠券	·促销补贴	·奖金
·货架展示	·销售竞赛	·会议
·试用装	·定制日历	·产品组合
·贸易展览	·礼品赠送	·销售展示
·卖点宣传品	·贸易展览	·销售辅助工具
·常客计划	·商务会议	·培训材料
·赞助活动	·产品目录	
·公益活动	·促销道具	
·限时供应产品	·宣传视频	

图 13-5 促销活动示例

将针对消费者的促销活动与目标联系起来

许多针对最终消费者的促销活动，目标是提升需求或者提高购买频率。这类促销可能包括制作在零售店里展示的物料，比如卖点的宣传品、奖励计划或者货架展示。它也可能包括抽奖活动以及设计好的优惠券，促使消费者在某个日期前购买产品。

促销活动的一个目标是提升需求，通常是鼓励消费者尝试新产品。如果通过优惠券或免费样品能降低尝试新产品的成本，消费者可能会觉得风险更小。营销经理希望购买新产品能改变消费者的购买习惯。促销活动的另一个目标是提高购买频率，通常是鼓励现有品牌的消费者更频繁地购买。会员卡或者三明治买五送一，都是鼓励消费者增加购买次数的方法。

有目标感的品牌与非营利组织合作，共同促进双方发展

一些有明确目标的品牌会与非营利组织建立合作关系，这既能帮助品牌实现自身目标（比如提高知名度或强化品牌定位），也能推动非营利组织所关注的公益事业。举个例子，"服务年联盟"这个非营利组织致力于让更多的美国年轻人参与为期一年的国家服务。参与服务年联盟通常意味着要搬到一个新的城市。因此，爱彼迎就与服务年联盟合作，为参与者在寻找长期住所期间提供两周的免费住宿。非营利组织和品牌之间的这种合作越来越受欢迎，并且正在让世界变得更美好。

品牌与非营利组织的合作

在一次慈善拍卖会后开车回家的路上，瑞恩·卡明斯和马特·波尔森很失望没能拍到与前 NBA 球星约翰逊一起打篮球的机会，1.5 万美元的成交价让他们望尘莫及。他们思考着这次拍卖，琢磨是否有更好的方法，既能提高人们对公益事业的认识，又能筹集资金。这个问题激发了他们的创意，很快他们就创立了 Omaze。这个筹款平台通过连接慈善机构、品牌、名人和捐赠者，创造了多赢的局面。

Omaze 的运作方式相当简单。它通过提供千载难逢的体验为慈善机构筹款，任何人都有机会赢得这些体验——10 美元可以买到 100 次抽奖机会，还

能获得帮助公益事业的情绪价值。例如，迪士尼和导演 J.J. 艾布拉姆斯提供了一个在《星球大战 7：原力觉醒》中扮演一个小角色的机会。这样的活动为这部新电影带来了大量的网络热议，也筹集了大量的捐款。仅仅 10 周，这项促销活动就为联合国儿童基金会创新实验室筹集了 420 万美元，并且真的让一位幸运儿参演了电影。

可口可乐一直在寻找一种有创意的方式来展现品牌的社会责任感，并筹集资金帮助阻止艾滋病毒的母婴传播。它与 Omaze 以及音乐人波诺创立的专注于预防艾滋病的非营利组织（Red）合作。可口可乐赞助了"分享无艾滋一代的声音"活动，分享了一首之前未发行的皇后乐队的歌曲 Let Me in Your Heart Again。Omaze 的平台提供了赢得各种产品和体验的机会，包括波诺的吉他、U2 演唱会的后台通行证，以及与流行摇滚乐队 One Republic 共度一天的机会。这次活动为艾滋病预防筹集了资金，提高了人们的意识，并使人们将可口可乐与一项有意义的事业联系起来。

另一个项目提供了获得金巴尔·马斯克（特斯拉创始人埃隆·马斯克的弟弟）捐赠的特斯拉 Model 3 的机会。金巴尔想为他的 Big Green 慈善机构筹集资金。Big Green 想在全国低收入学校建立学习园地。很多人参与了金巴尔特斯拉 Model 3 的抽奖活动，为 Big Green 带来了巨大的关注和 210 万美元的捐款，也提高了人们对特斯拉的认识。

Omaze 精心策划千载难逢的体验，确保每次体验都与品牌、公益事业以及捐赠者的目标和价值观相符。如果活动本身很酷，那就能产生更多的网络热议。最终，当这些活动让世界变得更美好时，我们都是赢家。

B2B 促销：推动产品销售或创造销售机会

针对企业客户的促销活动，可能会采用类似的思路。例如，暂时降价以鼓励客户试用新产品。在 B2B 领域，销售团队也可能会参加行业展会，以吸引人们对公司及其产品的关注和兴趣。行业展会通常在一个城市举办，持续 3 ~ 7 天。客户参加展会是为了向行业专家学习。例如，每年 1 月在拉斯维加斯举行为期 4 天的消费电子展，吸引超过 4000 家电子参展商和 18 万名参观者。展会结束后，许多参观者会成为公司的潜在客户，销售人员会努力将他们的兴趣转化为实际销售。行业展会是大型活动，需要周密的计划。

一些卖家会赠送促销品来提醒企业客户，比如钢笔、手表或服装（通常印有公司品牌名称）。这很常见，但可能会有新的问题，因为一些公司不允许采购人员接受任何礼品。

贸易促销的目标是中间商

贸易促销是针对中间商的促销活动。根据促销目标的不同，可以使用各种各样的方法。有时，制造商会利用贸易促销来让中间商的销售团队更加关注自己的产品。销售竞赛有助于实现这个目标，它鼓励中间商的销售人员通过超额完成销售目标来赢得奖励。另一种方法是培训中间商的销售人员了解产品，比如在制造商举办的销售会议上进行培训。

针对中间商的促销活动中，大约一半都是降低价格的形式。打折销售产品可以激励批发商或零售商通过加大推广力度或降低价格来加速商品的周转。

针对公司员工的促销

针对公司员工尤其是销售人员的促销活动，可能是为了鼓励销售人员提供更好的服务、争取新客户、销售新产品，或者推销公司的全线产品。根据促销目标的不同，可以采用竞赛、发放基于销售额或新客户数量的奖金，或者在豪华度假村举行销售会议等方式。

目标和情景影响促销决策

正如我们所见，促销有很多不同的类型，但哪种类型最合适取决于具体的情况和想要达成的目标。例如，图 13-6 展示了短期促销可能对销售额产生的一些影响。图 13-6（a）中的销售变化可能发生在亨氏发放优惠券以清理其过多的番茄酱库存时。一些消费者可能会为了使用优惠券而提前购买，除非他们用掉更多的番茄酱，不然他们的下次购买就会推迟，因此促销期结束后销量就会下降。图 13-6（b）显示，当麦当劳推出大富翁游戏促销活动时，孩子们可能会说服父母多买开心乐园套餐，但活动结束后，销量会恢复正常。图 13-6（c）展示了汉堡王营销人员梦想成真的情景：免费试吃一种新口味的炸薯条迅速吸引了新顾客，而且他们喜欢试吃的产品，并在促销结束后继续购买。这是最好的情况，促销鼓励了顾客尝试，且顾客改变了原来的购买习惯。从这些例子中可以看出，促销的具体情况和想要达成的目标决定了哪种促销类型最合适。营销经理应该监测和分析促销短期和长期的财务成本与收益，以正确评估其在整体促销策略中的作用。

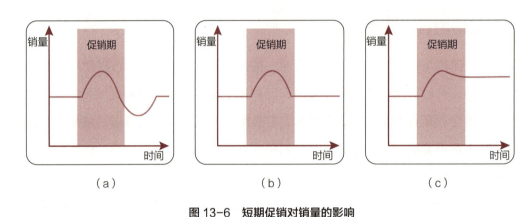

图 13-6　短期促销对销量的影响

促销支出在成熟市场的增长

促销包含非常多不同类型的活动，因此很难准确地计算总支出。不过，大家普遍认为，促销支出超过了广告支出。

许多消费品公司频繁促销的一个原因是，它们通常在成熟的市场中竞争。无论有多少品牌争夺消费者，消费者想购买的肥皂数量都是有限的，零售商分配给某一产品类别的货架空间也是有限的。

实力雄厚的大型零售连锁店的增长加剧了竞争。它们更加重视经销商的品牌，并且还被要求对销售的制造商产品提供更多的促销支持。

也许正是因为这种竞争，许多消费者变得对价格更加敏感。许多促销手段，比如优惠券，都有降低消费者支付价格的效果。企业将促销作为突破消费者价格心理防线的利器，却也不可避免地陷入"降价—促销"的恶性循环。

13.11　管理促销活动

促销会削弱品牌忠诚度吗

一些专家认为，营销经理过于重视促销活动，尤其是那些负责消费品的经理。他们认为，大多数促销的效果都是暂时的，而花在广告和人员销售上的成本从长远来看对公司更有益。当市场没有增长时，促销可能只会鼓励那些"喜欢占便宜"的顾客（和中间商）在不同品牌之间来回切换。在这种情况下，促销的所有花费只会导致利润降低。

促销活动难以管理

促销领域的另一个问题是，很容易犯下代价高昂的重大错误。由于促销包含广泛的活动，普通公司很难掌握管理这些活动的技能。即使是专门从事促销活动的大公司和代理机构也会遇到困难，因为促销活动通常都是定制的且只举办一次。缺乏经验导致的错误可能会代价高昂，甚至损害与客户的关系。

瑞茜·威瑟斯彭的时尚品牌 Draper James 希望为教师提供些福利。该时尚品牌认为，如果向教师赠送免费的连衣裙，可能会获得一些积极的宣传效果。不幸的是，连衣裙的库存只有 250 件，而美国 300 万教师大多是女性。促销活动一开始的效果很好，在《今日秀》和《早安美国》等受女性欢迎的节目中都获得了报道。很快，该促销活动在网上疯传，需求量远远超过 Draper James 的库存。虽然 Draper James 是真心想为教师提供福利才设计的这项促销活动，但在媒体看来，这项优惠却像是一种玩世不恭的营销战略。一个考虑不周的促销活动对品牌的损害可能大于益处。

法律问题增加了复杂性

针对消费者和渠道的促销活动都受到联邦贸易委员会以及州和地方法律的监管。例如，在大多数州，竞赛和抽奖活动必须经过仔细设计，以妨被视为赌博。关于赠品也有相关规定，公司需要注意不要虚报其真实价值。贸易促销通常涉及直接或间接的价格调整，这可能被视为歧视性定价，而歧视性定价受《罗宾逊–

帕特曼法案》的约束。

促销不是业余爱好者的副业

当公司没有专门的促销经理时，促销方面的失误可能会更严重。如果营销经理或广告经理负责促销，他们往往会不太重视这项工作。他们只有在预算有结余或者出现危机时才会给促销分配资金。这种做法错误地使用了营销组合中一个很有价值的要素。

做好促销是一项需要学习的技能，而不是业余爱好者的副业。这就是为什么在大型公司内部和外部咨询机构中都出现了促销专家。但是，营销经理有责任制定符合整体营销战略的促销目标和政策。

第十四章

媒体宣传

HubSpot 的媒体宣传分析

2004 年，布赖恩·哈利根（Brian Halligan）和达梅什·沙哈（Dharmesh Shah）在麻省理工学院攻读 MBA 时相遇。在协助创业者进行市场营销的过程中，哈利根观察到许多传统营销手段的效果日渐式微，比如发送邮件、投放广告、进行电话销售以及参加行业展会。客户往往会主动避开这些沟通方式。与此同时，沙哈未借助任何传统的推广手段，便吸引了成千上万的人访问他的博客。他们将这种"当客户主动搜索时，能够提供客户所需信息"的方式称为"集客式推广"。

当客户在购买前搜寻信息时，集客式推广的效果尤为显著。许多消费者和企业买家都倾向于以这种方式启动购买流程。既然集客式推广顺应了客户的行为模式，且效果更为显著，为何采用的企业却不多呢？哈利根和沙哈发现，对大多数企业而言，启动这一过程颇具挑战：需要建设网站、撰写博客、设计 Facebook 页面。相比之下，沿用旧有的方式似乎更为轻松。于是，哈利根和沙哈创立了 HubSpot 软件，旨在简化集客式推广的流程。

HubSpot 的推广组合旨在引导客户逐步完成购买漏斗模型，其遵循的步骤也正是 HubSpot 向客户推荐的。（1）获取：提升认知度和引发兴趣；（2）转化：促使客户产生购买意愿并付诸行动（例如订购 HubSpot 软件）；（3）引导：协助客户完成软件的安装并提供培训；（4）持续：与客户协作分析成果并提高产品的使用频率。随着客户在购买流程中不断推进，推广方式也会随之调整。

对 HubSpot 而言，要想获取客户，就要让客户了解其集客理念及他们所能解决的问题，进而培养其对该软件的兴趣。两位创始人通过他们的著作《网营销3.0：Google、社交媒体和博客引爆的集客式营销》（*Inbound Marketing: Get Found Using Google, Social Media and Blogs*）获得了一定的关注。另一些客户则通过HubSpot提供的免费在线工具网站评分器（Website Grader）认识了HubSpot。该工具能够评估网站的有效性，并提供改进建议，而这些建议可以通过HubSpot软件来实现。

许多客户在搜索如何改进其营销战略的想法时发现了HubSpot，因为HubSpot在搜索结果中排名靠前。他们发现HubSpot定期在线发布免费内容，包括博客、案例研究、白皮书、播客、在线研讨会、电子书和模板。免费模板和生成器使客户可以轻松地撰写营销计划、产生博客创意，甚至构建聊天机器人来自动进行对话。一些网页会要求客户提供联系方式，HubSpot会将这些信息汇总到数据库中，以更多地了解每个客户的需求和兴趣。

HubSpot的一些客户通过社交媒体关注该公司；当粉丝"点赞"HubSpot的Facebook帖子或在LinkedIn上由HubSpot运营的群组中发表评论时，就相当于他们向自己的朋友和同事推荐了HubSpot。HubSpot跟踪每一次客户互动，从网站访问到电子邮件和电话。

客户在发现这些宝贵的营销见解后，会注册HubSpot的电子邮件列表。HubSpot会定制电子邮件，向每位客户发送与其工作、行业和兴趣相关的内容。它会监控客户的使用，以了解哪些客户的参与度最高。例如，它会跟踪哪些客户打开了电子邮件并进入网站。这些客户是最有希望的潜在客户，因此销售人员会与他们联系。销售人员采用顾问式销售法，了解客户的需求，通常会在线演示HubSpot软件。销售过程可能会持续数周（或数月），在此期间，HubSpot的销售人员会向客户介绍集客式推广和该软件的功能，并推荐特定的HubSpot服务。

接下来的两个阶段"引导"和"持续"，对于客户保留至关重要。如果客户认为HubSpot的软件没有价值，他们就会取消订阅。因此，HubSpot在安装和培训期间与客户紧密合作，监控客户的使用情况，并向未能充分利用该软件的客户提供方法和培训。其他客户则在HubSpot的社区中找到价值，在那里，其他客户和HubSpot的技术支持人员会回答问题并分享技巧。

HubSpot的一位重要客户是雪莱·杨（Shelley Young），她是芝加哥烹饪学校 The Chopping Block 的首席执行官兼创始人。二十多年前，当她的公司刚开业时，雪莱与客户进行一对一的交流，帮助他们选择合适的课程。随着业务的增长，这种个性化服务变得难以维持。The Chopping Block 转而寻求一家数字营销机构的帮助，该机构使用 HubSpot 的内容管理系统（Content Management System，CMS）重新设计了网站。

The Chopping Block 一直为厨师（和想成为厨师的人）提供了大量的优质内容，但这些内容在网站上并不容易找到。CMS 对网站上的内容进行组织，每位客户都可以轻松找到所需的信息。The Chopping Block 迎合了不同的细分市场：举办活动的公司、寻求娱乐的情侣和朋友（单次课程）以及希望提高烹饪技能的人（强化训练营）。他们可以在 Facebook 或 Instagram 上关注 The Chopping Block，或者成为其 YouTube 频道的订阅者，在那里他们可以学习"如何制作焗两次的土豆"等内容。

当客户寻找约会之夜的想法或烹饪技巧时，他们会通过在线搜索或博客找到 The Chopping Block；也可能通过朋友的推荐；还可能在一些推荐文章中发现它。潜在客户在看到 Facebook 和 Yelp 上数百条 5 星评价（平均 4.6 星）后，更有信心尝试 The Chopping Block。

HubSpot 软件帮助 The Chopping Block 的营销团队分析了该网站大约 8.5 万名月度访客的行为。该团队可以看到哪些关键词将客户带到了网站、哪些内容在社交媒体上分享最多，以及哪些行为促成了课程购买。这些分析结果指导着新内容的开发。该网站低压力、高信息量的特点培养了客户的信任，并激发了他们对课程或聚会的兴趣。

The Chopping Block 只是 HubSpot 众多满意客户中的一位。在营销自动化软件供应商中，HubSpot 的客户满意度排名第一，其优质的服务和行之有效的策略留住了客户。

分众传媒的媒体宣传分析

分众传媒是中国最大的数字化媒体集团之一，创建于 2003 年。该公司的产品线覆盖多个针对特定受众且可以相互有机整合的媒体网络，包括商业楼宇视频媒体、卖场终端视频媒体、公寓电梯媒体（框架媒介）、户外大型 LED 彩屏媒体、手机无线广告媒体、电影院线广告媒体以及网络广告媒体等。

创始人江南春通过不断创新和精准的市场定位，使得分众传媒在中国广告市场占据了重要地位。如今，分众传媒已经成为中国最大的户外视频广告运营商之一，其商业楼宇联播网已经覆盖全国 50 多个城市，约 2.3 万个液晶屏，覆盖数千万中高收入者。最新调研报告显示，分众传媒占据户外视频广告市场 70% 以上的份额。分众传媒作为一家在数字化媒体领域具有领先地位的公司，通过独特的商业模式和创新的市场策略，成功地将整合营销推广做到了极致。

精准定位与目标受众分析

分众传媒拥有专业的市场研究团队，其持续跟踪和监测市场趋势、消费者行为、行业变化等。通过定期发布市场研究报告和数据分析，分众传媒深入了解目标受众的真实需求和消费习惯。多元化的媒体平台使得分众传媒能够触及不同场景下的目标受众，确保广告信息的广泛覆盖和精准触达。同时，精准的受众细分使得分众传媒能够更准确地识别不同群体的特点和需求，从而为他们提供更加个性化的广告内容和服务。

多屏联动，打造全媒体营销网络

分众传媒以其独特的商业模式，将商业楼宇视频媒体、卖场终端视频媒体、公寓电梯媒体、户外大型 LED 彩屏媒体等多种媒体形式进行有机整合，形成全媒体营销网络。这种多屏联动的方式，使得分众传媒能够覆盖更广泛的受众，实现全方位的营销推广。同时，不同媒体之间的协同可以加强品牌形象的塑造和传播，提高品牌知名度和美誉度。

创新的内容与制作方式

内容是营销推广的核心，分众传媒注重内容的优化和创新，根据目标受众的喜好和需求，制作具有吸引力和独特性的广告内容。同时，分众传媒还注重内容的时效性和热点性，紧跟时事热点和社会潮流，制作与受众生活息息相关的广告内容。这种创新的内容和制作方式，使得分众传媒的广告更具吸引力和影响力，能够有效吸引目标受众的注意力。

数据驱动的营销战略优化

在实施营销推广的过程中，分众传媒注重数据分析和应用。分众传媒通过收集和分析各种数据，如用户行为数据、广告效果数据等，来评估营销战略的效果，并及时调整策略，优化营销效果。这种数据驱动的营销战略优化方式，使得分众传媒能够更加精准地把握市场需求和受众心理，提高营销效率和效果。

分众传媒始终保持对市场的敏感度和创新意识，不断寻求新的市场机会和拓展方向，通过不断创新和拓展，将整合营销推广做得更加深入。同时，分众传媒还注重与其他行业的合作与融合，探索新的商业模式和盈利方式，这使得其在数字化媒体领域始终保持领先地位。

14.1 宣传、推广组合与营销战略规划

本章将探讨宣传，宣传指的是任何非付费的、非人员形式的关于创意、商品或服务的展示，包括自媒体、口碑媒体和社交媒体。

宣传需要战略决策

本章将深入探讨不同类型的宣传方式。首先，本章将广告（付费媒体）与不同类型的宣传（非付费媒体）进行比较。其次，介绍付费媒体、口碑媒体和自媒体的概念，并解释每种媒体在推广组合中的优缺点。再次，简要描述信息如何通过搜索、口碑传播和体验传播并详细介绍不同类型的自媒体和口碑媒体。最后，讲解不同类型的社交媒体，并介绍用于管理在线媒体的软件。

将宣传整合到推广组合中

当宣传融入整个推广组合时，效果最佳。营销经理必须了解恰当的推广组合如何引导客户完成购买过程。随着客户在购买过程中前进，他们需要不同的沟通方式。

思考一下凯特在购买背包过程中涉及的不同类型的推方式。

不同类型的推广方式

　　凯特喜欢徒步旅行，最近考虑购买一个新背包。她看到一本杂志上 Osprey 背包的广告，并想起一位朋友也曾推荐过这个品牌（宣传），这引起了凯特的注意和兴趣。于是她访问了 Osprey 的网站，查看并阅读了不同背包的信息，比较了各种功能，还观看了一个短视频。在网站上，凯特找到了销售这些背包的商店链接。然后，她在 eBags 网站上阅读了评论，了解到购买新背包时应该考虑的一些功能。由于还没完全准备好购买，凯特暂时搁置了购买计划。一周后，当她浏览 Facebook 时，一条 Osprey 背包的赞助帖子（广告）出现在她的信息流中，这重新燃起了凯特对新背包的兴趣和渴望。当她到达当地的 REI 商店时，她已经将选择范围缩小到三款 Osprey 型号。一位乐于助人的销售人员向她展示了这些背包（人员销售），回答了她的一些问题，并告诉她购买背包可以免费获得一个 Osprey 水壶（促销）。她最终购买了 Osprey Aura AG 65 EX。经过这一切，凯特觉得自己像是 Osprey 大家庭的一员，每当被问起这个背包，她都乐于向其他徒步旅行者展示新背包的所有功能。凯特也喜欢了解最新信息，并在 Facebook 和 Instagram 上关注了 Osprey 品牌的账号，经常"点赞"其帖子和照片。

　　Osprey 将推广组合的各种要素结合起来，引导凯特完成了 Osprey 背包的购买过程。在不同的阶段，广告、促销、宣传和人员销售都推动她沿着购买漏斗模型从认知和兴趣走向购买和售后宣传。本章在对推广的讨论中加入新的媒体，并展示如何将它们添加到推广组合中以实现推广目标。

14.2　付费媒体、自媒体和口碑媒体

　　为了更好地理解宣传，我们将其与广告进行了比较，这可能会帮助你更好地理解。广告和宣传都是大众推广的方式，如图 14-1 所示。广告使用付费媒体，广

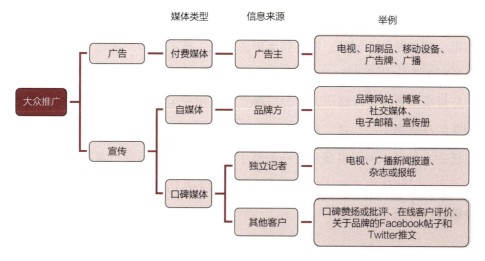

图 14-1　付费媒体、自媒体和口碑媒体的区别

告商为在电视、广播、在线媒体等渠道的版位付费。在宣传方面，有两种类型的非付费媒体：自媒体和口碑媒体。本节将定义、描述和比较付费媒体、自媒体和口碑媒体。

广告使用付费媒体

　　媒体是指用于大众传播的工具。例如，广告会利用付费媒体，也就是将品牌（或公司、非营利组织）制作的信息，通过品牌（或公司、非营利组织）付费使用的渠道进行传播。信息的来源是广告主。

宣传依赖于非付费媒体：自媒体或口碑媒体

　　自媒体指的是由品牌（或公司、非营利组织）生成内容，并由品牌（或公司、非营利组织）直接控制的信息传播渠道。自媒体宣传包括公司邮寄给目标客户的宣传册和产品目录；品牌的产品网站、博客和社交媒体页面，包括 YouTube 频道、Facebook 页面和 Instagram。与付费媒体一样，品牌方是信息的来源。

　　口碑宣传指的是并非由公司或品牌直接产生，而是由第三方（如记者或客户）产生的推广信息。公司或品牌通过讲述有趣的故事或提供他人关注的信息来赢得记者或客户的关注。口碑宣传可以是正面的，也可以是负面的。例如，糟糕的客户服务可能会使一家餐厅在 Yelp 上获得差评。

记者的宣传可以作为新闻内容出现在报纸、杂志或新闻网站上。许多报纸和杂志都会刊登餐厅、剧院、图书和电影的评论，或者对新产品进行评测。行业杂志会撰写关于读者感兴趣的新商品和服务的文章。

公司或品牌还可以赢得客户的口碑宣传。用户生成内容指的是客户为其他客户创建的任何类型的沟通。用户生成内容可以采取多种形式：客户可以向朋友推荐自己的发型师；向同事演示自己的新手机；发送推文称赞一本新书；在亚马逊上发布评价，描述他喜欢（或不喜欢）新买的不粘锅。所有这些用户生成内容都是口碑宣传的例子。

推广与客户信任

前文描述了客户收集购买决策所需信息的多种媒体，也提到了客户对信息来源的信任程度会影响他们是否根据信息采取行动。图 14-2 展示了三种主要的媒体类型及客户对其的信任程度。研究发现，客户通常认为口碑媒体和自媒体比付费媒体更可靠和值得信赖。

一项针对美国 2000 名互联网用户的研究发现，购买信息的四个最值得信赖的信息来源是口碑媒体和自媒体，而不是广告。这里的受访者是消费者，而不是商业组织。这些发现对理解不同信息来源的可信度具有启发意义。消费者通常更信任来自口碑媒体和自媒体的信息，而不是付费媒体。三种口碑媒体类型是非常值得信赖的：89% 的受访者信任自己认识的人的推荐，69% 的受访者信任报纸文章等新闻评论内容，67% 的受访者信任在线消费者的意见（评价）。两种自媒体类型也深受信任：72% 的受访者信任订阅的电子邮件，71% 的受访者信任品牌网站。

付费媒体通常不太受信任。受访者对某些在线媒体持较为怀疑的态度，对网红和大多数形式的数字广告（社交媒体广告、移动广告和在线广告）的信任度较低。

每种媒体类型的优势与挑战

不同媒体类型之间的差异不仅体现在信任度，让我们来看看每种媒体类型的优势与劣势，如表 14-1 所示。

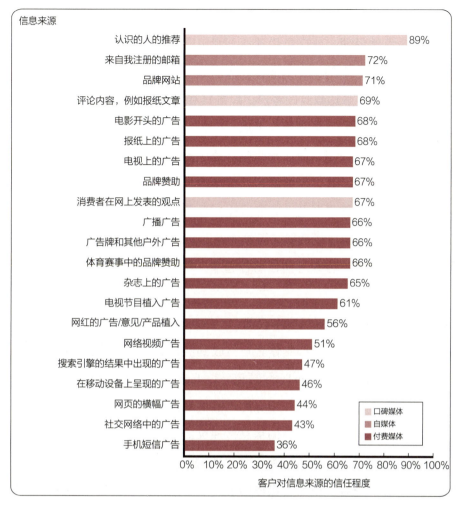

图 14-2 客户对各种信息来源的信任程度

表 14-1 付费媒体、自媒体和口碑媒体的优势和劣势

媒体类型	优势	劣势
付费媒体	1. 信息掌控力强 2. 定位精准 3. 有大量潜在的受众	1. 信任度低 2. 顾客容易忽略 3. 成本高，效率低
自媒体	1. 信息掌控力强 2. 成本相对较低 3. 瞄准小众需求 4. 消息内容和格式通用	1. 影响缓慢，需要时间来推动或吸引顾客来到网站并创造价值 2. 需要与付费媒体和口碑媒体合作，以建立受众 3. 需要资源和成本进行管理和维护
口碑媒体	1. 信息来源可信 2. 顾客最有可能基于此行动 3. 可能成本最低	1. 信息掌控力极弱，几乎不能进行控制 2. 难以衡量效果 3. 无法创造内容 4. 难以确定目标

付费媒体：信息掌控力强，但效果逐渐减弱

一方面，营销经理（或广告代理商）制定广告文案的核心内容，因此可以控制客户接收到的信息中的文字和图像。大多数广告旨在一次性触达大量客户，而专业媒体则更精准地触达较少的客户。广告具有触达广泛受众的潜力。

另一方面，随着客户越来越善于规避广告，广告的效果正逐渐减弱。大多数客户在观看喜爱的电视节目时，在收听广播中流行的歌曲时，在访问喜爱的网站前，将广告视为一种干扰，新技术帮助许多客户跳过广告。付费观看无广告的流媒体服务，使客户能够避开电视广告。Spotify 等在线音乐流媒体服务允许订阅者无广告收听，而弹出窗口拦截器或简单地点击页面按钮则让互联网用户跳过广告。将这些行为与客户对广告缺乏信任结合起来，就不难理解为什么广告效果一直在下降。

自媒体：信息掌控力强且成本较低

自媒体允许营销经理精心制作客户接收到的信息内容。营销经理可以选择在宣传册、产品网站页面、YouTube 频道、Instagram 或 Twitter 中展示哪些信息。网站可能包含一个信息页面，详细介绍产品的功能，并提供给客户销售该产品的零售商信息。自媒体还具备极高的信息传递灵活性。例如，一个网页可能包含一个产品的简短介绍视频，并链接到一个详细的、文本量大的网页，供那些需要了解技术规格的客户查看。虽然自媒体的推广成本较低，但创建和维护自媒体渠道也需要不少成本。

营销经理面临的挑战包括需要长期投入。网站需要时间才能在搜索引擎中出现并建立关注者群体；需要资源来管理自媒体，并确保客户在购买过程中寻找信息时能够找到；网站和社交媒体需要定期更新和监测，以确保网站呈现的是客户认为有用的内容。此外，网站必须易于导航和搜索。

口碑媒体：客户最信任的媒体，但它也存在风险

当有关产品的正面文章发表或客户在社交媒体网站上发布积极评价时，营销经理通常会非常开心。这些是目标客户能够接收到的最有利的信息，因为客户信任并会根据这些信息采取行动。想想你自己的经历：当你在报纸上看到一家新餐厅的广告时，你有多大的可能性会去光顾？这与朋友告诉你"我们昨晚在

MainStreet 那家新开的意大利餐厅吃了一顿很棒的晚餐"相比,可信度如何?

口碑媒体也给品牌带来了挑战,因为这些有影响力的信息超出了营销经理的控制范围。当一位探店博主发表负面评论,或者一位不满意的顾客在 Yelp 上发布差评时,顾客光顾该餐厅的可能性就会大大降低。

付费媒体、自媒体和口碑媒体,都为客户在购买过程中提供了有用的信息。接下来,让我们看看客户获取信息的不同方式,以及营销经理如何对信息的传递过程进行一定的控制。

14.3　客户通过搜索、口碑传播和体验获取信息

与广告媒体传递信息的方式不同,客户以不同的方式发现自媒体和口碑媒体。在我们了解不同类型的媒体之前,需要理解客户获取信息的三种其他方式:搜索、口碑传播和体验。通过了解每种方式,营销经理可以选择最佳的工具和方法来达成特定的推广目标。

营销人员希望在客户搜索时找到自家产品

由于客户在购物过程中经常搜索信息,营销经理需要确保当目标客户进行在线搜索时,能够呈现出对他们有用的资料。大多数客户选择使用搜索引擎,如谷歌或雅虎,并且大多数人更倾向于信任自然搜索结果,而不是页面侧边(或顶部)的付费广告。在进行在线搜索时,大多数客户不会查看第一页之后的搜索结果。研究发现,点击自然搜索结果的客户中,一半选择第一或第二条结果,约 3/4 选择前五条结果中的一个。因此,当客户进行搜索时,出现在搜索结果第一页的顶部附近是非常重要的。

为了在自然搜索结果中获得较高的排名,营销经理通常会进行搜索引擎优化(Search Engine Optimization,SEO),这是一个设计网站的过程,目的是使网站在搜索引擎的非付费结果中排名靠前。SEO 考虑目标客户的搜索方式、在搜索中使用的关键词以及搜索引擎如何确定结果的优先级。

客户也会在线下搜索

客户也会在线下寻找答案。他们可能会去问销售人员，销售人员可以解答他们的疑问；他们也可能去问邻居或朋友，比如请他们帮忙"找个新牙医"或者"推荐一家幼儿园"。这种情况往往会促使客户之间直接分享信息，即口碑传播。

顾客信赖的口碑传播

口碑传播是指一位顾客将信息传递给另一位或多位其他顾客。顾客会将视频、文章、优惠券或网站链接传递给其他人。当卖家值得推荐时，他们也会推荐这些品牌；或者，当某个品牌不值得购买时，他们也会给出提醒。如果卖家想获得更多推荐，就要让分享变得更便捷。

口碑传播的极致：病毒式传播

当顾客广泛地传播某个信息时，这被称为病毒式传播。让信息或想法像病毒一样传播其实并非易事。尽管如此，人们还是发现了一些可以提高成功率的技巧。

遵循 STEPPS 原则，让信息像病毒一样传播

客户广泛传播积极的信息，这是营销经理梦寐以求的事情。然而，在无数的信息中，只有极少数信息能像病毒一样迅速传播。我们能否提高这种可能性呢？乔纳·伯杰（Jonah Berger）博士认为，某些想法或信息具有病毒式传播的潜质。他提出了 STEPPS 原则：（1）社交货币（Social Currency）；（2）诱因（Triggers）；（3）情感（Emotion）；（4）公开性（Public）；（5）实用价值（Practical Value）；（6）故事性（Stories）。

社交货币是指分享者通过分享信息而显得更有格调或更有见识。 纽约市有一家名为 Please Don't Tell 的新酒吧开业，这个酒吧没有正门，唯一的入口是隔壁餐厅角落里的一个电话亭。那些知道这个信息的人在与朋友分享这个"小秘密"时，就发挥了社交货币的价值。许多人都这样做了，现在这家酒吧非常受欢迎，即便它没有广告，没有街头标志，也没有正门。

诱因是指通过特定的线索，促使人们想起并分享某个产品或思想。当费

城的高档牛排餐厅 Barclay Prime 在菜单上增加了一款 100 美元的芝士牛排三明治时，人们开始议论纷纷。通常情况下，芝士牛排三明治的售价约为 5 美元。作为正宗芝士牛排的发源地，费城有数百家芝士牛排店，这些店的存在自然而然地引发了关于"价格破坏者"的讨论。

引发强烈情感的内容更容易被分享。快乐是人们喜欢分享的一种情感，而幽默则能带来快乐。塔吉特员工杰登·德尔汉姆（Jaden Delham）发布了一段有趣的 TikTok 视频，视频中塔吉特扣留了一个沃尔玛的购物车。沃尔玛迅速回应，展示了一件放在塔吉特标志性红色圆球上的沃尔玛背心，并配文："归还购物车，我们就归还圆球。"塔吉特的官方账号也加入进来，塔吉特和沃尔玛之间的这场"战斗"持续了几天，笑声像病毒一样传播开来。

当产品的功能特点十分明显时，它们传播得更快。当苹果推出 iPod 时，大多数耳机都是黑色的，耳机线也是黑色的，因此苹果的白色耳机非常醒目。设计师克里斯提·鲁布托（Christian Louboutin）的鞋子是红色的鞋底，当穿着者走在街上时，会吸引人们的注意。这些产品的公开展示非常引人注目，因此也得到了广泛传播。

公益广告通常具有实用价值，但往往有些枯燥。当澳大利亚墨尔本的公共交通想要提醒乘客注意列车周围的安全时，它决定以特殊的形式吸引人们的注意力。视频"Dumb Ways to Die"（蠢蠢的死法）以动画角色和朗朗上口的旋律为特色，以幽默的方式表达了一个严肃的主题，观看次数已超过 1.75 亿次。这个既实用又有趣的视频传递了一个重要的公共信息，并让世界变得更美好。

人们也喜欢传播有趣的故事。故事能激发人们的想象力，并使一个想法易于记忆和分享。一个经典的故事讲述了一位顾客在阿拉斯加的一家百货公司退回了一套轮胎，但这家百货公司并不销售轮胎。其实，这位顾客是从一家已经倒闭的轮胎店购买的，它曾经开在这家百货公司的位置，但百货公司还是退还了这位顾客的钱。这个故事逐渐传播开来，后来这家百货公司以照顾顾客的声誉见长。

顾客体验品牌服务

顾客通过多种方式获得品牌体验。最常见的是通过使用品牌的商品或服务。品牌服务是指品牌提供的有价值的服务，这些服务并非直接关联其核心商品。这些服务的目的是传递某种信息，通常是品牌通过提供一些免费服务来关心顾客，这有助于顾客认可该品牌。顾客体验到这些好处，并形成积极的态度，从而和品牌建立。

品牌服务展示了工程师的才能

品牌服务通常是免费或低成本的，并使目标客户留下积极印象。如果设计得当，它们还可以让世界变得更美好。例如，利马这座城市位于一个沿海沙漠中，年降雨量不足 25 毫米，但湿度高达 98%。在利马，饮用水是一种珍贵的商品。因此，秘鲁利马工程技术大学（UTEC）创造了一个采用特殊技术的广告牌，它可以从潮湿的空气中产生饮用水。这个广告牌每月能产生数千升水，足够数百个家庭使用。它传递的信息强化了以目标为导向的 UTEC 的口号："我们将继续通过工程改变世界。"

14.4 创建有实用价值的自媒体内容

当客户遇到问题时，他们会去寻找答案。很多时候，当他们面临新的难题或需求时，首先会想到上网搜索。如果企业或组织能够创建对客户有帮助的自媒体内容，那么这些信息就能影响客户的决策。

表 14-2 概括了几种自媒体类型。像 Facebook、Instagram 和 Twitter 这样的社交媒体通常也属于自媒体，本章的后面会详细介绍。表 14-2 还说明了客户一般是如何发现这些自媒体的，以及它们通常的推广目标——往往与搜索、口碑传播或体验有关。了解客户是如何找到自媒体的，能够帮助企业制定更有针对性的推广策略，将目标客户引导到企业的自媒体平台。

表 14-2　客户发现自媒体的方式和自媒体的推广目标

自媒体类型	客户的发现方式	典型的推广目标
网站	·客户搜索答案	·提高品牌认知度 ·教育和告知客户 ·培养客户信任
白皮书和案例研究	·客户搜索创意、信息或问题解决方案	·提高品牌认知度 ·教育和告知客户 ·树立行业思想领袖地位 ·培养客户信任
网络研讨会	·广告或电子邮件等活动推广 ·客户搜索创意、信息或问题解决方案	·发现潜在客户 ·树立行业思想领袖地位 ·通过持续更新留住客户
登录页面	·广告将客户引导至登录页面 ·客户搜索创意、信息或问题解决方案	·提高品牌认知度 ·建立客户关系 ·产生潜在客户
博客	·朋友在社交媒体上的分享 ·客户搜索创意、信息或问题解决方案 ·用户持续关注有价值的博客	·维持客户兴趣 ·树立行业思想领袖地位
播客	·广告或电子邮件等活动推广 ·如果有价值，客户可能会主动分享	·向客户普及知识 ·树立行业思想领袖地位 ·发展和维持客户关系
品牌 App	·实用价值使用户互相推荐	·强化品牌定位
品牌社群	·客户搜索发现 ·因过往价值重复访问	·为客户提供价值 ·提醒客户
电子邮件简报通讯	·购买后订阅商家实用内容 ·实用价值使用户互相推荐	·维护客户关系 ·提醒客户 ·交叉销售，使现有客户看到其他产品

各种自媒体类型

网站

　　能够帮助客户解决问题的网站、销售人员或图书，都会赢得客户的信任。那些发现内容有用的客户会将这个网站分享给其他人，这类联系也有助于公司进行搜索引擎优化。好的内容可以在不要求客户购买任何商品的情况下，满足他们的需求。当客户看到一家公司主动提供有价值的信息，却不寻求直接回报时，他们往往会信任这家公司，而这种信任最终会转化为更多的销售。

　　在线珠宝零售商蓝色尼罗河（Blue Nile）的网站就致力于向客户普及相关知识。其大部分目标客户是想要购买订婚戒指的年轻男性，这些人通常没有购买钻石的经验。网站上的视频教程和详细介绍能帮助他们更安心地做出重要的购买决定。而这种被理解和被赋能的感觉，往往会促使他们最终选择在 Blue Nile 购买钻石。

自皮书和案例研究

当企业客户发现新的需求时，其通常会直接上网搜索。他们经常咨询行业内的思想领袖，以了解更多选择。为了将自己定位为行业领导者，公司可能会发布白皮书。白皮书是一份权威报告或指南，探讨行业内的重要问题并提供解决方案。一些公司会将白皮书的扩展版本发行为电子书。当电子书和白皮书帮助客户解决了问题，而非直接推销公司的产品时，公司往往会取得成功。客观的立场有助于公司与潜在客户建立信任和信誉。企业客户也喜欢阅读案例研究，比如关于一家公司如何帮助客户获得成功的故事。

网络研讨会

另一种与客户互动的方式是网络研讨会。这是一种实时的教育性演示，观众可以提问互动和发表评论，也可以将其视为面向现有或潜在客户的线上课程。网络研讨会可以详细介绍公司的产品，或者像白皮书一样，提供关于更广泛的主题信息。网络研讨会通常会被录制下来，以便后续观看。如果标记正确，客户在搜索答案时很容易找到它们。网络研讨会可能由公司员工或就特定主题发言的客座专家主持。由于企业客户在购买前通常希望更多地了解产品，因此网络研讨会常用于 B2B 销售。

大多数公司会要求客户在参加网络研讨会或下载白皮书、案例研究、电子书时留下联系方式。例如，卖家可能会询问客户的姓名、电子邮件、电话号码等，然后将信息导入客户管理系统中，卖家后续可以通过电子邮件或电话进行客户跟进。

登录页面

登录页面是一个定制化的网页，当用户点击自然搜索结果、在线广告或其他链接时，会自动跳转到该页面。登录页面的链接可以置于社交媒体、电子邮件营销活动或围绕特定关键词进行的搜索引擎优化，目标是引导客户前往购买过程中的下一步。由于客户可以轻松地离开任何一个网页，因此一个直接满足客户需求的登录页面可以最大限度地减少客户流失。通常，登录页面会向客户提供一些优惠，以此换取客户的联系方式。

当客户访问专门为特定产品开发的网页时，他们可能已经对此产品产生了兴趣。产品页面应该提供客户所需的各种信息，以激发他们的购买欲望并促使他们马上采取行动。这些信息可能包括详细的产品信息、图片、视频以及购买链接。在其他情况下，最近购买过该产品的客户可能需要软件更新或用户手册。

博客

博客是一个定期更新的网站，通常由一个人或一个小团队管理，并以非正式、对话式的风格撰写。许多公司使用博客作为与客户定期沟通的一种方式。通过博客，公司或个人可以将其想法传递给感兴趣的目标受众。还有一些公司则通过博客将自身或其代表人物定位为特定领域的专家，或者仅仅是为了体现他们的乐于助人和关怀之心。客户喜欢与专业的人以及关心他们的个人和公司做生意。

McGlynn，Clinton & Hall 保险代理公司的总裁兼首席执行官拉里·麦格林（Larry McGlynn）利用他的博客与现有客户和潜在客户建立联系。拉里是个有趣的人，并且十分关心他的客户。他发表过一篇附有 YouTube 拆车大赛视频的文章，标题是"保险代理人什么时候会喜欢车祸？"，突出了他的幽默感。但是有的帖子也会提供严肃的科普，比如他解读涉及分心驾驶的文章"开车时别发短信！"他通过电子邮件将每篇新帖子的链接发送给客户，以此与客户保持联系。许多人会将这些邮件转发给朋友和家人，其中一些人最终成了该公司的客户。

播客

播客已经成为人们收听信息或获取娱乐性内容的热门方式。一些品牌也创建了自己品牌的播客。当品牌创建播客时，不应将其视为加长版的广告，而应思考客户的需求以及如何通过音频形式满足这些需求。前文介绍了在线购物平台 Shopify，该平台帮助小型零售商进行线上销售。该平台的信息类播客 Shopify Masters 邀请了成功的线上商家来分享经验。Shopify 的客户可以从这些分享中学习到方法，发展自己的业务，同时也促进 Shopify 的发展。

另一个例子来自通用电气，该公司力求建立并维持其在科学和创新方面的声誉。通过与播客网络 Panoply 合作，通用电气创作了一个科幻系列——The Message，其获得了数百万次的下载，并一度登上 iTunes 播客排行榜的榜首。该播客并没有直接推销喷气发动机，但它有助于将通用电气打造成一个致力于创新并努力构建未来的公司。

品牌 App

有些品牌正在寻求一种方式，把自己的品牌服务直接供应给最便于客户使用的渠道，那就是手机 App，通过提供娱乐内容、解决问题和节省时间来使客户受益。品牌 App 可以对品牌起到积极的推广作用，尤其是当其功能与核心产品密切相关时。

丝芙兰的 App 提供了许多功能，其中最受欢迎的功能是在线试妆，帮助女性在购买化妆品前预览色号和款式。

品牌社群

社群是指围绕特定品牌或共同兴趣爱好聚集起来的客户群体。一个成功的社群应该以服务成员为宗旨，而品牌通常也能从中获益，例如提高客户忠诚度、增加购买量，或者仅仅是被视为值得信赖的伙伴，对品牌也是有意义的。一个长期存在的品牌社群就是哈雷车主会，在各地组织摩托车车主，围绕哈雷戴维森所代表的生活方式和生活态度开展活动。该社群的社交互动和活动提升了拥有哈雷摩托车的价值，并最终提高了客户忠诚度。乐高（玩具）、甲骨文（数据库软件）和 H&R Block（税务准备服务）等不同领域的公司也都建立了成功的品牌社群。

电子邮件简报

人们想到公司发送的电子邮件时，通常会联想到垃圾邮件。如今，有效的垃圾邮件过滤器规避了不必要的电子邮件。营销经理发现，客户希望了解那些有潜在合作机会的公司的相关信息。有用的电子邮件或定期的电子邮件新闻通讯可以帮助公司建立持续的客户关系，从而增加购买量。电子邮件对直接响应促销尤其有用，因为它们包含指向更详细的在线内容（包括视频、图片等）的链接。

电子邮件简报是许多零售商推广组合的重要组成部分。它也可以告知客户新产品、现有产品或特价促销信息。一些公司会根据特定的客户兴趣和期望的沟通频率，开发不同的电子邮件简报。例如，在线零售商 Lands' End 允许客户分享他们的兴趣（男装、女装、童装），并确定电子邮件发送频率（每日、每周、每月或停止发送）。一些公司在发送电子邮件之前会征求客户的许可，并提供便捷的取消订阅方式。

自媒体的道德困境

当客户被引导至公司的网站时，公司就有机会掌握访客的信息。当然，客户不应该受到欺骗，但这种情况确实可能发生。一个令人担忧的情况是，网站可能会添加被称为"暗模式"的功能，这种设计旨在诱骗客户做出他们不打算做的事情。暗模式的例子包括：提供免费试用，但在没有提醒的情况下自动转为付费订阅；伪装广告，使其看起来像一种导航形式；虚报稀缺性，网站告诉客户"仅剩两个名额"或折扣将在 30 分钟后过期（而这并非事实）；在结账前偷偷地将某些东西添加到购物车中，客户必须手动选择删除，否则它将被添加到交易中。可能很多人都遇到过这种情况，这些有欺骗行为的公司经常会被曝光，声誉也会受损。

14.5　来自公共关系和新闻界的口碑媒体

口碑可以来自客户，也可以来自新闻。下面首先看看它和新闻是怎么合作的，然后再从客户的角度来分析。

获得媒体报道

一些公司通过其商品、服务或善举在杂志、报纸或电视的报道、故事和评论中获得媒体的正面宣传。如果一家公司拥有真正创新的信息，一篇发表的文章可能比广告更能吸引注意力。行业杂志刊登的文章通常会介绍特定的职业或行业人士感兴趣的有价值的产品。

这种报道通常不是偶然发生的。良好的公共关系常常为那些在媒体上获得正面关注的公司奠定基础。有时，公司公关人员会撰写文章的基本内容，然后试图说服杂志或报纸刊登出来。

媒体报道的作用

西南航空很懂得如何通过新闻稿在大众媒体上制造新闻点。每当其想推广特价机票和新航线时，其公关团队就会精准出击，力求吸引记者的目光。他们深知许多记者习惯在 PR Web 和 Google News 这类专业搜索引擎上寻找新闻线索，所以西南航空的公关人员在撰写新闻稿时会特别注意关键词的运用，力求让自家的新闻稿在记者的搜索结果中名列前茅。具体来说，西南航空的公关团队会研究搜索引擎优化，找出记者最常使用的关键词，然后巧妙地将这些词语融入新闻稿中。举个例子，他们发现"特价机票"的搜索量是"特价航空公司机票"的四倍，所以更倾向于使用前者。此外，西南航空还在每篇新闻稿的开头醒目地放置指向其特价机票页面的链接。这个小小的举措不仅方便记者获取更多信息，也让西南航空的公关团队能够追踪哪些新闻稿效果好，从而优化后续的宣传策略。正是这些细致的努力为西南航空带来了丰厚的回报。曾经，西南航空仅仅通过四篇新闻稿，就创造了高达 150 万美元的在线机票销售额。

成立专门的公关团队

公关人员或团队可以主动为媒体提供便利，提前准备专门的新闻资料包（有时也称为媒体包），包含各种宣传材料。许多企业和非营利组织会在自己的网站上设立"新闻"专区，发布新闻稿、图片，有时还会提供视频素材。以太阳马戏团为例，为了推广其巡回演出，他们依靠当地报纸和电视台制作相关报道，激发观众的兴趣和购票欲望。为此，太阳马戏团的在线新闻中心向媒体提供了数百张精彩的演出照片和一些视频资料。

做好事的公司更受媒体青睐

做好事也是一种争取媒体报道的方式，媒体也乐于报道行善的故事。通过对社区产生积极影响，企业可以赢得积极的媒体报道。"周日手术"是一家总部位于肯塔基州列克星敦的非营利组织，每月在一个周日免费为没有保险或保险不足的患者提供门诊手术。其慷慨之举赢得了良好的声誉，获得了当地和国家媒体的报道，并为成千上万的患者及其家人创造了更美好的世界。

博客是新兴媒体

许多博主在自己的博客上发布大家感兴趣的话题、文章。读者可能会将这些草根记者视为客观的信息来源。许多博主会成为特定领域的专家，并拥有对他们感兴趣的群体。企业识别那些能够吸引目标客户注意力的有影响力的博主可能大有裨益。大多数网红博主会在多个平台运营自己的账号，比如会在 Instagram、Facebook 或其他社交媒体上交叉发布内容。

金佰利是纸尿裤和其他婴儿用品的制造商，妈妈群体是其庞大的目标市场。该公司意识到"育儿博主"这个群体正在壮大，她们可能是全职妈妈，撰写一些关于育儿经验的博客。这些博主拥有忠实的粉丝群体，能够影响很多人。因此，金佰利将其新款 Huggies Pure & Natural 高端纸尿裤的样品寄给了 500 位育儿博主，希望她们会喜欢这款产品并撰写正面的使用体验。

口碑媒体的道德困境

口碑的力量源于人们认为此类报道是客观的。但是现在，有证据表明一些记者受雇撰写品牌的正面评价。这显然违反了新闻媒体的道德准则，并且可能违法。如果这种做法继续下去，就会威胁到特定出版物乃至整个新闻业的信誉。

同样的建议也适用于博主。当博主（或在社交媒体上发帖的人）因代言或推荐产品而获得报酬时，必须要对此进行公开披露。除了涉及道德和法律问题，隐瞒事实还会给博主和品牌带来尴尬。当两位博主在美国各地进行公路旅行并撰写关于沃尔玛的美好故事时，这给人客观视角的感觉。但后来发现，这两位博主得到了"为沃尔玛工作的家庭"组织的支持，并间接收了沃尔玛的报酬。沃尔玛因此也遭受了一些负面影响。

14.6　客户间的口碑传播

客户信任并倾向于采纳来自朋友、家人和同事的推荐。即使是陌生人的推荐，也往往比大多数广告对购买决策产生的影响更大。研究还发现，通过口碑传播获得的客户比通过其他方式获得的客户更忠诚，且终身价值更高。

尽管来自客户的口碑很有影响力，但与营销经理为广告、促销或自媒体精心策划的信息相比，口碑内容更难以控制。当客户掌握信息传播的主动权时，他们所说的话可能正是营销经理所期望的，但也可能是不正确的、不恰当的，甚至对公司有害。让我们仔细地来了解一下客户之间的口碑传播是如何进行的，以及一些促进更有益的口碑传播的策略。

意见领袖传播信息

意见领袖喜欢分享自己的观点，这样他们能得到认可他们观点的客户的关注。营销人员非常重视意见领袖的个人推荐。例如，一些影迷喜欢成为第一批观看新电影的人。如果他们喜欢这部电影，就会迅速告诉朋友，口碑宣传就能起到真正的促销作用。当杂货店 FreshDirect 在纽约市开业时，积极的口碑是其快速增长的关键。

然而，消费者更有可能谈论负面体验而非正面体验。因此，如果早期消费者群体拒绝该产品，它可能就永远无法发展起来。在一项研究中，64% 的消费者表示，在听其他人在某家商店产生负面体验后，他们不会再去那里购物。

为意见领袖付费

为了激励消费者进行口碑传播，一家名为 BzzAgent 的公司帮助营销经理开启对话。BzzAgent 是一家专注于口碑营销的公司，在美国、加拿大和英国拥有大约 80 万名代理人。参与特定营销活动的代理人会收到产品样品和相关信息，如果他们喜欢这些产品，就会进行宣传。虽然这种行为可能存在一定的欺骗性，但 BzzAgent 要求大家遵守道德规范，并公开他们代理人的身份。卡夫食品、通用磨坊和 Dockers 等公司都曾通过 BzzAgent 开展营销活动。

大多数客户不愿意主动推荐产品

即使拥有非常棒的体验，大多数客户仍然不太愿意主动推荐产品，这背后有很多原因。有些人担心，万一朋友听从了自己的推荐但体验不好，会影响彼此的关系。这种对负面结果的顾虑，往往比朋友获得良好体验带来的好处更让人在意。

人们还会考虑推荐可能带来的个人成本。比如，如果自己推荐的商家生意越来越好，服务质量可能会下降，甚至价格也可能上涨。有些产品本身就难以向别人解释清楚，人们也不想在试图解释时感到为难。此外，如果人们觉得推荐并不能让自己看起来更出色，或者担心别人会质疑自己的动机，比如认为自己会因为推荐而获得某种好处，人们也会选择沉默。

鼓励口碑传播

为了鼓励客户分享自己的美好体验，公司需要让他们觉得这样做是安心的、有趣的，并且是值得付出时间和精力的。首先，最重要的是提供卓越的产品。持续稳定的高质量表现能够让客户确信这种好体验是常态，从而更有信心向朋友推荐，相信他们也会有满意的经历。其次，公司需要为客户创造值得分享的故事，可以是超出客户预期的惊喜，也可以是一些独特的体验。有时候，独特的体验可以很简单。比如，想象一下，有线电视维修人员打电话来说他会提前 20 分钟到达，并且体贴地询问这个时间是否方便。你可能会因为这份意想不到的周到而想和朋友推荐。再次，公司应该勇于请求客户推荐，直接邀请满意的客户留下评论或推荐给朋友。在客户购买之后，提供一个评价网站的链接，就能让这个过程变得更加方便。最后，一些公司会在其社交媒体平台上发布易于分享的内容，方便客户轻松点击并传播。在网站内容旁边设置一键分享按钮，也能有效地促进信息的传递。

企业如何鼓励顾客在社交媒体上分享体验

如今，许多"千禧一代"在社交媒体上与朋友和家人分享用餐体验，通常还会附上照片。餐厅也积极响应，提供值得在社交媒体上分享的食物信息或其他特色。纽约市的小酒馆 Jack's Wife Freda 就坚持了这个理念，其提供色彩鲜艳、摆盘精美的食物，连包装上都印有巧妙的短语。这两点为其在 Instagram 上赢得了大量的口碑传播。

推荐计划激励客户进行推荐

推荐计划也是一种促进积极口碑传播的方式。推荐计划是指现有客户成功推荐新客户，企业会给现有客户提供奖励。通常，推荐计划要求新客户完成购买行为。为了激励推荐人和被推荐人，公司通常会为他们分别提供某种优惠。例如，特斯拉很少进行传统的市场营销活动，但该公司却拥有非常成功的推荐计划。特斯拉太阳能电池板提供推荐计划，当使用推荐链接完成购买时，推荐人和被推荐人均可从特斯拉获得 500 美元。T-Mobile、爱彼迎、Evernote（软件）和 Koodo（移动运营商）只是实行推荐计划的公司中的一部分。

由于在互联网上进行推荐操作简单且成本低廉，所以在线公司经常使用推荐计划。公司也很容易给予不同程度的奖励，并找到效果最佳的方案。

评价系统使顾客成为推销员

评价系统能够让顾客之间互相推销。由于顾客将评价视为分享第一手经验的客观内容，因此评价对购买行为具有很强的影响力。许多公司在自媒体上增加了评分和评价功能。大多数主要零售商都发现评论能够促进销售增长。

处理负面评价

正面评价能让公司知道哪些方面做得好，而投诉则能体现出未被满足的客户需求，并给公司提供扭转局面的机会。营销经理不应忽视负面评价，而应该积极回应并解决问题。

加州一家水疗中心的老板就是这样做的。当她得知自己的水疗中心在热门评价网站 Yelp 上的评分只有两星半（满分五星）时，她感到非常震惊，于是着手解决问题。她给那些不满意的评价者发送邮件，试图弥补过失，还鼓励满意的客户发布好评。同时，她还解决了客户反映的问题。很快，这家水疗中心在 Yelp 上的评分就达到了令人接受的四星，评价不再劝退潜在客户，反而吸引他们到店体验。

口碑传播的道德要求和风险

公司在寻求积极的口碑传播时需要谨慎，切记过犹不及。进行不道德的行为不仅不符合伦理，而且很容易被识破。例如，一位本田经理在 Honda Crosstour 的 Facebook 页面上对其新款车型的设计赞不绝口，而当时大多数其他评论都是负面的。一些读者从汽车媒体的文章中认出了这位经理的名字，并质疑他。当 Auto Blog 和其他网站报道了这起欺骗事件后，本田非常尴尬。有时，Trip-Advisor（猫途鹰）会怀疑其网站上的一些评论是虚假的，比如某酒店的员工发布好评抬高自己的酒店并贬低竞争对手。为了防止虚假评论损害其网站的信誉，Trip Advisor 会用红色的免责声明来标记可疑评论。

社交媒体对信息传播的简化和放大

当分享变得轻而易举时，人们就更愿意转发评论。Facebook 和 Twitter 等社交媒体网站让分享变得非常简单，只需点击"赞""分享""转发"按钮。社交媒体还放大了客户的口碑效应，因为一个人可能拥有数百、数千甚至更多粉丝。

14.7　社交媒体

互联网的蓬勃发展催生了各种各样的社交媒体平台。社交媒体指的是允许用户创建并分享想法、信息、照片和视频，并在社交网络中进行互动的网站或应用程序。我们熟悉的社交媒体包括 Facebook、Twitter、Instagram、Pinterest、Snapchat、YouTube、LinkedIn 和 TikTok 等。大约 70% 的美国人至少使用过一个社交媒体平台，而在 18 ~ 29 岁的年轻人中，这个比例更是高达 90%。美国人平均每天花在互联网上的时间已经超过了看电视的时间。当然，这个数据因人而异，尤其受年龄的影响非常大，年轻人往往比年长者花费更多的时间在网上。全球范围内也存在显著差异。2021 年，美国人平均每天在社交媒体上花费的时间略高于 2 小时（2 小时 8 分钟），这个数字在过去五年里变化不大。放眼全球，社交媒体的使用在发展中和新兴经济体中通常更高，例如菲律宾（4 小时 8 分钟）、巴西（3 小时 46 分钟）、墨西哥（3 小时 25 分钟）和土耳其（3 小时 3 分钟）；而在日本（0 小时 50 分钟）、韩国（1 小时 13 分钟）、瑞士（1 小时 29 分钟）和德国（1 小时 29 分钟），人们在社交媒体上花费的时间则相对较少。

在深入探讨社交媒体如何在推广组合中发挥作用之前，让我们先仔细了解一下社交媒体与传统媒体之间的区别。

社交媒体：付费媒体、自媒体和口碑媒体

付费媒体、自媒体和口碑媒体都可能出现在社交媒体上。前文介绍了在社交媒体上的广告（付费媒体）。例如，在 Facebook 上，卖家可以选择在该网站上投放赞助消息（付费媒体）。同时，卖家也可以注册创建一个 Facebook 账号（自媒体），让品牌的粉丝关注该账号并及时了解其发布的消息。当客户点赞品牌页面或在该品牌的页面留言时，客户的朋友也会看到（口碑媒体）。大多数主要的社交网站都提供类似的付费媒体、口碑媒体和自媒体机会。

社交媒体虽然无投放成本，但并非免费

大多数社交媒体平台本身不收取直接的媒体投放费用，但这并不意味着使用社交媒体是完全免费的。公司需要聘请员工或代理机构来维护社交媒体上的形象，一旦公司创建了 Facebook 账号或 Twitter 信息流，就应该定期维护这些平台，否则客户可能会怀疑公司是否已经倒闭。

社交媒体是多对多的沟通

广告是一对多的沟通方式，品牌单方面地向大量顾客传递信息。而社交媒体的运作方式不同，它提供的是一种多对多的沟通模式。当品牌在 Facebook 上发布帖子时，一些顾客会参与进来并进行评论，而另一些人则只是默默地关注品牌与顾客之间的互动。许多品牌会积极回复 Twitter 推文和 Facebook 帖子，以此来与顾客建立密切的联系。这些对话都是公开可见的，其他顾客也可以阅读，也可以加入讨论。

社交媒体即时回应

通过付费媒体进行的广告宣传通常需要较长的规划周期。确定目标、产生创意、评估概念、批准广告以及制作印刷品、广播、电视或在线广告，这一系列流程通常需要数月时间。虽然营销经理应该制定社交媒体计划，但这种传播形式要

求具备立即对当前或新兴事件做出反应的能力。许多社交媒体经理会监控可能与品牌目标市场相关或引起其潜在兴趣的新闻和事件。

正是这些即时反应能够让一些社交媒体帖子获得更多关注。几年前，"超级碗"比赛中途发生了停电。奥利奥的社交媒体经理反应迅速，发推文说"停电了？没问题。你仍然可以在黑暗中蘸着吃。"并发布了一张奥利奥饼干的照片，这个巧妙的玩笑被转发了超过 1.5 万次，并引发了大量关于奥利奥的讨论。

社交媒体助力传播公益理念

社交媒体用户乐于向他们的粉丝传播积极的信息。美泰芭比娃娃的品牌经理在发起"更多榜样"（More Role Models）活动时就巧妙地利用了这一点。这项推广活动旨在庆祝国际妇女节和芭比娃娃诞生 60 周年。活动重点突出了女性代表性不足的职业领域，例如，只有 30% 的科学家、7% 的飞行员和 11% 的电影导演是女性。芭比娃娃向 17 位历史和当代女性榜样致敬，其中包括环保主义者宾迪·欧文、单板滑雪冠军克洛伊·金和航空先驱阿梅莉亚·埃尔哈特。除了为每位女性打造一款新的娃娃外，活动还邀请粉丝使用"更多榜样"标签分享那些激励她们的女性故事。Facebook 和 Instagram 为分享提供了一个天然的平台，超过 800 万次的社交媒体曝光让很多人对芭比娃娃品牌及其在为世界各地女性创造更美好未来方面所扮演的角色感到欣慰。

14.8 主要社交媒体平台

社交媒体平台种类繁多，而且似乎总有新的平台不断涌现。每个平台都为用户提供了不同的功能，因此也为营销经理的推广组合带来了独特的机遇。划分不同社交媒体平台的主要维度是用户的人口统计特征。表 14-3 展示了八大社交媒体平台的一些使用情况和人口统计特征。按美国成年用户的欢迎程度排序，它们是：YouTube、Facebook、Instagram、Pinterest、LinkedIn、Snapchat、Twitter 和 TikTok。

表 14-3　八大社交媒体平台的用户统计特征

指标	YouTube	Facebook	Instagram	Pinterest	LinkedIn	Snapchat	Twitter	TikTok
美国成年用户占比	81%	69%	40%	31%	28%	25%	23%	21%
全球月活跃用户（百万人）	2562	2910	1478	444	310	557	436	1000
男性	82%	61%	36%	16%	31%	22%	25%	17%
女性	80%	77%	44%	46%	26%	28%	22%	24%
年收入低于3万美元的用户占比	75%	70%	35%	21%	12%	25%	12%	22%
年收入3万~4.9999万美元的用户占比	83%	76%	45%	33%	21%	27%	29%	29%
年收入5万~7.4999万美元的用户占比	79%	61%	39%	29%	21%	29%	22%	20%
年收入7.5万美元及以上的用户占比	90%	70%	47%	40%	50%	28%	34%	20%

数据来源：皮尤研究中心。

社交媒体使用与年龄

社交媒体在使用方面最大的差异之一在于年龄。图 14-4 展示了美国成年人按年龄划分的社交媒体使用情况，并加入另外三个社交媒体网站：Reddit，一个社交新闻和讨论网站；Whats App，一个提供即时文本和语音消息服务网站；Nextdoor，一个面向社区的超本地社交网络服务网站。

图 14-3 揭示了一些对社交媒体营销战略规划非常重要的信息。首先，所有社交媒体平台在 65 岁及以上的客户群体中的使用率都显著下降。其次，许多平台的使用率在 30 岁及以上的人群中显著下降，包括 Instagram、TikTok 等。再次，与 18 ~ 29 岁的人群相比，一些社交媒体平台在 30 ~ 49 岁的人群中更受欢迎，包括 Facebook、Pinterest、LinkedIn、WhatsApp 和 Nextdoor，尤其是 Pinterest，其

使用率高峰出现在
50 ～ 64 岁的人群
中。最后，65 岁及
以上的人中大约有一
半使用 Facebook 和
YouTube，表明社交
媒体平台提供的机会
不局限于 "Z 世代"
和 "Alpha 世代"。

下面将更仔细地
研究八大社交媒体平
台，描述每个平台及
其独特的人口统计特
征，并分享一些公司

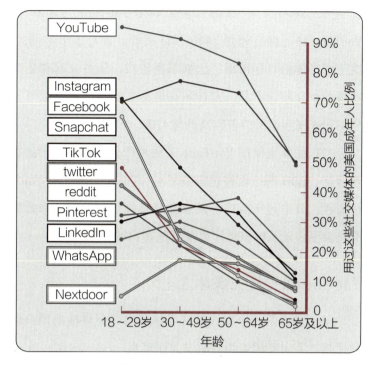

图 14-3　美国成年人按年龄划分的社交媒体使用情况

和品牌如何在其推广组合中使用这些平台的案例。之后将提供一些关于如何制定
社交媒体营销战略规划的建议。

YouTube：面向所有人的视频平台

YouTube 是一个视频分享平台，用户可以在该平台上传、观看、评价、分享
以及评论视频。在美国，YouTube 的用户数量超过任何其他社交媒体平台，高达
81% 的美国成年人都在使用。YouTube 的使用情况在性别和收入方面差异不大。
大约 54% 的用户每天都会访问该平台。

许多视频在播放前会播放 15 ～ 30 秒的视频广告（通常在 5 秒后可以跳过）。
品牌也可以创建自己的 YouTube 频道。任何人都可以在 YouTube 上创建账号，然
后订阅频道。订阅人数最多的 YouTube 频道包括音乐（贾斯汀·比伯和艾德·希
兰名列前茅）、唱片公司（印度的 T-Series）、喜剧（PewDiePie）和体育（WWE）
以及教育（Cocomelon-Nursery Rhymes）等领域的频道。这些频道各自拥有超过
7000 万的订阅者。

许多品牌也拥有大量的订阅者，包括三星（1.6 亿）、可口可乐（1.05 亿）和

麦当劳（8000 万）。品牌常常会利用 YouTube 与客户保持互动。例如，乐高的 YouTube 频道拥有超过 1400 万订阅者，拥有 5 个不同的品牌频道，其中一些专注于更具体的目标市场，比如乐高游戏、乐高家庭和乐高小玩家。这些频道中的视频重点介绍新产品、宣传乐高电影、发布积木挑战等。订阅者都非常喜欢观看 YouTube 视频，保持着较高的参与度。

B2B 品牌也使用 YouTube 来演示产品、讲述精彩的客户故事并让客户了解最新信息。B2B 网络硬件销售商思科（Cisco）系统的 YouTube 频道拥有超过 30 万订阅者，其中包括与特定国家和产品线相关的频道和播放列表。这些视频让客户有机会更多地了解该品牌以及其他客户的使用方法。

Facebook：社交媒体之王

Facebook 是一个在线社交媒体平台，允许注册用户创建个人资料、上传照片和视频，并向互相关注的朋友发送消息。Facebook 在社交媒体领域占据主导地位；该平台在全球拥有超过 29 亿用户；69% 的美国成年人使用过该平台。尽管增长速度有所放缓，但 Facebook 的用户基础仍在持续扩大。与其他任何社交媒体网站相比，Facebook 的访问频率更高；71% 的 Facebook 用户每天至少查看一次该网站，49% 的用户表示每天查看多次。虽然 Facebook 在美国人中很受欢迎，但它和 YouTube 在年长的一代中更为流行，50 ~ 64 岁的人群中有 73%、65 岁及以上的人群中有 50% 表示使用过 Facebook。它也更受女性（77%）欢迎，而不是男性（61%）。

用户通常会滚动浏览他们的信息流，查看来自朋友的帖子（视频、照片、状态更新）、"点赞"企业或组织以及赞助帖子（付费广告）。由于普通用户拥有数百名朋友，所以 Facebook 拥有一套算法来决定用户信息流中显示的内容。该算法下，Facebook 优先显示来自朋友以及用户点击或互动过的博主的帖子。

在 Facebook 上，任何人都可以创建页面来宣传企业或非营利组织。企业页面可能包含照片、视频、主页链接、评论和其他信息。在企业或非营利组织设置并发布 Facebook 页面后，用户可以选择"点赞"并成为该页面的粉丝。粉丝会在他们的信息流中收到来自品牌更新的推送。一些大型品牌，包括麦当劳、MTV、迪士尼和红牛，都拥有超过 4000 万粉丝。企业页面能够提供后端数据，这些数据对营销经理很有帮助。

所有这些互动为 Facebook 提供了大量关于个人客户兴趣的数据，使其能够更加精准地向客户投放广告，所以，许多小型企业都在 Facebook 上投放广告。也正因如此，Facebook 因其使用和处理客户数据的方式而得到了大量负面评价。这可能会导致对该平台和所有社交媒体平台进行更严格的监管。

Instagram：一图胜千语

图片和视频是印刷和电视广告中重要的视觉元素。社交媒体用户通常会快速浏览内容，而图片和视频更容易吸引人们的注意力。合适的图片和视频能够讲述简短的故事，并将人们与品牌或卖家联系起来，它们可以激发灵感、解决日常问题，或者仅仅是提供娱乐。

虽然许多平台都允许分享照片和视频，但一些社交媒体工具专注于这种沟通形式，Instagram 就是一款免费的照片和视频在线分享平台，主要面向手机用户。用户可以使用 Instagram App 拍摄照片和视频，并将其分享到包括 Facebook、Twitter 和汤博乐（Tumblr）在内的其他社交媒体平台上。Instagram 在全球拥有近 15 亿月活跃用户，40% 的美国成年人使用该 App，59% 的用户每天至少查看一次该 App，用户构成更偏向女性。包括《国家地理》杂志、耐克以及西班牙足球队皇家马德里和巴塞罗那在内的品牌在 Instagram 上都拥有超过 1 亿的粉丝。

Instagram 非常适合小型企业，因为与撰写故事或帖子相比，店主或营销经理可能会觉得拍照更省时。餐饮、服装、时尚、旅游和娱乐领域的企业经常在 Instagram 上发布图片，以维持或激发客户对其商品和服务的兴趣，包括 LaCroix 气泡水和 Glossier 美妆产品在内的品牌，很大程度上是通过 Instagram 建立起来的。

Pinterest：愿望清单公告板

Pinterest 是一个网站，注册用户可以在上面与他人分享想法和图片。这些想法和图片被整理到图板上——一种在线公告板。Pinterest 在全球拥有约 4.44 亿用户，约 31% 的美国用户使用该网站，用户主要是女性，且通常收入较高。与其他社交媒体相比，该网站对不同年龄段的用户都具有吸引力。

用户围绕各种适合用图片展示的主题创建图板，包括艺术、时尚、旅行和家居装饰等。对许多用户来说，这有点像一个"愿望清单"，因此营销经理在企业网站上发布的图片，要确保是可以被用户轻松 Pin（钉选）到 Pinterest 的图片。Pinterest 利用人工智能学习用户的个人喜好，并向用户推荐其他图片，这有助于保持用户在网站上的活跃度，并使零售商能够向用户提供有用的推荐。零售商可以在图片旁边放置"Pin It"按钮，以便用户创建其他关注者也能看到的愿望清单，从而促进传播。大多数拥有大量关注者的 Pinterest 用户都是个人网红，在拥有大量粉丝的品牌中，许多是零售商，包括 L.L. Bean、诺德斯特龙和劳氏。

LinkedIn：B2B 社交平台

LinkedIn 是一个面向商务人士的社交网站，用户可以在上面创建个人简历或公司简介。该平台在全球拥有超过 3 亿月活跃用户，约占美国成年网民的 28%。该网站拥有更多高收入和专业人士用户，50% 年收入超过 7.5 万美元的美国成年人使用该平台。年轻（18 ~ 24 岁）和年长（65 岁及以上）的人群不倾向于使用 LinkedIn。个人用户可能拥有数百甚至数千个联系人；谷歌、联合利华、亚马逊和微软等公司分别拥有超过 1500 万粉丝。面向商务人士的媒体公司，如《华尔街日报》和《福布斯》杂志，经常使用 LinkedIn 来发布文章。

过去，商务人士认为 LinkedIn 是一个用于职业社交的平台。现在，许多公司和销售人员在营销战略中也使用 LinkedIn。公司和销售人员在这里发布新闻、白皮书和报告，以树立值得信赖的行业专家地位。销售人员还可以在该平台上识别和筛选潜在客户。LinkedIn 也已成为一个针对商务人士的有效广告平台，可以按职位类型、行业或专业兴趣进行精准定位。

Snapchat 瞄准"Z 世代"和"Alpha 世代"

Snapchat 是一款用于与他人分享照片、视频和文字信息的手机 App。全球有 5.57 亿 Snapchat 月活跃用户，约 25% 的美国成年网民（以及更多的青少年）使用 Snapchat，其中约 60% 的用户每天至少查看一次。Snapchat 的用户群体明显偏年轻，在成年受访者中，约 65% 的 18 ~ 29 岁人群表示使用 Snapchat，12 ~ 18 岁人群的使用率与之相同或更高，而 65 岁及以上人群的使用率则低于 2%。

Snapchat 专为移动设备用户设计。分享的照片可以使用视觉效果、贴纸和滤镜进行增强，这些效果、贴纸和滤镜有时是品牌赞助的，其"发现"板块中的商业应用允许品牌发布广告支持的内容。Snapchat 为了方便营销人员销售，主要提供的机会是付费广告。品牌也可以自己创建内容（自媒体），但效果可能不如付费推广。而想要获得好的口碑传播，一个有效的方式是设计出用户喜欢并愿意使用的品牌专属滤镜或贴纸。

Twitter：简短的推文

Twitter 提供社交网络微型博客服务，允许注册用户发送短消息（普通用户最多发送 280 个字符），称为"推文"。Twitter 在全球拥有 4.36 亿月活跃用户，覆盖约 23% 的美国成年人口，大约 50% 的用户每天都会查看该应用。Twitter 的用户群体偏年轻；约 42% 的 18 ~ 29 岁美国人和约 27% 的 30 ~ 49 岁美国人是注册用户，而 65 岁及以上的人群中只有 7% 的人拥有 Twitter 账号。

Twitter 的运作方式类似于公共留言板，大多数推文对任何人（甚至没有注册 Twitter 的人）都是可见的。大多数 Twitter 用户会关注朋友、名人、新闻网站和品牌。例如，CNN、《纽约时报》和 BBC 突发新闻拥有大量关注者。与 Facebook 相比，活跃用户的推文往往更频繁，个人色彩更少。

由于 Twitter 的字符限制，推文通常非常简洁。例如，星巴克的这条推文："所有秋季饮品（热饮或冷饮）买一送一。下午 2 点至 6 点，9 月 17 日至 9 月 21 日。"品牌推文也可以发布指向包含更多详细信息的页面的链接。薪资管理公司会发布指向与薪资行业相关的内容的链接，其许多销售人员也会转发这些链接给客户。一个简单的话题标签能让粉丝们表达对知名品牌的支持，同时也有助于营销经理评估用户的参与度，并与潜在用户互动。例如，耐克的粉丝可以使用"Nike"这个标签，或者其著名的口号"just do it"来发布内容。成立于 1911 年的 IBM 也利用 Twitter 来告知客户其在过去一百多年中对重要技术发展所做的贡献，还会分享其创新技术对全球人民和社区产生积极影响的故事。

TikTok：用户创作短视频

TikTok 是一款让用户分享短视频的社交媒体平台。虽然越来越多的品牌和博主也加入进来，但平台上的大部分视频仍然是由普通用户创作的。这款社交媒体平台的核心是娱乐性，视频内容常常包含搞笑元素、特技，但也提供实用信息，且时长通常在 60 秒以内。自从 2017 年上线以来，TikTok 的发展速度惊人。很多人认为这要归功于它的算法，这种算法能够学习用户的观看偏好，并持续推送他们喜欢的内容。TikTok 在全球拥有超过 10 亿用户；在美国，有 21% 的成年人使用过它，而青少年和儿童的使用比例更高。

许多品牌正积极寻找在 TikTok 上进行创新营销的方式。例如，美妆品牌 Fenty Beauty 在这个平台上获得了显著的增长。其通过制作简短的化妆教程视频，成功地增加了粉丝数量。《华盛顿邮报》也利用 TikTok 来吸引年轻受众，其通常会以一种幽默的方式解读当天的新闻。

TikTok 的算法也让一些原本不太知名的博主迅速走红。Trinidad Sandoval 发布了一段时长 3 分钟、简单介绍某品牌眼霜的视频，在此之前，他只有 70 个粉丝。但很快，这段视频的观看次数就超过了 2900 万，获得了 500 万次点赞和 13 万条评论。几天之内，该品牌的产品在官网和全国各地的零售商处都卖断了货。

其他社交媒体

前文介绍了一些十分受欢迎的社交媒体，但根据目标市场和推广目标的不同，也应该考虑其他社交媒体。Tumblr 是一个微型博客网站，它让用户能够非常方便地通过浏览器、手机、电脑或电子邮件分享各种类型的媒体内容。视频和照片分享服务是社交媒体中增长最快的类别之一，其中包括 Vimeo、Flickr 和 Triller。另外一些社交媒体，比如 WhatsApp 和 Facebook Messenger，则专注于语音或文字通信。

还有一些垂直领域的社交媒体，它们的目标受众非常精准。例如，Allrecipes 能帮助食品品牌、营养师、餐饮服务商或私人厨师接触到相关的目标市场。而家居装修商、建筑师以及家居装饰和配件品牌则会在 Houzz 上展示其产品，Houzz 拥有超过 1100 万张不同家居装饰和改造项目的图片。

全球各地不同的社交媒体

虽然这些社交媒体都拥有相当大的全球影响力，但对于进行国际业务的营销经理来说，了解当地各种流行的社交媒体至关重要。其中一些平台的用户规模可能非常庞大。例如，中国的微信就拥有超过 10 亿用户，它集即时通信、社交媒体和移动支付功能于一体。中国的科技巨头腾讯还拥有两款主要的社交媒体产品：QQ 是一款即时通信 App，活跃用户超过 8 亿；而 QQ 空间（Qzone）则拥有 5 亿用户，他们在这个平台上写博客、记日记、分享照片、观看视频和听音乐。此外，虽然 VK 这个类似 Facebook 的社交网站也提供多种语言版本，但它在俄语使用者中尤其受欢迎，拥有超过 5 亿注册用户。如果目标客户使用这些平台，那么每一个平台都可以提供独特的推广机会。

在对各种社交媒体选择有了更深入的了解之后，接下来看看如何将社交媒体整合到整体的推广组合中。

14.9 社交媒体的战略规划

社交媒体为富有创意的营销经理提供了广阔的舞台。社交媒体战略规划的第一步是深入了解客户、公司自身、竞争对手以及外部市场环境。通过这样的分析，我们可以进行市场细分并确定目标受众。

上文提供了一些主要社交媒体平台用户的统计数据。即使在隐私监管日益加强的背景下，社交媒体平台仍然能够深入洞察每一位用户。用户在平台上的行为实际上告诉了社交媒体自己的居住地、喜好、阅读和观看的内容、人际关系等。这些数据能够帮助平台进行更精准的受众定位和沟通。接下来，让我们一步步了解社交媒体的战略规划过程。

设定目标

与所有推广决策一样，营销经理应该从清晰的社交媒体目标开始。这可以从一个更宏观的层面着手，就是社交媒体作为整体推广组合的一部分所要达成的目标。并且，在评估帖子、推文或短视频的作用之前，就应该先确立这些目标。

一些公司常犯的错误是只关注短期的、容易量化的目标，比如在 Facebook 上获得数百万个粉丝，或者在 Instagram 上积累数千名关注者。虽然这些目标很容易量化，但它们并不一定能对公司的最终盈利产生实际的影响。

营销经理应该努力理解社交媒体在整个推广组合中是如何发挥作用的。例如，广告通常适用于提高品牌知名度和影响客户。而当一个品牌在社交媒体上积累了一定的粉丝群体后，它就可以直接与现有客户沟通，并专注于培养他们的忠诚度。营销经理还应该牢记目标客户集中在购买流程的哪个阶段。

社交媒体的推广目标是培养关系，而不仅仅是增加粉丝

利用社交媒体进行的推广活动，最佳着力点在于提高目标客户的购买可能性。而且，由于客户通常只会关注他们已经了解和喜欢的品牌，所以当目标市场本身就是现有客户时，社交媒体的推广效果往往最好。在大多数情况下，作为口碑媒体和自媒体的社交媒体，其推广目标并不是提高目标客户对品牌的认知度或鼓励他们进行初次尝试；其推广目标通常侧重于通过增加那些偏爱或坚持选择某个品牌的客户数量，来增强品牌熟悉度，或者通过鼓励客户增加购买频次和金额，来提升客户资产。

选择最符合目标的社交媒体平台

正如我们已经看到的，社交媒体平台种类繁多，不仅有全球性的平台，还有一些在特定国家流行或者专注于特定目标受众的平台。营销经理在决定使用哪个社交媒体平台时，所有这些都应该被纳入考虑范围。建立社交媒体粉丝群需要时间和精力，因此不应该草率。尤其对预算有限的小品牌来说，在不同的平台之间频繁切换是很困难的。考虑到这一点，表14-4总结了八大社交媒体平台在付费媒体、自媒体和口碑媒体方面的应用方式以及主要市场。

表14-4　社交媒体平台的主要市场和应用方式

社交媒体平台	主要市场	付费媒体（广告）	自媒体	口碑媒体
YouTube	B2B/B2C	视频前广告	品牌自有频道、主页、播放列表	点赞、分享、评论
Facebook	B2C	信息流赞助帖子	品牌自有主页和帖子	关注、点赞、分享、评论
Instagram	B2C	用户信息流赞助帖子	品牌自有主页和图片/视频分享	关注、点赞、评论

社交媒体平台	主要市场	付费媒体（广告）	自媒体	口碑媒体
Pinterest	B2C	用户"为你推荐"中的赞助 Pin 图	品牌自有主页和图板	Pin 图保存、点赞、关注
LinkedIn	B2B	用户消息流赞助帖子	公司主页、行业和人力资源小组	关注、点赞、评论
Snapchat	B2C	朋友故事间的 10 秒视频广告	品牌自有页面、故事、赞助滤镜和贴纸	滤镜分享、点赞、评论
Twitter	B2B/B2C	用户推文	品牌自有资料页、推文、话题标签	关注、点赞、转推、评论

创造能为粉丝带来价值的内容

AIDA 模型、购买漏斗模型和推广目标能够指导公司确定社交媒体的内容重点，以及提供信息的数量和类型。归根结底，一个公司的社交媒体需要粉丝和关注者，否则发布的内容就无人问津。目标客户往往会关注那些能够提供某种价值的公司和品牌，而粉丝也会通过"点赞"、分享、转发或评论等方式来支持他们认为有价值的帖子。提供价值的方式有很多种，品牌可以提供折扣优惠、发布有趣的内容，或者提供快速响应的客户服务。例如，澳大利亚悉尼的 TEDx 青年会议就曾向任何在 Instagram、Twitter 或 Facebook 上发布活动照片或评论的人赠送免费咖啡，这为其赢得了大量的"点赞"。一些通过社交媒体传递价值的创新案例，可以参考表 14-5。

表 14-5　不同社交媒体的内容类型和示例

内容类型	示例
趣味内容	·Snapchat：塔可钟创建了一个有趣的镜头，用户可以将他们的头变成一个玉米卷 ·YouTube：Samuel Adams 推出了一种使用氮气作为成分的新啤酒——愚人节
优惠和折扣	·Facebook：在线美容零售商丝芙兰有时会提供 Facebook 粉丝专享优惠 ·Twitter：在英国，达美乐比萨根据午餐时间发推文的人数多少来降低比萨的价格
比赛	·TikTok：Kool-Aid 创建了一个视频挑战赛，奖金为 20 000 美元 ·Facebook、Twitter、Pinterest、Instagram 和 YouTube：乐事"Do Us a Flavor"竞赛要求顾客投票选出薯片的新口味
内部信息	·Instagram：时装设计师 Oscar de la Renta 向粉丝展示其即将推出的时装系列 ·LinkedIn：微软的 LinkedIn 首页包含公司的幕后花絮、博客和问答

内容类型	示例
教育性内容	· Snapchat：世界自然基金会通过其 LastSelfie 活动突出了濒危物种 · TikTok：外语学习 App Duolingo 的吉祥物鼓励学生坚持学习
有用的想法、信息和实践	· LinkedIn：四季酒店的公司页面包含旅行视频、文章和技巧 · Pinterest：Whole Foods 的图板主题从烘焙到园艺 · TikTok：Fenty Beauty 提供化妆教程
产品发布和更新	· Twitter：零售商 H&M 展示许多最新款的时装 · Snapchat：麦当娜发布了一首新歌，以吸引其年轻用户群体
客户服务	· Twitter：Xbox 视频游戏的客户支持团队拥有超过 60 万粉丝，并快速回复客户问题
形象与生活方式	· Pinterest：零售商诺德斯特龙每天发布产品和生活方式灵感图片 · Instagram：GoPro 发布用户"每日照片"，突出 GoPro 用户的生活方式
目标与激励	· TikTok：领先的健身品牌 Gymshark 发布"66 天锻炼挑战"和励志健康故事 · Instagram：多芬的"Courage is Beautiful"活动向医护人员致敬

许多社交媒体平台（例如 TikTok 和 Instagram）都有粉丝量大的网红，品牌可以与这些网红合作，从而接触到他们的粉丝群体。不过，品牌在选择和管理与网红的关系时务必谨慎，因为网红的线下行为可能会对品牌的声誉产生消极的影响。

与粉丝互动

一些社交媒体的推广目标最好通过与粉丝进行一对一或小组互动来实现。社交媒体在这方面提供了大多数其他媒体无法比拟的便利。这就要求品牌投入足够的资源来管理社交媒体，以便有时间进行这种互动。

一些粉丝会自己创作内容，品牌应该展示这些内容，并在可能的情况下，允许顾客传播关于品牌的正面信息。虽然这可能存在风险，但顾客通常更信任其他顾客，而非品牌本身。

勇于尝试并监测哪些内容有效

营销经理不必害怕在社交媒体上进行各种尝试。相较于大多数传统媒体（比如电视、报纸、杂志），社交媒体平台提供了快速且低成本的测试机会。公司应该大胆尝试不同的创意内容，然后密切关注用户的反馈。即使尝试失败，通常也不会造成太大的损失，而且公司还能从中吸取经验教训。公司可以通过浏览量、评论数、链接点击量等指标来衡量新发布帖子的效果。将这些数据与之前的帖子进行对比，就能知道哪些内容能够获得预期的反响。对于效果好的内容，公司可以进行复制或者分享给更多的受众。社交媒体提供了众多的可能性，但也意味着需要进行大量的管理工作。幸运的是，由于社交媒体是基于网络的，所以市面上有很多优秀的软件工具可以帮助公司实施管理。

14.10　管理、衡量和自动化在线媒体的软件

要有效地运用付费媒体、自媒体、口碑媒体和社交媒体，营销经理需要遵循许多基本原则。市场细分依然至关重要——自媒体和社交媒体的成本相对较低，这使得企业能够更高效地触达更小的目标群体。同时，企业必须始终牢记推广目标。对大多数组织而言，自媒体、口碑媒体和社交媒体都是整体推广组合中的重要组成部分，营销经理需要巧妙地将这些要素整合起来，以实现效率和效果的最大化。

利用软件管理在线媒体

由于各种类型的口碑媒体、自媒体和社交媒体活动都在线上进行，所以可以借助软件来监控和管理整个流程。其中，Hootsuite 是一款非常流行的工具，它提供了一个集中控制面板，让营销经理能够预先安排在 Facebook、Twitter、LinkedIn 等多个社交媒体平台上发布消息。这些帖子可以提前数周甚至数月进行排期。此外，Hootsuite 及其他类似软件还能收集和分析来自不同社交媒体平台的数据，帮助企业更好地了解推广效果。

衡量在线媒体的效果

对许多公司来说，口碑媒体、自媒体和社交媒体活动都发生在网络上，这使得监测和衡量效果变得快速和便捷。例如，当 Dollar Shave Club 在 Facebook 上发布帖子时，其可以立即看到有多少用户点赞以及用户留下了哪些评论。当其在

Twitter 上发布一个视频时，可以统计有多少粉丝转发了这条消息、有多少人观看了视频，以及有多少人点击链接回到网站并进行了购买。

各种软件工具帮助营销经理追踪不同的在线营销数据。例如，他们可以追踪网站的访客数量、访客在网站上停留的时间以及他们找到网站的方式——是通过其他页面的链接，还是通过在线搜索？如果是搜索，他们使用了哪些关键词？营销经理还可以追踪顾客购买了什么以及花费了多少。这些只是在线媒体可用的众多数据中的一部分。追踪这些数据能够帮助营销经理了解哪些策略有效，哪些无效，并迅速调整营销战略。许多公司都使用免费的谷歌分析软件进行此类分析，也有公司选择其他工具。

用跳出率来衡量网站效果

在一些营销战略中，网站扮演着重要的角色。这时，企业的目标是吸引顾客访问网站并让他们保持兴趣。如果吸引来的顾客只是随便点开一下就离开，而没有浏览其他内容，那么如果这些流量是按点击付费的，就会造成不小的成本浪费。衡量网站效果的一个重要指标是跳出率，它指的是只访问网站单个页面的访客所占的百分比。高跳出率意味着顾客对网站的内容不够感兴趣，没有点击查看其他页面的链接。如果顾客是通过搜索引擎来到网站的，这可能说明网站需要进行搜索引擎优化；如果是被公司的广告吸引来的，那么广告可能需要在更好地传达网站内容和管理顾客预期方面下功夫。营销经理也可以调整吸引用户访问网站的方式，或者优化网站本身的特性，以此来降低跳出率。

跳出率

罗莎·温特斯是 ProjectPro 项目管理软件的产品经理。她的主要潜在客户来源是 Facebook 广告和谷歌搜索广告。这两种媒体都采用按点击付费的模式。当客户在这些网站上点击 ProjectPro 的广告时，他们会被引导至 ProjectPro 网站的首页。虽然将客户吸引到网站是很棒的第一步，但罗莎更希望他们能点击网站上的链接，了解更多关于软件的信息，并最终购买软件。

ProjectPro 的 Facebook 广告的目标受众是那些"点赞"过项目管理协会

主页的客户，广告会出现在他们的信息流中。

项目管理协会是一个致力于项目管理的专业人士组织。在谷歌上，当客户搜索"项目管理软件"（谷歌搜索广告①）或"项目跟踪"（谷歌搜索广告②）时，ProjectPro 的广告会显示在自然搜索结果的上方。这三个广告的每次点击成本不同，跳出率也各不相同，如表 14-6 所示。

表 14-6　不同广告的每次点击成本和跳出率

广告类型	诱饵	每次点击成本	跳出率
Facebook 广告	项目管理协会粉丝	1.25 美元	80.0%
谷歌搜索广告①	关键词：项目管理软件	12.00 美元	21.5%
谷歌搜索广告②	关键词：项目跟踪	8.00 美元	42.5%

软件引导顾客完成购买流程

软件还可以通过编程来帮助企业根据特定的顾客行为做出响应。营销自动化软件能够追踪每位顾客的行为，并根据这些行为触发相应的操作。对那些拥有大量在线活跃顾客的企业来说，这种软件提供了一种低成本的方式来更深入地了解顾客，并在恰当的时间传递正确的信息。例如，一个三次访问过某个网站的顾客可能会收到一个弹窗提问："有什么我可以帮您解答的吗"，点击后可以直接联系在线销售人员。

另一个例子涉及困扰在线零售商的一个常见问题。研究估计，大约 2/3 的在线购物在结账前放弃。这意味着顾客来到了店铺，将商品放入购物车，然后未付款就离开了。一些在线零售商利用营销自动化技术，向那些放弃结算的顾客发送电子邮件，提醒他们支付尚未完成的订单。这封邮件甚至可能包含免运费或折扣等优惠。

对 B2B 的销售商来说，营销自动化软件的功能可能更加复杂。本章的前面提到许多公司会发布白皮书和案例研究，旨在展示解决问题的方案。想象一下，一位营销经理正在寻找一种更好的"管理社交媒体"的方案，在谷歌上搜索这个主题时可能会被引导进入 Hootsuite 的一个登录页，该页面提供一份名为"管理社交媒体的八个技巧"的白皮书。这份白皮书普及了社交媒体的相关知识，而没有过度推销 Hootsuite。但这份白皮书并非完全免费，在下载之前，感兴趣的用户必须提供一些对 Hootsuite 很有价值的信息：姓名、电子邮件地址、公司、职位和电话号码，这些信息将被用于建立该用户的档案。白皮书还包含指向其他在线阅读材料的链接，其中一些并非由 Hootsuite 创建，但所有这些活动都可以被追踪。用户的行为将被用来判断是否需要销售人员跟进，如果销售人员跟进，其可以查看该档案，了解用户认为哪些材料最有帮助。本章开篇案例中的 HubSpot 软件就是这类工具的一个。

第十五章

价格目标和政策

Method 的价格政策

　20 多岁的亚当·洛瑞（Adam Lowry）和埃里克·瑞安（Eric Ryan）一起住在旧金山的一套公寓里，年少的他们对创业充满了热情。2000 年，洛瑞从化学专业毕业后，成了一名气候科学家，他对人类生存环境的可持续发展充满了热情。而瑞安学习的是市场营销，对设计感兴趣，在广告行业工作。两人常在一起喝啤酒、旅行。在一次山区的公路旅行中，他们谈论了彼此认为很好和不好的产品，以及已经成熟的或者可以改变的市场。

　他们在规模 170 亿美元的家用清洁产品市场上发现了商机。在这个市场上，品牌之间几乎没有差异，现有的经销商品牌质量较差，价格也比较低。全国性的品牌通过给零售商提供价格优惠和广告补贴的方式来换取货架空间。竞争性广告宣称的产品清洁效果差不多，它们用发放优惠券和降价的方式吸引顾客，而顾客对品牌的忠诚度更多是出于习惯而不是承诺。

　外部市场环境为创业者指明了优势互补的发展方向。科学研究表明，人们长期使用家用清洁化学品会产生一定的健康问题。

　当时，绿色环保运动正在兴起，大众百货公司塔吉特成功地销售了具有环保设计师风格的日用品。洛瑞和瑞安认为，用安全无害的材料制成的时尚、可持续发展的产品，可以在这个市场上找到商机。

　洛瑞和瑞安测试了几批他们在浴缸中混合的清洁产品，并储存在标有"请勿饮用"的啤酒罐中。他们在透明的喷雾瓶中装满了最初四种产品的样品，分别是厨房清洁剂、淋浴清洁剂、浴缸清洁剂和玻璃清洁剂。为了向独立杂货店推销他们的产品，他们在凌晨拜访了杂货店的经理。他们找到了第一个顾客——莫利·斯通市场的老板，就这样他们创办了品牌 Method。

随着销量的上升，瑞安重新审视了包装设计。当时没有钱打广告，但他认为独特的东西自然会引起顾客的注意和兴趣。因此，他找到了知名工业设计师卡里姆·拉希德，并提出了"重新发明肥皂"的建议。拉希德很感兴趣，就加入进来。拉希德的设计成功引起了人们的注意。很多顾客是在商店里发现 Method 这个品牌的，因为他们喜欢这种酷炫的包装，认为放在家里很好看。之后，顾客又发现清洁剂的效果很好，因此继续购买。

Method 品牌的绿色承诺引起了顾客的共鸣。"反肮脏"活动讲述了品牌故事，大多数清洁剂都会留下有毒的化学物质，使家庭在清洁后反而更"脏"了，而当这些化学物质流入下水道时，它们会进一步污染自然环境。"反肮脏"活动将这个信息传播到目标市场，包装设计和绿色理念成为市场上的差异化因素，这让该品牌产品的售价比其他品牌高出 20% 左右。

他们的第一笔大生意是与塔吉特百货公司合作的。Method 时尚的包装与塔吉特的目标市场完美契合。在旧金山和芝加哥的市场测试取得成功后，塔吉特将 Method 推向了全国。然而，Method 并不适合所有的零售商，例如沃尔玛在客户反映 Method 产品价格太高后放弃了该品牌。

尽管价格很高，尽管给人留下了深刻的印象，但 Method 品牌的盈利状况还是不佳。到 2006 年，该品牌的市场份额仅为 0.5%，销售额不足 1 亿美元。该品牌的问题是它的生产和运营成本高于竞争对手，如宝洁、黎明等品牌巨头，它们产品的生产成本均低于 Method 的生产成本。供应商没有给 Method 和其他大品牌一样的折扣，同时 Method 也没有类似的制造规模。

此外，Method 其他成本也在增加。例如，零售商和批发商希望在大量进 Method 的货之前先支付少量现金或得到几箱免费试用产品。因为新产品是有风险的，零售商不知道它们能卖多少。

对 Method 来说幸运的是，它的投资者最初的目标是市场份额和销售量，而不是盈利。因为作为一家注册的 B 类公司，Method 把环保使命看得和利润一样重要，利润压力并没有那么大。因此，Method 继续投资品牌建设，开发创新和环保的新产品。

Method 在洗衣领域的创新展现了一个小公司影响一个大公司，进而形成一个巨大市场的过程。Method 推出的洗衣液浓度是市场领头羊汰渍的 3 倍，但大多数顾客认为，Method 瓶子小得多，价格却高得多。Method 告诉顾客，使用 Method 品牌，可以用更少的洗衣液获得同样的清洁效果。在学会正确使用 Method 洗衣液后，顾客开始欣赏小瓶的方便，零售商也意识到这会带来更低的处理成本和更小的货架占用空间（这样它们就可以摆放更多的产品），这种形势很快就迫使 Method 品牌的竞争对手提供类似的浓缩型产品。几年后，Method 推出了一款新的洗衣液——Method Pump，采用智慧清洁技术，浓度是普通洗涤剂的 8 倍。

Method 品牌知道其顾客非常重视可持续发展和环保，因此，该品牌与"59 座国家公园版画"系列合作，在产品设计上采用美国国家公园图像。这次合作的目的是为国家公园管理局筹集资金。Method 品牌的限量版系列包括 Desert Citrus 洗手液，它有橙子和葡萄柚的香味，瓶子上还印着大峡谷的图案。

为什么 Method 的价格较高，但其销量还能持续增长？因为 Method 的整个营销组合为其目标市场提供了卓越的价值。顾客第一次尝试 Method 可能是因为时尚的包装和绿色环保的属性，也可能是巧妙的广告或者推广和宣传活动，但顾客之所以一直在购买，是因为产品清洁效果好并且环保，即使价格高顾客也愿意买单。这也有助于 Method 在细分市场继续发展。

蜜雪冰城的价格政策

当茶饮行业沉浸于消费升级的狂欢，将 20 元单价塑造成"品质门槛"时，蜜雪冰城以近乎悲壮的商业理想撕开了裂缝。这并非对消费降级的妥协，而是对"品质普惠化"可能性的极致探索。在供应链专家断言"原料成本与售价倒挂"的质疑声中，蜜雪冰城用十年时间构建了一套改写行业规则的定价体系。值得注意的是，这种价格政策并非源于对低端市场的妥协，而是基于对目标市场的清醒认知。当高端品牌聚焦核心商圈时，蜜雪冰城看到的是三线以下城市占全国 70% 的人口基数，以及月可支配收入低于 2000 元的 9.6 亿普通人的真实需求。

定价哲学的底层逻辑

传统茶饮的定价模型遵循"成本加成"原则，利率普遍维持在 50% 以上以覆盖租金、营销与品牌溢价。蜜雪冰城彻底颠覆了这一范式，将终端利率压缩至行业罕见水平。其可行性通过"灯塔产品"组合得以验证：一款象征性定价的引流产品（如冰激凌）承担用户触达功能，其微薄利润甚至阶段性亏损，由高周转品类（如柠檬水）的规模化销售实现交叉补贴。当单店日销量突破行业临界点时，原料集采成本因规模效应发生结构性下降，形成"让利—规模效应—降低成本—再让利"的闭环。这种看似违背商业直觉的操作，实则是零售业"量贩逻辑"在现制饮品领域的创造性应用。

成本重构的三重支柱

维持可持续低价需要超越单纯压缩利润，蜜雪冰城真正的革命在于重构成本结构。

供应链垂直整合是低价的根基。在原料主产区建立的自有果园与果酱厂，通过规模化生产与农残管控，将占产品成本核心的鲜果原料价格显著降低；与全球头部分销商签订的长期锁价协议，则规避了国际大宗商品波动风险；就连包装成本，通过集中采购和规模化生产，蜜雪冰城也将 PET 瓶的成本压至市场价的一半。

渠道生态再造破解了加盟模式的效率瓶颈。当同业依赖高额加盟费获利时，蜜雪冰城将费用降至象征性水平，并通过物流补贴政策降低门店运营成本；将爆款产品定为"终身不涨价单品"，倒逼加盟商从"单杯高利"转向"规模盈利"模式。这种共生逻辑催生了商业史上庞大的饮品门店网络，而海量门店又进一步强化了采购议价权。

价格认知管理重塑消费者心理账户。全线产品采用低于市场均价的定价，在消费者心理层面锚定"不足 5 元"的消费门槛；菜单标注"同等果含量价格低50%"的显性价值宣言；甚至公开柠檬水的原料构成与成本占比，以极致透明建立信任。

定价定力：穿越周期的价值坚守

当全球性通胀推高原物料价格时，蜜雪冰城面临两难抉择：提升核心单品售价将瓦解普惠承诺，维持原价则承受巨额亏损。品牌选择第三条道路——通过系统性创新消化成本压力。产品组合优化：推出毛利率较高的新品系列，以新品利润补贴经典款；包装设计迭代：将冰激凌克重微调至消费者无感的临界点，实现隐性降本；供应链金融工具：与原料产地签订价格联动协议，约定涨幅超阈值时获得补偿。

这场压力测试证明：低价策略的可持续性不依赖对价值的克扣，而源于对成本结构的持续重构。当4元柠檬水年销数亿杯，当冰激凌走进亿万普通人的生活，蜜雪冰城已然将商业策略升华为社会契约。

普惠定价的社会价值外溢

随着门店规模跃居全球首位，蜜雪冰城的定价体系展现出超越商业的公共价值：遍布全国的加盟店成为县域就业引擎，为无数年轻人提供更多的就业岗位；丰收季以保护价收购滞销水果，经深加工转化为标准化原料，成为农产品滞销化解者；极端天气中免费提供热水与充电服务，化身民生保障基础设施。

市场的狂热追捧印证了其模式的时代意义，上市时的超额认购纪录，本质是对"普惠经济学"的集体投票。蜜雪冰城用十年实践宣告：最伟大的商业创新，始于对基础需求的敬畏；最坚韧的价格政策，成于对规模正义的信仰。

15.1 价格具有多个策略维度

价格是营销经理制定营销组合的四个主要决策变量之一。价格战略影响着公司产品的销量以及利润。价格是顾客为了获得公司其余营销组合所提供的利益而必须放弃的东西，因此它在塑造顾客价值方面起着直接的作用。

在公司目标的指导下，营销经理制定具体的价格目标，这些目标指导着价格决策：(1)价格的灵活性设定；(2)产品生命周期内的价格水平；(3)将向谁以及何时给予折扣；（4）临时降价、融资和运输成本如何影响顾客行为。本章将讨论它们如何结合起来影响顾客价值以及相关的法律约束。在现实生活中确定价格并不容易，因为价格反映了许多维度。没认识到这一点的人可能会犯下大错误。

假设你一直在攒钱买一辆新车，最近在广告中看到了优惠：在 1000 美元的返利之后，新型号的基本价格是 19 495 美元，比前一年低了 5%。乍一看，好像真的便宜了不少。然而，如果你发现你还必须支付 400 美元的运输费和 480 美元的延长质保费，你对这笔交易的看法可能会改变。如果你发现前一年的标准配置，如导航系统、侧气囊和天窗，现在需要额外花费 1900 美元，那么这个价格可能看起来没有什么吸引力。汽车贷款利率更高以及相关税费也可能给你带来不愉快。此外，如果你真的买了这辆车，然后得知朋友以更低的价格买了一模一样的车，你会有什么感觉呢？

价格 = 某种价值

当卖方报价时，它与商品和服务的组合相关。因此，价格是为"某种"有价值的东西所收取的金额。当然，在不同的情境下，价格可能有不同的称谓。大学收取学费，房东收取租金，汽车旅馆张贴房价，杂志有订阅费，乡村俱乐部收取会费，银行在贷款时收取利息，航空公司有票价，医生设定诊疗费，员工想要工资，人们可能会用不同的名称称呼它，但现代经济中几乎每一笔商业交易都涉及价格来交换价值。

价值可以是处于不同完成阶段的实物商品，可以附带或不附带支持服务，可以有或没有质量保证，等等。它也可以是纯粹的服务，比如干洗、律师咨询或汽车保险。

"价值"具体是什么、有多少，决定了最终的成交价格。有些顾客会按标价付款，而另一些顾客因为没有得到某些价值，就能拿到比较大的折扣或折让。图 15-1 总结了顾客可能遇到的不同情况，图 15-2 则从渠道成员的视角来呈现这些情况。这些不同情况会在后文进行更详细的讨论，接着我们会从竞争优势的角度，更深入地了解客户价值。但这里需要明确的是，价格其实有很多维度，每个维度如何处理，都会影响顾客的价值感受。如果客户觉得钱花在别的地方更划算，那这笔交易就不会发生。

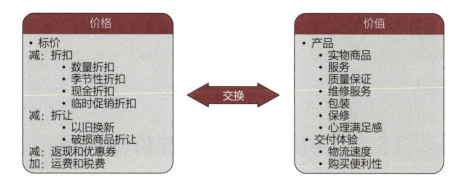

图 15-1　价格与价值交换（顾客视角）

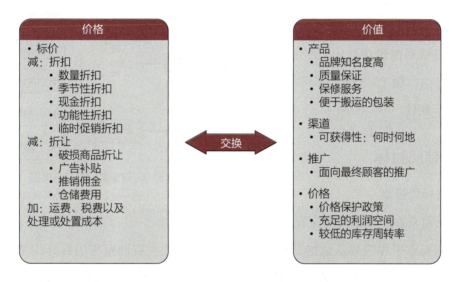

图 15-2　价格与价值交换（渠道成员视角）

隐藏费用的伦理问题

近年来，一些不太关注顾客或企业宗旨的企业，在确定价格的方式上变得越来越狡猾。有些企业会悄悄地加入一笔额外费用，直到顾客已经决定购买后才告知。例如，许多并非度假酒店的酒店会在顾客账单上增加一笔"度假费"；在线零售商可能会在顾客准备结账时，才显示运费甚至是手续费；租车公司会收取第二位驾驶员的保险费，或者晚还车 30 分钟的费用；信用卡公司和银行则可以靠收取滞纳金赚钱。

当企业把顾客放在首位时，这些费用就会被取消。迪士尼不收取度假费；亚马逊的 Prime 会员无须支付运费；通过 Costco Travel 租车时，可以免除额外驾驶员费用；Discover 信用卡公司会免除第一笔滞纳金，并且会在产生滞纳金的前一天通过电子邮件提醒客户还款。这些公司将客户放在短期利益之上，最终赢得了长期利益。

15.2　价格目标应指导价格策略

价格目标应该源于公司层面和营销层面的总体目标，并与之相契合。价格目标应该清晰明确，因为它们直接影响价格政策以及制定价格的方法。图 15-3 展示了可能的价格目标类型。

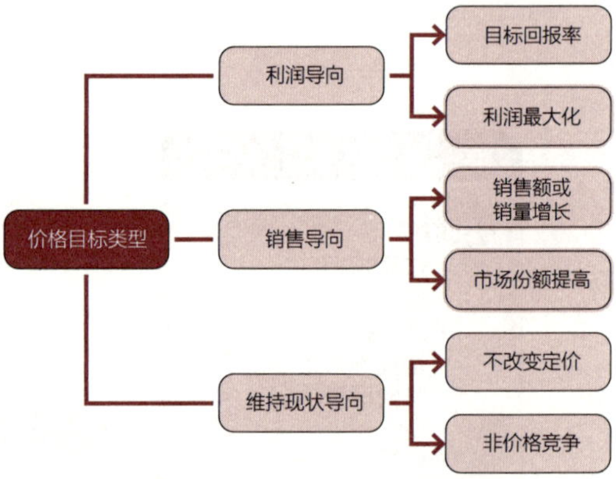

图 15-3　可能的价格目标类型

利润导向目标

目标回报率

长期来看，营销经理应设定以盈利为导向的目标。目标回报率设定了一个具体的利润水平作为要达成的目标，通常以销售额或投资回报率的百分比来表示。像摩托罗拉这样的大型制造商可能将投资回报率的目标定为 15%。Safeway 和其他连锁超市的回报率目标可能仅为 1%。

对大型公司来说，设定目标回报率具有管理上的优势，可以通过与目标的比较来衡量绩效，有些公司会淘汰那些未能达到目标回报率的部门或产品。例如，通用电气卖掉了小家电部门，因为他们觉得在其他产品上可以获得更高的回报。

有些经理人只以满意的回报为目标。他们只希望回报足以保证公司的生存，并让股东们觉得他们做得不错。类似地，一些小型家族企业追求的利润水平，只是为了提供舒适的生存方式。

许多私人和公共的非营利组织设定的价格目标仅仅是收回成本。换句话说，它们的目标回报数字是零。例如，政府机构可能会向使用桥梁的司机收取通行费，但在收回建桥成本后就取消收费。

同样，提供重要公共服务的公司，包括许多公共组织、保险公司和国防承包商，有时也只追求满意的长期目标。他们很清楚，公众期望他们设定的价格符合公共利益。他们可能还需要面对审查和批准价格的政府机构。

利润最大化

利润最大化目标旨在获得尽可能多的利润，这可以表述为渴望快速获得投资回报，或者更直白地说，就是能赚多少就赚多少。

但追求利润最大化并不总是意味着高价格。低价格可能会扩大市场规模，带来更高的销量和利润。例如，当手机价格非常高时，只有企业和富有人士才会购买；当制造商降低价格后，几乎人人都能买得起。

如果一家公司赚取了非常高的利润，其他公司就会试图模仿或改进这家公司的产品，这常常会使价格下降。虽然许多公司由于法律义务而遵循利润最大化目标，但也有其他公司选择不同的道路。

共益企业追求更美好的世界

当一个企业在法律上被定义为公司时，其决策通常应符合股东的利益，这被视作遵循利润最大化目标。近年来，一些公司寻求一种替代性的法律结构，该结构明确需要考虑其他利益相关者的利益。在美国大多数州，公司可以选择成为"共益企业"（Benefit Corporation），这是一种法律上的公司结构，需要将对客户、员工、社区和环境产生积极影响等目标包含在内。

许多成为共益企业的公司会更进一步，寻求 B 型企业认证。这是一种私人认证，证明公司在社会和环境绩效方面达到了高标准。一个独立的机构 B Lab 负责进行此认证过程。一些 B 型企业是上市公司的子公司。全球有 50 多个国家共拥有超过 2500 家经认证的 B 型企业，其中包括小型公司和本杰瑞冰激凌、巴塔哥尼亚与 Method 等知名品牌。

许多 B 型企业利用这一认证正式向包括客户在内的利益相关者发出信号，表明公司是以使命驱动的，并在做决策时考虑到了员工、社区、环境以及客户的最佳利益。正如我们在本书中反复看到的，在有选择的情况下，一些客户希望从以使命驱动的公司处购买产品。因此，许多 B 型企业会将它们的认证告知客户。

销售导向目标

销售额或销量增长

销售导向的目标追求达到某种水平的销量、销售额或市场份额，而不一定提及利润。

比起利润，有些营销经理更关心销售增长，他们认为销售增长总能带来更多利润。短期来看，这可能是有道理的。例如，2007～2009年，宝洁在洗发水、肥皂和纸尿裤等产品类别中失去了市场份额。当经济开始复苏时，宝洁通过保持低价、牺牲利润，以期实现增长。这种做法在产品处于市场导入期或市场成长期早期可能效果不错，然而，从长远来看，当公司的成本增长速度快于销售额时，这种想法就会导致问题出现。

一些非营利组织设定低价格是为了提高市场份额，这正是因为它们不追求盈利。例如，许多城市设定较低的票价来提高公交车的载客率，减少交通拥堵，并帮助改善环境。公交车无论空着还是满载，运行成本都差不多，而满载时即使利润没有增加，也能带来更大的社会效益。

许多公司都力争获得市场中更高的份额（百分比）。如果一家公司拥有较高的市场份额，它可能比竞争对手拥有更好的规模经济。此外，衡量一家公司的市场份额通常比确定利润是否最大化更容易。

具有长远眼光的公司可能会在市场增长时，以提高市场份额为目标。这样做是希望未来的销量能够弥补短期内牺牲的利润。惠普、戴尔和宏碁（Acer）曾在电脑市场发动价格战，以求获得更高的市场份额。在网约车领域以及无桩滑板车领域，也可以看到类似对市场份额的关注。高市场份额能带来规模经济以及与供应商的议价能力。像3M和可口可乐这样多元化的公司，就是这样看待东欧和东南亚的市场机会。

当然，市场份额目标也有与单纯追求销量增长相同的局限性。如果以过低的价格获得了较高的市场份额，可能会导致没有利润的成功。

销售导向目标对学校是好事

有时，当公司追求销量增长和市场份额时，社会也会受益。这些目标通常会促使公司降低价格，以便目标市场中的更多人能够获得产品。美国的许多 K-12 学校（幼儿园到高中）需要采购电脑供学生使用，但大多数学校面临预算限制。谷歌的低价 Chromebook 笔记本电脑和平板电脑正是在这种背景下推出的。谷歌希望在全美年轻的电脑用户中站稳脚跟，而 Chromebook 的低价格和可靠的操作系统吸引了这一目标市场 60% 的份额。在全美范围内，学校节省了资金，学生学会了使用电脑，而谷歌也仍然实现盈利。

维持现状导向目标

不改变定价

对当前市场份额和利润感到满意的营销经理有时会设定维持现状的目标，也就是不改变定价。营销经理可能会说，他们希望通过稳定价格来应对竞争，甚至避免竞争。这种不改变定价的思维在市场总体没有增长时最为常见。

有时，公司会非常谨慎地进行价格变动，只有在所有公司都这么做的情况下才会调整价格。这往往可以避免价格战，因为价格战会减少所有公司的利润。例如，航空公司通常会集体提高价格。一家航空公司增加燃油附加费，如果其他公司不跟进，那这家公司就会撤销增加燃油附加费的决定，最后所有公司都维持现状。

非价格竞争

维持现状的目标也可能是激进的整体营销战略的一部分，侧重于非价格竞争，即在价格之外的一个或多个营销组合要素上采取积极行动。有些通过互联网销售的公司最初认为，其可以通过低价获得更高的销量，从而赚取高额利润。然而，当没有达到预期的销量时，其意识到还可以采取一些非价格的方式可以进行竞争。例如，Zappos 提供免费送货服务，并保证其价格与当地实体店一致，但它赢得客户靠的是丰富的鞋子种类选择、让客户轻松找到所需产品的网站，以及售前售后的优质客户服务。

多数公司制定具体的价格政策来实现目标

价格政策通常会引向"管理价格"，即有意识地设定和调整价格。换句话说，大多数公司不是让日常市场力量（或拍卖）来决定价格，而是自己设定价格。它们可能会长时间保持价格稳定，或者根据实现目标的需要调整价格。

如果一家公司不直接向最终客户销售，它通常希望通过管理中间商的价格来管理最终客户支付的价格。毕竟，最终客户支付的价格最终会影响其销量。

然而，在整个渠道中管理价格往往很困难。每个渠道成员都希望能够管理价格，实现自己的目标。铝业巨头之一的美国铝业公司就遇到了这种情况。为了减少过剩库存，美国铝业公司给批发商提供了 30% 的折扣，即正常价格的 70%。美国铝业公司期望批发商将大部分折扣让给最终客户，以刺激整个渠道的销售。然而，批发商以较低的价格购入了铝材，但只给最终客户提供了很小的折扣。结果，美国铝业公司的最终销量并没有增加多少，仍然有大量过剩库存，而批发商则从自身销售的铝材中获得了利润。

有些公司甚至根本不试图管理价格。他们只是随波逐流地应对竞争，甚至更糟的是在几乎不考虑需求的情况下，只是在成本的基础上加价。他们的行为就像在制定价格政策时别无选择一样。

价格有很多维度，营销经理通常也有很多选择。他们应该管理好价格，并且谨慎地管理价格，因为只有最终客户愿意支付这些价格，整个营销组合才能成功。本章的其余部分将讨论营销经理必须制定哪些价格政策，才能有效地管理好价格。

15.3 弹性价格政策

统一价格政策

营销经理必须做的重要决定之一：采用统一价格政策还是弹性价格政策。统一价格政策意味着在基本相同的条件下购买产品的顾客，都支付基本相同的价格。大多数美国公司会采用统一价格政策，主要出于管理的便利性以及维护与客户之间的良好关系。但这正在发生变化，得益于技术的发展以及识别不同客户群体的能力提升，公司希望不同群体能够支付不同的价格。

统一价格政策使得定价更容易。但是，营销经理必须避免僵化的统一价格政策。这样做可能相当于公开了一个竞争对手可以进行竞争的价格，特别是当价格相对较高时。大型综合超市之所以能增长，是因为传统零售商僵化地沿用传统利润率并固守不变，这给大型综合超市创造了机会，让其能在价格上低于传统零售商，从而获得市场份额。

弹性价格政策

弹性价格政策意味着对不同的客户销售相同数量的产品时收取不同的价格。当使用系统来实施弹性定价时，决策更多地集中在哪些客户将获得价格优惠。随着企业学会如何分析大数据，越来越多的企业正从统一价格政策转向弹性价格政策。

定价数据库使弹性定价更容易

现在弹性定价的各种形式更为普遍，因为大多数价格都保存在计算机数据库中，这使得修改价格变得更容易。在连锁超市，你会看到他们给会员卡持有者提供每周特价商品的优惠价格。结账时的扫描仪读取商品包装上的条码，然后计算机根据是否扫描了会员卡来选择使用会员价格或普通价格。

动态定价意味着价格随需求变化

动态定价是指根据特定顾客的支付意愿来设定产品价格。这是价格灵活性的极致体现。通过向那些愿意支付更高价格的顾客收取更高的价格，而向那些认为高价不值但在较低价格下会购买的顾客收取较低价格，来实现收入和利润的最优化。有些公司将动态定价作为随时间改变价格的一种手段。例如，航空公司可能会根据航班剩余座位的数量来随时间提高或降低价格。提前几个月购买的机票价格可能较低，但随着航班逐渐满员，随着供应减少，价格就会上涨。这种做法也可以反过来：如果美国联合航空公司发现周二早上从圣路易斯飞往迈阿密的航班销售不佳，航空公司可以降低价格来刺激需求。这可能会鼓励一些旅客选择周二早上出行，而不是选择座位较少的周一晚上。以折扣价出售一些座位总好过航班半数空着起飞。虽然机票是早期采用这种做法的例子，但一些票务平台已将同样的概念应用到演唱会门票上。一份报告显示，泰勒·斯威夫特演唱会第三排的门票刚开售时是 995 美元，几个月后降到 595 美元。

体育运动队正通过分析大数据和实施动态定价来增加门票收入，其想法是为更好的产品收取更高的价格。最初，这些球队仅仅对更受欢迎的周末比赛设定比周中比赛更高的价格。现在，球队进行了调整，甚至在赛前也会改变价格，天气更好或比赛更有吸引力时会收取更高的价格。例如，旧金山巨人棒球队会调整每场比赛的票价，以最大化上座率和收入。每场比赛每个座位的票价都会在分析大量数据后进行调整，这些数据包括过去的售票情况、比赛时间、对手的战绩、投手对决情况、二手票务网站的当前价格，甚至还包括天气预报。巨人棒球队预计使用该系统第一年就能额外增加 500 万美元的收入，其他球队也正在效仿。

大数据和预测分析实现个体化定价

长期以来，企业一直在针对不同的客户群体调整价格。现在，许多企业利用来自会员卡或在线购物的大数据以及预测分析，为客户提供"一人一价"。许多大数据来源可以实时读取，因此可以进行定价实验。例如，在线零售商可以降价一天甚至几小时，看看是否能刺激需求并提高利润。另一个实时应用大数据的例子是欧迪办公，其根据客户的浏览历史和地理位置来调整价格。

即使是实体零售商也会利用对个体客户的了解来向某些客户提供有针对性的价格折扣，并不总是向那些更可能支付高价的客户收取更高的价格。例如，连锁超市 Safeway 的"Just for U"会员计划会挖掘数据，根据客户之前的购物行为为他们提供独一无二的优惠。但他们提供的优惠通常是针对客户本来就很可能购买的产品，目的是期望客户会购买更多。购买大量麦片的客户，如果意外收到一张他们喜爱的麦片的 1 美元优惠券，会感到惊喜。跟踪数据会显示这种做法在哪里有效、在哪里无效，日后可能减少那些未能增加购买量的客户的优惠。

虽然卖家经常使用人工智能和动态定价来最大化利润，但一些顾客也会反击，他们使用可以预测何时会出现较低价格的应用。Hopper 利用人工智能来预测未来的机票价格。假设一位顾客想在六月（现在起四个月后）从芝加哥飞往意大利米兰，她可以选择持续关注价格或者尽快购买机票。Hopper 预测价格将会上涨，并提醒顾客在低价时尽快购买。

高峰时段价格随需求上涨

优步采用了一种用于弹性定价的分析模型。优步的"高峰时段定价"模型根据其服务的供需情况来调整价格，以更好地匹配两者。当优步发现打车需求显著超过供给时，例如，在大城市的下雨天下午，价格就会上涨，以试图增加司机的供给并减少乘客的需求。司机看到他们将获得更高的报酬，就会受到激励；乘客看到临时性的价格上涨，可能会选择稍等片刻或寻求其他交通方式。当供需稳定后，价格就会回落到正常水平，而高峰时段的价格最高可达正常价格的 10 倍。

伦理困境

JustRide（优步的一个新兴竞争对手）是一家初创打车服务公司，其会自动计算优步任意行程的价格，并利用这些信息来设定 JustRide 到达同一目的地的打车价格。JustRide 通过提供"全城最低价打车服务"（这是其宣传语）——价格比优步低 10%——获得市场份额。虽然 JustRide 正在获得更高市场份额，但尚未实现盈利。为了实现盈利，管理层最近改变了其价格政策。该应用会识别哪些客户不查看竞争对手的价格，这些客户会被报出比优步高 10% 的价格。而最近打开过优步（或其他打车应用）的客户则会收到较低的报价。

JustRide 曾因为一个错误在社交媒体上引发热议。客户注意到了不同的报价。一些乘客在 JustRide 上获得报价，而他们的同伴在优步上获得报价，他们发现 JustRide 对同一目的地的定价更高，这与其宣传语并不相符。"Just Lies"（Just 说谎）和"Just Higher Prices"（Just 更高价）成为社交媒体上的热门话题，网友们在讨论时通常还会配上显示不同价格的照片。

根据情况协商价格

有时价格是通过协商确定的，最终价格由买卖双方商议决定。这种类型的弹性定价在渠道销售、工业品的直接销售以及昂贵的零售产品中常见。欠发达经济体中的零售店主通常采用弹性定价，店主从高价开始，然后通过议价，以客户能接受同时又能为自身提供最大利润的价格达成交易。这种情况通常涉及人员销售，而不是大众销售。弹性定价的优势在于，销售人员可以根据竞争对手的价格、与客户的关系以及客户的议价能力来调整价格。弹性价格政策通常会规定实际收取的价格必须控制在某个范围内。

过度降价会侵蚀利润

营销经理在降价时必须谨慎，过度降价会降低利润。小幅度的降价看起来似乎影响不大，但要记住，损失的所有收入都会直接减少利润。在一个产品上降价10%可能看起来不多，但如果原来的利润率是20%，那么降价后的总利润就会减少一半，如图15-4所示。营销经理应该仔细考虑降价，并从营销组合的四个要素中寻找为顾客提供更多价值的方法。

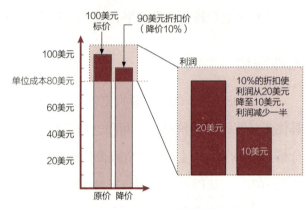

图15-4　降价对利润的影响

弹性价格政策的弊端

弹性价格政策确实有其弊端。如果顾客发现别人为同样的产品支付了更低的价格，他们会感到不高兴。这可能导致渠道出现真正的冲突。例如，Winn-Dixie超市连锁店就停止销售一些供应商的产品，原因在于这些供应商拒绝给Winn-Dixie提供与其他地区连锁店相同的价格。同样地，品牌如果在所有人都看得到的网站上对不同群体发布不同价格，常常会引起投诉。

如果买家知道议价对自己有利，那么议价所需的时间就会增加，这会增加销售成本并降低利润。如果议价失败，顾客也可能感到沮丧。例如，大多数汽车经销商使用弹性价格政策，并尽量争取最高的价格。缺乏经验、不会议价的顾客常常比经销商的底线价格多付几百美元。相比之下，车美仕（CarMax）通过为厌倦议价的顾客提供统一价格政策，赢得了很高的顾客满意度。

15.4　价格水平政策与产品生命周期

管理价格的营销经理必须有意识地制定价格水平政策。当产品进入市场时，需要设定可能会产生长期影响的市场导入期价格。营销经理必须考虑产品处于生命周期的哪个阶段以及进展速度如何，而且必须决定自己的价格相对于市场应该是高于、低于还是处于平均水平。

撇脂定价策略

撇脂定价策略试图以高价优先覆盖市场中支付意愿最强的消费群体，即需求曲线顶端的"精华部分"，之后再转向对价格敏感型客户。对于一项创新产品，当其处于市场导入期时，撇脂定价可以最大化利润，尤其是在替代品很少或目标客户对价格不敏感的情况下。如果对需求曲线的形态不太了解，撇脂定价也具备策略优势。先设定较高价格试水，遇到市场抵触再降价，可有效降低经营风险。

苹果推出第一代 iPhone 时就是这样做的。这款手机最初的售价是 600 美元，但客户反应冷淡，未能达到销售目标。几个月后，苹果将价格降至 400 美元，销量随即飙升。

价格沿着需求曲线下降

撇脂定价策略通常伴随着时间的推移缓慢降低价格，如图 15-5（a）所示。请注意，随着价格的降低，公司很可能正在寻求新的目标市场。因此，当价格水平沿着需求曲线向下移动时，可能也需要新的渠道、产品和推广政策。

移动通信服务最初就是这样做的。McCaw Cellular 是第一家将这项产品推向市场的公司。无线电话每分钟收费 1 美元，客户购买一部又大又笨重的手机大约需要 700 美元。在这些价格下，企业客户几乎是唯一感兴趣的购买者。随着时间的推移，更多竞争对手进入市场，价格下降，更多客户发现这项服务有价值。如今，价格低得多，移动通信服务已被普及。

渗透定价策略

渗透定价策略试图以一个低价销售给整个市场。当高端市场，即那些愿意支付高价的顾客群体规模较小时，这种方法可能比较明智。如图 15-5（b）所示，这种情况通常出现在需求曲线相当有弹性的情况下。如果能因为规模经济效应而降低成本，那么渗透定价就更有吸引力。如果公司预计在产品推出后很快将面临激烈的竞争，采取渗透定价策略可能也是明智的。亚马逊首次推出其 Echo 语音控制智能音箱时就采取这种策略。为了应对来自谷歌、微软和苹果的竞争，亚马逊以低价销售 Echo 音箱，抢占早期的市场份额，处于领先地位。

当然，即使是低价格也不可能将竞争对手永久挡在市场之外，产品生命周期总会向前推进。然而，在新市场中抢占先机的公司通常可以保持其优势。

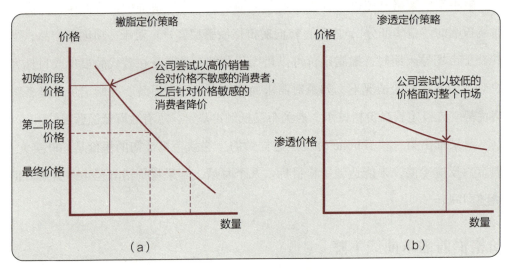

图 15-5 不同阶段的价格政策

市场导入期的价格政策

低价往往能吸引顾客并促使他们试用。因此，营销人员经常使用临时降价来加速新产品进入市场。但是，不要将临时降价与低渗透价格混淆。这里的价格政策是在市场导入期结束后尽快提高价格。希望到那时，目标顾客认为这个产品值得以高价再次购买。市场导入期价格促销应该是营销战略的一部分。例如，一些智能手机 App 的开发者知道，App 进入商店的"热门应用"列表能更吸引用户的注意力，从而带动下载。因此，一些 App 开发者会在发布 App 时将价格定得很低以鼓励大家下载，从而提高排名，之后再提高价格以增加利润。

营销人员经常以临时降价、市场导入期优惠券或以旧换新的形式来加速新产品进入市场并吸引顾客尝试。为了鼓励顾客试用其新的超市自提与送货服务，沃尔玛向顾客提供"首单立减 10 美元"的优惠。Hello Fresh 则向开通自动续订服务的新用户提供"16 份免费餐食"等更多优惠。这些商家预计顾客可能会因为觉得有风险而不愿意尝试新产品，通常只为新顾客提供这些折扣。沃尔玛和 Hello Fresh 相信，这些折扣会鼓励顾客试用，而随后的长期购买将在长期内实现盈利。

市场成长和市场成熟期的价格政策

成熟的竞争对手通常选择不跟进市场导入期价格促销。然而，一些竞争对手会以自己的短期促销价格来匹配市场导入期的优惠价格，以防止顾客到处比价。

在市场成长和市场成熟期，竞争开始对价格产生更大的影响。尤其是在成熟市场中，价格和利润率都面临下行压力。此外，当竞争对手可以快速复制新想法时，区分不同公司提供的价值可能并不容易。想想汽油市场，许多顾客觉得不同品牌的汽油差别不大。一家加油站选择涨价可能会导致销量大幅下降，降价则可能促使竞争对手也采取类似的降价措施，这会侵蚀利润，并可能导致整个行业的总收入下降。在这种情况下，除了跟进竞争对手价格，可能没有更好的选择。

销售衰退期的价格政策

在销售衰退期，新产品会取代老产品。当品牌在一个萎缩的市场中竞争时，除非具有很强的差异性，否则产品价格很可能会下降。与此同时，成本也可能下降。这种情况下，许多公司会减小促销力度，以便维持利润空间。

15.5　折扣政策

价格从标价开始

大多数价格结构都围绕一个基本价格表或标价来建立。基本标价是最终客户通常需要为产品支付的价格。在本书中，除非另有说明，"标价"均指基本标价。

折扣是标价的减让

折扣是卖方在标价基础上给买方的一种减让。买方之所以能拿到折扣，通常是因为他们放弃了产品的部分功能，或自己承担了这些功能。折扣对制定营销战略来说非常有用。在接下来的讨论中，请思考一下买方在获得每种折扣时，放弃或承担了哪些功能。

数量折扣

数量折扣是为了鼓励客户购买更多数量而提供的折扣。这使得卖方能获得买方更多的业务，将一部分仓储功能转移给买方，或降低运输和销售成本，或兼而有之。数量折扣有两种：累积数量折扣和非累积数量折扣。

累积数量折扣适用于在特定时期内（如一年）的购买量，并且折扣通常会随着购买量的增加而加大。累积数量折扣通过降低客户额外购买的成本来鼓励重复购买。这是培养客户忠诚度和持续关系的一种方式。例如，劳氏木材场可能会给那些无法一次性购买所有所需材料的建筑承包商提供累积数量折扣。劳氏木材场希望奖励承包商的惠顾并阻止其到处比价。

累积数量折扣对那些不想增加库存成本的企业客户通常很有吸引力。即使是单笔订单量可能不大，其也会因为购买总量大而获得奖励。

非累积数量折扣仅适用于单笔订单。此类折扣鼓励单笔订单量足够大，但在该次交易之后并不会将买方与卖方绑定。劳氏木材场可能会转售多家竞争制造商生产的绝缘产品，欧文斯科宁（Owens-Corning）则可能会通过提供非累积数量折扣来鼓励劳氏木材场储存更多其绝缘产品。

季节性折扣

季节性折扣是为了鼓励买方比当前需求所需的时间更早购买而提供的折扣。如果制造商使用这种折扣，往往会将仓储功能进一步转移给渠道下游。它也有助于平衡全年的销售额。例如，Kyota 为批发商提供较低价格的园艺旋耕机，条件是其在秋季（销售淡季）购买。

需求不规律或产能过剩的服务型企业经常使用季节性折扣。例如，一些旅游景点，如滑雪场会在平日客流量可能下降时提供较低的价格。

现金折扣

大多数 B2B 的销售都是以信用方式进行的。卖方通过邮件或其他电子方式寄送账单（发票），然后买方的财务部门会处理付款。一些企业依赖供应商提供临时的周转资金，因此，双方必须明确说明付款条件，包括现金折扣的适用条件，并理解常用的付款条款，这一点非常重要。

"净付款"意味着发票面值的款项需立即支付。这些条款有时会改为"净 10 日"（Net 10）或"净 30 日"（Net 30），意思是款项需在发票日期后的 10 天或 30 天内支付。

现金折扣是为了鼓励买方快速支付账单而提供的价格减让。现金折扣的条款通常会与净付款条款结合使用。"2/10，净 30"意味着如果买方在 10 天内支付发票款项，可以获得发票面值 2% 的折扣，否则需在 30 天内支付全部发票面值，并且通常会默认，在 30 天的免息期后将收取利息。

聪明的买家会仔细评估现金折扣。"2/10，净 30"这样的折扣乍一看可能不多，但这相当于买方只需提前 20 天付款，就能获得 2% 的收益。如果一家公司没有利用这个折扣，实际上相当于以每年 36% 的利率借款。也就是说，假设一年按 360 天计算，以 20 天为一个周期，就有 18 个这样的周期，公司可以在每个周期赚取 2% 的收益，18 乘以 2% 等于 36%。比如，一家公司如果每月都应付款 1 万美元，通过利用这个折扣每年可以节省 3600 美元。

功能性折扣

功能性折扣（或称商业折扣）是为了奖励渠道成员所承担的工作而给出的在标价基础上的减让。例如，制造商可能会给零售商一个 30% 的折扣，以弥补其承担库存以及提供有专业知识的销售人员来展示产品所需的成本。类似地，制造商可能会给批发商一个建议零售价 30% 再加 10% 的链式折扣。在这种情况下，批发商可能会将那 30% 的折扣转给零售商。

15.6 补贴政策

补贴，类似于折扣，是给予最终消费者、企业客户或渠道成员的一种减让，原因在于其做了一些事情或者接受了某些服务或配套产品的缺失。

广告补贴

广告补贴是给渠道成员的一种价格减让，目的是鼓励其在当地宣传或以其他方式推广供应商的产品。例如，索尼可能会给其零售商销售额 3% 的广告补贴，而零售商需要将这笔补贴用于当地的广告宣传。

仓储补贴

仓储补贴，有时也称作上架费，是给中间商的一种补贴，以便产品能够获得足够的货架空间。例如，制造商可能会向零售商提供现金或免费产品来推销新产品。仓储补贴通常用于让连锁超市销售新产品。如果供应商能弥补超市的处理成本并控制风险，超市就愿意为新产品提供货架空间。有了大额的仓储补贴，即使新产品上市失败了，制造商蒙受损失，中间商也有机会赚取利润。

推销佣金

推销佣金（或称奖金）是由制造商或批发商提供给零售商，再由零售商转给其销售人员的，目的是鼓励销售人员积极推销某些特定产品。推销佣金常用于新产品、销售缓慢的产品或高利润产品，例如家具、服装、电子产品和化妆品等。例如，销售人员每卖出一台新款松下 DVD 播放器，就可能获得 5 美元的佣金。

以旧换新补贴

以旧换新补贴是指顾客购买类似新产品时，用旧产品置换的方式获得新产品的价格优惠。以旧换新为营销经理提供了一种简单的方式，可以在不降低标价的情况下降低实际价格。有时，制造商希望将旧产品从市场上撤下，或将其转移到新的市场。苹果为 iPhone 提供了以旧换新补贴，并将旧型号的手机销往那些购买新手机吃力的欠发达国家。

15.7 不同的价格政策

营销经理经常使用不同的价格策略来促使顾客采取行动。本节将探讨实现这一目标的不同方式。

特价促销

特价是相对于标价的一种临时折扣，是为了鼓励顾客立即购买设置的。换句话说，为了获得特价，顾客放弃了他们想买就买的便利，而选择在卖方希望卖的时候购买。

特价促销为营销经理提供了一种快速应对市场变化的方法，而无须改变基本的营销战略。例如，零售商可能会利用特价来清理库存或应对竞争对手的价格。

近年来，特价促销变得越来越普遍。一些零售商打折促销的频率太高了，以至于消费者会推迟购买决定，直到有促销活动时再购买。还有些消费者会查看各个线上购物平台，看看他们想要的产品是否在某个地方打折销售。虽然制造商和零售商可能会看到销售额的增长，但频繁变动的价格可能会削弱消费者的品牌忠诚度。当忠于某个特定品牌的消费者看到竞争品牌价格更低时，他们可能会尝试竞争品牌。很快，他们可能就会对多个品牌都忠诚。这种情况在冷食谷物早餐和其他方便速食产品市场中频繁发生。为了避免这些问题，一些销售方便速食产品的公司会设置日常低价，而不是依赖频繁的促销、折扣或补贴。一些超市就采用了这种方法。

特价促销应谨慎使用，并应与深思熟虑的价格目标和政策保持一致。如果一个营销经理不断使用特价促销来调整价格，可能说明他在设定正常价格或创造具有可持续竞争优势的营销组合方面做得不够好。

优惠券或返利

一些制造商和零售商通过包装、邮件、广告、店内或在线分发优惠券的形成提供折扣（或免费商品），消费者向零售商出示优惠券即可获得标价的减免。增长最快的优惠券发放方式是在线，消费者可以在线搜索优惠券，直接添加到他们的商店会员卡中，或者只需在线下单时输入折扣码。这在消费品行业尤其常见，但在其他行业，优惠券的使用也在增多。

返利是针对性降价的一种变体，即在购买后支付给消费者的退款。消费者通常需要提交一些文件或在线申请才能获得返利。一些汽车制造商提供 500 ～ 6000美元的返利，以促进滞销车型的销售。返利也用于低价商品，比如金霸王电池、罗技网络摄像头和保罗·马森葡萄酒。返利是制造商提供短期降价以刺激销售的一种方式。

优惠券和返利让制造商能够确定是最终消费者获得了价格减让。如果返利金额只是从向中间商采购的价格中扣除，中间商可能不会将节省下来的优惠返给消费者。

把优惠给那些真正想要的人

优惠券和返利还帮助营销经理解决了另一个问题。虽然营销经理通常更希望以标价销售，因为这样利润最高，但他们也意识到有些顾客只会在价格更低时购买。在他们理想的世界里，那些愿意支付高价的顾客支付高价，而那些只愿意以较低（但仍有利可图）的折扣价购买的顾客则支付较低的价格。卖方从支付高价的顾客那里赚取高额利润，同时也从只愿意以较低价格购买的顾客那里获得少量利润。

为了实现这个目标，公司可以利用优惠券或返利来细分市场。那些追求便宜的顾客（其中大多数只会在价格较低时购买产品）会花费时间和精力去寻找优惠券和填写返利表格。而那些更看重整个营销组合（也许更看重他们自己的时间）的顾客则会支付全价。他们不需要额外的优惠激励，也不会主动去寻找折扣。因此，通过细分市场并分别针对每个群体采用不同的价格政策，营销经理可以增加总利润。

融资将"价格"转化为"分期付款"

有些客户在能够延迟付款或分期付款时会受到激励并采取行动。为此，许多公司会设定包含某种融资形式的价格政策。对于那些无法一次性支付全部费用或偏好分期支付的买家，某种形式的分期付款可以成为价格政策的一部分。分期付款通常包含定期小额还款，并附带利息。汽车、房屋和高等教育等大额支出通常都是通过融资进行的。消费者如果无法一次性支付 2 万美元购买一辆新车，可以每月支付 300 美元。工业品也可以分期付款，这有助于维护企业的现金流。融资可以将高昂的价格转化为看起来更易承受的金额。

信用卡消费

信用卡也能促使顾客采取行动。信用卡和借记卡为顾客提供了许多便利。对一些顾客来说，刷卡很方便，因为他们不必携带大量现金。同时，他们也能更轻松地进行在线购物。信用卡还提供了一个额外的好处，就是允许顾客分期支付购物款项，并产生额外的利息。零售商通常接受使用信用卡，并为这项服务支付该笔销售收入一定比例的手续费。一些零售商也积极推广其自有品牌的信用卡，因为持有商店信用卡的顾客通常会在该商店消费更多。宽松的信用条款，比如"一年内免息"，也能刺激消费。有些信用卡根据顾客的消费金额提供现金返利或旅行福利。

信用卡带来的道德困境

信用卡公司和零售商让消费者更容易购买他们当下负担不起全部费用的商品，这也引发了一些道德问题。当信用卡的未偿还金额产生非常高的利息时，问题会变得更加严重，这会显著增加消费者最终支付的价格。更糟糕的是，这让许多低收入消费者陷入债务困境。

融资为发展中市场提供了机遇

如果顾客将融资用于储蓄或投资未来，这会是一个负责任的决定。例如，在许多国家，穷人往往难以存下钱，原因可能包括资源有限、银行服务不完善，或者受到文化习俗的影响。由于存不到钱，这些顾客就很难购买那些能够改善生活的大件物品。

以对孩子教育的投资或者增加工作时长为例，非洲和拉丁美洲的许多村庄没有接入电网，当地人晚上工作或学习时，可能只能依靠煤油灯照明。煤油灯不健康，不环保，甚至也不比用电便宜，但他们别无选择。虽然不少人听说太阳能具有更高的价值，但对他们中的大多数人来说，安装一套50～100美元的小型太阳能屋顶系统还是难以负担的。于是，许多太阳能供应商推出了分期付款计划。顾客可能只需支付10美元的安装费，然后每周支付1.50美元（相当于煤油单价的一半），持续一年或两年。这种付款方式为太阳能供应商开拓了新的市场，也提升了当地人民的生活质量。

移动支付

移动支付是指在购物付款时，通过手机或平板电脑等移动设备来完成。像信用卡一样，移动支付为顾客带来了极大的便利，提升了购物体验，从而可能促使消费者购买更多商品。随着人们越来越习惯这种支付方式，许多零售商也纷纷提供这项服务。

在美国和欧洲，移动支付的推广速度相对较慢。提供移动支付服务的公司越来越多，如星巴克、Chase Pay、PayPal、Venmo以及Apple Pay等。然而，由于各商家支持的支付方式不同，顾客可能不得不在星巴克、沃尔玛和麦当劳使用不同的应用，这使得原本应有的便利性大打折扣。即便如此，随着时间的推移，很可能会有几家大型服务商占据主导地位。

相比之下，在中国和许多发展中国家，移动支付的使用已经非常普遍。在中国，移动支付最初是为了方便人们在线购物而兴起的，最受欢迎的移动支付服务来自领先的在线零售商，比如阿里巴巴的支付宝和腾讯的微信支付，二者占据了超过九成的市场份额。这些支付系统的设计非常便捷，收款方无须额外购买硬件设备，只需展示一个独特的二维码，顾客用手机扫描二维码后，输入支付金额即可轻松完成付款，这极大地推动了移动支付的普及。如今，人们习惯用手机完成几乎所有交易，无论是网购、买菜、打车、租用共享单车，还是在餐厅结账。

租赁

让客户获得产品使用权的一种方式是签订租赁协议。通过租赁，客户可以在特定时间内拥有某物的使用权，而作为代价，他们需要定期支付费用。这意味着客户不获得产品的所有权，而只是支付使用费，本质上就是租用产品。租赁在租住公寓中很常见，许多人也会选择租车。一些企业在预计不会长期使用某件物品，或者出于税务优势考虑时，也会选择租赁。定期支付的租赁费用通常低于购买它的分期付款费用，而且客户使用完产品后，无须操心如何处理，只需将其归还给物主。

谁来支付运费

许多商品必须从商店或生产地运送到顾客的家中或经营场所，顾客通常将涉及的运费视为价格的一部分。企业可以选择将运费包含在价格中（免费送货）或作为额外费用收取。

"谁来支付"这个问题的答案通常遵循行业惯例。在大多数的 B2B 的商品交易中，关于哪一方支付运费存在行业规范。卖方必须了解顾客的预期，否则额外的运费可能会导致顾客不满或在最后一刻放弃交易。

这就是顾客刚开始在网上购物时发生的情况：许多人在到达结账页面时，发现运费用出乎意料地高，于是决定放弃购买。因此，现在许多在线零售商提供某种形式的免费送货。在线零售领域已经形成了一种规范，即大多数公司至少在达到一定购买金额时提供免费送货服务。这类优惠也能鼓励顾客购买更多商品。其他公司（如亚马逊 Prime）则通过收取年费来提供免费送货服务，这类优惠政策使顾客认为自己已经支付过运费，所以后续将集中在同一家公司购买。这两种类型的优惠类似于本章前面介绍的累积和非累积数量折扣。

从实体零售商那里购物时，顾客通常愿意支付运费。顾客接受支付运费将洗衣机从商场运到家中，或者将比萨从必胜客送到家里。在这些情况下，公司提供免费送货的意义不大，因为这会侵蚀利润。

在当今激烈的市场竞争中，营销经理必须寻找方法来提升顾客从公司营销组合中获得的价值。新加坡的在线零售商 Shopee 使用免费送货策略，而当达美乐比萨遇到配送员短缺的问题时，则为选择自取比萨的顾客提供 3 美元的优惠。

15.8 价格政策的组合影响顾客价值

从顾客的视角看价格

从顾客的视角来看，价格和价格政策共同影响着顾客价值。因此，当我们谈论"价格"时，实际上是在谈论定义真实价格水平的整套价格政策。卓越的价值不是基于比某个竞争对手有更低的价格，而是基于整个营销组合。

价值定价法带来卓越的顾客价值

聪明的营销经理会寻求通过组合各种价格决策来实现价值定价法。价值定价法指的是，为一套能真正为目标市场提供卓越顾客价值的营销组合，设定一个公平合理的价格水平。

价值定价法并不只是意味着低价（那种质量差或配置简陋的低价），也并非单纯追求高声望（那种没有优质的商品和服务做支撑的高声望）。恰恰相反，它的核心在于关注顾客的实际需求，以及整个营销组合如何有效地满足这些需求。

本田就是成功实践价值定价法的典范。他们针对不同目标市场提供不同的营销组合。从售价 2.3 万美元的本田 HR-V，到 3.2 万美元的本田奥德赛商务车，再到 3.8 万美元的本田 Ridgeline 皮卡，本田始终以合理的价格提供高质量的产品。在快餐业，温蒂汉堡（Wendy's）是首批推出"1 美元菜单"的公司之一，这为其赢得了良好声誉。

践行价值定价法的企业会信守对顾客的承诺。他们会努力通过提供一些意想不到的服务等方式给顾客带来惊喜，因为这能提升顾客感受到的价值并增强忠诚度。如果顾客不完全满意，他们通常会提供退款。他们不会设定那些仅仅因为品牌知名度高而不切实际的高价，而是注重建立长期的顾客关系，吸引顾客不断回购。

多数市场中都存在价格选择

有些营销经理未能充分认识到价值定价法的优势。他们听经济学家说，在完全竞争市场中，产品定价高于或低于市场价是愚蠢的。但大多数公司并非在完全竞争的环境下运营的，因为在完全竞争市场中，各公司提供的产品是完全一样的。

大多数公司处于垄断竞争市场中，产品和整个营销组合各不相同。这意味着，其实存在多种定价选择。有些公司的定价明显高于市场平均水平，它们甚至会以此为傲。蒂芙尼（Tiffany）就以"全球最昂贵的珠宝店之一"而闻名。而另一些公司则在营销组合中强调低于市场平均水平的价格，比如沃尔玛和乐购等折扣店和大型综合超市。它们甚至会用朗朗上口的口号来宣传，例如"保证最低价"。

界定目标市场与竞争对手

在制定价格政策和实践价值定价法时，尤其是在进行价格比较时，要明确界定相关的目标市场和竞争对手。

以沃尔玛为例，沃尔玛的电视等电子产品价格可能较低，但商店销售人员的专业知识较少，产品选择也较少，产品并且不提供新电视的安装服务或设置帮助。沃尔玛可能吸引那些在不同大型综合超市之间比较价格和价值、注重预算的顾客，但专业电子产品商店吸引的是不同的顾客，二者可能不是直接的竞争对手。

持这种观点的电视制造商可能会提供给专业电子产品商店一些沃尔玛没有的型号，以确保顾客不会认为这两家商店之间唯一的区别就是价格。此外，专业电子产品商店需要清晰地向其目标市场传达它如何提供卓越的价值，而沃尔玛肯定会宣传其低价的优势。如果顾客只听到这一点，他们就会认为二者之间除了价格没有其他区别。专业零售商必须强调其专业性、产品选择的多样性，或者其产品线卓越的性能，这样，看重这些差异的目标顾客就知道要去专业零售商那里购买。

差异化赢得溢价

因为市场竞争非常激烈，所以许多营销人员常常轻易地放弃努力，简单地复制竞争对手的产品定价。一般来说，营销经理通常总有办法让产品实现差异化，即使这种差异化是竞争对手认为不重要的细微之处。有创意的品牌会通过差异化来收取更高的价格，以体现顾客认为这种差异化所带来的额外价值。顾客感知的价值可以用溢价来衡量，即价格高于基准价格的百分比。这个基准价格可能有所不同，但通常代表市场上所有竞争产品价格的平均水平。

营销经理可能会寻求通过增加产品的感知价值来实现差异化。如果成功做到这一点，营销经理就能够为产品设定更高的价格，并有可能获得更高的利润空间。

为了说明这个例子，我们来看看Raj Parva所做的分析，他是英国Method品牌洗洁精的营销经理。假设市场中只有以下几个品牌。

Fairy：市场领导者，全国知名品牌。

Sunlight：全国知名品牌。

Dealer：经销商自有品牌，强调低价。

Method：全国知名品牌，以包装设计和环保产品闻名。

表15-1显示了Raj Parva计算的溢价。他首先计算出市场中每升洗洁精的平均价格是3.59英镑，并将此作为基准价格。溢价是基于将每个品牌的平均价格与此基准进行比较得出的。溢价 =(品牌每升平均价格 - 基准价格)/基准价格，利用这个公式，他计算出了上方所列品牌的溢价水平。

表 15-1　各品牌的溢价水平

品牌	销量（升）	每升平均价格（英镑 / 升）	年销售额（英镑）	溢价水平
Fairy	115	4.01	461	11.7%
Sunlight	64	3.83	245	6.7%
Dealer	71	2.41	171	−32.9%
Method	24	4.42	106	23.1%

顾客对品质的感知

价格也会影响顾客如何看待产品质量。在没有其他信息的情况下，大多数顾客会将更高的价格与更高的品质联系起来，更低的价格也就对应着更低的品质。所以，营销经理应该意识到，将价格定得比竞争对手低，可能会让顾客误以为产品质量不佳。

在线眼镜零售商 Warby Parker 在创业初期就考虑到了这个问题。Warby Parker 最初的商业计划是将通常售价 500 美元的眼镜卖到不足 50 美元，觉得这个价格也能实现盈利。然而，经过深思熟虑，Warby Parker 的创始人担心如此大的价格差距可能会对顾客关于其产品质量和验光相关服务的认知产生负面影响。果不其然，研究表明，低于约 100 美元的价格会引起顾客对质量的担忧。因此，他们将眼镜的价格定在 95 美元，用多出来的利润提供更好的服务。例如，他们推出一个"居家试戴计划"，允许顾客免费申请最多五副镜框，在家试戴五天，然后退还镜框。即使很多在线竞争对手的价格只有 Warby Parker 的一半，Warby Parker 也依然赢得了顾客的信任，并因此保持了良好的发展。

价值定价法契合市场导向的战略规划

有时营销经理可能确实束手无策，几乎无法构建差异化的营销组合。然而，大多数营销经理拥有很多选择，可以调整营销组合所有要素的战略决策，而不仅仅是价格，从而为目标顾客提供卓越的价值。

价值可以具有社会和道德维度

价值是一种主观评价，因人而异。当社会需要分担部分价格时，价值的考量会变得更加复杂。许多涉及政府参与的项目就是这种情况。例如，修建新的公路或学校是否是一项好的投资？所有纳税人都贡献了力量，但只有部分人受益。

这个问题在医疗保健领域同样存在。随着人口老龄化问题增加和医疗成本的上升，价值在医疗保健讨论中日益受到关注。医疗保健领域的突破性创新既有成本也有收益，这给社会如何衡量它们的价值带来了挑战。

为生命定价

多活一天、一个月或一年，其价值几何？这些是医生、患者和公共政策制定者必须做出的考量。延长生命的治疗往往非常昂贵，而大部分费用由保险公司和政府承担。随着美国人口老龄化加剧，医疗保健支出金额不断攀升。

几年前，纪念斯隆－凯特琳癌症中心的医生们做出了一项重大决定：他们决定抵制用于治疗结直肠癌的药物 Zaltrap。使用 Zaltrap 三个月的费用超过 3 万美元，是同样有效的竞品治疗方案的两倍多。这两种药物，都能为患者延长平均 42 天的生命，且副作用相似。仅仅因为成本原因就决定从医生们的治疗选项中移除一种可能延长生命的药物，这在当时是闻所未闻的。

或许这个选择本不该是什么大不了的事。在大多数产品市场中，一个同样有效但价格是竞品两倍的产品根本就没有市场价值，甚至都不会被推向市场。但这毕竟是医药领域。当面临危及生命的疾病时，患者和医生在决定治疗方案时，往往不愿考虑成本因素。

当没有等效的治疗方案时，价值的问题变得更加复杂。以诺华公司的"奇迹药丸"为例，它用于治疗一种罕见的癌症——慢性髓细胞性白血病。使用该药后，病人的 10 年存活率高达 80%，并且目前没有同样有效的竞品。但患者（及其保险公司）每年需承担的费用高达 10 万美元，而且是每年都得支付。

吉利德（Gilead）科学公司有一种突破性药物，其治愈丙型肝炎的成功率高达 95%。该疗程的费用为 8.4 万美元；为期 12 周的剂量折合下来，每片药的费用为 1000 美元。一种价格较低的竞品治疗方案副作用严重，且无法治愈那么多患者。吉利德科学公司声称，从长远来看，前者药物的使用能为医疗系统节省资金，治愈的丙肝患者将不会经历该疾病带来的长期损害，包括肝脏瘢痕、肝硬化、癌症和器官衰竭等。

制药公司在研发以及将新产品推向市场方面投入数亿美元，还有许多新产品研发项目在中途就失败了。高昂的价格旨在弥补这些成本并保障未来能够有新的突破。批评人士则质疑这些公司是否在利用其所处的特殊境地，质疑这样的价格对个体和社会而言是否合理，毕竟最终大部分费用是由社会来承担的。

15.9　价格政策的合法性

本章讨论了许多价格政策，然而，有些价格政策会受到政府立法的限制。理解立法的首要一步是了解立法者的思路。我们将重点关注美国的法律，但大多数国家也有类似的法律，营销经理甚至可能会发现有些国家的法律限制更多。英特尔就曾因低价的恶性竞争，被欧洲监管机构处以 14.5 亿美元的罚款。

最低价格有时受到管制

《不公平贸易行为法案》（*Unfair Trade Practice Acts*）对价格设定了下限，特别是在批发和零售层面。美国有超过一半的州通过了相关法律。在这些州，低于成本的销售是违法的。批发商和零售商通常被要求在商品生产成本和运输成本的基础上，设定最低的百分比加价。这些法律的实际作用是保护某些商品种类有限的食品零售商（例如奶制品商店），使其免受超市可能带来的破坏性竞争。

美国和大多数其他国家通过反倾销法控制进口产品的最低价格。倾销是指在外国市场销售产品的价格低于生产成本，或低于其在国内市场的价格。这些法律通常旨在保护本国的生产者和从业者。

监管机构可以设定价格

在一些竞争较少的行业，监管机构可能会控制价格。例如，许多公用事业（如电力和天然气）几乎没有竞争，因此州政府通常会设立一个委员会来管理它们的定价。为了确保所有公民都能负担得起汽车保险，大多数州也会控制汽车保险费率。不过，为了维持竞争，在定价领域仍有一些重要的规定。

首先，不能谎报价格。在美国，联邦贸易委员会负责保护消费者，包括防止定价方面的欺骗行为。《惠勒 - 利法案》（*Wheeler-Lea Act*）禁止"商业中的不公平或欺骗性行为"。

一种可能违法的情况是划线定价，即零售商向顾客展示当前价格，同时划掉原价，比如现价 9.99 美元，原价 15.99 美元。虽然这向顾客传递了一个信号——"哇，真划算"，但这可能不是真的。如果被划掉的价格从未真正使用过，那么这种做法可能构成欺骗并违反法律。2017 年，加拿大就因此类欺骗行为对亚马逊处以 100 万美元的罚款。

其次，价格操纵是非法的。定价困难以及违反定价立法的情况，通常发生在相互竞争的企业的营销组合非常相似的情况下。当整个营销战略的成功依赖于价格时，企业就会因为压力（或诱惑）与竞争对手达成协议（密谋）。而价格操纵是很常见且相对容易的，即和竞争对手联合起来抬高、降低或稳定价格，但这在美国是违法的。根据《谢尔曼法案》（Sherman Act）和《联邦贸易委员会法案》（Federal Trade Commission Act），这被视为"共谋"。为了制止价格操纵，企业和个人经理都要承担责任。在一个案例中，某公司的一名高管被判处三年监禁，公司被罚款1亿美元。不同国家对价格操纵的规定不同，这在国际贸易中造成了一些问题。例如，日本允许价格操纵，特别是如果这有助于增强日本制造商在世界市场上的地位。

制造商通常会建议一个零售标价，然后由零售商在当地市场决定售价。事实上，法院一直禁止制造商规定其商品可以销售的最低价格，认为这也是一种价格操纵形式，违反《谢尔曼法案》。然而，美国最高法院的一个案例改变了这一规定。案例中零售商一直在对制造商的产品进行折扣销售。为了阻止低价销售，制造商停止向零售商供货，于是零售商提起诉讼，声称零售商应有权自由设定价格。然而，制造商称其策略侧重于通过优质的服务和广告来建立品牌声誉，如果零售商获得的利润过低，则不足以支持这种服务水平。同时，如果零售商无视其策略并降低产品的价格，其他零售商也会效仿。法院支持制造商，这一裁决标志着一个重要的变化：法律赋予了制造商更多控制零售定价的权力。

最后，避免价格歧视。由于价格歧视法律复杂且违反者面临严厉处罚，许多企业经理都采取稳妥的做法，即提供很少或不提供数量折扣，并对所有客户采用相同的基于成本的价格。这种做法过于保守。但在考虑差异化定价时，企业可能需要和律师共同讨论。

第十六章

定价方法

三星的定价方法

在 20 世纪 90 年代，美国消费者将三星视为大宗电子产品的二线制造商，但其只以廉价的微波炉和彩电闻名。公司的利润率微薄，甚至在 20 世纪 90 年代末的亚洲经济危机期间还出现了亏损。三星认为，通过开发更丰富的产品线，并明确区分产品间的差异，公司可以获得更高的利润率。于是，三星决定重新进行定位——一家以创新和设计而闻名的高质量的制造商。

三星在世界各地建立了产品设计工作室，打造了更加极致的全球化企业文化，并快速将新技术推向市场。这种战略上的变化取得了极大的成效。三星现在是世界上最大的消费电子产品公司之一，在许多产品类别中拥有领先的市场份额，并以质量和设计著称。电视市场是一个缩影，展示了三星在消费电子产品领域中引起的翻天覆地的变化。下面来看看电视的发展如何影响三星的营销战略规划，尤其是在定价方面。

20 世纪 90 年代，三星是计算机显示器和平板电视使用的液晶面板的主要制造商。事实上，三星还在电视市场上向许多竞争对手出售液晶面板。由于生产电视所需的大型液晶面板成本高昂，因此液晶面板的价格很高。

2001 年，平板电视的平均价格约为 1 万美元。在该价格水平下，消费者的需求是有限的。在接下来的几年里，随着液晶屏幕价格下降，消费者的消费兴趣呈现上升的趋势。三星开始通过百思买和电路城等电子产品连锁店销售其平板电视，这有助于降低销售成本，更重要的是，生产中的规模经济也能进一步降低公司的成本和价格。

液晶面板供应商预估未来电视市场会出现快速增长，投资了数十亿美元的新工厂，为越来越大的电视屏幕生产液晶面板。供应商（包括三星）希望这些投资可以获得可观的回报，所以它们秘密设定价格（后来被判犯有操纵价格罪），还试图通过定价激励来获取销量。但是，这些努力并没能阻止液晶面板的价格下降，而且进入一个完全竞争并竞争激烈的市场，价格的下降速度更快。

到 2005 年，三星 30 英寸高清液晶电视的价格已跌至 3000 美元以下。不过，类似尺寸的管式电视的售价不到 800 美元，所以液晶电视消费市场的需求量仍然有限。但是这项新技术得到了零售商的大力支持，因为它们的利润率高达 30%。三星不断突破技术限制，并以其高质量、超薄的液晶电视而闻名。而且，由于三星为自己的电视生产液晶面板，所以其成本能低于大多数竞争对手。三星就是利用这一优势来向消费者提供较低价格的液晶电视并占据市场份额的。

在接下来的几年里，三星看到了近 100 个新的竞争对手进入了这个市场。尽管大多数的竞争对手都在短时间内破产，但是 Vizio 找到了解决方案。Vizio 自己负责设计和营销，并将生产工作委托给了中国代理制造商。因此，其管理成本还不到销售额的 1%，反观三星的管理成本却占销售额的 10% ~ 20%。但是为了获得市场份额，Vizio 接受了仅为 2% 的微薄利润率，该利润率远低于三星的预期回报。事实上，Vizio 并没有试图生产拥有最先进的视频标准或技术的电视。它只是针对不同消费群体，分别生产一款最受该群体欢迎的平价电视。这一策略使 Vizio 在零售领域具有显著的价格优势，并帮助其在沃尔玛和好市多等折扣店获得了分销机会。Vizio 没有进行广告推广，它把推广工作留给了那些发现 Vizio 低价优势的零售商。

零售商也向三星等其他电视制造商施压，要求其降价。这引发了一场价格战，液晶平板屏幕的价格在不到一年的时间里下跌了 40%。随着时间的推移，大多数低价竞争对手离开了市场，价格趋于稳定。然后，三星和索尼实施最低价格策略，试图减少竞争对手针对零售商的竞争。三星向零售商保证了更可观的利润率，但最后它放弃了该计划，因为它担心市场份额会受到松下和 Vizio 的抢占。

很快，零售商陷入销售窘境，即"卖 2000 美元，赚 10 美元"。这个市场对价格的持续关注有可能会把电视变成这样一种商品——品牌和功能并不重要，价格才是最重要的决定因素。即使面对这样的趋势，三星也继续专注于创新，向消费者提供一系列高品质的电视。例如，它有 65 英寸的电视，建议零售价从 549.99 美元到 2599.99 美元不等。三星知道，创新一系列的电视，并把消费者转移到其产品线中价格更高的机型，自己的利润率和零售商的利润率都会有所提高。它的创新技术之一是画框电视——一台薄薄的墙挂电视，当它挂在墙上时看起来像一幅画，屏幕上可以显示艺术品、图片、电视节目和电影。三星会倾听消费者的意见，并试图预测他们的需求。例如，它的智能电视就有内置的互联网连接和应用程序，可以方便地使用奈飞等服务，甚至现在连 TikTok 也可以在电视上浏览。三星的 QLED 8K 电视的价格很高，因为这是为电视发烧友准备的超高品质机型。

如何向消费者宣传电视的新功能呢？这一直是三星和其他公司在这个市场上面临的一个挑战。三星不断创新，竞争对手也紧随其后。虽然三星继续占据电视市场中超过 30% 的份额，但它持续受到来自 Vizio 和阿尔卡特等平价电视的冲击，同时其市场份额也面临来自松下、索尼和 LG 的激烈竞争。因此，三星不断有效地调整其营销战略，包括价格，以使消费者获得良好的体验，这样一来，零售商和三星自身也能获得可观的利润。

价格设定是一个关键的战略决策

第十五章讨论了价格目标和价格政策，描述了价格决策的不同维度以及它们如何结合起来为顾客创造价值。本章基于这些概念，提供额外的框架，帮助大家理解营销经理如何设定价格。

设定价格的方法有很多，但简单来说，它们可以归结为两种基本方法——成本导向的定价法和需求导向的定价法。本章首先讨论成本导向的定价法，因为它们最为常见。此外，还需要理解依赖成本导向的定价法存在的问题，意识到营销经理在做出好的定价决策时，必须考虑顾客需求和价格敏感度，其次讨论需求导向的定价法，最后讨论产品线定价。

格力电器的定价方法

格力电器在国内市场的定价策略，始终以品质为根基、渠道为纽带、灵活调整为手段，构建了一套兼具韧性与效率的价格管理体系。

当行业深陷库存高压与价格混战的困局时，格力在 2019 年"双 11"发起了一场精准的战略行动：针对"俊越""T 爽"等当季新品系列，将变频空调价格降至 1599 元（降幅约 40%），定频空调低至 1399 元，并严格限定 24 小时促销时间。这场看似激进的降价实则目标明确，即清理高库存以应对新能效标准实施，挤压行业偷工减料的劣质产品的生存空间，同时测试线上渠道的爆发力。其效果远超销售数据本身：在引发同行跟进降价的同时，加速了行业劣质产能的淘汰，而格力自身并未陷入长期低价陷阱，始终维持技术溢价的基本盘。

支撑短期价格弹性的，是格力对渠道体系的深度重构。传统家电行业依赖"总部—省级公司—代理商—经销商"的多级分销模式，导致终端加价率高达 20%~30%。格力率先打破这一桎梏：将省级销售公司利润率压缩至 2%，基本取消代理商层级，实现商品直供经销商。被压缩的中间成本并未流入企业的利润池，而是通过返利机制反哺终端——经销商销售中高端机型可获得更多返利。配合全国统仓统配的物流体系与数字化网批平台，格力真正实现了"全国统一定价，全渠道利益共生"。

这种价格调控能力的底层支撑，源于格力对产业链的垂直整合。通过自建凌达压缩机生产线、掌控核心电机技术，其关键部件摆脱外部依赖；规模化集采铜材等原材料，甚至将富余原料转售创造营收，本质是以供应链控制力对冲成本波动。当同行因原材料涨价被迫提价时，格力却能借力成本优势实施战略让利。例如，2020 年直播带货测试新品定价策略，单场销售额突破 450 亿元，验证了技术厚度赋予的价格自由度。

纵观格力定价体系的演进，其本质可概括为：以技术为锚定义价值高度，以渠道为杠杆平衡短期弹性，以成本控制为根基守护长期竞争力。

无论是"双 11"的限时让利，还是渠道改革的利益再分配，始终围绕官核心准则——对完美质量的执念，才是唯一的游戏规则。当行业在价格战中内卷消耗，格力用二十年实践证明：真正的定价权，永远生长在品质的土壤之上。

16.1　一些公司只使用加成定价

加成定价法

包括大多数零售商和批发商在内的一些公司，通过使用加成定价法，即在产品成本的基础上增加一定的金额来得出售价。例如，假设一家 CVS 药店以 3 美元购进一瓶潘婷 Pro-V 洗发水和护发素。显然，这家药店必须以高于 3 美元的价格销售潘婷 Pro-V 才能实现盈利。如果它增加 1.5 美元来覆盖运营成本并获得利润，我们就说这家店对这件商品加价了 1.5 美元。

然而，加成通常以百分比表示，混淆由此产生。在 3 美元的成本基础上加价 1.5 美元，是 50% 的加成吗？还是加成应该以售价 4.5 美元为基准计算，因此是 33.3% 呢？这就需要一个明确的定义。

加成百分比基于售价

除非另有说明，通常加成（百分比）指的是占售价的百分比。因此，在 4.5 美元的售价中，1.5 美元是加价，加成百分比就是 33.3%。为了方便，加成通常与售价挂钩。

但请注意，在某些行业，渠道各个层级的加成可能是基于购进价格计算的，按成本计算加成的想法本身没有问题，重要的是要清楚地说明使用的是哪种加成百分比。但为了保持一致性，本书都采用基于售价的定义和计算方法。

标准加成百分比

许多中间商会选择一个标准加成百分比，然后将其应用于所有产品，这样定价更加容易。普通零售商和批发商经营的产品种类之多，同时任何单一产品的销量之小，采用这种方法可能是合理的。花费时间（无论是每日还是每周）为库存中的每一件产品寻找最优价格可能不太现实。

此外，从事同类业务的不同公司通常使用相同的加成百分比。这是有原因的：它们的运营成本通常相似。因此，它们认为只要标准加成足以覆盖公司的运营成本并有合理的利润，就是可以接受的。

渠道定价可能使用加成链

渠道中的不同公司通常使用不同的加成百分比。加成链，即渠道中不同层级的公司使用的加成序列，决定了整个渠道的价格结构。加成是在渠道的每个层级基于售价计算的。

例如，百得公司无线电钻的售价是批发商的成本，批发商的售价就成了五金零售商的成本。而这个成本加上零售商的加成，就构成零售价。每个加成部分都应该覆盖业务运营成本并提供利润。在这个例子中，电钻的生产成本是 43.2 美元，制造商采取 10% 的加成，以 48 美元的价格销售产品。这里的加成是 48 美元的10%，即 4.80 美元。制造商的售价（48 美元）成为批发商的成本，如果批发商习惯于在售价基础上加成 20%，那么批发商的售价就是 60 美元。这 60 美元成为五金零售商的成本，而习惯于加成 40% 的零售商会增加 40 美元，零售售价就变成100 美元。

高加成不一定意味着高利润

有些企业，包括许多传统零售商，认为高加成意味着高利润，但这往往不是事实。高加成可能导致价格过高，最终导致只有很少的顾客会购买。如果企业卖得不多，无论单件商品的加成有多高，也不会有多高的利润。所以，高加成不一定意味着高利润。

加成和库存周转率很重要

然而，一些零售商和批发商会努力加快库存周转速度以增加利润，即使是需要降低单件商品的加成。沃尔玛可能会对一盒麦片加价 0.5 美元。如果这种规格的麦片一年卖出 1 万盒，那么沃尔玛就能赚取 5000 美元。售价 24.99 美元的烤面包机，沃尔玛的加成可能是 5 美元。如果沃尔玛一年卖出 200 台这种烤面包机，就能赚取 1000 美元。重要的是要认识到，加成与库存周转率结合起来，才能决定产品实际赚取的利润。

大批量商品零售商的一惯做法是，他们对畅销商品设定较低的加成，而对销售频率较低的商品设定较高的加成。库存周转率是高还是低，通常取决于所处的行业和具体商品。

在好市多，加成服务于公司宗旨

好市多的使命是"持续为我们的会员提供优质商品和卓越服务，并尽可能降低价格"。有时，这个宗旨会受到考验。公司有一项政策：所有 Kirkland 品牌商品（好市多的自有品牌）加价 15%，商店里所有其他商品加价 14%。当其采购经理为 Calvin Klein 牛仔裤谈到一个好价格时，按照加成政策，零售价定为 29.99 美元。相比于其他零售商 59.99 美元的售价，这无疑是相当划算的，所以这些牛仔裤很快就卖完了。不久后，好市多又得知还有 100 万条这样的牛仔裤，并谈到了一个更低的价格——按照 14% 的加成，新的零售价仅为 22.99 美元。华尔街的分析师们得知此事后，猛烈抨击好市多不负责任：其本可以轻松地以 29.99 美元的价格销售这些牛仔裤，从而每条裤子再多赚 7 美元，为公司带来高达 700 万美元的额外利润。好市多的首席执行官兼创始人吉姆·辛格（Jim Sinegal）解释说："我们的会员信任我们会帮他们节省每一分钱。任何例外一旦开了头，就停不下来了，它会彻底改变公司的本质。"当被问及为什么不将额外利润通过加薪的方式给员工时，辛格回答道："如果员工看到公司违反 14% 的加成规定，他们就会认为管理层并没有真正致力于始终为会员做最好的事。"这个故事展示了公司坚持每日践行其宗旨的重要性，不被那些耀眼的短期利润所迷惑。

制造商也要考虑加成

有些加成最终会成为行业惯例。大多数渠道成员倾向于遵循类似的惯例，在购进价格上增加一定的百分比。但最初是谁设定价格呢？通常是给产品打品牌的公司设定标价。可能是一个大型零售商、一个大型批发商，或者最常见的是制造商。制造商仍然面临着与零售商相同的问题：是收取较高的价格，从而获得较高的单位利润率和较低的销量，还是收取较低的价格，获得较低的利润率和较高的销量呢？

虽然并非总是如此，但在许多情况下，低利润率和高周转率超越了单纯追求利润最大化的宗旨。以投资管理巨头先锋领航集团（Vanguard Group）为例，其致力于降低投资成本。先锋集团管理着超过 5 万亿美元的共同基金资产，其中很大一部分是美国工薪阶层的退休账户。先锋领航集团的创始人约翰·博格尔（John Bogle）因推广指数基金和低成本投资而闻名。先锋领航集团以业内最低的管理费率将客户放在首位。据估计，先锋领航集团的创新每年为投资者节省超过 1000 亿美元。

制造商必须从生产成本入手

对制造商来说，具有挑战性的问题是找到一个起始点。一些制造商直接以成本数据为基础，加上一个加成（也许是标准加成），以此来确定售价。或者其可能也会使用一些经验法则公式，例如：售价 = 单位平均生产成本 × 3。

采用这种方法的制造商，可能会根据自己的成本和目标制定规则和加成标准。然而，即使是第一步——选择适当的单位成本作为基础，也并非易事。接下来将讨论几种不同的方法，看看成本导向的定价法是如何实际运作的。

16.2　平均成本定价法

平均成本定价法的应用非常普遍，因此理解这种方法及其弊端很重要。当需求稳定且可预测时，平均成本定价法可能是合适的。

平均成本定价法意味着在产品平均成本的基础上加上一个合理的加成。营销经理通过研究过去的数据来计算单位平均成本。一家公司如果所有人工和材料成本为 3.2 万美元，而固定管理费用为 3 万美元，那么总成本就是 6.2 万美元。如果该公司在此期间生产了 4 万件产品，则平均成本为 6.2 万美元除以 4 万件，即每件的平均成本是 1.55 美元。为了确定价格，制造商决定在单位平均成本上增加一定的单位利润。如果公司认为每件产品 0.45 美元是合理的利润，那么就将价格定为 2 美元。如果公司能销售 4 万件产品，这种方法就能产生预期的利润。

平均成本定价法的弊端

理解不同产出水平下的成本运作方式，对定价决策而言始终是有益的信息。此外，平均成本定价法也很简单，但它也可能很危险，采用平均成本定价法很容易造成亏损。为了说明原因，让我们进一步分析上文提到的例子。

首先，请记住，每件 2 美元的平均价格是基于 4 万件的产出计算的。但是，公司如果下一年只能生产和销售 2 万件，就可能陷入困境。以每件 2 美元（1.55 美元成本加上 0.45 美元预期利润）的价格销售 2 万件，总收入仅为 4 万美元。固定管理费用仍然是 3 万美元，而可变的材料和人工成本减半至 1.6 万美元，总成本为 4.6 万美元。售价 2 美元则意味着亏损 6000 美元，或每件亏损 0.30 美元。原本预计每件实现盈利 0.45 美元的方法，结果却导致每件亏损 0.30 美元。

平均成本定价法的根本问题在于，它没有考虑到不同产出水平下的成本变化。在典型情况下，产出较低时单位成本较高，然后规模经济效应显现，随着生产数量的增加，单位平均成本下降。这就是在大规模生产和大规模分销的情况下，平均成本定价法通常是合理的，以及营销经理在设定价格时应考虑不同类型成本的原因。

营销经理必须考虑各种类型的成本

平均成本定价法可能导致亏损，因为存在各种不同类型的成本，每种成本随着产出的变化而变化，任何使用成本的定价方法都必须考虑到这些变化。为了理解原因，需要定义六个成本概念。

总固定成本、总可变成本、总成本

总固定成本是指那些总量固定的成本，无论产量多少，成本的总额不变。这些固定成本包括租金、折旧、财产税和保险等。即使生产暂时停止，这些成本也保持不变。

总可变成本则与此不同，是指那些与产出密切相关的变动费用总和，例如零件费、包装材料、运费和销售佣金等。当产出为零时，总可变成本也为零。随着产出增加，可变成本也随之增加。如果李维斯在一年内将其牛仔裤产量翻倍，其丹宁布的总成本也大致翻倍。

总成本是总固定成本和总可变成本的总和。总成本的变化取决于总可变成本的变化，因为总固定成本保持不变。

平均成本、平均固定成本、平均可变成本

平均成本（每单位）是通过将总成本除以相关的数量（即引起总成本的总数量）获得的。

平均固定成本（每单位）是通过将总固定成本除以相关的数量获得的。

平均可变成本（每单位）是通过将总可变成本除以相关的数量获得的。

一个例子展示成本关系

为了更好地理解这些不同类型的成本，我们继续分析前文提到的例子。表16-1展示了成本结构以及各组成部分如何随产出水平的变化而变化。其中4万件的数据被突出显示，因为那是我们刚才在平均成本定价法示例中预期的销售水平。为简化，假设每个单位的平均可变成本是相同的。然而请注意，当数量增加时，总可变成本也会增加。

图16-1展示了三条平均成本曲线。请注意，随着数量增加，平均固定成本稳步下降。尽管平均可变成本保持不变，但平均成本也持续下降，这是因为平均固定成本在下降。牢记这些关系，让我们重新思考平均成本定价法存在的问题。

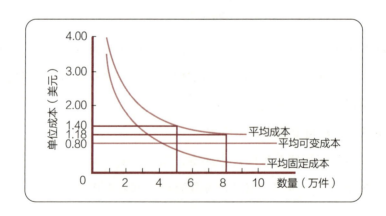

图 16-1　平均成本曲线

忽略需求是平均成本定价法的主要弱点

如果公司实际销售的数量与用于设定平均成本价格时估算的数量一致，那么平均成本定价法就能运作良好。然而，如果实际销量远低于预期，则可能导致亏损。如果销量远高于预期，那么利润可能会非常可观。

使用平均成本定价法时，营销经理必须对下一期的预计销量做出估算。如果没有对数量的估算，就无法计算平均成本。但是，除非考虑公司的需求曲线，否则营销经理设定的价格甚至可能无法覆盖公司的总成本。在前文中，我们已经看到这种情况的发生，当时公司设定 2 美元的价格只带来了 2 万件的需求量，导致 6000 美元的亏损。

即使营销经理没有花时间去思考，需求曲线仍然很重要。例如，图 16-2 展示了上文讨论的这家公司的需求曲线。这条需求曲线解释了为什么该公司尝试使用平均成本定价法时会亏损。在 2 美元的价格下，需求量只有 2 万件。根据这条需求曲线和表 16-1 中的成本，无论营销经理将价格设定在高位的 3 美元还是低位的 1.20 美元，公司都会遭受亏损。当价格是 3 美元时，公司将

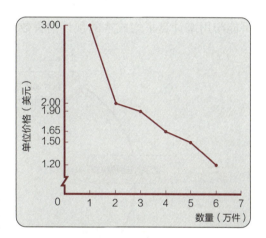

图 16-2　需求曲线

表 16-1　成本结构

数量（件）	总固定成本（美元）	平均固定成本（美元）	总可变成本（美元）	平均可变成本（美元）	总成本（美元）	平均成本（美元）
0	30 000	—	—	—	30 000	—
10 000	30 000	3.00	8 000	0.80	38 000	3.80
20 000	30 000	1.50	16 000	0.80	46 000	2.30
30 000	30 000	1.00	24 000	0.80	54 000	1.80
40 000	30 000	0.75	32 000	0.80	62 000	1.55
50 000	30 000	0.60	40 000	0.80	70 000	1.40
60 000	30 000	0.50	48 000	0.80	78 000	1.30
70 000	30 000	0.43	56 000	0.80	86 000	1.23
80 000	30 000	0.38	64 000	0.80	94 000	1.18
90 000	30 000	0.33	72 000	0.80	102 000	1.13
100 000	30 000	0.30	80 000	0.80	110 000	1.10

只售出 1 万件，总收入为 3 万美元，但总成本为 3.8 万美元，亏损 8000 美元。当价格是 1.20 美元时，公司将售出 6 万件，亏损 6000 美元。然而，需求曲线表明，当价格是 1.65 美元时，公司将售出 4 万件，将产生 4000 美元的利润。

简而言之，平均成本定价法在理论上很简单，但在实践中常常不实用。即便在稳定的市场环境中，用这种方法设定的价格可能会带来利润，但不一定能实现利润最大化。

图 16-3 总结了刚刚讨论的关系。平均成本定价法需要估算出预计销售的总数量，这个估算数量决定了每单位的平均固定成本，进而决定了平均成本。然后，公司将期望的单位利润加到平均成本上，得出以成本为导向的单位产品价格。顾客对这个价格的反应决定了公司实际能够销售的数量。但是，这个实际销售数量可能与用来计算平均成本的预计销售数量不符。

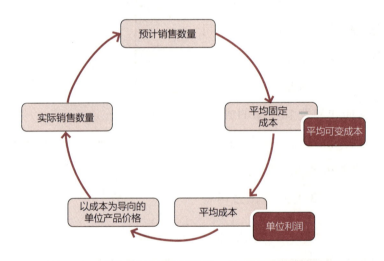

图 16-3 平均成本定价中的数量、成本和价格之间的关系

不要忽视竞争对手的成本

平均成本定价法的另一个问题是，它忽略了竞争对手的成本和价格。就像公司自身产品的价格会影响消费者需求一样，可用替代品的价格也会影响消费者需求。通过找到削减成本的方法，一家公司能够提供比竞争对手更低的价格，获得可观的利润。

16.3　盈亏平衡分析

一些营销经理会在定价时使用盈亏平衡分析。盈亏平衡分析用来评估公司在特定价格下能否达到盈亏平衡，即收入能否覆盖所有成本。从长远来看，公司收入必须覆盖所有成本，否则经营就没有太大意义。这种方法侧重于寻找盈亏平衡点，即公司的总成本恰好等于总收入时的产量。

盈亏平衡图有助于找到盈亏平衡点

为了更好地理解盈亏平衡分析是如何运作的，可以参考图 16-4，这是一个典型的盈亏平衡图。该图基于一个特定的售价，在本案例中是每件 1.2 美元。该图绘制了在不同产量水平下的总成本线和总收入线，可以看出，盈亏平衡点位于 7.5 万件处，因为总成本线和总收入线在此相交。在这个产量水平下，总成本和总收入是相同的，都是 9 万美元。

在给定产量时，总收入和总成本之间的差额就是利润或亏损。图 16-4 显示，在盈亏平衡点以下，总成本高于总收入，公司会遭受亏损；在盈亏平衡点以上，公司将获得利润。然而，公司只有在以 1.2 美元的价格至少售出 7.5 万件产品的情况下，才能达到盈亏平衡，进入盈利区域。

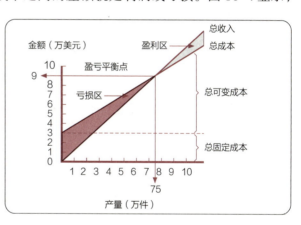

如何计算盈亏平衡点

图 16-4　特定情况下的盈亏平衡

盈亏平衡点以数量表示，通过用总固定成本除以单位固定成本贡献得出。这里的单位固定成本贡献是指每单位的假定售价减去每单位可变成本。可以用一个简单的公式表示为：盈亏平衡点（单位）= 总固定成本 / 单位固定成本贡献。

我们可以仔细思考这个公式，要达到盈亏平衡，必须覆盖总固定成本。因此，必须计算出每单位收入（在支付了生产该项目的可变成本后）能为覆盖总固定成本做出多少贡献。当用这个单位贡献额去除必须覆盖的总固定成本时，就得到盈亏平衡点（以数量表示）。

为了说明这个公式，让我们使用图 16-5 中的成本和价格信息。每件价格是 1.2 美元，每件平均可变成本是 0.8 美元，所以，每件固定成本贡献是 0.4（1.2–0.8）美元。总固定成本是 3 万美元，根据公式可得：30 000÷0.4=75 000（件）。

由此可以看出，如果这家公司销售 7.5 万件产品，它将恰好覆盖所有固定成本和可变成本。哪怕多卖出一件产品，公司就会实现盈利。请注意，一旦固定成本被覆盖，原来用于覆盖固定成本的那部分收入现在全部变成利润。

盈亏平衡点也可以用金额表示

盈亏平衡点也可以用金额来表示。最简单的方法是先计算出以单位数量表示的盈亏平衡点，然后乘以假定的单位价格。如果将售价 1.2 美元乘以单位数量表示的盈亏平衡点 7.5 万，就会得到 9 万美元，这就是以金额表示的盈亏平衡点。

每个可能的价格都有其对应的盈亏平衡点

通常，计算多个假定价格对应的盈亏平衡点，然后将每个价格的盈亏平衡点与该价格下可能的市场需求进行比较，这样做是很有效的。当特定价格下的预期需求量远低于该价格对应的盈亏平衡点时，营销经理可以迅速排除这个价格选项。

16.4　边际分析

边际分析有助于找到合适的价格

营销人员在同时考虑成本和收入时，推荐使用的定价工具是边际分析。边际分析关注的是多销售一个单位产品所带来的总成本和总收入的变化，以此来找到最有利可图的价格和数量。边际分析显示了成本、收入和利润在不同价格下的变化。利润最大化的价格是总收入与总成本之间差异最大的那个价格。

需求估算涉及"如果－那么"思维

由于价格影响着销量，经理需要对需求曲线进行估算才能计算总收入。这里一个实用的方法是，营销经理可以考虑一个过高的价格和一个过低的价格，然后在这两个极端价格之间估算销量。可以将这看作是对一系列"如果－那么"问题的答案总结：如果选择了某个特定价格，那么销量是……

利润是总收入与总成本之间的差额

表 16-2 展示了某公司的价格与数量组合（需求）。在这种情况下，经理估算在 200 美元的价格下销量为零；在 175 美元的价格下，预计销售 1 件产品；在 160 美元的价格下，预计销售 2 件产品，依此类推。第 3 列的总收入等于价格乘以数量。不同数量下的成本也已列出。无论销售多少件产品，单位可变成本为 60 美元，总固定成本为 200 美元。第 6 列通过将总可变成本和总固定成本在每个价格和预测数量下相加，得到总成本。不同数量和价格下的利润（第 7 列）是总收入与总成本之间的差额。从表中可以看出，最佳价格是 115 美元，因为在这个价格下能收获最高的利润——130 美元。

表 16-2　某公司不同价格和销量对应的收入、成本和利润

价格 （美元）	数量 （件）	总收入 （美元）	总可变成本 （美元）	总固定成本 （美元）	总成本 （美元）	利润 （美元）
200	0	0	0	200	200	-200
175	1	175	60	200	260	-85
160	2	320	120	200	320	0
145	3	435	180	200	380	55
135	4	540	240	200	440	100
125	5	625	300	200	500	125
115	6	690	360	200	560	130
105	7	735	420	200	620	115
95	8	760	480	200	680	80
85	9	765	540	200	740	25
75	10	750	600	200	800	-50
65	11	715	660	200	860	-145
55	12	660	720	200	920	-260

利用总收入和总成本曲线实现利润最大化

图 16-5 绘制了上述案例中的总收入、总成本和总利润曲线。总利润曲线的最高点位于 6 件处，这也是总收入曲线与总成本曲线之间垂直距离最大的地方。低于 115 美元的价格会带来更高的销量，但可以看到总利润曲线在超过 6 件后呈下降趋势。因此，追求利润最大化的营销经理不一定会设定一个最低价格。

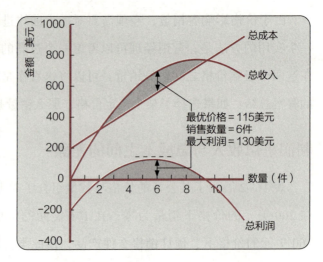

图 16-5　总成本、总收入和总利润曲线

利润范围令人安心

边际分析侧重于得到最高利润对应的价格，但略微的偏差并不意味着失败，因为需求估算无法完全精确，通常会存在一个盈利的价格范围，可以在表 16-2 和图 16-6 中看到这一点。上述案例中，尽管能带来最高利润的价格是 115 美元，但从 85 美元到 145 美元的价格范围内也都将实现盈利。因此，估算需求可能会使公司落入盈利范围内的某个位置，相比之下，机械地使用平均成本定价法可能会导致价格过高或过低。

边际分析缩小了选择范围

一些营销经理不喜欢使用边际分析，因为他们认为无法确定需求曲线的精确形状，但这种观点忽视了边际分析的要点。边际分析鼓励营销经理仔细思考成本和需求，可是这两种信息都很少是精确的，边际分析的实践正好有助于缩小考虑的价格范围。

边际分析的实践

年轻的大学生创业者斯坦·斯莱特正尝试为自己的爆米花产品确定一个价格。在朋友和家人对他的制作技术赞不绝口后,斯坦决定尝试通过便利店销售爆米花。在与便利店经理初次会面后,斯坦发现他们对这一产品表现出极大的兴趣,尽管他们对目前的价格有所疑问。斯坦回忆起他在营销课上学到的边际分析内容,希望利用这个工具找到一个最优价格。

斯坦的第一步是估算一个过高的价格和一个过低的价格。他通过考察竞争对手的情况和自己的成本,认为每袋的定价为 4 美元可能太高,而 1.75 美元又太低。

第二步,他走访了几家便利店,询问经理们对 1.75 美元到 4 美元之间不同价格的销量估算。斯坦汇总了这些估算数据,并将信息整理为表格。

第三步,斯坦收集了生产、推广和分销爆米花的固定成本和可变成本估算数据:固定成本为 5000 美元,每袋平均可变成本为 1 美元。根据这些信息,斯坦估算出在每个价格水平下的收入、成本以及利润,如表 16-3 所示。

表 16-3　斯坦估算的价格及其对应的成本、收入和利润

价格 (美元)	数量 (袋)	总收入 (美元)	总可变成 本(美元)	总固定成 本(美元)	总成本 (美元)	总利润 (美元)
4	0	0	0	5 000	5 000	-5 000
3.5	5 000	17 500	5 000	5 000	10 000	7 500
3	7 500	22 500	7 500	5 000	12 500	10 000
2.75	11 000	30 250	11 000	—	—	—
2.5	15 000	—	—	—	—	—
2.25	17 500	—	—	—	—	—
2	20 000	40 000	—	—	—	—
1.75	22 000	38 500	22 000	—	—	—

边际分析确定了一个潜在价格范围

在实践中,边际分析的重点并非找到精确的利润最大化价格,它依赖于不同价格下的销售估算。由于这些都是估算值,所以它们只会接近一个潜在的价格范围。此外,几种实用的需求导向的定价法可以帮助营销经理更好地理解目标市场的需求曲线。接下来将讨论这些方法。

16.5 需求导向的定价法

哪些因素让顾客对价格敏感

营销经理应了解哪些因素会影响目标顾客的价格敏感度。价格敏感度是指顾客的购买决策受价格影响的程度。了解影响价格敏感度的因素，营销经理就能更好地预估公司所面临的需求曲线。营销研究人员已经确定了许多在不同市场情况下影响价格敏感度的因素，如图 16-6 所示。

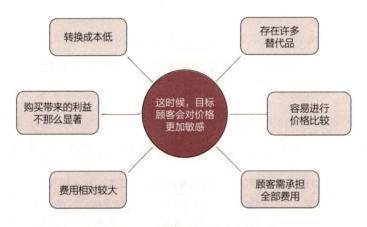

图 16-6　影响顾客价格敏感度的因素

存在许多替代品

当顾客有替代品来满足需求时，他们可能对价格更敏感。当顾客有许多选择时，价格就显得很重要。

大型工业零部件制造商 Parker Hannifin（PH）的新任首席执行官意识到，PH 销售的一些产品面临许多竞争对手提供替代零部件的情况，而另一些产品则鲜有或根本没有替代品。在他上任之前，PH 的营销经理通常通过加价 35% 来设定零部件价格。营销经理喜欢这种方法，因为这既简单，又留下了一些讨价还价的空间。新任首席执行官认为他们可以改进现有做法。首先，他要求将所有产品（有数千种之多）进行分类。其中一类是有多个竞争对手提供类似零部件的产品，还有一类是对顾客很重要，并且由 PH 独家供应的产品。例如，这一类别包括用于飞机舱门的高压阀门，没有其他供应商能在这一关键应用中提供性能相近的阀门。

对于后者，顾客对价格不敏感，因此提高了价格；对于有许多替代品的前者，顾客对价格敏感度高，因此降低了价格，销量也随之增加。微调产品的价格这一做法直接有效，并使公司利润增加了 25%。

容易进行价格比较

当顾客可以轻松比较价格时，替代品对价格敏感度的影响最大。例如，在杂货店里，顾客可以看到货架上每盎司、每磅或每加仑产品的单价。许多人认为，互联网上轻松比较价格的便利性提高了顾客的价格敏感度并降低了价格。新的智能手机技术使得顾客在实体店购物时也能进行价格比较。一些智能手机 App 允许顾客扫描产品的条形码，查看该产品在线上商店的价格。至少，这可能会让卖家更加关注竞争对手的价格。

顾客需承担全部费用

当账单由他人支付或分摊成本时，人们往往对价格不敏感，这也是人之常情。保险公司认为，如果顾客自己支付所有医疗费用，他们可能就会拒绝高昂的治疗方案。如果公司不承担差旅的机票费用，高管们可能会提前更长时间规划，以获得更大的机票折扣。

费用相对较大

总支出金额越大，顾客往往对价格越敏感。有时，一笔大的支出可以分解成多笔较小的部分。梅赛德斯就深谙此道，当其广告侧重于每月的分期费用而不是汽车总价时，更多顾客开始有兴趣购买。

购买带来的利益不那么显著

购买的商品越重要，顾客对价格的敏感度越低。如果电脑制造商相信拥有英特尔处理器能销售更多电脑，他们就会支付更高的价格购买英特尔处理器。品牌定位时，常常会着重宣传购买产品能带来的情感上的好处，让产品显得更有价值。例如，欧莱雅染发剂的广告会给美丽的头发特写，同时告诉女性购买它"因为你值得"。

转换成本低

有时，如果存在转换成本，即顾客购买与过去不同的产品时所面临的成本，他们对价格的敏感度就会降低。例如，如果一家理发店提高了价格，许多顾客不会转到新的理发店，因为寻找新发型师的麻烦，以及可能遭遇失败发型的风险，通常会使顾客更倾向于选择留在原来的理发店支付更高的价格。在商业环境中也会发生同样的情况。如果 Adobe 提高其 Photoshop 软件的价格，大多数公司都不愿意承担寻找替代品和培训员工使用新产品的成本。所以，进入这类市场的新公司需要寻找创新的方法来降低转换成本。例如，可以采用免费试用或引入价格折扣等激励措施。

这些因素适用于许多不同的购买情境，因此营销经理在评估顾客对不同价格的反应时，考虑每一个因素是很有意义的。

价格敏感度与道德

营销经理对价格敏感度的考量会逾越道德底线吗？有时顾客对价格的敏感度很低，或者他们必须拥有某种产品且几乎没有替代品，在这种情况下，公司提高价格是否符合道德规范呢？价格可以提高到什么程度呢？

能够帮助我们改善生活甚至挽救生命的药物可能几乎没有替代品，而且账单通常由他人支付，如保险公司，所以很多人对此类产品价格敏感度低。有人声称，EpiPen（一种医疗设备）的分销商就利用了这一点，在七年内将该设备的价格提高了五倍。EpiPen 用于治疗过敏反应，几乎没有替代品。这种产品在某些情况下可以挽救生命，而且大多数美国人都有医疗保险。当分销商将价格抬得过高时，顾客、保险公司，乃至美国国会都会注意到。在经历了一些负面影响后，分销商努力降低了最终价格。

当结果至关重要时要努力降低成本

一些医疗服务提供商在做正确的事情的同时，又能获得利润。以宗旨导向型公司 Becton, Dickinson and Company（BD）为例，该公司生产和销售各种医疗设备产品。疫苗只有在正确接种的情况下才有效，这意味着需要高质量的注射器。在发展中国家，注射器的高成本导致许多医护人员重复使用针头，但这种做法导致丙型肝炎和麻疹等传染病的进一步传播，得不偿失。为了确保这种情况不再发生，BD 开发了使用后即锁定的注射装置，不能用于多个患者。BD 通过规模经济降低了产品的成本，同时也接受较低的利润。现在，BD 以每支约 5 美分的价格销售这些注射器，与普通注射器的价格相差不大。一次性的使用形式帮助 BD 以较低的价格销售了更多产品，而且仍然有利可图。更重要的是，它确保了更好的全球卫生实践。

使用价值定价法——顾客能节省多少

企业采购者会考虑采购将如何影响其总成本。许多以企业市场为目标的营销人员在估算需求和设定价格时会采用使用价值定价法，这意味着根据客户采用本企业产品替代现有方案所能节省的成本，来确定产品定价。

以汽车组装机器人为例，机器人不仅仅是替代了原有设备，还能减少劳动力成本、质量控制成本，以及在汽车售出后的保修维修成本。营销人员可以估算出每家汽车制造商通过使用这一机器人能够节省多少成本，然后再设定一个价格，让汽车制造商认为购买这个机器人比坚持旧方法更划算。

制造商生产的即使是能为顾客省钱的优质产品，也不能确保顾客一定愿意支付高昂的价格。卖方必须让买方相信购买该产品能够节省更多的费用，而买方很可能还会持怀疑态度，所以销售人员必须准备能够证明其主张的证据。

拍卖揭示顾客愿意支付的价格

拍卖一直是一种定价的好方法，它能够确定某些潜在顾客对产品的预期价格。然而，在线拍卖的出现极大地拓展了这种方法在消费品和工业品中的应用。每天有数百万场拍卖在线上平台进行。一些公司也尝试进行拍卖，特别是针对供应短缺的产品。例如，联邦通信委员会（FCC）拍卖用于手机和其他无线设备的无线电波使用权。可以预见，在线拍卖将会有更大的发展。

顾客可能有参照价格

有些人对自己购买的产品（包括一些经常购买的商品和服务）所支付的价格并不多加思虑，但通常都有一个预期支付的价格作为参照。不同顾客对同一基本类型产品的购买可能有不同的参照价格。例如，一个真正喜欢阅读的人可能对一本畅销书比一个偶尔阅读的人有更高的参照价格。

如果一家公司产品的价格低于顾客的参照价格，顾客可能会认为产品性价比高，需求可能会增加。有时，聪明的营销经理会通过参照系重构策略引导顾客对比。公共电视台（PBS）就是利用这个办法，其会呼吁观众捐款，金额就跟平时交一个月的有线电视费差不多。保险公司也一样，其会把房屋保险的保费说成用来弥补水灾损失的费用，广告里还会把水灾场景展现得触目惊心。

招徕定价

招徕定价是指设定一些非常低的价格，以吸引顾客进入零售店。其目的不仅是大量销售这些招徕产品，还要让顾客进入商店购买其他产品。某些产品因其促销价值而被选中，价格设定得很低但高于成本。在食品商店中，招徕价格就是那些定期宣传的特价产品的价格，以打造低价的形象。招徕定价通常用于顾客有特定参照价格的产品。

如果顾客只购买低价的招徕产品，招徕定价可能会取得适得其反的效果。为了避免损害利润，营销经理通常会选择与主要产品线没有直接竞争关系的产品作为招徕产品。例如，将廉价的空白 CD 作为电子商店的招徕产品。

诱饵定价

诱饵定价是指设定一些非常低的价格来吸引顾客，但顾客进入商店后，试图向其销售更昂贵的型号或品牌。例如，一家家具店可能会用广告宣传一台彩色电视机的售价仅为 199 美元，但当追求便宜的顾客来到商店时，销售人员会指出低价电视的缺点，并试图说服他们购买更好、更贵的电视。诱饵定价有点像招徕定价，但销售者不打算以低价销售很多产品。

如果诱饵定价成功，对更高质量产品的需求就会增加。这种方法是鼓励顾客购买更昂贵的替代品的策略。而且，如果顾客发现更高价格的产品能够提供更符合需求的功能，他们可能也会愿意购买。但诱饵定价也常常因其不道德性而受到批评。

极其激进且有时不诚实的诱饵定价广告给这种方法带来了恶名。顾客在商店也很难买到诱饵产品，联邦贸易委员会将这种类型的诱饵定价视为一种欺骗行为，并禁止其在州际贸易中使用。即使是知名连锁店，也曾因诱饵定价而受到批评。

免费增值策略

也许从消费者角度看，"免费"或许是价格的终极形态，但商家的预期是至少一部分顾客以后会付费。一些公司采用一种名为"免费增值"的策略，即免费提供基础产品，但对产品的附加功能进行收费。这种定价策略正日益普及。

通过免费增值策略赚取利润

随着市场竞争日益激烈，低价是占领市场份额的一种方式。免费赠送产品，听起来可能很疯狂，但越来越多的公司正在将"免费"作为一种价格。这种不算新鲜的定价方法正日益普及。当产品的可变成本非常低时，这种方法效果最好。例如，许多数字产品（软件、音乐或视频）的可变成本几乎为零。Facebook 新增一个用户，或者让多一位用户观看 YouTube 上的视频，几乎不需要任何成本。

那么，公司如何通过免费赠送产品维持运营呢？一种方法是依靠广告商提供收入。"免费"吸引了顾客的注意力，广告商则为获得这些"注意力"付费。例如，日本的复印店 Tadacopy 为大学生提供免费复印服务，但每页材料背面都有广告。CNN、Facebook、谷歌和 ESPN 的网站都是免费的，它们各自都吸引很多受众。庞大的受众吸引了广告商。Facebook 和谷歌甚至能够提供更多的价值，例如向广告商提供更多的数据支持。

一些公司提供免费的基础产品，向对高级功能感兴趣的顾客收取更多费用，这种策略被称为"免费增值"。例如，Dropbox 为顾客提供 2 GB 的免费存储空间，如果需要更多空间，顾客需要付费。付费顾客带来的收入使得 Dropbox 能够覆盖那些免费服务。许多手机 App 是免费的，但内部功能则需要付费，这种"免费"App 可以作为顾客无风险的试用。TurboTax 提供免费的在线报税软件，并利用顾客报税单生成的数据来向他们推销高级税务咨询服务。

"免费"策略必须谨慎使用。一旦顾客免费获得了某种东西，他们之后可能不愿再付费。《纽约时报》和其他曾经免费提供所有内容的在线新闻网站，在试图让顾客支付订阅费时都遇到过困难。公司在免费提供任何东西之前，都要仔细思考公司能因此获得什么，以及这如何实现公司的价格目标，这一点很重要。在顾客只有通过体验公司产品才能认识到其价值时，"免费"的效果最佳。

心理定价策略

心理定价是指设定对目标顾客具有特殊吸引力的价格，其核心是把握顾客对价格分层的非理性认知。有人认为，在某个价格区间内，潜在顾客会觉得价格都差不多，没什么区别。所以，如果在这个区间里降价，销量也不会有什么变化。但是，一旦价格刚好跌破这个区间，顾客可能就会大量购买；再往下降，需求量又会保持不变——就这样循环下去。图 16-7 展示了心理定价的需求曲线。其中垂直下降的部分就代表顾客觉得价格差不多的区间。

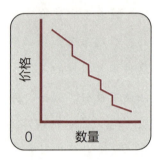

图 16-7　心理定价的需求曲线

奇数偶数定价

奇数偶数定价是指设定以特定数字结尾的价格。例如，售价低于 50 美元的产品通常以数字 5 或 9 结尾，如 49 美分或 24.95 美元。更高价格产品的价格通常比下一个整数美元价格低 1 美元或 2 美元，例如 99 美元而不是 100 美元。

一些营销人员习惯使用奇数偶数定价，因为他们认为消费者更认可这些价格，或许认为它们"大大"低于下一个整数价格。使用奇数偶数定价的营销人员似乎假设他们拥有一个锯齿状的需求曲线，即略高的价格会大幅减少需求量。

订阅制定价

订阅制定价是指顾客按周期支付费用以获取产品的使用权。这种定价方式长期以来一直被用于顾客按可预测时间持续接收的产品，例如报纸、杂志、保险、手机服务和付费电视服务。最近，其他产品也开始采用订阅制定价，因为它能为销售者带来可预测的收入，并提升顾客的终身价值。随着价格被分解成更小的部分，顾客可能会觉得价格更低。现在，以前一次性收费的产品也转向订阅模式，包括软件（Adobe、HubSpot、微软）、零售（Harry's Razors、亚马逊、Blue Apron）以及汽车。通用汽车提供一项订阅定价计划，顾客每月支付 1500 美元即可使用多达 18 种不同的凯迪拉克车型。

价格分级

价格分级是指为产品线设定几条价格水平线，然后所有商品都按这些价格进行定价。例如，许多领带的价格在 20 美元和 50 美元之间。采用价格分级时，该区间内仅设置有限价格点（如 20 美元、30 美元、40 美元、50 美元四档），而非连续定价（如不设置 21 美元、22 美元、23 美元等价位）。

价格分级除了符合顾客预期价格外，主要优点是简单，对销售人员和顾客都是如此，也不容易混淆。一些顾客可能只考虑一个价格等级内的商品，那么，他们的决定就是在这个价格等级内选择哪件或哪些商品。

对零售商而言，价格分级有几个优点：销量可能会增加，因为其可以在每个价格等级中提供多样化的选择；顾客更容易在一个价格等级内做出决定；库存规划更简单，因为需求会更集中在某个价格等级；库存管理成本降低，因为库存品类减少。

需求逆向定价

需求逆向定价是指设定一个可接受的最终消费者价格，然后反向推算出生产者可以收取的价格。消费品制造商常常使用这种方法，特别是女性服装和家电等产品。送礼物的时候也常常会用到这种思路，因为顾客心里已经有一个预算，比如想买一个 10 美元或者 15 美元的礼物。墨西哥的许多低收入消费者只携带 5 比索或 10 比索硬币，因此 Ace 洗涤剂开发了一种新产品，调整了功能和制造成本，以满足 10 比索的价格。

生产者从特定商品的零售（参照）价格开始，反向推算，减去渠道成员预期的利润，得出生产者可以收取的大概价格。然后，可以从这个价格中减去平均或计划的营销费用，大概可以确定用于生产该商品的成本预算。糖果公司就是这样做的，其会通过改变糖果的大小来控制成本，以使糖果保持在预期的价格。

声望定价

声望定价是指设定一个相当高的价格来暗示产品的高品质或高地位。一些目标顾客想要最好的产品，所以他们会以高价购买。但如果价格看起来便宜，他们就会因担心质量而放弃购买。声望定价常见于皮草、珠宝和香水等奢侈品。

声望定价在服务行业也很常见，因为顾客无法提前看到产品，常常依靠价格来判断其质量。对声望定价有反应的目标顾客会使需求曲线呈现不寻常的形状。它不是一条正常的向下倾斜的曲线，而是先向下倾斜，然后又向左弯曲，如图16-8所示。

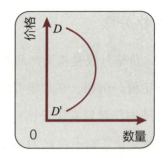

图 16-8　声望定价需求曲线

16.6　整条产品线的定价

我们一直都把重点放在单个产品的定价上，主要是为了使讨论更清晰。但大多数营销经理负责的不仅仅是一种产品，实际上，他们负责的可能是整个公司的产品线。

整条产品线定价

整条产品线定价是指为一整条产品线设定价格。如何做到这一点取决于公司面临两种基本情况中的哪一种。

一种情况是，公司产品线中的所有产品都面向同一个大目标市场，这时，所有价格和价值逻辑的关联变得很重要。比如，一家冰箱制造商可能会提供几种具有不同功能、不同价格的型号，以给目标顾客丰富的选择。当目标顾客评估这些产品时，价格的差异应该看起来合理。顾客的感知在这时变得很重要。一个产品如果低价，即使看起来物超所值，也可能拉低整条产品线的形象。如果顾客认为某件产品不值，也可能会影响他们对该产品线中其他产品的判断。营销经理有时会在现有产品线中添加一个更高价格的产品，来影响顾客的参照价格。产品线中价格最高的产品可能销量不大，但能通过和它比较，让产品线中次高价的产品显得更实惠。

另一种情况是，产品线中的不同产品可能面向完全不同的目标市场，因此各种价格之间无须有任何关联。例如，一个生产多种产品并拥有多个目标市场的化学品制造商，应该为每种产品单独定价。

产品线定价中的成本复杂性

营销经理必须努力用收入覆盖整条产品线的所有成本，具体做法可能是在竞争激烈的产品上采取低价策略，而在独具优势的产品上设定较高价格。然而，估算每种产品的成本是一个挑战，因为没有方法来将公司的固定成本准确地分配给每种产品。无论成本如何分配，任何不考虑市场需求的成本导向的定价法都可能导致不切实际的价格。为了避免错误，营销经理应该判断整条产品线的需求以及目标市场中每个单独产品的需求。

互补产品定价

互补产品定价是指将几款产品作为一个组合进行定价。这样做可能使某一款产品的定价非常低，目的是通过其他产品获得更多利润，从而增加整个产品组合的总利润。当吉列（Gillette）推出新款的男士剃须刀时，一个刀柄和一片刀片补充装的零售标价为 15.99 美元。然而，单独的刀片补充装，一包八片的标价高达 32.51 美元。

打印机制造商也采用了相同的定价方法，其对打印机收取低价，甚至亏本销售，但对墨盒收取高价。目前来看，这种定价方法越来越难以维持。打印机制造商受到非品牌原装廉价墨盒的冲击。爱普生（Epson）新推出的打印机型号采用了可再填充的墨水箱，大大节省了墨水成本，但打印机本身的价格要高出数百美元。吉列在市场份额被 Dollar Shave Club 和 Harry's 等采用订阅制定价的公司抢占后，被迫降低了其剃须刀片的价格。

产品捆绑定价

向目标市场提供多种不同产品的公司可能会使用产品捆绑定价，即为一套产品设定一个价格。使用产品捆绑定价的公司通常会设定一个总价，使得顾客购买产品组合比分别单独购买产品组合中的所有产品划算。银行可以为保险箱、旅行支票和储蓄账户提供一个捆绑价格。捆绑销售鼓励顾客消费更多并购买他们原本可能不会购买的产品，因为附加产品的成本不像平时那么高，所以顾客价值感更好。

大多数使用产品捆绑定价的公司也会为未捆绑的产品单独设定价格，这可以吸引那些只想购买产品组合中的某一件产品的顾客。比如，一家软件公司可能会为其软件和协助安装服务提供一个捆绑价格。然而，不需要协助安装服务的顾客可以支付较低的价格单独购买软件。Spirit Airlines 通过将大多数航空公司提供的服务进行拆分（解捆绑），成功地与竞争对手区分开来。Spirit 销售深度打折的机票，然后向顾客收取登机牌打印、行李托运、水和零食等这些通常在其他航空公司免费获得的商品和服务的费用。

第十七章

回顾与反思

21 世纪营销的评估、回顾与反思

虽然消费者渴望多元化的市场选择，但从全球范围来看，我们离这个目标还很远。想想莫桑比克乡村里的居民，廉价的手机通信服务虽然为他们打开了互联网的大门，但对许多人来说，自来水和电力的供应仍然断断续续。他们唯一能负担得起的食物选择，可能就只有附近种植的当季水果和蔬菜，种类十分有限。最近的商店可能在几十英里之外，里面也只有几百种包装商品。在莫桑比克和许多其他地方，一场自然灾害（也许是干旱或台风）就能让人们陷入大范围的饥饿或营养不良。社交媒体和互联网让人们得以一窥更发达经济体的生活质量，很多消费者仍然在想，他们是否能像美国、加拿大、西欧及其他发达经济体的消费者那样，理所当然地拥有各种各样的商品和服务可供选择以及相应的购买力。

相比之下，发达国家的消费者和营销经理面临的挑战似乎微不足道。亚马逊在思考如何用无人机在 4 小时内送达包裹；沃尔玛必须决定它要储备哪 5 万种商品，包括多少种不同品牌、口味和大小的果汁，以及多少种冷冻薯条（不同形状和口味）可供选择；零售商通过数据决定哪种产品组合能在每家门店带来最大利润。但消费者要如何在这些选择中做出决定呢？

许多人不想费力去趟杂货店或等待快递，他们更期待即时满足。他们希望街角的便利店有几分钟就能准备好的美食晚餐；Grubhub 会在 1 小时内送来当地餐馆的美食；在早上 7 点开车经过星巴克时，拿铁咖啡就已经准备好了。这种"想要即有"的消费体验在全球内仍是少数人的特权。消费者是否真的需要或想要所有选择吗？当商品和服务高度个性化时，消费者是更满意，还是被过多的选择搞得不知所措了呢？

现在，美国的注意力都集中在肥胖问题上，尤其是儿童肥胖。在美国，超过1/3的儿童和青少年超重。营养学家说，在美国和其他地方，导致超重的主要元凶是饮食中过多的脂肪、淀粉、盐和糖。世界卫生组织的专家表示，当今儿童肥胖问题将导致疾病（如心脏病、2型糖尿病和高血压）的爆发，给经济发展带来压力，更会造成巨大痛苦并引发早逝。许多营养学家和公共卫生官员将问题归咎于"大食品"，即预制食品和快餐。是营销造成了这些问题吗？

解决这些全球性问题是谁的责任？想想雀巢，它现在将自己定义为一家"营养、健康和创造幸福感"的公司，并将其数千种产品降低了脂肪、盐和糖的含量。雀巢是在创造一个更美好的世界，还是仅仅在迎合日益增多的具有健康意识的消费者呢？也许两者兼而有之，因为大多数消费者并不知道雀巢还在努力从供应链中消除奴役和童工。在非洲，雀巢还生产富含铁元素的汤块来对抗贫血。营销可以是向善的力量，对吗？

政府应该扮演什么角色？在某些地方，法规正在潜移默化地影响着消费者行为。例如，法国和美国旧金山对含糖饮料征收"汽水税"。其他地方法规提出，餐厅菜单上必须醒目地标示食物热量。如果消费者想选择高食物热量或高脂肪食物，他们是否有权自由选择？他们应该为自己的选择支付更多费用吗？政府应该帮助消费者做出更明智的选择吗？如果他们的选择增加了全民医疗成本，社会又该如何应对？

将饥饿问题和肥胖问题进行对比时，不难判断哪边的消费者生活水平更高。但这种对比是不是有点站不住脚呢？欠发达国家是一种极端情况，那美国和类似社会的情况是不是也同样是一种极端，只是表现形式不一样呢？

营销究竟扮演着什么角色？有效的营销为消费者提供了满足他们需求和欲望的选择。但如果社会不那么强调营销，会变得更好吗？公司花在广告上的巨额资金真的对消费者有帮助吗？它确实降低了电视、互联网和其他媒体的使用成本。消费者应该期待通过互联网订购商品并送货上门吗？反过来说，所有这些选择是否只是抬高了消费者支付的价格，而没有创造相应的价值呢？公司是否应该只生产和销售让世界变得更美好的产品？更广泛地说，营销是否很好地服务了社会呢？本章将讨论这些问题。

伊利品牌分析

伊利是中国乳制品行业的领军公司，总部位于内蒙古呼和浩特市。经过多年的发展，伊利已经成长为中国规模最大、品类最全的乳制品公司之一，是全球乳业领先者。

伊利始终坚持以品质为核心，致力于为消费者提供最健康、最安全的乳制品。通过实施协同发展战略，与国际一线奶业公司合作，引入尖端技术，开拓国际市场，伊利不断提升品牌知名度和影响力。同时，伊利积极倡导健康生活方式，推广可持续发展，支持乡村振兴，不仅在产品质量方面得到了广泛的认可，也在社会责任方面做出了卓越贡献。其成功的营销战略不仅提升了品牌形象，还赢得了消费者的广泛认同和信任。

品牌塑造与社会责任

伊利始终致力于塑造一个具有社会责任感的品牌形象。通过与国际组织和知名品牌合作，如国际奥林匹克委员会，伊利不仅提升了品牌影响力和竞争力，还展示了其作为国际化公司的风采。此外，伊利积极参与社会公益事业，如开展农产品质量联盟、乡村青年致富计划等，这些活动不仅提高了伊利的社会声誉，还增强了消费者对其品牌的信任和好感。

产品创新与社会需求

伊利持续进行产品研发和创新，推出符合消费者需求的产品。例如，针对特殊人群推出高钙、低脂、添加益生菌等功能性乳制品，这些产品不仅满足了不同消费群体的需求，还体现了伊利对社会的担当。此外，伊利还注重产品的环保和可持续发展，通过采用环保包装和推广绿色生产方式，减小对环境的影响。

区域市场拓展与社会融入

伊利注重区域市场的拓展，根据不同地区的消费者习惯和需求，提供符合当地口味和文化的产品。这种市场策略不仅有助于伊利在当地市场的融入和发展，还展示了其对不同文化和消费习惯的尊重和理解。同时，伊利还积极参与当地的社会活动，如赞助地方体育赛事、支持教育事业等，进一步加强了与当地社会的联系和互动。

营销活动与社会互动

伊利积极开展各类营销活动，如抽奖、推广活动等，吸引消费者参与和互动。这些活动不仅提高了品牌的曝光度和消费者的参与度，还增强了品牌与消费者之间的情感联系。此外，伊利还通过社交媒体平台与消费者进行互动交流，发布有趣的内容和活动，进一步拉近与消费者的距离。

体育赛事赞助与社会影响力

伊利通过赞助国内外大型体育赛事，如奥运会、世界杯等，提升了品牌知名度和形象。这种赞助策略不仅展示了伊利的品牌实力和市场地位，还借助赛事的影响力提高了品牌的社会影响力。通过与体育赛事的结合，伊利成功地将品牌与体育精神、健康生活方式等积极的社会价值观相联系，进一步提升了其社会营销的效果。

作为乳制品行业的领军公司，伊利始终将社会责任放在首位，积极参与社会公益事业，为社会发展贡献力量。伊利品牌以其卓越的品质、创新的产品和积极的社会责任赢得了消费者的广泛信任和认可，成为中国乳制品行业的佼佼者。

17.1　如何评价营销

本书介绍了什么是营销以及如何进行营销，涵盖与营销和营销战略规划相关的广泛主题。本章讨论了营销对当今社会和世界的影响。

需要从两个层面评估营销

我们一直强调，营销需要以客户认可的合理成本满足其需求。因此，本章将从宏观营销（社会层面）和微观营销（管理层面）两个角度来评估客户满意度和营销成本，以此评估营销对社会的影响。

一些对营销的批评有时只针对其中一个层面，而在另一些情况下，批评看似指向某一个层面，实际上针对的是另一个层面。例如，一些批评特定广告的人可能对所有广告都不满意。在评估营销时，我们必须分开看待这两个层面。

国家的目标会影响评估

不同的国家有不同的社会环境和经济目标。在美国，市场导向经济体系的基本目标一直是满足消费者需求。这一目标意味着政治自由和经济自由是相辅相成的，每个人都有权利选择自己想要的生活方式。大多数美国消费者不愿意放弃他们现在享有的选择自由。加拿大、英国和大多数欧盟国家也是如此。

在实践中，这通常意味着市场需要为消费者提供广泛的选择。消费者在社区中可以找到许多餐馆，并选择一家或多家能够满足其需求的餐馆。或者，消费者可以在当地的大型购物中心从许多不同品牌的洗发水中选择自己喜欢的一款。

17.2　消费者满意度可以衡量吗

因为消费者满意是企业的目标，所以营销的有效性需要通过满足消费者需求的程度来衡量。人们已经进行了各种努力来衡量整体消费者的满意度。例如，2006 年以来，《世界幸福报告》每年都会呈现不同国家人们的生活满意度和幸福感，这和消费者满意度高度相关。为了了解特定行业和公司的满意度，密歇根大学的一个研究团队对 43 个行业的约 230 家公司的数万名消费者进行了定期访谈，创建了美国消费者满意度指数。

个人期望值影响满意度

这类指数使得追踪消费者满意度的变化成为可能，甚至还能进行国家间的比较。然而，当我们试图从绝对意义上评估宏观营销的有效性时，对任何消费者满意度衡量指标的解读都存在局限性。一个基本问题是消费者的满意度受到其期望值的影响。当经济水平提高时，不那么富裕的消费者开始对财富有更强烈的渴望。今天被认为是满意的产品，几年后可能就不再令人满意了。五十年前，大多数人对能接收三四个频道的 21 英寸彩色电视感到满意，但是，一旦人们习惯了大屏幕 4K（或 8K）型号，并享受流媒体服务带来的丰富选择，那台旧电视就不再受人欢迎。

此外，消费者满意度是一个高度个人化的主观概念。因此，仅考察整个社会的平均满意度并不能全面评估宏观营销的有效性。至少可以确定，一些消费者的满意程度容易高于其他群体。尽管衡量满意度的努力是有价值的，但对宏观营销有效性的任何评估都包含了部分主观成分。

衡量微观营销效果的方法有很多

衡量某家公司的营销效果也具有挑战性，但并非不可行。如同市场环境的其他要素一样，消费者的期望也会发生变化，因此公司必须有效应对这些变化。公司应该尝试评估自身的营销组合在满足消费者需求方面的表现（或未能满足的原因）。事实上，大多数大型公司目前都建立了持续机制来监测目标市场的满意度。例如，J.D.Power 市场调研公司以对不同汽车和计算机品牌消费者满意度的研究而闻名。美国消费者满意度指数也被用于评估各个公司的表现。

众多规模不一的公司都通过多种调研来衡量消费者满意度。其他常用的方法包括意见卡、网站上的电子邮件反馈功能、消费者自发的评价、中间商和销售人员的意见、市场测试结果以及利润考察。需要注意的是，消费者可能对公司某些方面的表现感到非常满意，但对其他方面的表现则不满意。

在市场导向的经济体系中，每位消费者都可以评判一家公司满足需求的有效性。通常情况下，消费者会倾向于在那些能够提供满意的产品的公司重复购买。因此，那些使用真正满足消费者需求的营销组合的公司，往往能够与客户建立长期且有利可图的关系。由于有效的营销计划能够提高利润，因此利润也可以在一定程度上作为衡量公司满足需求有效性的指标。非营利组织虽然有不同的目标，但如果它们无法满足支持者的需求并获得维持运营所需的资源，同样会面临失败。

评估营销效果很难，但并非不可能

我们很容易理解为什么人们对微观和宏观营销的有效性有不同看法。然而，如果经济目标被清晰地定义，抛开情感因素，关于营销效果的问题或许是可以解答的。

接下来的内容将论述，微观营销（即单个公司和渠道的运营方式）常常成本过高和宏观营销（即整个营销系统的运作方式）的成本基本合理。需要说明的是，不要将此观点视为最终结论，可以视其为一种视角，最终做出自己的判断。

17.3 微观营销常常成本过高

本书探讨了营销经理可以或应该采取哪些措施，帮助公司更好地满足客户需求，同时实现公司目标。许多公司实施了非常成功的营销计划，但仍有一些公司过于以生产为导向且效率低下。对于后一类公司的客户而言，微观营销的成本往往过高。

作为消费者，我们都有过不满意的经历，尤其是当某些公司未能兑现其承诺时。而且，这个问题往往比一些营销人员认为的要严重得多。研究表明，大多数消费者的投诉从未被记录，甚至连许多被记录过的投诉也未得到彻底解决。

企业失败率居高不下

很多企业仍然过于以生产为导向，运营效率远未达到应有的水平，所以很多新产品都失败了。无论是新企业还是老企业，甚至是那些曾是市场领导者的企业，也经常会失败。

一般来说，营销效率低下的原因有两个：一是对善变的消费者缺乏关注或认知不足；二是营销组合不恰当，对市场环境（尤其是竞争对手）的误判或应对迟缓。

这两个问题中的任何一个都可能成为致命的缺陷。如果一家公司不了解客户的想法或意见，就无法创造价值。即使一家公司倾听了客户的声音，如果营销组合带来的价值没有超过支付的价格，客户也没有购买的动力。而且，即使公司成功地推出了一个收益大于成本的营销组合，如果它不如竞争对手提供的产品，仍然无法成功。

错失机会的代价高昂

除了新产品的失败，另一个失败的表现是公司无法识别新的目标市场和新的机会。一个没有被提出的营销组合固然不会失败，但对公司和社会而言，可能错失了巨大的良机。太多的管理者总是使用最容易的策略，并非寻求真正能满足客户的新策略。太多的公司扼杀了真正有创意的想法，层层的官僚主义和"我们向来如此"的心态会扼杀创新。

话说回来，并非所有的新想法都适合每个公司。许多公司盲目追逐最新潮流而未能停下来思考如何真正满足客户需求且为公司带来利润，结果损失了数百万美元。这种冒进式创新与行动过于迟缓或官僚主义一样，都可能导致失败。

微观营销的成本确实过高，但正在改善

由于上述种种原因，许多公司的营销成本确实过高。尽管许多营销理念备受推崇，但在许多地方并未得到真正应用。

然而，并非所有的公司和营销人员都应受到批评。越来越多的公司开始以客户为中心，也更加重视市场导向的规划，更有效地践行营销理念。本书重点介绍了耐克等正在做出改变的公司。诚然，它们也会犯一些错误，这是人之常情，毕竟市场营销也是一项人为的事业。最重要的是，它们能从错误中吸取教训，避免重蹈覆辙，也展示了市场导向战略规划所能带来的成果。

另一个积极的趋势是，越来越多的公司认识到，它们需要拥有不同背景和技术的人才，以满足全球化的客户日益多样化的需求。它们正在摒弃"非本土发明"的偏见，拥抱新技术，将自身与不同行业的优秀企业进行比较，并与能够带来全新视角的外部专家展开合作。

那些将营销理念作为经营方式的管理者做得更好。他们善于捕捉目标市场的

机会，整合营销组合的要素，满足客户的需求。随着越来越多的此类管理者在企业中崭露头角，我们可以期待微观营销成本的大幅降低，而且能够更好地满足客户的需求。

17.4　宏观营销的成本基本合理

一些批评营销的人将矛头指向宏观营销体系。他们通常认为，宏观营销体系导致资源使用效率低下或效果不佳，并加剧了收入分配的不公平。这些批评大多暗示，应该禁止某些个体公司的营销活动，正是因为这些活动的存在，宏观营销体系的表现才不尽如人意。让我们来看看其中的一些观点。

微观营销助力经济增长

一些批评者认为，营销会形成垄断，或者至少是垄断性竞争。此外，他们认为这会导致更高的价格、受限的产量以及国民收入和就业机会的减少。

诚然，在市场经济中，公司的确试图通过新产品为自己开辟独特的垄断市场。但消费者始终拥有选择权，除非他们认为新产品具有更高的价值，否则他们不会购买。大多数时候，旧产品仍然可用。事实上，为了应对新的竞争，旧产品的价格通常会下降，变得更加经济实惠。

在几年内，创新者的利润可能会增长，但利润的增长也会鼓励竞争对手进行进一步的创新，这会带来新的投资，从而促进经济增长和提高国民收入与就业水平。中国两大电商巨头阿里巴巴和腾讯之间的竞争就是一个例证，竞争为两家公司都带来了利润丰厚的创新，同时也帮助世界变得更美好。

移动支付带来更美好的世界

中国移动支付服务支付宝（阿里巴巴旗下蚂蚁金服的一部分）和微信支付（腾讯）之间的竞争，正为低收入消费者和世界带来实实在在的好处。许多低收入人群是"无银行账户"人群，这意味着他们无法得到银行或其他金融机构的服务。但是现在，他们能够获得低成本的金融服务。他们能够储蓄，更高效地进行交易，并享有更大的购买力，所有这些都有助于经济发展。类似的服务，如肯尼亚的 M-Pesa 和孟加拉国的 bKash，也在其他发展中国家对低收入人群产生了影响。

在这种情况下，世界也受益匪浅。竞争还促使支付宝寻找创新的方法，以保持客户的参与度和对支付宝的忠诚度。蚂蚁金服的市场调研显示，越来越多的目标消费者开始关注环境问题。为了吸引这个目标市场，蚂蚁金服开发了"蚂蚁森林"，奖励那些具备环保习惯的消费者。该应用程序与支付宝关联，并将绿色行为（如步行、乘坐公共交通和某些在线支付活动）转化为"绿色能量"。当个人获得足够的"绿色能量"时，就可以兑换一株树苗，蚂蚁金服就会种植一棵对应的真树。用户还在网络上与朋友分享他们的成功，激励其他人加入日益壮大的环保运动。在使用的前三年里，蚂蚁森林促成了中国各地超过 5500 万棵新树的种植。

广告是资源浪费吗

在所有微观营销活动中，广告受到的批评最多。的确，许多广告令人讨厌，具有侮辱性、误导性，甚至完全无效。这也是微观营销成本常常过高的原因之一。然而，广告也能使微观和宏观营销过程都运作得更好。

从经济效益看，广告能以较低成本覆盖大量潜在客户，如果产品能够切实满足客户需求，广告可以刺激需求增长，从而在制造、分销和销售方面实现规模效应，降低成本。由于这些经济效益可能覆盖了广告成本，因此广告实际上可以降低消费者的支付价格。

消费者不是傻偒

认为公司可以操纵消费者来购买自己产品的想法根本不可能。如果消费者购买了一瓶味道糟糕的饮料，绝对不会再购买同一品牌的另一瓶饮料，无论广告力度有多大。事实上，许多新产品都未能通过市场的考验，即使是大型企业也不能保证每次推出新产品都能成功。例如，新可乐、亚马逊 Fire 手机、西瓜味奥利奥、汉堡王 Satisfries 薯条和谷歌眼镜的惨淡命运。这些都是拥有优秀营销部门的知名公司，但它们也无法让消费者接受糟糕的营销组合。

营销使人变得物质吗

毫无疑问，营销迎合了物质主义价值观。然而，人们对营销是创造了这些价值观还是仅仅迎合了已经存在的价值观存在分歧。即使在最原始的社会中，人们也渴望积累财富。古埃及法老用金银珠宝陪葬的习俗，很难归因于广告。

需求和欲望在变化

消费者的需求和欲望在不断变化。很少有人愿意过自己的祖父母在自己这个年龄时的生活。营销的工作不仅仅是在任何特定时间点满足消费者现有的需求，还要不断寻找新的、更好的方法来创造价值和为消费者服务。

产品提高了生活质量

显然，生活质量的高级不能仅仅用物质商品的数量来衡量。但是，当我们把产品看作是实现目的的手段，而不是目的本身时，它们确实能够满足更高层次的需求。例如，互联网以信息赋能的方式实现了我们几十年难以想象的变革。

营销反映社会价值观

无论结果的成败，营销都反映了社会价值观。那些能够更好地满足顾客需求的营销组合将会胜出，那些行为不道德、不具备正向价值观的公司从长远来看往往会失败。那些致力于提供优质产品并改善世界的公司，反映了人们希望在自己和他人身上看到的价值观。

汉堡王寻求一个减少霸凌的世界

许多人都希望看到一个减少霸凌的世界，这是许多家庭共同拥有的价值观，这些人正是汉堡王的目标市场。全世界每年有 30% 的学生遭受霸凌。汉堡王决定表明反对霸凌的立场，并制作了一段视频来阐明其观点。该视频在一家真实的汉堡王餐厅拍摄，顾客也都是真实的，但是霸凌者、被霸凌的高中生和汉堡王员工则由演员来扮演。顾客们点完汉堡后，会拿到一个明显被"欺负"过的、破烂不堪的汉堡。在餐厅就座时，他们还会目睹一名高中生被霸凌。虽然95%的顾客去柜台投诉了被"欺负"的汉堡，但只有12%的人干预了对高中生的霸凌行为。该视频展示了当霸凌发生时，大多数人视而不见是多么容易。该视频迅速走红，获得了数百万次的观看量，并引发了许多关于如何反对霸凌的讨论。它也表明，汉堡王是一家有责任感的企业，致力于让世界变得更美好。

并非所有需求都能得到满足

一些批评者认为，宏观营销体系之所以存在缺陷，是因为它没有为一些重要问题提供解决方案，例如，如何帮助无家可归的人、失学人员、需要抚养的儿童、遭受歧视的少数群体成员、贫困的老年人和病人。这些人很多都生活在困境中，但这是市场导向体系造成的吗？

毫无疑问，许多公司都将努力集中在那些有能力购买其产品的人身上。但是，随着经济的发展和竞争力量压低价格，越来越多的消费者能够负担得起更多自己想要的东西。供需匹配刺激了经济增长，创造了就业机会，并将收入分配给更多的人。许多公司认识到，营销战略既有助于实现盈利，又有助于让世界变得更美好。

更好地满足需求

大多数人都同意，营销能够在满足顾客以及社会的需求方面（在适当情况下）做得更好，本书也展示了公司如何能够更有效地制订营销战略规划，讲述了如何通过营销计划更好地实施营销战略规划，讨论了那些响应利益相关者需求、目标明确的公司如何最终实现盈利并帮助社会。

17.5 营销战略规划过程需要逻辑和创造力

我们始终强调，在以满足消费者需求为核心目标的前提下，宏观营销体系的运行成本是合理的。但是，我们必须承认，众多企业的实际表现远未到理想状态。

我们究竟需要做出哪些改变？这个问题的关键答案在于：当管理者认真对待营销理念并践行营销战略规划流程时，公司营销活动的有效性和价值就会得到显著提高。让我们简要回顾一下这些理念，并展示如何将它们整合到营销计划中。

营销战略规划流程聚焦企业行动

制定良好的营销战略并将战略转化为营销计划，需要创造性地融合本书讨论的诸多概念。图 17-1 系统呈现了这些核心要素。现在，我们整合一下这些不同要素，以便缩小范围，确定一个特定的目标市场和营销组合，从而抓住真正的机会。这个缩小范围的过程需要对市场有透彻的理解，需要仔细分析客户需求、现有或潜在的竞争对手以及公司自身的目标和资源。同样，外部市场环境的趋势可能会使潜在的机会更具吸引力或吸引力降低。

图 17-1　按 4P 组织的营销战略决策

通常，一家公司可以追求的战略不止一种。每种战略都具有许多不同的潜在优势和劣势，这让确定目标市场和最佳营销组合变得困难起来。明确公司希望在哪些业务和市场中竞争，制定一套具体的定性和定量筛选标准，有助于排除那些不适合公司的潜在战略。

仔细的分析有助于管理者专注于一种战略，这种战略既能够利用公司的优势和机会，同时又能避免劣势。这些优势和劣势可以与所考虑的战略的优缺点进行比较。例如，如果一家公司正在考虑一项战略，针对的是已经被竞争对手的产品所满足的目标市场，那么找到竞争优势可能就需要研发新产品、改进分销渠道、制定更有效的推广或价格策略，毕竟仅仅提供与竞争对手相似的营销组合无法打造卓越的客户价值。

营销经理必须整合 4P 策略

图 17-1 回顾了按 4P 策略组织的营销战略决策。营销计划不仅涉及独立的决策，还必须创造性地整合 4P 元素，以便公司为目标市场开发最佳的营销组合。换句话说，每个决策都必须与其他决策协调运作，形成一个逻辑整体。

公司将整合 4P 战略决策的任务交给营销经理，那么这个角色的重要性不言而喻。因为各个领域的专家很容易只关注自己负责的部分，并期望公司的其他部门来配合自己。尤其是在大型公司里，营销工作的整体规模很大，一个人难以全面顾及，这种现象就更明显。然而，产品经理、广告经理、销售经理、渠道经理以及负责定价的人员的想法可能都需要进行调整，才能让整个营销组合更有效。关键在于，营销组合中的每一个决策都必须与其他决策互相配合。任何一个环节出现问题，都可能导致整个营销组合的失败。

17.6　营销计划将所有细节整合在一起

营销计划为实施提供蓝图

营销经理一旦选定了目标市场，决定了满足该目标市场需求的营销组合，估算了营销战略的成本和收入，就该将所有这些整合到营销计划中。营销计划包括营销战略的时间节点等相关细节，也包括成本和收入。因此，该计划基本上充当了公司将要做什么的蓝图。下文提供了完整的营销计划中不同部分的概要，基本上是本书讨论过的主题的缩略概述。

一、情况分析

1. 公司分析

· 宗旨说明 / 使命说明

· 公司目标和总体营销目标

· 公司资源（营销、生产、财务、人力等）

· 其他营销计划（营销方案）

· 之前的营销战略

· 与所选产品 – 市场机会相关的主要筛选标准

· 定量（投资回报率、盈利能力、风险水平等）

· 定性（偏好的业务性质、社会责任、环境等）

· 主要制约因素

· 营销合作者（当前和潜在的）

2. 客户分析（企业客户 / 最终消费者）

· 产品 – 市场定义

· 可能的细分维度（客户需求、其他特征）

· 限定维度和决定性维度

· 确定目标市场（一个或多个特定细分市场）

· 运营特征（人口统计、地理位置等）

· 潜在规模（人数、潜在购买金额等）和可能的增长

· 影响购买的关键经济需求、心理变量、社会、文化与种族和购买情境因素

· 与客户的关系性质

3. 竞争对手分析

· 当前 / 可能的竞争性质

· 当前和潜在的竞争对手

· 当前的策略和对计划的可能反应

· 需要消除的竞争障碍和潜在竞争优势来源

4. 市场环境分析

· 经济环境

· 技术环境

· 政治环境

· 法律环境

· 文化和社会环境

5.SWOT 分析

· 优势、劣势、机会和威胁

二、营销计划目标

· 通过营销战略要实现的具体目标

三、差异化和定位

1. 营销组合将如何与竞争对手区分开来

2. 市场产品将如何定位

3. 定位声明

四、营销战略

1. 营销战略概述

· 营销战略的总体方向

· 对 4P 如何结合的描述

2. 目标市场

· 要接近的目标市场的特征总结

3. 产品

· 产品类别（消费品和企业产品的类型）

· 产品责任、安全和社会责任考虑

· 核心实物商品和服务的规格

· 特点、质量等

· 所需的支持服务

· 与产品线的契合度

· 品牌（制造商与经销商、系列品牌与独立品牌等）

· 包装（促销、标签、保护、增强使用）

- 产品的文化敏感性

- 当前的产品生命周期阶段

- 新产品开发要求（人员、资金、时间等）

4. 渠道

- 目标

- 所需的市场覆盖程度

- 所需的分销客户服务水平

- 渠道类型（直接、间接）

- 所需的其他渠道成员或合作者

- 批发商的类型/数量

- 零售商的类型/数量

- 如何处理差异和分离

- 如何分配营销功能

- 渠道中需要的协调

- 信息要求（EDI、互联网、电子邮件等）

- 运输要求

- 库存产品处理要求

- 需要的设施（仓库、配送中心等）

- 逆向渠道（用于退货、召回等）

5. 推广

- 目标

- 主要信息主题（用于整合营销传播/定位）

- 推广组合

- 广告（类型、媒介、文案重点等）

- 人员销售（销售人员的类型和数量、薪酬、工作分配等）

- 宣传（口碑媒体、自媒体、社交媒体）

- 促销（针对客户、渠道成员、员工）

- 推动和拉动策略组合

- 负责这项工作的人员

6.价格

· 需求的性质（价格敏感度、替代品的价格）

· 需求和成本分析（边际分析）

· 渠道中的加价链

· 价格灵活性

· 价格水平以及对客户价值的影响

· 对标价的调整（折扣、折让等）

7.营销信息需求

· 营销研究需求（关于客户、4P、外部环境等）

· 一手数据和二手数据需求

· 营销信息系统需求、要使用的模型等

五、实施和控制

1.需要解决的特殊实施问题

· 需要的人员

· 需要的生产、财务和其他资源

2.控制

· 需要的营销信息系统和数据

· 需要的监控和分析

· 与目标进行比较的衡量标准 / 指标（客户满意度、销售额、成本、绩效分析等）

六、预算、销售预测和利润估算

1.成本

2.销售额

3.预计的经营利润报表

七、时间安排

1.活动的具体顺序和事件等

2.产品生命周期中可能发生的变化

3.风险因素和应急预案

营销计划详细明确时间节点

任何战略都暗含时间安排。营销计划只是明确指出执行周期和相关的具体安排。通常，我们会考虑一段合适的时间安排，比如六个月、一年或者几年。但在某些情况下，可能只有一两个月，尤其是在时尚或技术快速变化的领域。或者，一项战略的实施可能会持续几年，也许是因为产品生命周期的早期阶段持续了这么长时间。

虽然上文的营销计划概要没有明确指出计划的时间范围或者每个决策领域的具体成本，但这些都应该包含在计划中，还包括预期的销售额和利润估算，这样未来才能将计划与实际表现进行比较。换句话说，计划不仅向所有人清晰说明要完成什么任务以及如何完成任务，也为计划实施过程提供了依据。

一份完整的计划会阐明决策依据

上文的计划框架相当全面，它不仅提供了营销组合的信息，还包括客户信息（如细分维度）、竞争对手的策略、市场环境的其他方面以及公司的目标和资源。这些内容为营销组合和目标市场决策提供了重要的依据。

营销经理常常犯一个错误，即只对计划进行表面调整，可能只是更改成本或销售预测数据，在其他大的方面仍坚持过去的做法。这种做法的一个大问题是，人们很容易忽略最初制定这些策略的依据。当市场情况变化时，最初的决策逻辑可能不再适用，如果未能保留完整的决策链条，公司很可能错过市场变化信号，而这些变化本应促使重新制订计划。例如，一个处于市场成长阶段制订的计划可能已经成功实施多年。但是，营销经理不能因此而自满，认为成功会永远持续下去。当进入市场成熟期时，公司可能会遇到大麻烦，除非基本的策略和计划与时俱进。如果一个计划详细说明了市场分析以及选择营销组合和目标市场的逻辑，那么定期检查和更新它就变得很简单。所有的分析和策略要作为一个有机整体相互配合。因此，当计划或市场环境中的某些要素发生变化时，整个计划可能需要进行调整。

17.7　营销的未来

在本书的最后，让我们共同探讨营销的价值及其未来的发展。一个值得思考的问题是：营销的本质是善还是恶？读到这里，您或许已经有所预感，我们坚信营销能够成为推动社会进步的积极力量。此前，我们已探讨过一些以改善世界为己任、具有明确目标导向的营销案例。然而，批评者的建议和意见也并非没有道理，他们也提出营销被不当利用的种种例证。因此，让我们首先聚焦于这个问题本身。

营销本质上是邪恶的吗

各种企业和组织投入营销是为了影响人们的行为，促使他们购买某种商品。然而，营销手段也曾说服人们吸烟、饮酒，甚至传播不实信息。

另一个不幸但并非罕见的例子是电信诈骗。在这种骗局中，销售人员通过高超的销售技巧来说服人们从事投机性的、往往具有欺诈性的投资。电信诈骗通常针对弱势群体，例如可能是拥有资金且富有同情心的老年人，因为他们更容易受到伶牙俐齿的销售人员的影响。

营销在某种程度上是邪恶的吗

也许我们只是在刻意挑选那些特别"邪恶"的例子。有些营销行为的错误程度不像电信诈骗那样罄竹难书。这些其实是营销的伦理困境，它们并非绝对错误，也并非绝对正确。本书也常常提到伦理困境，正是为了揭示是非之间的界限并非总是泾渭分明。

当推广宣传部分属实，这算不算邪恶

宣传推广是企业与消费者沟通的有效方式。然而，许多公司在宣传时，往往只说一部分事实。当消费者的关注点发生变化时，这种现象尤为突出。举个例子，一家公司可能会在广告中准确地说其食品不含反式脂肪酸，那消费者可能会误认为这代表该产品是健康的、低热量的，甚至是低脂肪的。

公司声称产品对环境有益的做法被称为"漂绿"。当目标顾客在购买过程中考虑产品的可持续性时，企业必须抵制"漂绿"的诱惑，也就是不能做出虚假的声

明，暗示公司或产品对环境有益，或者就改善世界做出其他不实的承诺。公司推出可生物降解的包装并进行宣传是好事，但如果包装里的清洁剂含有排入下水道后有害的化学物质，那就另当别论了。

这种做法究竟有什么问题呢？难道消费者不应该自己对广告宣传本身就抱持怀疑态度吗？如果真是这样，我们又怎么能指望他们相信所有的宣传都是百分之百真实的呢？辨别真伪、识破夸大的言辞甚至谎言，难道仅仅是消费者的责任吗？

收集消费者数据在多大程度上是邪恶的

本书介绍了营销经理如何收集和分析关于消费者的数据。进行数据收集的公司声称，这样做能让消费者看到他们真正感兴趣的产品广告。这也许是真的。如果您正在研究购买新车，那么铺天盖地的新车广告对您是否有帮助呢？

然而，许多此类数据的收集和分析是在消费者不知情的情况下进行的。例如，信用卡的消费记录展示了消费者的购买行为和私人生活信息，它们通常被出售给任何愿意付费的人。有些人会在 Facebook 等社交媒体上发布个人信息，并认为自己拥有一定的隐私，但事实往往并非如此。Facebook 和大多数社交媒体平台都会与寻找目标市场的广告商分享这些数据和信息。

营销人员使用大数据和分析，是酷还是毛骨悚然

本书一直在讨论大数据和分析。营销经理使用大数据来构建个体消费者的社交档案。目前，一些公司通过收集用户的点击、对话、Facebook "点赞"、Twitter 推文、Instagram 关注、手机活动以及信用卡和会员卡的购买记录来创建社交档案。借助人工智能和分析软件，公司可以推送量身定制的促销信息和优惠。

这预示了广告和促销的发展趋势。这种新做法很酷吗？还是令人毛骨悚然？为了更好地理解大数据如何影响消费者，让我们来看看它是如何影响大学生尼克和雪莉的真实生活的。

尼克经常吃快餐，并且经常收到快餐优惠券的短信。他的家庭并不富裕，省钱对他来说很重要。尼克的社交档案显示，他通常的消费金额远高于优惠券金额，并且通过分析尼克在 Facebook 上的照片和评论，可以知道他超重。

很快，尼克开始看到减肥广告，还收到了当地一家健身俱乐部的体验邀请。尼克的 Facebook 新闻推送和 Twitter 信息流出现了来自新闻网站关于健康饮食的文章，重点介绍了家乐氏（Kellogg）的减肥产品和南海滩减肥法的减肥技巧。当尼克放学回家，经过冰激凌店的前一个街区时，他的 Snapchat 闪现一张冰激凌甜筒的照片和 0.50 美元的优惠券。

雪莉来自一个富裕的家庭。她的朋友都知道她经常锻炼身体并保持健康的饮食习惯。上周，她在网上阅读了关于山地自行车的文章，所以现在她就会在网上看到山地自行车的广告。当雪莉走进杂货店时，她的手机上弹出一个希腊冷冻酸奶 1 美元的优惠券，虽然她很喜欢这种酸奶，但除非心情不好，一般很少吃。杂货店知道她和男朋友刚分手吗？是的，因为她那天早上在 Facebook 上发布了一条状态。雪莉经常收到低利率信用卡的直邮优惠，但尼克没有收到这些。金融机构是否认为更健康的行为是自律的表现，因此也是财务责任感的体现？或者仅仅是因为雪莉的家庭条件更优渥？保险公司会得出同样的结论并相应地调整费率吗？

营销经理看到了利用大数据和分析来定制广告、促销和定价的机会。手机的 GPS，能确定用户的位置。如果 0.50 美元的优惠券能促使尼克购买冰激凌，但需要 1 美元的折扣才能打动雪莉，每个人都会收到不同的优惠券。雪莉更富裕的背景表明她比尼克拥有更高的顾客终身价值，因此百货公司会向她提供更大力度的优惠，希望她建立品牌忠诚度。

这些事情是酷还是毛骨悚然？这可能取决于你的价值观。

生产明知会让人上瘾的产品在多大程度上是邪恶的

那么，制造让人上瘾的产品呢？每家公司都希望顾客不断回购，这是提高顾客终身价值的可靠方法。制造让人上瘾的产品是邪恶的吗？这是一个颇具争议的问题。比如，普渡制药（Purdue Pharma）曾误导许多医生，声称其处方止痛药不会上瘾，这使许多医生将其开给疼痛的病人，许多病人因此成瘾。管制类药物（包括所有种类）造成的年死亡人数从 1999 年的不到 1 万人上升到二十年后的约 5 万人。虽然不能将责任都归咎于普渡制药，但其责任已被明确：普渡制药及其所有者萨克勒家族为此支付高达 60 亿美元的赔偿金。

那么，那些让人上瘾但危害较小的产品呢？我们该如何划清界限？生产和提供或销售赌博、酒精或烟草是邪恶的吗？还是说，消费者应该自己决定如何使用这些可能让人上瘾的产品？

社交媒体、视频游戏和电子设备的成瘾又该如何看待呢？这些产品的制造商希望用户更频繁地使用其产品，希望保持用户参与度。这些公司都希望用户在其网站、设备或游戏上花费更多的时间和更频繁地使用。这有助于 Facebook 销售更多广告、苹果销售更多手机，以及 Candy Crush 获得更多的应用内购买收入。一些批评人士认为，这正在导致一种新型成瘾形式。

这些公司的程序员添加了一些旨在促进更多参与的功能。无论是 Instagram 的无限滚动和"点赞"，iPhone 屏幕鲜艳的色彩，还是 Candy Crush 的"甜言蜜语"和社交设计，所有这些功能都使产品更具吸引力，更可能让人上瘾。这些沉浸式设计虽不直接危害健康，却可能引发行为成瘾，这合乎道德吗？

营销是向善的吗

前一部分描述了一些营销可能并不那么好的具体案例，但我们同样可以轻松找到营销如何发挥积极作用的例子。高效且负责任的营销活动提高了我们的生活质量。

例如，特斯拉在电动汽车领域的持续努力已经减少了数百万吨二氧化碳的排放。而竞争性市场的形成意味着特斯拉的成功迫使其他汽车制造商比其原本倾向的速度更快地转向电动汽车。当巴塔哥尼亚发布"不要购买这件冲锋衣"的广告，或者通过提供免费服装维修来减少消费者购买商品时，这是否有助于消费者减少消费？是否帮助他们更多地思考自己购买的东西？这是营销正在发挥积极作用的两个具体例子。当然，我们在整本书中提供的"为更美好的世界而营销"的例子更多。

推动营销向善的力量

我们认为营销正朝着好的方向发展，而且变得越来越好。马丁·路德·金曾说："道德宇宙的弧线很长，但它倾向于正义。"虽然这句话的含义和影响一直存在争议，但我们提出了几个理由来证明营销在朝着好的方向发展。

图 17-2 概述了推动营销朝着好的方向发展的强大力量。这些力量来自商业 /
营销的变革、政府 / 社会角色的变化以及消费者 / 公民的行动和责任。当然，这并
非所有人都认可的。有的人认为，企业应该专注于创造利润，政府应该尽可能置
身事外，而消费者应该最大化自身的利益。在阅读本节时，你也可以思考一下自
己的立场。

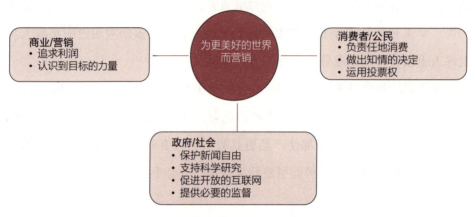

图 17-2　推动营销朝着好的方向发展的强度力量

营销是否有责任为更美好的世界做出贡献

本书重点介绍了许多既能实现盈利，又能改善世界的营销战略案例。但是，
我们是否期望所有的公司都这样做？公司是否应该承担这样的责任？

在很多国家，越来越多的消费者将让世界变得更美好纳入个人需求。这些消
费者更倾向于支持那些既能提供优质产品，又能保护环境、支持女性、促进发展
中国家医疗保健、支持多元化、公平和包容、对抗贫困和饥饿、解决社会不公或
拥抱其他公益事业的品牌和公司。而对于那些被证明不道德或不负责任的公司，
这些消费者则不太可能购买其产品。那些为更美好的世界而营销的公司积极地满
足这类消费者的需求。当这些消费者积极传播关于公司良好行为的正面口碑，并
传播关于公司不良行为的负面口碑时，那些寻求既实现盈利又创造更美好世界的
公司就会智慧地采取行动，寻找符合自身最佳利益的营销战略。

营销如何为更美好的世界做出贡献

当以下情况发生时，营销能够创造一个更美好的世界：买家和卖家做出更明

智的决策，通过自己的消费选择（或不消费的决定）体验到更高质量的生活；买家和卖家做出的决策对他人产生较少的负面影响；营销战略决策能够应对世界上一些最具挑战性的问题，包括饥饿、贫困和气候变化。这表明，买家在做出购买选择时需要充分了解信息，卖家需要通过了解其客户来制定战略。虽然企业没有创造更美好世界的义务，但这样做可能会更符合长远的利益，因为这是在响应客户的需求。

本书提供了许多成功的营销战略案例，这些策略既为企业创造了利润，又促进了世界的进步。数据表明，越来越多的顾客希望从那些对世界产生积极影响的企业购买产品，而那些关注这些趋势的企业往往能抢占先机。

追求利润与价值

第一章指出许多公司采用三重底线，衡量组织的经济效益、社会效益和环境效益。许多公司现在遵循目标导向，专注于组织存在的理由，这种理由超越了利润，并为包括客户、员工、供应商、投资者和社区在内的利益相关者创造价值。

当目标导向型公司为其他利益相关者创造价值时，这些投入终将获得回报，有时是短期见效，通常是长期显现。许多员工，尤其是年轻一代，希望自己的工作更有意义。他们会寻找目标导向型公司，并为之更努力地工作。顾客希望从那些提供良好价值并与其价值观相符的公司购买产品，如果产品质量相近，那么支持具有社会责任感的公司就能帮助公司赢得市场份额和利润。许多投资者认为，目标导向型公司更有长远眼光，能带来更好的长期回报。

公司的首要责任是维持经营，而利润通常是实现这一目标所必需的。我们并不是建议公司像慈善机构那样运作。我们相信，致力于让世界更美好的营销战略也能够帮助公司实现利润最大化，并且这种策略更适用于那些以关心社会的顾客为目标市场的公司。然而，与其他战略决策一样，这种战略的实施也应该以企业目标为前提。

政府和社会机构的角色

政府和社会机构助力营销实践的一种方式是：支持准确信息的自由流动，以便消费者在做出购买决定时使用信息。为了实现这一目标，政府应该促进和保护社会上的三个关键因素：保护新闻自由、支持科学研究和促进开放的互联网，促使每一家公司都提供关于公司业务的准确信息。

新闻媒体监督商业行为

一个充满活力的自由且公正的媒体在公开和监督政府及企业的行为方面发挥着重要作用。例如，当优步高层管理人员被报道参与或忽视公司内部的性骚扰行为时，媒体进行了调查并予以报道。当时，许多消费者为了表达自己的价值观，选择使用优步的竞争对手 Lyft。当迈兰（Mylan）大幅提高救命药物 EpiPen（用于治疗危及生命的过敏反应）的价格时，媒体批评了其垄断行为。随后的公众舆论影响了迈兰的利益，促使其首席执行官在美国国会进行说明，随后公司也降低了价格。媒体还揭露了 Facebook 在处理和使用用户数据方面缺乏透明度的问题。媒体提供的信息能够帮助消费者做出选择，以支持（或抵制）那些行为良好（或不良）的公司。至少一些公司会因为担心不良行为的报道会损害其品牌声誉而采取负责任的行为。

媒体对整个社会的重要性可能远远超过对个人的重要性。随着报纸、杂志及相关网站的订阅量减少，广告收入下降，媒体用于继续发挥监督作用的资源也减少了。对社会而言，需要媒体作为一种机构的角色存在。如果消费者想从好公司购买好产品，那么他们就需要知道哪些公司符合标准的准确信息。

科学可以告诉我们什么有效

在一个日益复杂的世界中，最佳的解决方案并不总是显而易见的。因此，我们需要继续致力于严谨的科学研究，获得客观的答案。当消费者寻求做出更明智的决策，而企业想要采取正确的行动时，二者均需要知道什么才是有效的。例如，关于转基因食品是否影响粮食安全的答案，应该由科学（而不是行业内部人士或利益集团）来告诉我们。科学可以告诉我们，驾驶电动汽车、管理制冷剂化学品、改用 LED 灯泡或恢复热带森林，哪种措施更能减缓全球变暖。正确的答案是所有这些都有助于改善气候，但管理制冷剂化学品的效果最大。也许这些科学事实可以加速替代制冷技术的研发和新产品的购买。

历史上，商业与科学常常存在冲突。当科学证据表明吸烟致癌、安全带可以挽救生命和汽油动力汽车导致全球变暖时，相关行业多年来都进行了反击。经过多年的时间和越来越多的科学证据，消费者认识到了潜在问题，最终科学占据上风。政府和社会应该支持科学研究，以便消费者能够获得关于产品对其自身和世界的影响的准确信息。

消费者的互联网

互联网致力于通过揭露不良行为，为消费者创造一个更加透明的商业环境。对于生产有缺陷的产品或从事不道德行为的公司，互联网可以迅速传播相关信息。那些声称自己环保却拿不出证据的公司会被信誉良好的非营利组织曝光，并且消息会迅速传播开来。事实已经证明了互联网的这一作用。消费者中的早期采用者会在网站上发布他们的购买体验。关于枯燥的图书、误导性的产品描述、设计糟糕的产品或糟糕的服务的评论和评价，可以帮助后来的消费者做出明智的选择。越来越多的报道指出，一些公司通过虚假评论来操纵评分系统，这引起了消费者的怀疑。

总的来说，互联网的开放有助于消费者做出更明智的选择。风险在于，越来越精通网络的品牌会找到在不改进产品的情况下"洗白"形象的方法。

有时监管是必要的

市场导向经济体系的一个优势在于其自动运行。但是，法律法规会促使公司履行责任。忽视消费者态度的管理者必须认识到，他们的行为可能会导致新的限制，隐私立法就是例证，当时消费者要求立法者加强隐私保护。由于许多消费者关心环境，法律对公司、个人和汽车的污染排放进行了规定。

消费者如果想要做出更明智的选择，监管机构就需要对那些不说实话的公司进行惩罚，毕竟仅仅依靠自由开放的媒体和互联网是不够的。本书描述了许多约束公司行为的法律。虽然监管能够约束公司，但也会增加成本，社会需要审慎判断何时需要监管介入。

消费者的角色

如果说本书中有一个群体始终占据着重要地位，那就是消费者。本书一直强调消费者影响商业行为的力量。当消费者都不购买某种产品时，它很快就会下架。当一家公司在消费者中失去声誉时，它就会亏损，甚至可能倒闭。让我们来看看消费者的选择和行为是如何发挥作用的。

负责任地消费

作为消费者，每个人都承担着维护有效宏观营销体系的责任。消费者应该认真对待这一责任，包括做出明智的选择。虽然许多消费者忽略了那些可以帮助他们更明智地消费的信息，但也有越来越多的人开始关注这些信息。这不仅包括产品质量信息，还包括他们所购买的品牌或公司的价值观信息。

如果消费者希望企业推动更多的社会变革，那么消费者也必须更加负责任。美国人在扮演消费者和公民的双重角色时，往往表现出矛盾，在收银台前的行为与在公开场合表达观点时的行为大相径庭。例如，很多人声称要保护环境，但在做出购买决定时，仍然选择更方便或更便宜的产品，而不是选择有利于可持续发展的产品。当得知 Facebook 在未经用户许可的情况下分享数据时，很多人会抱怨，但后续仍然继续登录该网站。

如果消费者是真正关心环境、动物福利、言论自由、多元化、公平和包容，那么就在购买之前了解公司是否以及如何实践和支持这些事业，因为相关信息是可以查询的。消费者主义促成了营养标签、单价标识、成本披露、简明语言合同和担保等的出现；政府机构发布了从轮胎到电器等各种商品的购买指南，消费者联盟等组织也是如此；非营利组织报告了许多公司的社会责任情况；气候协会等组织提供了关于有利于可持续发展的购买建议……这些信息大部分都可以在网上找到，了解并合理使用它们具有深远的意义。

这并不意味着消费者的每一次选择都要遵循广泛的问题解决和信息收集模式。在日常生活中，消费者没有足够的时间对每个选择进行深入研究，但可以努力做得更好。

评论、发声、投票

除了消费行为外，消费者还可以通过其他方式来影响企业。例如，消费者可以利用口碑媒体来指出那些与自身认为重要的价值观相悖的产品，还可以分享某个化妆品品牌是否进行动物实验，或者某个声称有利于可持续发展的服装品牌是否真正做到了。这些行动具有力量，可以促使企业做得更好。

营销既非善亦非恶，营销是一种工具

我们以讨论营销是邪恶还是向善来结束本书。正面的和负面的实践案例在书中都有展示，那么，这个问题的结论是什么呢？

营销是一种可以用于善，也可以用于恶的工具，就像锤子，可以用来击打和伤害他人，也可以用来建造房屋或家具，重要的是谁在使用这个工具以及用它做什么。我们相信，包括大多数营销人员在内的人们都想做正确的事情。我们也相信，市场中的力量会引导消费者和营销人员走向正确的方向。

负责任且明智地实践营销

营销这个工具可以用于善，也可以用于恶，而你拥有决定其走向的力量。你可以通过消费选择支持符合你价值观的品牌；你可以选择为理念相投的公司工作；如果你是营销行业的从业者，可以通过学到的知识制定更高效的营销战略，让世界变得更美好。

勇敢地行动起来，改变这个世界，因为你可以！